KB242626

최이진의

◑ CUBASE

큐베이스 PRO 15

최이진 지음

노하우
도서출판

최이진의
CUBASE PRO 15

초판 발행 2026년 4월 29일

지은이 최이진

출판 노하우
기획 EJ Enter
편집 덕디자인
진행 hyuneum

주소 서울시 관악구 행운1길
전화 02)888-0991
팩스 02)871-0995

등록번호 제320-2008-6호
홈페이지 hyuneum.com

ISBN 978-89-94404-64-6
값 33,000원

ⓒ 최이진 2026

잘못 인쇄된 책은 구입하신 서점에서 교환해드립니다.
이 책에 실린 내용과 사진은 허락 없이 전재 또는 복제할 수 없습니다.

인생을 바꾸는 한 권의 책!

멀티 출판 부문 1위!
독자 여러분! 고맙습니다.

세상을 살다 보면
차라리 죽고만 싶을 만큼
힘들고, 괴로울 때가 있습니다.

하지만, 누가 봐도
힘들고, 괴로워 보이는 사람들은
오히려 그 속에서 피와 땀을 흘려가며
가슴속 깊이 전해지는 감동을 만들어냅니다.

도서출판 노하우는
힘들게 공부하는 사람들과
함께하는 작은 디딤돌이 되겠습니다.

힘들고, 괴로울 때
내가 세상의 빛이 될 수 있다는
꿈과 희망을 품고 열심히 공부하세요
멈추지 않는다면, 꿈은 반드시 이루어집니다.

그 곁에 도서출판 노하우가 함께 하겠습니다

고맙습니다.

목차

PART 01 큐베이스 시작하기

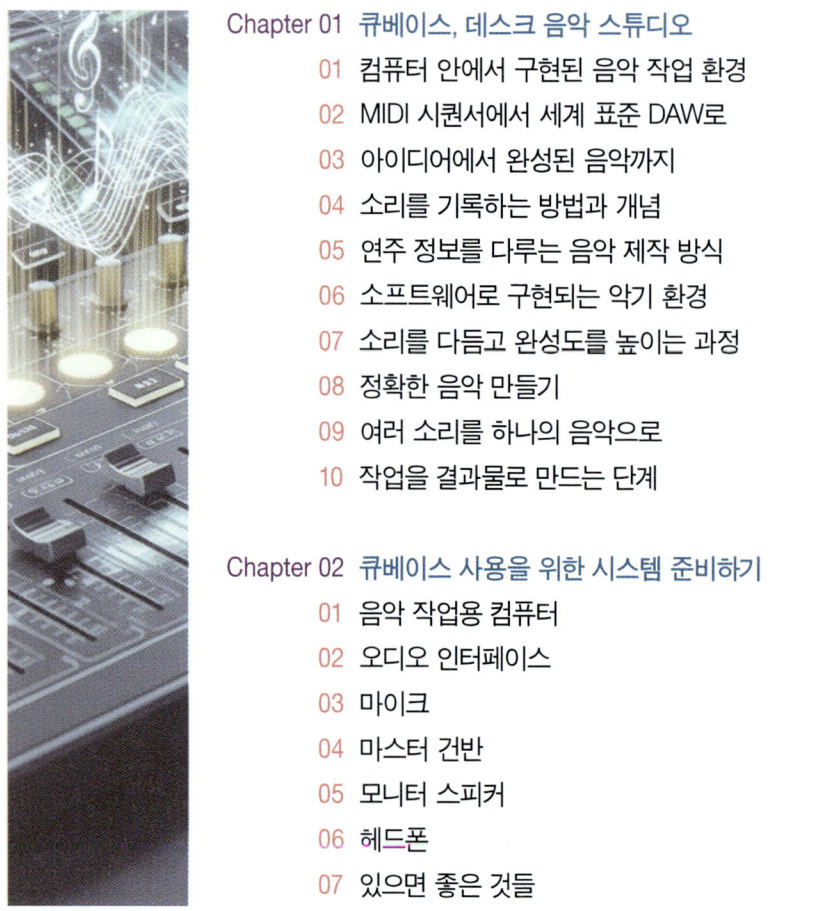

PART 02   미디 레코딩과 편집

PART 03 오디오 레코딩과 편집

PART 04 믹싱과 마스터링

Cubase 15의
새 기능과 향상된 환경

Steinberg의 Cubase 15는 디지털 오디오 워크스테이션(DAW) 분야를 선도하는 음악 제작 소프트웨어로, 음악가의 창작 효율성과 표현력을 한층 강화하는 다양한 신기능을 제공합니다. 이번 버전에서는 단순한 기능 추가를 넘어, 작곡·편곡·사운드 디자인·보컬 합성·믹싱 등 음악 제작의 모든 단계에서 창의적 흐름을 방해하지 않도록 설계된 통합형 창작 환경을 구현했습니다.

01 멜로딕 패턴 시퀀서 (Melodic Pattern Sequencer)

새롭게 도입된 멜로딕 패턴 시퀀서는 멜로디와 베이스라인을 빠르고 직관적으로 제작할 수 있는 도구입니다. 스텝 단위 입력 방식을 기반으로 리듬과 음정을 자유롭게 조정할 수 있으며, 설정한 스케일에 따라 음정이 자동 보정되어 음악 이론에 익숙하지 않아도 조화로운 결과물을 손쉽게 완성할 수 있습니다. 특히 Randomize 기능은 예상치 못한 음악적 아이디어를 제공하여 작곡의 창의성을 극대화합니다.

패턴 에디터 툴바는 사용자 편의성을 고려한 정밀한 편집 환경을 통합하여 제공합니다. Draw 도구로 스텝을 빠르게 그려 넣거나 Step Selection 도구로 특정 스텝들을 일괄 선택해 정교하게 편집할 수 있습니다. 또한 드럼 모드 작업 시 스텝 레인을 음정(Pitch) 순으로 정렬하거나 리스트를 역순으로 배치하는 기능이 포함되어, 복잡한 비트와 패턴 관리 효율이 획기적으로 향상되었습니다.

이처럼 직관적인 스텝 입력 방식에 정밀한 편집 도구들이 결합되면서 사용자는 실험적인 독창성을 유지하면서도 편집 시간을 크게 단축할 수 있습니다. 초보자에게는 쉬운 접근성을, 전문가에게는 디테일한 제어 환경을 동시에 제공하는 강력한 창작 솔루션으로 진화했습니다.

02 익스프레션 맵(Expression Maps) 전면 개편

가상 악기의 다양한 연주 방식을 세밀하게 제어하는 익스프레션 맵의 구조가 더욱 직관적으로 개편되었습니다. 각 아티큘레이션을 개별적으로 설정할 수 있음은 물론, 어택 보정(Attack Compensation)을 통해 연주 시작 시점의 타이밍과 음색을 자동으로 최적화합니다. 또한 키 에디터와 스코어 에디터의 연동이 강화되어, 악보 편집과 미디 데이터 수정 간의 이동이 한층 매끄러워졌습니다.

개편된 시스템에서는 대규모 라이브러리 관리와 실무적인 편의성이 대폭 강화된 환경을 제공합니다. 이제 여러 개의 익스프레션 맵을 동시에 선택하여 Remote Trigger와 Latch Mode를 일괄 변경할 수 있습니다. 또한 아티큘레이션 및 상호 배제 그룹의 순서를 자유롭게 재배치할 수 있게 되어, 복잡한 오케스트라 세션에서도 사용자 맞춤형 정렬이 가능합니다.

시각적 인터페이스를 통해 각 연주 기법을 즉시 확인하고 적용할 수 있어 실제 연주에 가까운 생동감 있는 사운드를 손쉽게 구현합니다. 이러한 기능적 진화는 정교한 가상 악기 연주 작업에서 워크플로우를 단순화하고, 제작자가 복잡한 설정보다는 음악적 표현 자체에 더 집중할 수 있는 환경을 제공합니다.

03 AI 기반 스템 분리(Stem Separation)

AI 스템 분리 기능은 완성된 오디오 파일에서 보컬, 드럼, 베이스 등 개별 악기 트랙을 자동으로 추출할 수 있는 혁신적인 기술입니다. 기존에는 믹스된 트랙에서 특정 악기 소리를 분리하기 위해 복잡한 편집 과정을 거쳐야 했지만, 인공지능이 이를 자동으로 분석하고 분리합니다.

이 기능을 활용하면 별도의 외부 소프트웨어 없이도 리믹스, 볼륨 조절, 악기별 효과 적용, 샘플링 등을 한곳에서 처리할 수 있습니다. 원곡에서 보컬만 추출해 새로운 트랙에 결합하거나, 드럼 파트를 강조해 리믹스하는 작업도 간단하게 수행할 수 있습니다.

리믹서와 프로듀서에게 창의적 유연성과 작업 효율을 동시에 제공하며, 복잡한 편집 과정을 단축하고 새로운 사운드 실험의 가능성을 넓혀 줍니다.

04 사운드 디자인을 위한 신규 모듈레이터 6종

사운드의 움직임과 질감을 세밀하게 조정할 수 있는 여섯 가지 신규 모듈레이터가 추가되었습니다. 모듈레이터는 시간에 따라 사운드 요소를 변화시켜 단조로운 소리를 입체적이고 유기적인 음향으로 바꾸는 도구입니다.

추가된 모듈레이터는 다음과 같습니다.
- Random Generator: 무작위 변화를 통해 예측 불가능한 패턴과 효과를 생성합니다.
- Attack/Decay: 소리의 시작과 끝을 조정해 발음감과 잔향을 세밀하게 제어합니다.
- Morph LFO: 부드러운 파라미터 변화를 적용해 신스나 패드 음색을 자연스럽게 변조합니다.
- Wavefold LFO: 파형을 접어 변형시키며 독특한 질감과 하모닉스를 만들어 냅니다.
- Crossfader: 두 소리의 볼륨이나 효과를 부드럽게 전환합니다.
- Sample & Hold: 일정 간격으로 무작위 값을 유지·변경해 리듬감 있는 변화를 만듭니다.

05 신규 플러그인: Ultra Shaper와 Pitch Shifter

새롭게 추가된 Ultra Shaper와 Pitch Shifter는 작곡, 믹싱, 사운드 디자인 전반에서 높은 활용도를 보이는 플러그인입니다. 직관적인 조작만으로 효과를 즉시 체감할 수 있어 복잡한 설정 없이도 완성도 높은 사운드를 구현합니다.

Ultra Shaper는 컴프레서, EQ, 트랜지언트 셰이퍼 기능을 통합한 다이내믹 컨트롤 플러그인입니다. 소리의 강약과 음색, 펀치감을 세밀하게 조정해 드럼, 베이스, 신스 등 다양한 악기의 존재감을 강화합니다. 특히 강화된 사이드체인 라우팅을 통해 복잡한 설정 없이도 다이내믹한 펌핑 효과나 악기 간의 공간 확보를 즉시 실행할 수 있으며, 프리셋과 슬라이더 조작만으로 믹스 전체의 밸런스와 에너지를 자연스럽게 다듬을 수 있습니다.

Pitch Shifter는 소리의 높낮이(피치)와 포먼트(Formant)를 실시간으로 조정할 수 있는 플러그인입니다. ±24세미톤 범위에서 자유롭게 변조하며, 보컬 하모니 생성, 음정 교정, 특수 효과 적용 등 폭넓게 활용할 수 있습니다. 재생 중에도 실시간으로 조정이 가능해 실험적이고 창의적인 사운드 변화를 즉각 반영합니다.

두 플러그인을 활용하면 사운드의 구조와 질감을 자유롭게 다듬으며, 음악의 완성도와 표현력을 한 단계 끌어올릴 수 있습니다.

06 Omnivocal: 인공지능 기반 보컬 엔진

Omnivocal은 Yamaha의 혁신적인 음성 합성 엔진을 기반으로, 입력한 가사와 멜로디를 실제 사람이 부르는 것처럼 자연스럽게 변환하는 최첨단 가상 보컬 엔진입니다. 단순한 샘플 재생을 넘어 사용자의 의도를 정교하게 반영하는 보컬 제작 환경을 제공합니다.

- **AI 기반 음성 분석**: 문맥, 억양, 프레이징, 비브라토를 실시간으로 분석하여 기계적인 느낌을 배제하고 생동감 넘치는 보컬 표현력을 구현합니다.
- **섬세한 감정 제어**: 가창의 강약과 감정의 고조를 세밀하게 조절할 수 있는 파라미터를 제공하여, 곡의 분위기에 최적화된 목소리를 디자인할 수 있습니다.
- **다양한 제작 환경 지원**: 가상 가수 프로젝트부터 가이드 보컬 제작, 영화 사운드트랙의 합창 섹션 등 창의적인 작업 전반에 걸쳐 폭넓게 활용됩니다.
- **워크플로우 통합**: 생성된 보컬 데이터를 별도의 익스포트 과정 없이 프로젝트 내에서 즉시 확인하고 편집할 수 있어, 아이디어를 완성형 트랙으로 발전시키는 속도가 매우 빠릅니다.

07 신규 사운드 콘텐츠 및 향상된 샘플러 트랙

방대한 라이브러리가 추가되어 아이디어를 즉각 곡으로 발전시킬 수 있습니다. 40종의 드럼 킷, 5GB 규모의 Song Starter Pack, 30종의 코어 패드 프리셋을 통해 장르별 비트와 곡 구조를 신속하게 구축하며, 리디자인된 Groove Agent SE로 더욱 직관적인 조작이 가능합니다.

Sampler Track은 자동 키 매핑과 루프 제어 기능이 개선되어 오디오 드래그만으로 즉시 트랙을 구성할 수 있습니다. 이는 아이디어 스케치부터 최종 제작까지의 과정을 간소화하며, 사운드 디자인의 효율과 자유도를 획기적으로 높여줍니다.

08 Hub Redesign

시작 허브가 완전히 새로워져, 프로젝트 생성과 관리 과정이 한층 직관적이고 효율적으로 바뀌었습니다. 사용자는 프로젝트를 열거나 새 프로젝트를 시작할 때, 보다 명확하고 시각적으로 정돈된 환경에서 작업을 진행할 수 있습니다.

특히 프로젝트 미리보기 기능은 파일을 열기 전에 내용과 구성을 확인할 수 있어, 잘못된 파일을 열거나 반복적으로 확인하는 불필요한 과정을 줄여줍니다. 또한 최근 프로젝트 목록과 템플릿 선택 화면이 통합되어, 작업 시작 속도를 크게 향상시켰습니다. 원하는 프로젝트를 즉시 불러오고, 장르와 목적에 맞는 템플릿을 몇 번의 클릭으로 적용할 수 있어 편리합니다.

시각적으로 정돈된 인터페이스는 초보자에게 친숙하며, 숙련된 사용자에게는 빠른 접근성과 효율성을 제공합니다. 복잡한 설정 없이 바로 음악 작업을 시작할 수 있도록 설계된 시작 허브는, 프로젝트 관리와 초기 세팅 과정에서 발생할 수 있는 번거로움을 최소화하여 창작 과정에 곧바로 몰입할 수 있게 돕습니다.

09 MIDI 2.0 컨트롤러 지원

최신 MIDI 2.0 규격을 공식 지원함에 따라, 컨트롤러와 가상 악기 간 연동이 훨씬 정밀하고 풍부해졌습니다. MIDI 2.0은 기존 MIDI보다 훨씬 다양한 세부 정보를 전달할 수 있으며, 건반을 누르는 힘, 터치 속도, 페달 사용, 노트 벨로시티 등 연주의 미묘한 뉘앙스를 섬세하게 반영합니다. 이를 통해 실제 연주자와 같은 자연스러운 표현력을 갖춘 데이터를 제작할 수 있습니다.

또한 RPN(Register Parameter Number)과 NRPN(Non-Registered Parameter Number) 제어 기능이 간단히 설정 가능하며, 다양한 하드웨어 컨트롤러와의 정밀한 연결을 지원합니다. 기본 설정만으로도 충분히 섬세한 연주가 가능하며, 경험이 쌓일수록 더욱 현실감 있는 사운드를 구현할 수 있습니다. MIDI 2.0 지원은 단순한 입력 데이터 전송을 넘어, 음악적 뉘앙스와 표현력을 극대화할 수 있는 강력한 기반을 제공합니다.

10 오토메이션 기능 강화

오토메이션 시스템은 마지막으로 조작한 파라미터를 자동으로 추적하고 전용 검색 기능을 제공하여, 복잡한 프로젝트 내에서도 수많은 매개변수를 신속하고 정교하게 제어할 수 있는 환경을 구축했습니다. 특히 특정 플러그인 전용 오토메이션 트랙만 선택해 표시할 수 있는 기능은 작업의 가독성을 높여주며, 제작자가 반복적인 클릭 대신 창의적인 사운드 디자인에만 집중할 수 있도록 돕습니다.

개편된 시스템을 통해 실무적인 편의성 또한 더욱 정교해졌습니다. 오토메이션 패널을 컴팩트한 세로형으로 전환하거나 오른쪽 존(Right Zone)에 배치할 수 있어 작업 공간 활용도가 높아졌으며, Write(W) 버튼의 색상 변화를 통해 데이터 기록 상태를 실시간으로 명확히 인지할 수 있습니다. 또한 Auto-Latch 및 Cross-Over 모드 작업 중 클릭 한 번으로 기록을 멈추는 펀치아웃 기능과 트랙 간 오토메이션 데이터 복사·붙여넣기 기능은 편집의 번거로움을 획기적으로 줄여줍니다.

여기에 폴더 트랙의 서밍 그룹 자동화 제어까지 통합되면서, 대규모 세션에서도 실제 콘솔을 다루듯 유연하고 역동적인 음악적 변화를 완벽하게 구현할 수 있게 되었습니다. 이러한 기능적 진화는 단순한 값의 변경을 넘어, 제작자가 의도한 사운드의 움직임을 가장 빠르고 직관적으로 트랙에 투영할 수 있는 강력한 기반을 제공합니다.

11 VST 플러그인 매니저(UI) 개선

VST 플러그인 매니저의 인터페이스가 완전히 새로워져, 가상 악기와 오디오 효과를 보다 효율적으로 관리할 수 있습니다. 프로젝트와 플러그인이 많아져도 필요한 항목을 한눈에 찾을 수 있도록, 카테고리별 그룹화와 즐겨찾기 기능이 강화되었습니다.

검색과 필터 기능을 통해 원하는 플러그인을 즉시 탐색할 수 있으며, 정렬 방식도 직관적으로 개선되었습니다. 복잡한 프로젝트에서도 필요한 플러그인을 빠르게 불러올 수 있어 작업 흐름이 끊기지 않습니다. 플러그인 매니저는 단순한 관리 도구를 넘어 전체 제작 효율을 높이는 핵심 기능으로 발전했습니다.

12 Effect Control Panel UI Scaling

Effect Control Panel의 UI 크기를 자유롭게 조절할 수 있는 기능이 추가되어, 다양한 작업 환경에서 편의성이 크게 향상되었습니다. 작은 화면에서도 버튼과 슬라이더가 명확히 표시되고, 큰 모니터에서는 세밀한 조정이 가능합니다.

화면 크기와 해상도에 관계없이 UI 구성이 깔끔하게 유지되며, 복잡한 플러그인도 혼란 없이 조작할 수 있습니다. 플러그인마다 개별적으로 UI 크기를 설정할 수 있어, 사용자마다 최적화된 편집 환경을 구축할 수 있습니다. 시각적 편의성을 높이는 동시에 작업 효율을 향상시키고, 장시간 작업 시 피로도를 줄이는 실질적인 개선입니다.

13 Quick Audio Export 및 비디오 렌더링

Quick Audio Export 기능은 프로젝트를 즉시 오디오 파일로 변환하고 저장할 수 있도록 설계되었습니다. 복잡한 설정 없이 기본 옵션만으로도 WAV, MP3 등 다양한 포맷으로 믹스를 빠르게 내보낼 수 있습니다.

완성된 곡을 공유하거나 데모를 제작할 때, 결과물을 즉시 확인할 수 있어 작업 시간이 크게 단축됩니다. 여러 버전의 믹스를 동시에 관리할 때도 효율적이며, 창작 흐름을 끊지 않고 곧바로 결과를 얻을 수 있습니다. 빠른 내보내기는 음악 제작의 속도와 생산성을 높이는 실질적인 도구입니다.

더불어 비디오 렌더링 옵션이 정교해져 사용자가 용도에 맞는 해상도와 인코딩 프리셋을 직접 지정할 수 있습니다. 특히 개선된 비디오 엔진은 고해상도 영상 재생 시의 하드웨어 부하를 줄여주며, 정교해진 렌더링 성능을 통해 영상 음악 제작자가 의도한 최종 결과물을 더욱 안정적이고 빠르게 출력할 수 있는 통합적인 환경을 제공합니다.

14 오디오 시스템 개선

오디오 시스템이 전반적으로 향상되어 녹음과 재생 환경을 안정적이고 효율적으로 관리할 수 있습니다. 작업 상태 표시줄에서 현재 버퍼 크기를 바로 확인할 수 있으며, 클릭 한 번으로 오디오 드라이버 설정 창을 열 수 있습니다.

이 기능을 통해 녹음 지연이나 끊김 현상이 발생할 때 빠르게 원인을 파악하고 조정할 수 있습니다. 오디오 설정 과정을 단순화해, 초보자도 쉽게 문제를 해결하고 안정적인 녹음 환경을 유지할 수 있습니다. 기술적 장애를 최소화해 창의적 작업에 집중할 수 있도록 돕는 실질적인 개선입니다.

15 편집 관련 소소한 기능

편집 환경의 효율을 높이는 다양한 세부 기능들이 추가되어 사용자 맞춤형 작업 공간을 제공합니다. 가로 스크롤 방향 반전 기능을 통해 마우스 휠 이동 방향을 자유롭게 설정할 수 있으며, 폴더 트랙 색상 자동 적용 기능을 활용해 복잡한 프로젝트에서도 그룹화된 트랙들을 시각적으로 명확하게 구분할 수 있습니다. 이러한 개선은 트랙 수가 많은 대규모 프로젝트일수록 체계적인 관리를 가능하게 합니다.

개편된 시스템에는 정밀한 편집을 돕는 실질적인 도구들이 더욱 보강되었습니다. 오디오 이벤트의 볼륨 페이더를 조절할 때 현재 설정값으로부터의 편차(Deviation)가 수치로 표시되어, 데이터에 기반한 세밀한 게인 스테이징이 가능해졌습니다. 또한, Direct Offline Processing(DOP)의 UI가 더욱 직관적으로 개선되어 파괴적 편집 속도가 빨라졌으며, 전문적인 오디오 분석 기술인 WaveLab Go가 ARA 2.0 규격으로 통합되어 별도의 외부 소프트웨어 실행 없이 Cubase 내부에서 고급 오디오 수리와 분석 도구를 즉시 사용할 수 있습니다.

작은 변화들이지만 반복 작업을 줄이고 편집의 정확도를 높이는 데 큰 역할을 합니다. 스케치 단계부터 최종 마무리까지의 과정을 간소화하여, 초보자와 전문가 모두에게 직관적이면서도 쾌적한 제작 환경을 선사합니다. 이처럼 강화된 편집 기능들은 기술적인 번거로움을 최소화하고 음악적인 완성도를 높이는 데 기여합니다.

큐베이스 시작하기

Cubase가 그 어느 때보다 강력한 모습으로 진화했습니다. 40년에 가까운 역사 동안 전 세계 음악 제작의 표준을 제시해 온 Cubase는 매 버전마다 혁신적인 기능과 편의성을 더해 왔습니다. 방대한 기능 때문에 입문이 막막할 수 있지만, 국내 최고의 전문가 최이진이 안내하는 단계별 가이드를 통해 이 환상적인 DAW를 완벽히 마스터할 수 있습니다. 이제 기초부터 실무 팁까지 체계적으로 익혀, 여러분의 음악적 아이디어를 현실로 구현해 보기 바랍니다.

큐베이스,
데스크 음악 스튜디오

음악을 만들기 위해서는 한때 전문 스튜디오와 고가의 장비가 필수적이었습니다. 대형 믹싱 콘솔과 녹음기, 수많은 케이블과 외부 장비가 음악 제작의 기본 환경이었습니다. 그 러나 디지털 기술의 발전으로 음악 제작 방식은 크게 변화했습니다. 오늘날에는 컴퓨터 를 중심으로 필요한 장비를 연결해, 작곡부터 녹음, 편집, 믹싱까지 대부분의 음악 제작 과정을 하나의 환경에서 수행할 수 있습니다. 이러한 변화의 중심에 있는 대표적인 음악 제작 소프트웨어가 큐베이스입니다.

01 컴퓨터 안에 구현된 음악 작업 환경

큐베이스는 디지털 오디오 워크스테이션, 즉 DAW(Digital Audio Workstation)에 해당하는 음 악 제작 프로그램입니다. DAW는 음악 작업에 필요한 여러 기능을 하나로 모아 놓은 소프트 웨어로 실제 음악 작업실을 컴퓨터 화면 안에 옮겨 놓은 것과 같은 개념으로 이해할 수 있습 니다. 이 프로그램은 녹음실에서 이루어지던 녹음, 편집, 믹싱과 마스터링 같은 작업을 디지털 방식으로 구현합니다. 사용자는 시스템 안에서 소리를 기록하고 다듬으며, 여러 트랙을 조합 해 하나의 음악으로 완성할 수 있습니다.

큐베이스는 독일의 스테인버그(Steinberg)에서 개발되었습니다. 스테인버그는 1980년대 후반 부터 MIDI 기반 음악 제작 소프트웨어를 개발해 온 회사로 본 도구를 통해 컴퓨터 음악 제작 환경의 기반을 구축해 왔습니다. 현재 스테인버그는 일본의 글로벌 악기 및 음향 기업인 야마 하(Yamaha Corporation) 그룹의 핵심 일원으로 운영되고 있으며, 이러한 배경은 프로그램의 독보적인 안정성과 기술적 신뢰도를 뒷받침하는 든든한 기반이 됩니다.

세계적인 하드웨어 기술력을 가진 야마하와 스테인버그의 소프트웨어 노하우가 결합되면서, 오디오 인터페이스나 건반 같은 외부 장비와의 긴밀한 연동성이 극대화되었습니다. 이를 통해 사용자는 복잡한 설정 과정에 에너지를 낭비하지 않고, 실제 하드웨어 악기를 다루듯 직관적이고 안정적인 환경에서 오로지 창작 활동에만 몰입할 수 있게 되었습니다. 이러한 하드웨어와의 긴밀한 조화는 전문적인 제작 환경에서 큐베이스가 갖는 큰 강점입니다.

▲ 큐베이스는 컴퓨터 안에서 음악 작업을 수행하는 환경이다

초기 버전은 오디오 녹음보다는 MIDI 시퀀싱에 중점을 둔 프로그램이었습니다. 이로 인해 큐베이스는 지금까지도 MIDI 작업에 강력한 특징을 유지하고 있습니다. 작곡과 편곡 과정에서 음표 하나하나를 세밀하게 다루고, 직관적인 편집 툴을 통해 음악의 구조를 체계적으로 구성할 수 있다는 점은 가장 독보적인 강점으로 평가받습니다.

기본 기능 중 하나는 오디오 녹음입니다. 마이크를 연결해 보컬을 녹음하거나 기타와 같은 악기를 직접 연주해 소리를 저장할 수 있습니다. 녹음된 소리는 화면에 파형 형태로 표시되며, 사용자는 이를 잘라내거나 이어 붙이고 반복하거나 위치를 이동시키는 등의 편집 작업을 수행할 수 있습니다. 과거에는 실제 테이프를 물리적으로 잘라야 했던 편집 작업이 디지털 환경에서는 훨씬 정밀하고 안전하게 이루어집니다.

또 다른 핵심 요소는 MIDI 기능입니다. MIDI는 실제 소리를 저장하는 방식이 아니라 어떤 음이 언제, 얼마나 길게 연주되었는지를 기록하는 정보 방식입니다. 이는 악보와 유사한 개념으로 이해할 수 있으며, 소리 자체가 아닌 연주 지시서에 가깝습니다. 이를 통해 입력된 음악은 언제든지 수정이 가능하며, 음의 높이, 길이, 박자, 템포 등을 자유롭게 변경할 수 있습니다. 이러한 특성은 아이디어를 빠르게 기록하고 발전시키는 데 큰 장점을 제공합니다.

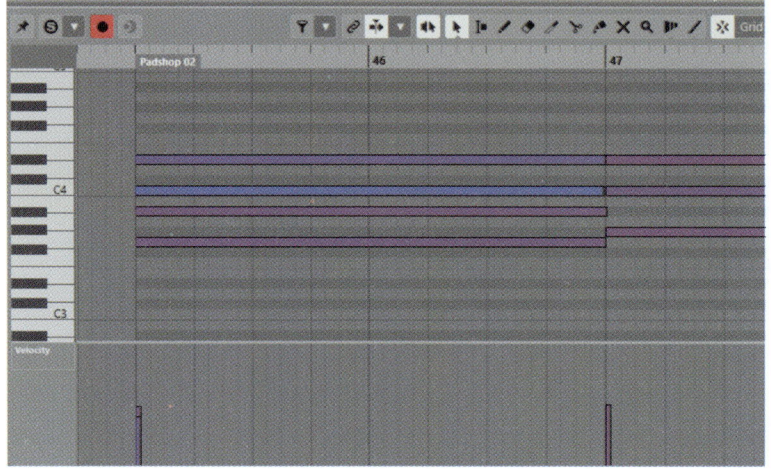
▲ MIDI는 소리가 아니라 연주 정보를 기록하는 방식이다

가상 악기와 오디오 효과를 활용할 수 있는 환경도 제공합니다. 실제 악기가 없어도 소프트웨어 형태의 피아노, 드럼, 신디사이저 등을 불러와 연주할 수 있으며, 리버브와 컴프레서 같은 효과를 적용해 소리를 풍부하게 만들 수 있습니다. 이러한 기능은 스테인버그가 개발한 세계 표준 규격인 VST(Virtual Studio Technology) 기술을 기반으로 작동하며, 다양한 외부 가상 악기와 효과를 자유롭게 확장할 수 있게 해 줍니다.

초보자부터 전문가까지 폭넓은 사용자를 대상으로 설계되었습니다. 간단한 녹음과 편집 작업부터 복잡한 작곡, 사운드 디자인, 대규모 프로젝트 관리까지 다양한 작업을 지원합니다. 실제로 해당 툴은 개인 취미 음악가뿐 아니라 영화 음악 작곡가, 게임 사운드 제작자, 전문 프로듀서 등 여러 분야에서 활용되고 있습니다.

결론적으로 이는 단순한 음악 프로그램을 넘어 음악 제작의 전 과정을 하나로 연결하는 종합적인 작업 환경입니다. 아이디어를 기록하는 단계부터 최종 결과물을 완성하는 단계까지 모든 과정을 유기적인 흐름으로 통합합니다. 이러한 점에서 큐베이스는 현대 음악 제작의 글로벌 표준이자 디지털 시대를 대표하는 도구라고 할 수 있습니다.

02 MIDI 시퀀서에서 세계 표준 DAW로

큐베이스의 역사는 디지털 음악 제작 환경이 어떻게 발전해 왔는지를 보여 주는 좋은 예입니다. 이 프로그램은 1989년 개인용 컴퓨터에서 작곡과 편곡을 가능하게 한 MIDI 시퀀서 (Cubase 1.0)로 처음 등장했습니다. 당시 대부분의 음악 제작은 아날로그 장비 중심이었고, 컴퓨터는 악보 출력이나 보조적인 작업에만 사용되었습니다. 이러한 시기에 큐베이스는 컴퓨터를 음악 제작의 중심 도구로 끌어올리는 결정적인 역할을 했습니다.

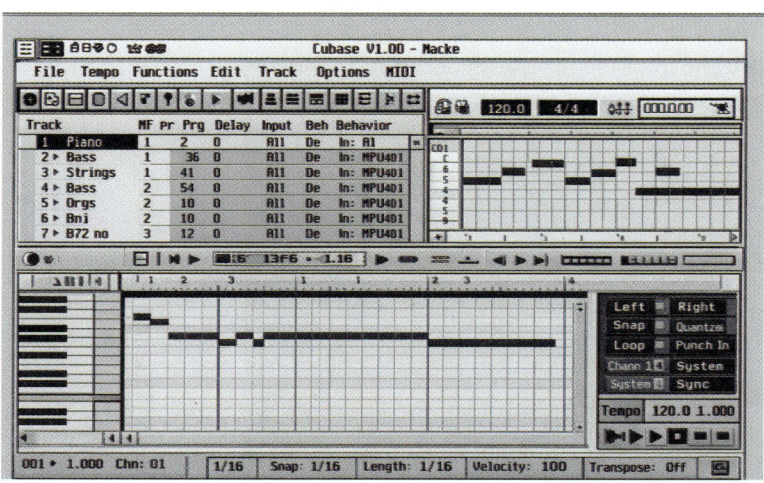

▲ 초기 Cubase MIDI 화면 (1989, Atari ST 스타일)

초기 Cubase 1.0은 오디오 녹음 기능이 없이 MIDI 정보를 기록하고 편집하는 데 최적화된 형태였습니다. MIDI 시퀀서란 연주된 음의 높이, 길이, 타이밍 등 연주 정보를 시간 순서대로 기록하고 정리하는 도구입니다. 사용자는 MIDI 키보드나 마우스로 음표를 입력하여 멜로디와 리듬을 만들 수 있었고, 이후에도 자유롭게 수정할 수 있었습니다. 실제 소리는 나지 않지만 음악의 구조와 아이디어를 체계적으로 다룰 수 있다는 점에서 해당 툴은 작곡가와 편곡가들에게 큰 인기를 끌었습니다.

1992~1993년경 등장한 Cubase Audio 버전은 MIDI와 실제 소리를 함께 다룰 수 있게 확장되었습니다. 이제 보컬, 기타, 드럼 같은 실제 악기를 녹음할 수 있고, 오디오 트랙과 MIDI 트랙을 함께 편집할 수 있게 되었습니다. 이 변화는 컴퓨터가 단순한 보조 도구에서 전문 음악 제작 중심 도구로 자리 잡는 계기가 되었습니다. 초보자도 직접 소리를 녹음하고 편집하며, 여러 트랙을 조합해 완성도 높은 음악을 만들 수 있는 환경이 마련되었습니다.

1990년대 후반, 컴퓨터 성능과 오디오 인터페이스 기술이 빠르게 발전하면서 워크스테이션에는 다양한 오디오 편집 기능과 프로젝트 관리 기능이 추가되었습니다. 예를 들어, 한 트랙에 여러 번 녹음한 테이크 중 가장 좋은 부분만 선택하거나 수십 개의 트랙을 동시에 관리하며 믹싱할 수 있는 기능이 도입되었습니다. 이로써 큐베이스는 MIDI 중심 도구에서 완전히 벗어나 오디오와 MIDI를 모두 완벽히 소화하는 종합 DAW로 성장했습니다.

▲ VST(Virtual Studio Technology)

발전 과정에서 특히 중요한 기술적 전환점은 1996년 도입된 VST(Virtual Studio Technology)입니다. 이는 가상 악기와 오디오 효과를 소프트웨어 형태로 사용할 수 있게 해 주는 혁신적인 기술입니다. 예를 들어, 실제 피아노가 없어도 컴퓨터 안에서 소리를 구현할 수 있고 드럼,

신디사이저 등 방대한 악기군을 활용할 수 있습니다. 또한 녹음된 소리에 리버브, 딜레이 같은 효과를 손쉽게 적용할 수 있습니다. 이를 통해 음악 제작은 특정 장비를 가진 이들만의 영역을 넘어 누구나 접근할 수 있는 환경으로 확장되었으며, 스테인버그가 개발한 이 기술은 전 세계 DAW의 표준으로 자리 잡았습니다.

이후 2004년, 스테인버그가 야마하 그룹에 합류하게 된 사건은 큐베이스가 글로벌 표준으로서 입지를 굳히는 결정적인 계기가 되었습니다. 거대 기업의 안정적인 개발 자본과 장기적인 기술 지원이 확보되면서, 큐베이스는 거침없는 업데이트와 성능 개선을 이어갈 수 있는 든든한 동력을 얻었습니다. 야마하 산하에서도 스테인버그 특유의 개발 철학은 독립적으로 계승되었고, 하드웨어와 소프트웨어의 경계를 허무는 기술적 진보는 가속화되었습니다.

그 결과 초기 MIDI 시퀀서로서의 강점은 유지하면서 현대 음악 제작에 필수적인 오디오 편집, 가상 악기, 믹싱 기능을 모두 갖춘 DAW로 완성되었습니다. 영화 음악, 게임 사운드, 상업 음반 제작 등 광범위한 분야에서 활용되고 있는 이 도구는 오랜 시간 축적된 기술력과 사용자 경험을 바탕으로 전 세계 음악 제작자들에게 업계의 확고한 표준이 되고 있습니다.

03 아이디어에서 완성된 음악까지

큐베이스에서 음악을 만드는 과정은 일정한 흐름을 가지고 있습니다. 이 흐름을 이해하면 프로그램의 다양한 기능이 왜 존재하는지 자연스럽게 파악할 수 있습니다. 음악 제작은 단순히 소리를 녹음하는 작업이 아니라 아이디어를 정리하고 구조를 만들며 완성도를 높여 가는 과정입니다. 큐베이스는 이러한 전 과정을 하나의 작업 환경 안에서 체계적으로 지원합니다.

음악 작업은 하나의 프로젝트를 생성하는 것에서 시작합니다. 프로젝트는 음악 한 곡에 해당하는 작업 공간이며, 모든 데이터와 설정 정보가 이 안에 저장됩니다. 큐베이스는 이를 독립된 폴더 단위로 관리하며, 그 안에 존재하는 여러 개의 트랙은 보컬, 드럼, 신디사이저 등 개별 요소를 담당합니다. 이 구조를 통해 사용자는 음악을 여러 층으로 나누어 효율적으로 관리할 수 있습니다.

제작의 첫 단계는 아이디어를 기록하는 과정입니다. 간단한 멜로디를 MIDI로 입력하거나 코드 진행을 연주해 저장하는 방식으로 시작할 수 있습니다. 이때 입력된 데이터는 소리가 아니라 연주 정보이기 때문에 이후에도 자유롭게 수정할 수 있습니다. 템포를 바꾸거나 키를 조정하더라도 음악의 구조는 유지되며, 이러한 점은 초기 아이디어를 부담 없이 기록할 수 있게 합니다.

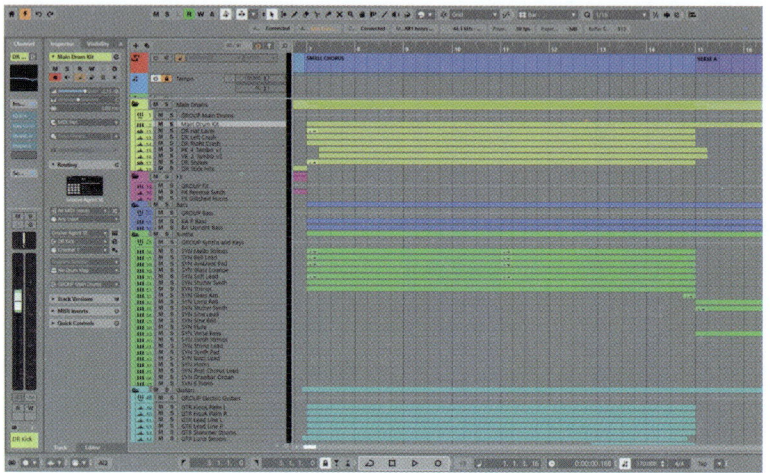

▲ 하나의 프로젝트 안에서 여러 트랙이 음악을 구성한다

다음 단계는 편곡입니다. 편곡은 음악의 구성 요소를 확장하고 정리하는 과정입니다. 큐베이스에서는 하나의 멜로디 위에 베이스 라인을 추가하고 드럼 패턴을 배치하며, 화음을 쌓아 음악의 형태를 구체화할 수 있습니다. 각 악기는 개별 트랙으로 관리되며, 볼륨과 위치를 조절해 전체적인 균형을 맞춥니다. 이 레이어링 과정을 통해 음악은 점점 입체적인 형태를 갖추게 됩니다.

편곡이 어느 정도 완성되면 오디오 녹음이 이루어집니다. 보컬이나 실제 악기를 녹음해 프로젝트에 추가하면, MIDI 중심의 음악에 현실적인 질감이 더해집니다. 큐베이스 내에서는 여러 번 녹음한 테이크를 관리할 수 있으며, 가장 좋은 부분만 선택해 하나의 트랙으로 정리할 수 있습니다. 이 과정은 반복적인 연습과 수정이 가능하도록 설계되어 있습니다.

이후에는 편집 작업이 진행됩니다. 편집은 녹음되거나 입력된 데이터를 다듬는 과정입니다. 시스템에서는 음의 길이를 조정하거나 타이밍을 맞추고, 불필요한 부분을 제거할 수 있습니다. MIDI와 오디오 모두 세밀한 편집이 가능하며, 박자에 맞게 정렬하는 기능을 통해 전체 음악의 정확도를 높일 수 있습니다. 이 과정을 통해 음악은 보다 정돈된 형태를 갖추게 됩니다.

편집이 끝나면 믹싱 단계로 넘어갑니다. 믹싱은 여러 트랙의 소리를 하나의 음악으로 자연스럽게 어우러지도록 만드는 과정입니다. 각 트랙의 음량을 조절하고 좌우 위치를 배치하며 필요한 효과를 적용합니다. 특히 실제 콘솔을 구현한 믹스 콘솔(MixConsole) 환경을 통해 사용자가 체계적으로 작업할 수 있도록 지원합니다.

마지막 단계는 완성된 음악을 하나의 파일로 출력(Audio Mixdown)하는 과정입니다. 큐베이스에서는 작업한 프로젝트를 스테레오 오디오 파일로 변환할 수 있으며, 다양한 음질과 포맷을 선택할 수 있습니다. 이 과정을 통해 음악은 감상용 파일이나 배포용 콘텐츠로 완성됩니다.

이러한 제작 과정은 정해진 규칙이 아니라 사용자의 작업 방식에 따라 유연하게 변화합니다. 그러나 기본적인 흐름을 이해하면 각 기능의 역할이 분명해지고 작업 효율도 자연스럽게 향상됩니다. 이러한 구조적인 설계는 큐베이스가 오랜 시간 동안 음악 제작 도구로 선택받아 온 이유입니다.

04 소리를 기록하는 방법과 개념

오디오 녹음은 실제로 들리는 소리를 디지털 데이터로 저장하는 과정입니다. 큐베이스에서 오디오 녹음은 보컬, 기타, 베이스, 드럼과 같은 실제 악기 연주를 기록하는 데 사용됩니다. 이 과정은 음악에 현실적인 질감과 생동감을 더하며, 음악 제작에서 가장 중요한 단계 중 하나입니다.

오디오 녹음을 위해서는 마이크, 악기, 혹은 전자 장치를 컴퓨터에 연결할 수 있는 장비가 필요합니다. 일반적으로 오디오 인터페이스를 사용하며, 이는 아날로그 신호를 디지털 신호로 변환하여 큐베이스에 전달합니다. 인터페이스의 성능과 품질은 녹음 결과에 큰 영향을 미칩니다. 초보자라도 좋은 인터페이스를 사용하면 소리의 선명도와 노이즈 감소 효과를 쉽게 체감할 수 있습니다.

▲ 녹음된 오디오는 파형 형태로 화면에 표시된다

마이크는 종류에 따라 녹음되는 소리가 달라집니다. 콘덴서 마이크는 보컬과 섬세한 악기 소리를 자연스럽게 녹음하는 데 적합하고, 다이나믹 마이크는 드럼이나 기타 앰프처럼 큰 소리에도 안정적입니다. 기타와 베이스는 DI(Direct Input) 또는 앰프를 거쳐 연결할 수 있으며, 인터페이스의 입력 채널에 따라 동시에 여러 악기를 녹음할 수 있습니다. 초보자는 먼저 하나의 소스를 연결해 녹음 흐름을 이해한 뒤, 점차 여러 트랙을 동시에 다루는 방식으로 연습하는 것이 좋습니다.

이 시스템에서 오디오 녹음은 전용 트랙을 생성하는 것으로 시작됩니다. 오디오 트랙은 실제 소리가 저장되는 공간이며, 작업이 진행되면 화면에 파형(waveform)으로 표시됩니다. 파형은 소리의 크기와 시간 흐름을 시각적으로 보여 주어 사용자가 상태를 직관적으로 확인할 수 있게 합니다. 초보자라면 "파형을 보는 것은 소리를 눈으로 확인하는 것과 같다" 라고 이해하면 쉽습니다.

녹음 전에 입력 레벨 조정이 필수적입니다. 신호가 너무 작으면 소리가 약하게 녹음되고, 너무 크면 왜곡(클리핑)이 발생합니다. 큐베이스에서는 입력 레벨을 미터(Meter)로 확인하며, 이를 기준으로 적절한 수준을 유지합니다. 또한, 메트로놈을 켜서 일정한 박자에 맞춰 연주하거나 노래하는 것이 좋습니다. 이는 편집과 믹싱 과정에서 음악을 정렬하는 데 큰 도움이 됩니다.

이때 연주자가 자신의 소리를 지연 없이 실시간으로 듣기 위해서는 레이턴시(Latency) 설정에 유의해야 합니다. 큐베이스 내 오디오 설정에서 버퍼 사이즈를 적절히 조절하면 소리가 뒤늦게 들리는 현상을 방지하고 쾌적한 녹음 환경을 구축할 수 있습니다. 특히 모니터링 버튼을 활용해 입력되는 소리를 즉각적으로 확인하는 습관은 성공적인 녹음의 핵심입니다.

또한, 한 트랙에 여러 번 녹음할 수 있는 테이크(Take) 기능을 제공합니다. 같은 구간을 여러 번 연주한 뒤 가장 좋은 부분만 선택하여 사용할 수 있는데, 이는 영화 촬영에서 여러 장면을 찍고 최고의 컷을 선택하는 과정과 유사합니다. 초보자라도 실수를 두려워하지 않고 마음껏 녹음하며 경험을 쌓을 수 있습니다.

녹음이 끝난 후에는 편집 작업이 진행됩니다. 불필요한 앞뒤 부분을 제거하고, 여러 구간을 이어 붙여 자연스러운 연주로 정리합니다. 큐베이스의 편집은 비파괴 방식으로 이루어지므로, 원본 파일은 그대로 유지됩니다. 필요할 때 언제든 이전 상태로 돌아갈 수 있어 안정적입니다. 또한, 편집 과정에서 페이드인(Fade In), 페이드아웃(Fade Out), 음량 조절, 클리핑 방지와 같은 기능을 활용하면 더욱 자연스러운 소리를 만들 수 있습니다.

녹음 과정에서 초보자가 주의해야 할 점도 있습니다. 주변 소음을 최소화하고, 모니터링 스피커 또는 헤드폰을 통해 녹음 상태를 실시간으로 확인하는 것이 중요합니다. 입력 신호가 너무 작거나 큰 경우를 바로잡고, 필요하면 테이크를 반복하여 최적의 소리를 확보해야 합니다.

오디오 녹음은 음악 제작에서 가장 기본적이면서도 중요한 요소입니다. 큐베이스는 이 과정을 직관적이고 안정적으로 수행할 수 있도록 설계되었습니다. 녹음의 기본 원리와 단계, 장비 활용법, 주의 사항을 충분히 이해하는 것은 이후 편집과 믹싱 작업을 효율적으로 진행할 수 있는 중요한 기반이 됩니다. 초보자는 장비 연결 → 입력 레벨 확인 → 테이크 녹음 → 편집 순서로 실습하며 경험을 쌓는 것이 좋습니다.

05 연주 정보를 다루는 음악 제작 방식

MIDI는 음악 제작에서 매우 중요한 개념입니다. 오디오가 실제로 들리는 소리를 그대로 기록하는 방식이라면, MIDI는 소리를 만들어 내는 연주 정보를 기록하는 방식입니다. 큐베이스는 이러한 MIDI 작업에 강점을 가진 소프트웨어로 오랜 시간 동안 작곡과 편곡 중심의 음악 제작에 활용되어 왔습니다.

MIDI는 음의 높이, 길이, 연주 시점, 세기와 같은 정보를 숫자 데이터로 저장합니다. 이 데이터 자체에는 실제 소리가 포함되어 있지 않으며, 가상 악기나 외부 음원 장치와 연결될 때 비로소 소리가 출력됩니다. 덕분에 MIDI 데이터는 매우 가볍고, 수정과 복제가 자유롭습니다. 예를 들어, 곡의 조성을 바꾸거나 템포를 조정해도 음질 손상이나 재녹음 없이 바로 적용할 수 있습니다. 이 점은 곡을 실험하거나 여러 버전을 만들어 볼 때 큰 장점으로 작용합니다.

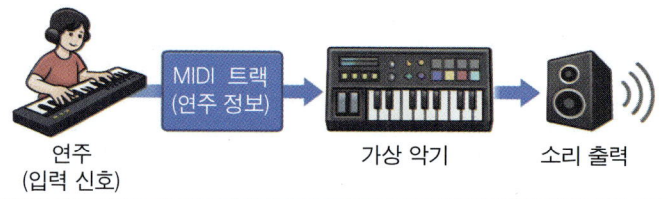

▲ MIDI는 연주 정보를 기록하며, 가상 악기를 통해 소리가 출력됩니다.

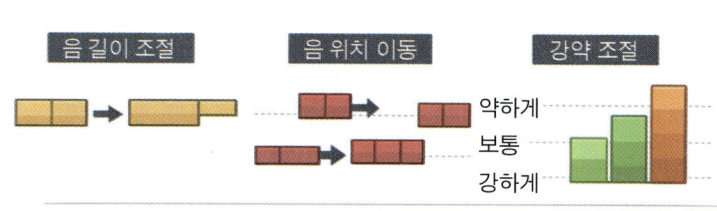

▲ 피아노 롤은 블럭 형태로 음표를 자유롭게 편집할 수 있습니다.

큐베이스에서는 MIDI 데이터를 MIDI 트랙이라는 별도의 공간에서 관리합니다. MIDI 트랙에는 연주 정보만 저장되며, 실제 소리는 연결된 가상 악기가 담당합니다. 사용자는 하나의 MIDI 데이터를 피아노, 스트링, 드럼, 신디사이저 등 다양한 악기로 바꾸어 들어볼 수 있으며, 음악의 분위기와 색깔을 손쉽게 실험할 수 있습니다.

예를 들어, 같은 멜로디를 피아노로 연주해 보고, 드럼으로 변환하여 리듬을 추가하거나 신디사이저로 바꿔 전자음 느낌을 확인할 수 있습니다.

MIDI 작업의 가장 큰 장점은 편집의 자유도입니다. 큐베이스의 키 에디터 화면에서는 음 하나하나를 블록 형태로 시각화하여 확인할 수 있습니다. 음의 위치를 옮기거나 길이를 늘리고 줄일 수 있으며, 강약까지 조절 가능합니다. 잘못 연주된 음도 쉽게 수정할 수 있어 작곡과 편곡 과정에서 시행착오를 줄이고 아이디어를 빠르게 음악으로 구현할 수 있습니다. 또한, 복잡한 화음이나 반복 패턴도 손쉽게 복제하고 배열할 수 있어 작은 아이디어를 점차 완성된 곡으로 발전시키는 과정이 효율적입니다.

큐베이스는 MIDI의 타이밍을 정밀하게 제어할 수 있는 기능도 제공합니다. 연주가 박자에서 벗어난 경우, 정해진 박자에 맞춰 자동 정렬하는 '퀀타이즈' 기능을 활용하면, 연주자의 감각은 유지하면서도 음악 전체의 정확도를 높일 수 있습니다. 속도 변화, 템포 자동 조절, 루프 구간 반복 등도 가능하여 초보자라도 안정적이고 자연스러운 연주를 만들 수 있습니다.

MIDI 데이터는 곡의 구조를 바꾸는 데도 매우 유리합니다. 곡의 템포를 변경하거나 조성을 바꾸더라도 MIDI 데이터는 새로운 설정에 맞춰 자동으로 조정됩니다. 오디오 녹음과 달리 음질 저하나 재녹음의 부담이 없기 때문에 아이디어를 다양한 방식으로 실험하고 발전시키는 데 최적화되어 있습니다.

또한, MIDI를 활용하면 다양한 표현을 적용할 수 있습니다. 음 하나하나에 서로 다른 강약과 길이를 지정하거나 여러 악기의 연주를 동시에 조정할 수 있습니다. 관현악 편곡이나 영화 음악처럼 표현력이 중요한 작업에서도 자연스러운 연주와 감정 표현을 구현할 수 있습니다. 큐베이스는 이러한 세밀한 조정을 쉽게 할 수 있는 기능들을 제공하여 초보자도 체계적으로 MIDI를 이해하고 활용할 수 있습니다.

결국, MIDI는 단순한 입력 방식이 아니라 음악을 구성하고 다듬는 핵심 도구입니다. 큐베이스는 MIDI의 구조와 장점을 최대한 활용할 수 있도록 설계되어 있으며, 이를 통해 작곡과 편곡 중심의 음악 제작 환경을 누구나 접근 가능하게 만듭니다. 초보자라도 MIDI를 이해하고 직접 다뤄보면서 아이디어를 곡으로 발전시키는 즐거움을 경험할 수 있습니다.

06 소프트웨어로 구현되는 악기 환경

가상 악기는 실제 악기의 소리를 소프트웨어 형태로 구현한 것입니다. 즉, 피아노, 드럼, 신디사이저 같은 악기를 실제로 연주하지 않고도 컴퓨터 안에서 사용할 수 있도록 만든 디지털 악기입니다. 큐베이스에서는 이러한 가상 악기를 통해 실제 악기가 없어도 다양한 음악을 제작할 수 있습니다.

가상 악기는 시스템 내부에서 MIDI 데이터와 결합되어 작동합니다. 사용자가 MIDI 트랙에 입력한 연주 정보는 가상 악기로 전달되고, 이 정보에 따라 소리가 출력됩니다. 예를 들어 같은 멜로디를 입력하더라도 연결된 가상 악기에 따라 피아노 소리, 전자 신디사이저 소리, 혹은 드럼 소리로 바뀌어 재생됩니다. 이런 구조 덕분에 음악의 분위기와 색깔을 자유롭게 실험할 수 있습니다.

▲ HALion Sonic (큐베이스에 기본으로 포함된 VST 가상 악기)

큐베이스에서 가상 악기를 사용하는 방법 중 핵심은 VST 기술입니다. VST는 스테인버그가 개발한 표준 기술로 가상 악기와 오디오 효과를 프로그램 안에서 플러그인 형태로 불러와 사용할 수 있게 해 줍니다. 이를 통해 다양한 악기와 효과를 프로젝트에 바로 추가하고 조합할 수 있으며, 필요에 따라 교체하거나 수정할 수도 있습니다. 예를 들어, 같은 드럼 패턴을 여러 가지 드럼 키트로 테스트하거나 신디사이저 패치를 바꿔 다양한 음색을 시도할 수 있습니다.

큐베이스에는 기본적으로 여러 종류의 가상 악기가 포함되어 있습니다. 피아노, 전자 드럼, 베이스, 다양한 신디사이저뿐 아니라, 복잡한 음색을 만들어 낼 수 있는 신디사이저 패치도 제공됩니다. 이러한 기본 악기만으로도 작곡, 편곡, 믹싱까지 음악 제작 전 과정을 충분히 경험할 수 있습니다.

가상 악기의 가장 큰 장점은 공간과 비용의 제약이 거의 없다는 것입니다. 수억 원에 달하는 그랜드 피아노나 거대한 드럼 세트를 구입하지 않아도 컴퓨터 한 대만 있다면 내 방을 전문 스튜디오로 만들 수 있습니다. 또한 하나의 가상 악기에서 여러 개의 독립된 소리를 출력하는 멀티 아웃풋(Multi-Output) 기능을 활용하면, 드럼의 킥과 스네어 소리를 각각 별도의 채널로 분리하여 더욱 정교하게 믹싱할 수 있습니다.

큐베이스에서는 가상 악기의 소리를 세밀하게 조절할 수도 있습니다. 음색, 필터, 엔벨로프, 이펙트 설정 등을 수정해 자신만의 사운드를 만들 수 있으며, 이러한 설정은 프로젝트에 함께 저장되어 일관된 사운드 관리가 가능합니다. 이를 통해 앨범이나 시리즈 프로젝트에서도 같은 음색을 유지할 수 있습니다.

VST 기술은 큐베이스뿐만 아니라 다른 DAW에서도 널리 사용되지만, 큐베이스는 VST를 처음 개발한 프로그램이라는 점에서 안정성과 호환성 면에서 매우 신뢰할 수 있습니다. 이는 장시간 작업 중에도 안정적인 환경을 제공하여, 창작에 집중할 수 있게 해 줍니다.

결국 가상 악기와 VST 기술을 이해하는 것은 현대 음악 제작에서 필수적인 요소입니다. 큐베이스는 이러한 기술을 직관적으로 사용할 수 있도록 설계되어 실제 악기 연주와 디지털 사운드 디자인을 자연스럽게 결합할 수 있습니다. 이를 통해 초보자도 손쉽게 다양한 소리를 실험하고 자신만의 음악 세계를 구축할 수 있습니다.

07 소리를 다듬고 완성도를 높이는 과정

이펙트는 녹음되거나 생성된 소리를 가공하여 음악의 완성도를 높이는 역할을 합니다. 큐베이스에서 이펙트는 단순히 소리를 꾸미는 도구가 아니라, 각 소리의 성격을 정리하고 전체 음악의 균형을 맞추는 데 핵심적인 요소입니다. 같은 연주라도 이펙트의 사용 방식에 따라 전혀 다른 느낌의 음악으로 완성될 수 있습니다.

큐베이스에서는 다양한 오디오 이펙트를 VST 형태로 사용할 수 있습니다. 이펙트는 오디오 트랙이나 가상 악기 트랙에 직접 삽입되어 작동하며, 입력된 소리를 실시간으로 처리합니다. 하나의 트랙에 여러 개의 이펙트를 순서대로 연결할 수 있는데, 이를 이펙트 체인이라고 합니다. 이펙트 체인의 순서에 따라 소리의 결과가 달라지기 때문에 큐베이스에서는 이를 자유롭게 조정할 수 있도록 설계되어 있습니다.

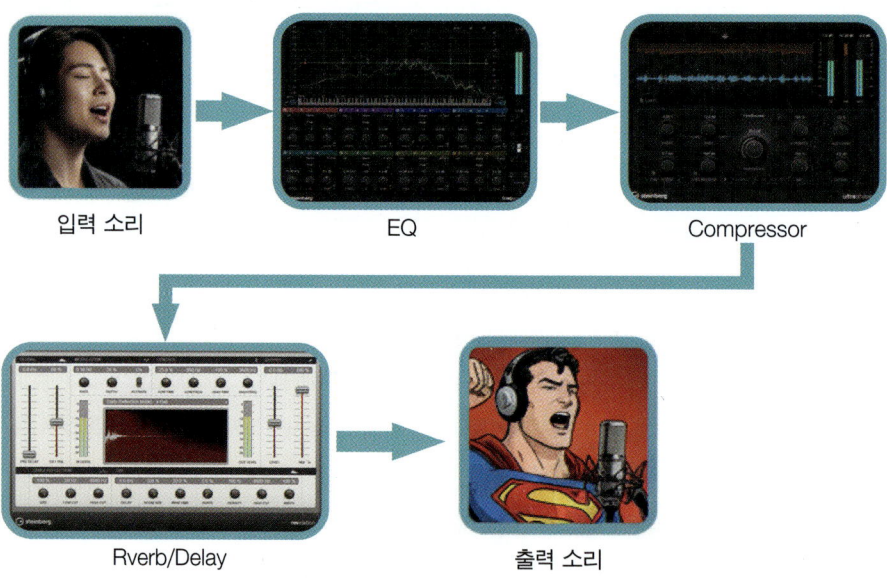

입력 소리   EQ   Compressor

Rverb/Delay   출력 소리

이퀄라이저는 가장 기본적이면서도 중요한 이펙트입니다. 이퀄라이저는 소리의 특정 주파수 영역을 강조하거나 줄이는 기능을 합니다. 예를 들어, 저음이 과도한 경우 이를 줄여 소리를 깔끔하게 만들 수 있고, 필요한 영역을 살짝 강조해 악기의 존재감을 살릴 수도 있습니다. 큐베이스에 포함된 이퀄라이저는 주파수 변화를 시각적으로 확인할 수 있어 초보자도 소리의 변화를 비교하며 이해하기 쉽습니다.

컴프레서는 소리의 크기 변화를 정리하는 역할을 합니다. 연주나 노래에서 소리가 갑자기 커지거나 작아질 경우, 컴프레서를 사용하면 전체적인 음량을 일정하게 유지할 수 있습니다. 이를 통해 소리가 더 안정적으로 들리며, 음악 안에서 각 트랙이 자연스럽게 어우러지게 됩니다. 보컬이나 드럼처럼 다이내믹 변화가 큰 소리에 자주 사용됩니다.

리버브와 딜레이는 소리에 공간감을 부여하는 이펙트입니다. 리버브는 소리가 공간 안에서 울리는 느낌을 만들어 주며, 공연장이나 방 안에서 연주하는 것 같은 분위기를 표현할 수 있습니다. 딜레이는 소리가 일정한 시간 간격으로 반복되도록 하여 리듬감이나 깊이를 더해 줍니다. 이러한 이펙트를 적절히 사용하면 음악이 단순한 소리의 나열이 아니라, 하나의 공간 속에서 자연스럽게 펼쳐지는 느낌을 갖게 됩니다.

이러한 이펙트들은 적용 방식에 따라 크게 인서트(Insert)와 센드(Send)로 나뉩니다. 인서트는 소리 전체를 이펙터에 통과시켜 직접적으로 변화를 줄 때 사용하며, 센드는 원본 소리는 유지한 채 이펙트가 걸린 소리를 따로 섞어줄 때 사용합니다. 보통 이퀄라이저나 컴프레서는 인서트에, 리버브나 딜레이는 센드 방식으로 활용하는 것이 믹싱의 기본 원칙입니다.

큐베이스에서는 이펙트의 적용 정도를 시간에 따라 변화시키는 자동화 기능도 제공합니다. 특정 구간에서만 이펙트를 강하게 적용하거나 점진적으로 효과를 늘리거나 줄일 수 있습니다. 이를 통해 음악의 흐름에 맞춰 사운드를 섬세하게 조절할 수 있으며, 곡의 전개에 따라 감정적인 변화를 표현하는 것도 가능합니다.

이펙트 처리는 많이 사용하는 것이 목적이 아닙니다. 각 소리가 서로 겹치지 않고, 필요한 위치에 잘 자리 잡도록 정리하는 것이 중요합니다. 큐베이스는 이러한 사운드 정리를 체계적으로 수행할 수 있는 환경을 제공하며, 사용자가 소리의 변화를 단계적으로 확인할 수 있도록 돕습니다.

이펙트와 사운드 처리는 이후에 진행되는 믹싱 작업의 기초가 됩니다. 이 기본 개념을 이해하면, 음악 전체를 하나의 균형 잡힌 작품으로 완성하는 과정이 훨씬 수월해집니다. 큐베이스는 초보자도 이펙트의 역할과 변화를 직관적으로 익힐 수 있도록 설계된 음악 제작 환경입니다.

08 정확한 음악 만들기

편집은 음악 제작 과정에서 녹음되거나 입력된 데이터를 다듬는 작업입니다. 큐베이스에서의 편집은 단순히 실수를 고치는 단계에 그치지 않습니다. 소리의 위치와 길이, 흐름을 정리함으로써 음악 전체의 정확도와 완성도를 높이는 핵심적인 과정입니다. 편집을 거치지 않은 음악은 아이디어는 좋을 수 있지만, 완성도 면에서는 부족하게 느껴질 수 있습니다.

큐베이스에서는 오디오와 MIDI 모두에 대해 편집 작업을 수행할 수 있습니다. 오디오 편집은 실제로 녹음된 소리를 대상으로 하며, MIDI 편집은 연주 정보를 대상으로 합니다. 다루는 대상은 다르지만, 두 편집 방식 모두 음악의 흐름을 정리하고 불필요한 요소를 제거한다는 공통된 목적을 가지고 있습니다.

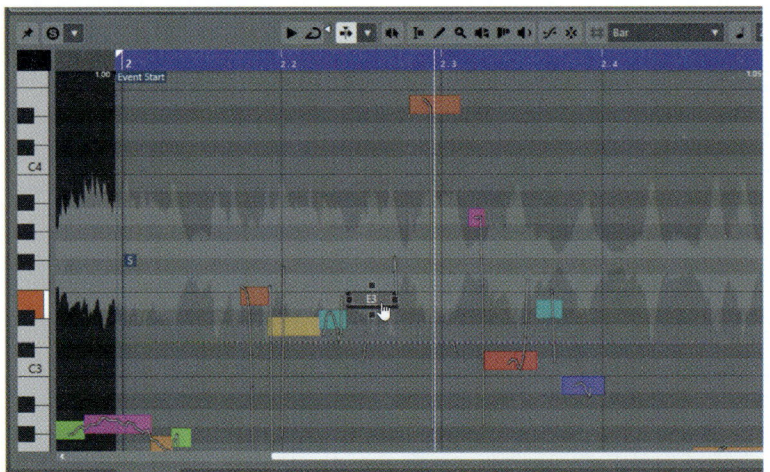

▲ 오디오 파형과 MIDI 노트를 직접 보며편집

오디오 편집의 기본은 소리의 시작과 끝을 정리하는 것입니다. 녹음 전의 잡음이나 연주가 끝난 뒤 남은 여분을 제거하면 트랙이 훨씬 깔끔해집니다. 큐베이스에서는 소리가 파형으로 표시되기 때문에, 실제로 소리가 있는 위치를 눈으로 확인하며 편집할 수 있습니다. 이러한 시각적인 방식은 초보자도 비교적 쉽게 정확한 편집을 할 수 있도록 도와줍니다.

여러 번 녹음한 오디오를 하나로 정리하는 작업도 편집의 중요한 부분입니다. 큐베이스에서는 같은 구간을 여러 번 녹음한 뒤, 가장 좋은 부분만 골라 하나의 연주처럼 연결할 수 있습니다. 이 과정은 연주의 자연스러움을 유지하면서도 완성도를 높이는 데 큰 역할을 합니다. 사용자는 반복적인 시도 속에서 최적의 결과를 선택할 수 있습니다.

이러한 오디오 편집은 원본 데이터를 손상시키지 않는 '비파괴 방식' 으로 이루어집니다. 사용자가 파형을 자르거나 길이를 조절하더라도 실제 파일에는 영향을 주지 않으므로, 언제든지 초기 상태로 되돌리거나 수정 범위를 변경할 수 있어 매우 안전합니다. 또한, 특정 박자 지점에 자석처럼 붙게 만드는 스냅(Snap) 기능을 활용하면 눈대중이 아닌 수학적인 정확도로 데이터를 배치할 수 있습니다.

MIDI 편집에서는 음의 위치와 길이를 다듬는 작업이 중심이 됩니다. 연주가 박자에서 조금 벗어났을 경우, 음을 정확한 위치로 옮겨 음악의 흐름을 안정시킬 수 있습니다. 큐베이스에는 MIDI 데이터를 자동으로 박자에 맞게 정렬하는 기능이 포함되어 있어 연주의 정확도를 빠르게 향상시킬 수 있습니다.

정렬 기능은 음악을 깔끔하게 만드는 데 매우 유용하지만, 항상 완벽하게 맞추는 것이 정답은 아닙니다. 연주에 포함된 미세한 흔들림은 음악에 인간적인 느낌과 자연스러움을 더해 주기도 합니다. 큐베이스는 이러한 요소를 사용자가 직접 조절할 수 있도록 다양한 설정을 제공해 기계적인 정확함과 자연스러운 표현 사이의 균형을 맞출 수 있게 합니다.

편집 과정은 음악의 구조를 다시 살펴보는 단계이기도 합니다. 반복 구간의 길이를 조정하거나 곡의 전개를 조금 더 명확하게 다듬는 작업이 이 시점에서 이루어집니다. 큐베이스에서는 구간 단위로 음악을 쉽게 이동하거나 복사할 수 있어 구조적인 수정이 비교적 수월하게 진행됩니다.

편집과 정렬은 눈에 잘 드러나지 않는 작업이지만, 음악의 완성도를 크게 좌우하는 요소입니다. 큐베이스는 이러한 세밀한 작업을 효율적으로 수행할 수 있는 도구를 제공하며, 이를 통해 음악을 보다 정확하고 안정적인 형태로 완성할 수 있도록 돕습니다.

09 여러 소리를 하나의 음악으로

믹싱은 여러 개의 트랙으로 나뉘어 있는 소리를 하나의 음악으로 자연스럽게 어우러지도록 정리하는 과정입니다. 녹음과 편집을 통해 개별 소리가 준비되었다면, 믹싱은 이 소리들을 하나의 공간 안에 배치하고 균형을 맞추는 단계라고 할 수 있습니다. 큐베이스에서의 믹싱은 단순히 음량을 키우거나 줄이는 작업이 아니라, 각 소리가 제 역할을 하도록 정돈하는 종합적인 작업입니다.

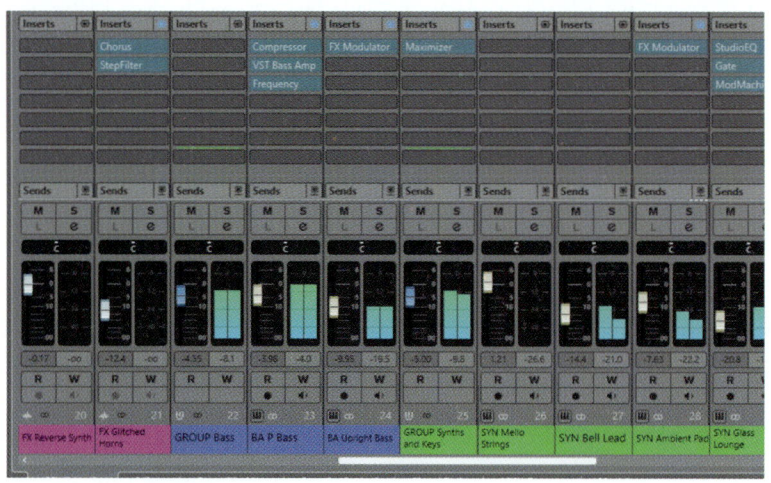

▲ 큐베이스 믹싱 콘솔

믹싱의 출발점은 볼륨 조절입니다. 각 트랙의 소리가 너무 크면 다른 소리를 가리고, 너무 작으면 존재감이 사라집니다. 큐베이스의 믹싱 콘솔에서는 모든 트랙의 볼륨을 한눈에 확인할 수 있으며, 이를 통해 전체적인 소리의 균형을 잡을 수 있습니다. 초보자에게 믹싱은 복잡하게 느껴질 수 있지만, 볼륨만 잘 조절해도 음악의 인상이 크게 달라집니다.

소리의 위치를 정하는 것도 믹싱에서 매우 중요한 요소입니다. 실제 연주 환경에서는 악기들이 서로 다른 위치에서 들리듯이 음악에서도 소리를 좌우로 적절히 배치하면 훨씬 또렷하게 들립니다. 큐베이스에서는 팬(Pan) 기능을 사용해 소리를 왼쪽이나 오른쪽으로 이동시킬 수 있습니다. 이러한 스테레오 배치는 소리가 한곳에 몰리는 것을 방지하고, 음악을 넓고 입체적으로 느끼게 합니다.

효율적인 믹싱을 위해 큐베이스는 실제 대형 녹음실의 콘솔을 그대로 옮겨놓은 듯한 믹스콘솔을 제공합니다. 여기서 사용자는 각 트랙의 신호 흐름(Signal Path)을 직관적으로 파악할 수 있으며, 여러 트랙을 하나의 '그룹 채널(Group Channel)'로 묶어 드럼 세트나 코러스 보컬 전체의 볼륨을 한 번에 제어할 수도 있습니다. 이러한 VCA 페이더나 그룹 채널 활용은 트랙 수가 수십 개에 달하는 복잡한 프로젝트에서도 질서 있는 작업을 가능하게 합니다.

믹싱에서는 이펙트 역시 중요한 역할을 합니다. 이퀄라이저를 사용해 불필요한 저음이나 거슬리는 고음을 정리하면 각 악기가 더 잘 구분됩니다. 컴프레서는 소리의 크기 차이를 줄여 안정감을 만들어 주며, 리버브와 딜레이는 소리에 공간감과 깊이를 더해 줍니다. 이펙트는 소리를 돋보이게 하기 위한 수단이지 많이 사용하는 것이 목적은 아니라는 점을 이해하는 것이 중요합니다.

여기에 더해, 음악의 흐름에 따라 믹싱 값을 실시간으로 변화시키는 오토메이션(Automation) 기능은 믹싱에 생동감을 불어넣습니다. 곡의 전개에 따라 특정 악기의 볼륨을 서서히 높이거나, 후렴구에서만 리버브 양을 늘리는 등의 세밀한 조작이 가능합니다. 큐베이스는 이러한 변화를 마우스로 직접 그리거나 실제 페이더를 움직여 기록할 수 있는 직관적인 환경을 제공합니다.

믹싱 과정에서는 개별 트랙을 하나씩 듣기도 하고, 모든 트랙을 함께 재생하면서 전체적인 균형을 확인하는 작업을 반복하게 됩니다. 작은 조정이 쌓이면서 음악은 점점 정돈된 형태를 갖추게 됩니다. 큐베이스는 이러한 반복적인 조정을 빠르고 정확하게 수행할 수 있도록 직관적인 인터페이스를 제공합니다.

믹싱에는 정해진 정답이 없습니다. 같은 곡이라도 어떤 소리를 강조하느냐에 따라 전혀 다른 분위기의 음악이 될 수 있습니다. 큐베이스는 다양한 도구와 선택지를 제공하며, 사용자의 판단과 취향에 따라 음악의 방향을 자유롭게 결정할 수 있게 합니다.

믹싱의 기본 개념을 이해하면 음악 제작의 전체 흐름이 보다 분명해집니다. 각각의 소리가 하나로 모여 완성된 음악이 되는 과정이 바로 믹싱이며, 큐베이스는 이 과정을 체계적으로 익힐 수 있도록 설계된 환경을 제공합니다.

10 작업을 결과물로 만드는 단계

최종 출력은 큐베이스에서 진행된 모든 음악 제작 과정을 하나의 오디오 파일로 완성하는 단계입니다. 프로젝트 안에서 수많은 트랙으로 나뉘어 있던 소리들은 이 과정을 통해 비로소 하나의 음악으로 합쳐집니다. 작곡, MIDI 입력, 가상 악기 활용, 오디오 녹음, 편집과 믹싱까지 이어온 모든 노력의 결과가 이 단계에 집약됩니다. 이는 작업자가 만든 음악이 세상에 나갈 수 있는 형태로 탄생하는 지점입니다.

큐베이스에서는 프로젝트 전체를 하나의 스테레오 오디오 파일로 출력할 수 있습니다. 이때 각 트랙의 볼륨 밸런스, 팬 설정, 이펙트 처리, 오토메이션 정보까지 작업자가 공들인 모든 설정이 그대로 반영됩니다. 다시 말해, 최종 출력은 단순히 소리를 저장하는 과정이 아니라 사용자가 의도한 음악적 해석을 하나의 결과물로 고정시키는 과정이라 할 수 있습니다.

출력 구간을 정확하게 설정하는 것도 매우 중요한 작업입니다. 큐베이스 상단의 로케이터(Locator)를 활용해 곡의 시작과 끝을 명확히 지정함으로써, 앞뒤에 불필요한 공백이 생기거나 여운이 남아야 할 뒷부분이 잘리는 실수를 방지할 수 있습니다. 이는 음악의 첫인상뿐 아니라 이후 영상 작업이나 스트리밍 배포 시에도 중요한 기준이 됩니다.

실질적인 출력은 오디오 믹스다운(Audio Mixdown) 창을 통해 이루어집니다. 여기서 작업자는 파일 형식(WAV, MP3 등)과 샘플 레이트, 비트 레이트를 선택하게 됩니다. 특히 높은 비트 수로 작업하던 프로젝트를 CD 표준이나 스트리밍용 규격인 16비트로 낮추어 출력할 때는, 음질 손실을 최소화하고 매끄러운 소리를 유지해 주는 디더링(Dithering) 플러그인을 마지막 단계에 사용하는 것이 전문가들의 필수적인 과정입니다.

출력 과정에서 선택하는 파일 형식은 활용도에 큰 영향을 미칩니다. 고음질 파일은 아카이브용 원본으로 적합하며, 용량이 작은 MP3 등은 온라인 공유나 모니터링용으로 유리합니다. 음악이 재생될 환경을 고려하여 적절한 설정을 선택하는 것은 제작자의 전문성을 보여주는 부분입니다.

최종 출력을 진행하기 전에는 반드시 전체 음악을 처음부터 끝까지 다시 들어보는 '최종 검수' 가 필요합니다. 작업 중에는 익숙해져서 놓쳤던 미세한 잡음이나 예상치 못한 음량 변화가 이 단계에서 발견되기도 합니다. 시스템은 출력 직전까지 실시간 재생을 통해 최종 상태를 점검할 수 있도록 설계되어 있어, 이러한 실수를 미리 수정할 수 있습니다.

출력이 완료되면 음악은 하나의 독립된 오디오 파일이 됩니다. 이 파일은 더 이상 큐베이스 프로젝트에 의존하지 않으며, 모든 기기에서 동일하게 재생됩니다. 이 시점에서 음악은 '작업 중인 데이터' 가 아니라 감상과 공유가 가능한 하나의 완성된 작품이 됩니다. 아이디어가 실제 물리적인 소리로 존재하게 되는 순간입니다.

워크스테이션은 정해진 답을 내놓는 기계가 아니라 사용자의 선택에 따라 무한한 가능성을 열어주는 도구입니다. 같은 프로젝트라도 제작자가 무엇을 강조하느냐에 따라 전혀 다른 결과물이 나옵니다. 최종 출력은 그 수많은 선택이 마침표를 찍는 시점이며, 작업자의 예술적 판단이 가장 분명하게 드러나는 단계입니다.

이 과정을 이해하면 음악 제작은 막연한 작업이 아니라 단계별로 정복할 수 있는 명확한 흐름으로 다가옵니다. 최종 출력은 그 여정의 끝이자 다음 음악을 시작하기 위한 새로운 출발점입니다. 큐베이스를 통해 음악을 만드는 경험은 이 지점에서 하나의 완벽한 결실을 보게 됩니다.

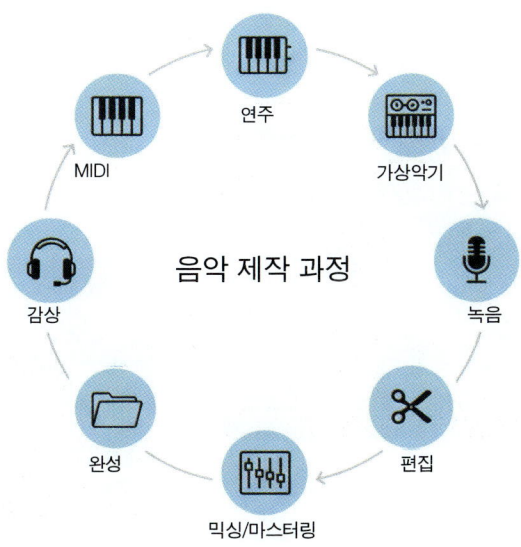

음악 제작 과정

큐베이스 사용을 위한
시스템 준비하기

큐베이스를 학습하기 위해 반드시 특별한 장치가 필요한 것은 아닙니다. 기본적인 음악 이론 학습이나 프로그램 조작을 익히는 단계라면 컴퓨터만으로도 충분히 시작할 수 있습니다. 다만 보다 편리한 MIDI 입력과 안정적인 작업 환경, 그리고 실제 음악 제작에 가까운 과정을 경험하기 위해서는 몇 가지 장비가 필요합니다. 처음부터 모든 장비를 갖추기보다는 컴퓨터에 내장된 사운드 카드만으로 학습을 진행하다가 필요성을 느낄 때 하나씩 추가하는 방식을 권장합니다.

01 음악 작업용 컴퓨터

큐베이스 사용을 위한 컴퓨터로는 PC와 Mac 모두 사용할 수 있습니다. 과거에는 음악 작업을 목적으로 컴퓨터를 구매하려는 학생들에게 주로 PC 시스템을 권장하는 경우가 많았습니다. PC는 필요한 사양을 상황에 맞게 구성할 수 있고, 이후 업그레이드가 자유롭다는 장점이 있으며, 같은 성능 대비 가격이 비교적 저렴했기 때문입니다.

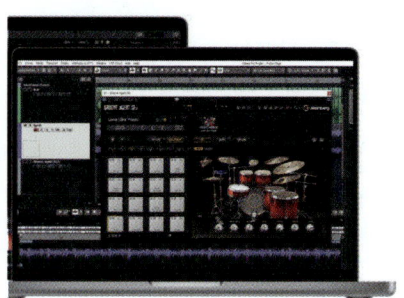

▲ 맥 (apple.com)

그러나 Apple이 2020년 M1 칩을 발표하며 합리적인 가격대에 뛰어난 성능과 안정성을 제공하는 Mac을 선보였고, 이후 Apple Silicon 기반의 Mac은 음악 작업에서도 좋은 평가를 받으며 Mac을 선택하는 사용자도 꾸준히 증가하고 있습니다. 다만 Mac은 애플 서비스 센터 접근성이 지역에 따라 제한적일 수 있고, 구입 후 시스템 업그레이드가 사실상 불가능하다는 단점이 있습니다. 또한 Apple Silicon 전환 과정에서 일부 구형 플러그인이 정상적으로 작동하지 않는 경우가 있으므로, 기존에 사용하던 악기나 이펙트가 있다면 사전에 확인이 필요합니다.

이러한 점을 종합해 보면, 200만 원 이상의 예산을 컴퓨터에 투자하기 어렵거나 음악 작업 외에도 게임이나 일반 업무 등 다양한 용도로 한 대의 컴퓨터를 사용해야 하는 경우에는 여전히 PC가 무난한 선택입니다. 반대로 음악 작업을 위한 Mac과 게임·업무용 PC를 구분하여 사용할 수 있는 여유가 있다면 Mac을 선택하는 것도 충분히 좋은 선택입니다.

Mac을 선택할 경우에는 구입 후 업그레이드가 어렵다는 점을 고려하여 처음부터 충분한 옵션을 선택하는 것이 중요합니다. Mac의 옵션은 프로세서, 메모리, 저장 공간으로 구성되는데, 이 중에서도 음악 작업에서는 프로세서 성능보다 메모리와 저장 공간을 우선적으로 고려하는 것이 좋습니다.

먼저 메모리는 음악 작업에서 매우 중요한 요소입니다. 모든 소프트 악기는 메모리에 로딩되며, 대형 악기의 경우 하나의 음색이 1GB 이상을 차지하는 경우도 있습니다. 메모리가 부족하면 동시에 사용할 수 있는 악기 수가 제한되고, 작업 중 끊김이나 오류가 발생할 수 있습니다. 따라서 입문자 기준으로는 최소 16GB 이상의 메모리를 권장합니다.

다음으로 저장 공간 역시 중요한 요소입니다. 음악 작업에서는 소프트 악기와 샘플 라이브러리를 많이 사용하게 되며, 예를 들어 Native Instruments사의 Komplete 시리즈는 설치 용량만 해도 수백 GB에 달합니다. 외장 SSD를 사용하는 것도 가능하지만, 자주 사용하는 악기와 샘플은 내장 저장 공간에 설치하는 것이 작업 효율 면에서 유리합니다. 이러한 점을 고려할 때 입문자 기준으로는 최소 1TB 이상의 저장 공간을 권장합니다.

이와 같이 음악 작업에 필요한 메모리와 저장 공간을 먼저 기준으로 정한 뒤, 예산에 맞추어 프로세서 등급을 선택한다면 보다 합리적이고 후회 없는 선택이 될 것입니다.

02 오디오 인터페이스

컴퓨터에는 기본적으로 사운드 카드가 내장되어 있어 음악 재생과 간단한 오디오 작업을 수행할 수 있습니다. 이 기능만으로도 큐베이스를 실행해 음악 작업을 시작하는 것은 가능하지만, 작업에 익숙해질수록 음질과 반응 속도에서 한계를 느끼게 됩니다.

특히 연주한 소리가 늦게 들리는 레이턴시 문제나 녹음 시 발생하는 음질 저하는 작업의 집중도를 크게 떨어뜨립니다. 또한 보컬이나 악기처럼 외부 소리를 보다 깨끗하고 안정적으로 녹음하고 싶다는 요구도 자연스럽게 생기게 됩니다.

이러한 문제를 해결하기 위한 장비가 바로 오디오 인터페이스입니다. 오디오 인터페이스는 음악 제작에 특화된 입·출력 장치로, 내장 사운드 카드에 비해 훨씬 깨끗한 음질과 낮은 레이턴시를 제공하여 연주, 녹음, 모니터링 작업을 보다 정확하게 수행할 수 있도록 도와줍니다.

대부분의 오디오 인터페이스에는 마이크와 악기를 직접 연결할 수 있는 입력 단자가 마련되어 있어 별도의 추가 장비 없이도 보컬이나 악기를 바로 녹음할 수 있습니다. 또한 모니터 스피커와 헤드폰을 연결해 안정적인 작업 환경을 구성할 수 있습니다.

오디오 인터페이스는 입력 단자의 개수에 따라 용도와 선택 기준이 달라집니다. 혼자서 보컬이나 기타를 녹음하는 경우에는 2입력 제품으로 충분하며, 여러 악기를 동시에 녹음하거나 합주를 녹음해야 하는 경우에는 4입력 이상의 제품이 필요합니다. 따라서 자신의 작업 방식과 향후 계획을 고려해 적절한 제품을 선택하는 것이 중요합니다.

▲ 2 Input

▲ 8 Input

03 마이크

사람의 목소리와 같이 라인으로 직접 연결할 수 없는 아날로그 신호를 큐베이스에 디지털 신호로 녹음하려면, 마이크를 사용하는 방법이 가장 기본적이고 필수적입니다. 특히 팝 음악에서는 가수의 역할이 곡의 완성도를 결정하기 때문에 마이크의 성능이 다른 장비보다도 중요한 영향을 미칩니다.

마이크에는 스튜디오에서 주로 사용하는 콘덴서 마이크와 충격에 강하여 라이브 공연에서 많이 사용되는 다이내믹 마이크 등이 있습니다. 마이크를 구입할 때는 다른 장비와 마찬가지로, 주변에서 많이 사용되는 제품을 선택하는 것이 안정적인 선택 방법입니다.

▲ 튜브(진공관) 마이크   ▲ 콘덴서 마이크

전문 녹음실에서는 더 높은 품질의 녹음을 위해 마이크 프리앰프와 컴프레서와 같은 장비를 함께 사용합니다. 일부 뮤지션들은 "실력 없는 사람들은 장비 탓을 한다" 라는 말을 하곤 하지만, 이를 액면 그대로 받아들여 "실력만 있으면 아무 장비나 써도 좋은 결과가 나온다" 라고 오해해서는 안 됩니다. 실제로 좋은 장비는 좋은 결과를 만들고, 부실한 장비는 그만큼 결과도 제한됩니다.

따라서 이 말은, 사용자가 가진 장비를 충분히 연구하고 학습하지 않은 채, 무조건 비싸고 좋은 장비만 찾으려는 일부 사람들을 비판하는 맥락으로 이해하는 것이 바람직합니다. 독자 여러분께서는 현재 가지고 있는 장비를 충분히 활용하여 최적의 작업 결과를 만들어 내고, 필요성을 느낄 때 여건에 맞춰 전문 장비를 단계적으로 도입하는 태도가 가장 현명합니다.

04 마스터 건반

큐베이스를 이용한 음악 작업의 첫 번째 단계는 컴퓨터에 내장된 사운드 카드의 음원이나 컴퓨터에 연결된 외부 음원을 자동으로 연주해 줄 MIDI 정보를 입력하는 것입니다. 이 MIDI 정보는 음의 높이, 길이, 세기와 같은 연주 내용을 담고 있으며, 실제 소리를 직접 녹음하는 것이 아니라 연주 지시를 입력하는 방식입니다.

큐베이스에 MIDI 정보를 입력하는 방법으로는 컴퓨터의 기본 장비인 키보드와 마우스를 사용하는 방법도 있습니다. 그러나 이는 마우스로 하나씩 음을 찍어 넣는 방식이기 때문에 실제 연주와 같은 자연스러운 입력에는 한계가 있습니다.

컴퓨터 게임에서 키보드만 사용하는 것보다 조이스틱과 같은 컨트롤러를 사용할 때 조작이 훨씬 편해지는 것처럼, MIDI 정보 역시 전용 입력 장치를 사용하면 훨씬 직관적이고 자연스럽게 입력할 수 있습니다. 이러한 역할을 하는 장치가 바로 MIDI 입력 장치입니다.

MIDI 입력 장치 중 가장 널리 사용되는 것이 피아노 형태의 마스터 건반입니다. 마스터 건반은 외형적으로는 신디사이저와 비슷하지만, 연주 소리를 직접 내는 악기가 아니라 연주 정보를 입력하기 위한 장치이기 때문에 자체 음색을 내장하고 있지 않습니다. 연주한 정보는 큐베이스로 전달되어, 가상 악기나 외부 음원을 통해 소리로 출력됩니다.

마스터 건반 외에도 MIDI 정보 입력 장치로 사용할 수 있는 장비들이 있습니다. 가격은 상대적으로 높지만 음원을 내장하고 있어, MIDI 정보 입력과 동시에 실제 소리를 낼 수 있는 신디사이저가 그 예입니다. 이 밖에도 사용 빈도는 비교적 낮지만, 연주자의 특성에 따라 드럼 패드, MIDI 기타, 윈드 컨트롤러 등 다양한 형태의 MIDI 입력 장치가 활용되기도 합니다.

▲ 마스터 건반

05 모니터 스피커

큐베이스를 이용해 음악 작업을 할 때 가장 중요한 요소는 바로 사용자의 '귀' 입니다. 컴퓨터 화면에서 편집을 하고 효과를 조정하더라도 최종적으로 판단하고 결정하는 것은 귀를 통해 들리는 소리이기 때문입니다. 이런 이유로, 큐베이스에서 만들어지는 음악을 정확하게 전달해 주는 모니터 시스템은 매우 중요한 장비입니다.

모니터용 스피커의 가장 큰 특징은 주파수 대역이 고르게 재생된다는 점입니다. 일반 가정용 오디오 스피커나 라이브용 PA 스피커는 특정 주파수를 강조하거나 왜곡하는 경우가 많습니다. 반면 모니터 스피커는 고음, 중음, 저음을 균형 있게 재생하므로, 사용자가 의도한 소리 그대로를 확인하고 믹스할 수 있습니다. 덕분에 악기 간의 밸런스를 조정하거나 보컬과 배경 음악의 비율을 정확히 판단하는 등, 믹스 작업에서 큰 도움이 됩니다.

결국 모니터 스피커는 단순히 소리를 크게 들려주는 장치가 아니라, 정확한 판단과 의도한 사운드 구현을 가능하게 하는 음악 작업의 필수 도구입니다. 따라서 모니터 스피커를 선택할 때는 "저음이 좋다, 고음이 선명하다" 와 같은 개인적인 취향보다, 정확한 모니터링이 가능한가가 가장 중요한 기준이 됩니다.

인간이 가장 잘 들을 수 있는 주파수 대역은 약 2~3kHz입니다. 이 대역을 EQ로 3dB 정도 조정했을 때 변화가 명확히 들린다면, 현재 사용 중인 모니터 스피커가 믹스 작업에 충분히 활용할 수 있는 수준인지 판단할 수 있습니다.

06 헤드폰

보컬이나 색소폰과 같은 악기를 마이크로 녹음할 때, 헤드폰은 없어서는 안 되는 필수 장비입니다. 녹음 중에는 헤드폰에서 들리는 소리가 마이크에 들어가면 원치 않는 잡음이나 누출이 생길 수 있기 때문에 외부 소리를 최대한 차단할 수 있는 밀폐형(Closed-back) 헤드폰을 사용하는 것이 좋습니다. 만약 일부 소리가 새어 나가는 문제가 발생한다면, 이어폰을 먼저 착용하고 그 위에 헤드폰을 덧쓰는 방식으로 해결할 수도 있습니다.

녹음 과정에서 연주자는 헤드폰을 통해 들리는 소리만으로 자신의 연주와 이미 녹음된 트랙을 판단합니다. 따라서 주파수 왜곡이 적고 평탄한(Flat) 소리를 내는 모니터용 헤드폰을 사용하는 것이 가장 이상적입니다. 모니터용 헤드폰은 저음, 중음, 고음을 균형 있게 재생하므로, 보컬과 반주, 각 악기 간의 볼륨 밸런스를 정확하게 확인할 수 있으며, 믹스를 신뢰성 있게 진행할 수 있습니다.

특히 연주자가 두 명 이상이 녹음하거나 집에서 다중 트랙 녹음을 진행하는 경우에는 여러 대의 헤드폰을 동시에 연결할 수 있는 헤드폰 앰프가 필요합니다. 일반적으로 4채널, 8채널까지 지원하는 제품이 많으며, 각 연주자가 자신에게 맞는 볼륨으로 모니터링할 수 있도록 도와줍니다.

결국 헤드폰은 단순히 소리를 듣는 장치가 아니라 녹음 중 정확한 모니터링과 세밀한 믹스를 가능하게 하는 핵심 도구입니다. 올바른 헤드폰과 적절한 모니터링 환경을 갖추기만 해도 녹음 품질과 작업 효율을 크게 높일 수 있습니다.

▲ 모니터 헤드폰

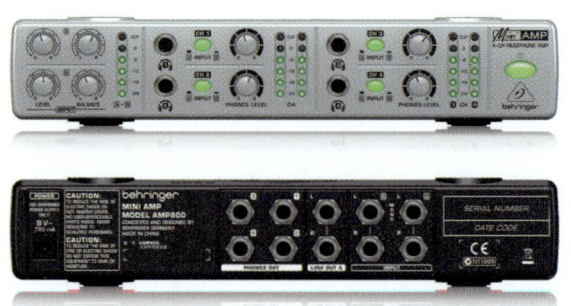

▲ 헤드폰 앰프

07 있으면 좋은 것들

작업 환경을 한 단계 더 확장하고 싶다면, 기본 장비 외에도 미디 컨트롤러나 드럼 패드와 같은 추가 장비를 활용할 수 있습니다.

미디 컨트롤러는 컴퓨터와 큐베이스에서 악기를 연주하거나 파라미터를 조작할 수 있는 입력 장치입니다. 피아노 건반 배열의 컨트롤러를 사용하면 멜로디나 코드를 직관적으로 입력할 수 있으며, 슬라이더, 노브, 페이더 등을 통해 볼륨과 이펙트를 실시간으로 조절할 수 있어 보다 자연스럽고 섬세한 연주와 믹스가 가능합니다.

▲ 미디 컨트롤러

드럼 패드는 손으로 두드려 드럼 소리나 퍼커션을 입력할 수 있는 장치로, 실제 드럼을 연주하는 듯한 감각을 제공합니다. 큐베이스와 연동하면 다양한 드럼 사운드를 즉시 연주하고 녹음할 수 있어, 리듬 감각을 키우고 연주의 강약 표현을 자연스럽게 구현할 수 있습니다.

▲ 드럼 패드

이 외에도 마이크 프리앰프, 컴프레서, 외부 이펙터, 신디사이저 등은 소리를 더욱 풍부하게 하고 창의적인 사운드 디자인을 가능하게 하여 작업 효율과 표현력을 크게 향상시킵니다. 이러한 추가 장비는 필수는 아니지만, 환경과 예산이 허락한다면 작업 스타일과 필요에 따라 단계적으로 갖추는 것이 최종 결과물의 품질과 만족도를 높이는 가장 좋은 방법입니다.

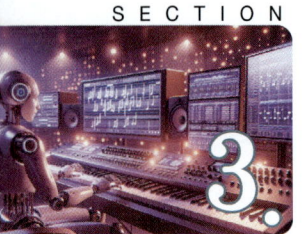

홈 스튜디오
장비 연결하기

홈 스튜디오를 꾸미는 데에는 일정한 비용 부담이 따르지만, 과거에 비하면 비교적 저렴한 비용으로도 하이엔드급 녹음 스튜디오에 준하는 음질의 음원을 제작할 수 있습니다. 다만 아직도 컴퓨터가 음악을 대신 만들어 준다고 오해하는 입문자가 많습니다. 컴퓨터는 사용자의 아이디어를 기록하는 도구이자 녹음기일 뿐이므로, 음악 이론 학습과 피아노 연습을 반드시 병행해야 한다는 점을 명심해야 합니다.

01 오디오 레코딩 장치 연결

오디오 레코딩에 기본적으로 필요한 장비는 오디오 인터페이스, 마이크, 헤드폰입니다. 여러 사람이 함께 모여 동시에 녹음을 진행할 경우에는 여러 개의 헤드폰을 연결할 수 있는 헤드폰 앰프가 추가로 필요합니다. 최근에는 입문자를 위해 이러한 레코딩 장비를 하나의 패키지로 구성해 판매하는 경우도 많습니다. 보통 이 패키지에 포함된 오디오 인터페이스는 마이크를 두 대까지 연결할 수 있는 2In 제품인 경우가 많아 대규모 동시 녹음에는 적합하지 않습니다. 그러나 여러 악기나 보컬을 동시에 녹음할 일이 없는 개인 작업자라면, 이러한 구성은 비용을 최소화하면서 홈 스튜디오를 꾸밀 수 있는 가장 효율적인 방법입니다.

▲ 홈스튜디오 패키지

▲ 헤드폰 앰프

01 대부분의 오디오 인터페이스는 USB 또는 Thunderbolt 포트를 통해 컴퓨터와 연결됩니다. 아직도 USB 2.0 규격을 사용하는 제품이 있으며, 일부 모델은 파란색으로 표시된 USB 3.0 포트에 연결했을 때 정상적으로 인식되지 않거나 오류가 발생하는 경우가 있습니다. 이러한 문제가 발생하면 USB 2.0 포트에 연결해 사용하는 것이 좋습니다.

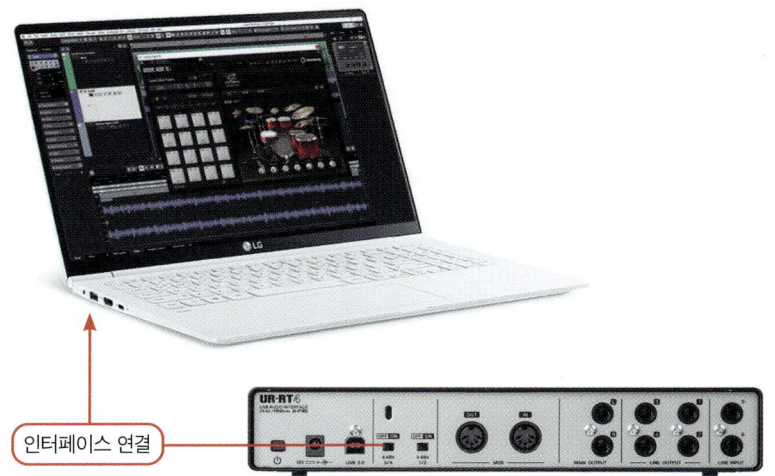

인터페이스 연결

02 오디오 인터페이스는 컴퓨터에 연결한다고 해서 항상 자동으로 인식되는 것은 아니며, 대부분의 경우 별도의 드라이버 설치가 필요합니다. 드라이버는 오디오 인터페이스 제작사 공식 홈페이지에서 다운로드하여 설치합니다. 설치 방법이나 호환성 등 자세한 사항은 제품 설명서를 참고하거나 구입처에 문의하는 것이 가장 안전합니다.

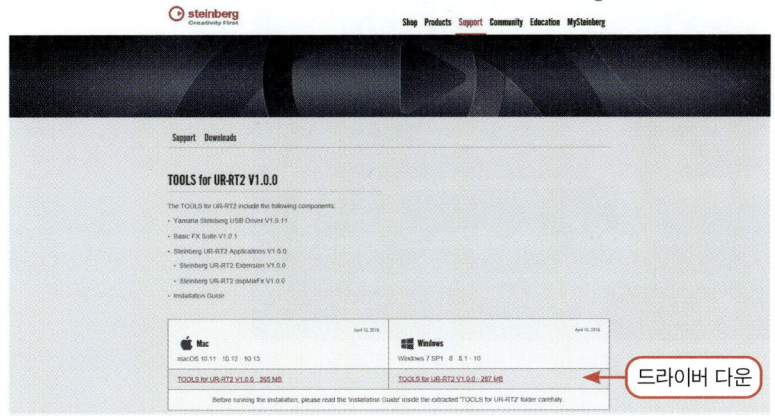

드라이버 다운

03 마이크는 오디오 인터페이스의 Mic Input 단자에 연결합니다. 녹음에 가장 많이 사용되는 콘덴서 마이크는 +48V 팬텀 파워가 켜져 있어야 정상적으로 동작합니다.

+48V

Mic Input

04 입력 단자가 두 개인 오디오 인터페이스의 경우, 한쪽은 마이크 입력으로 사용하고 나머지 한쪽은 기타나 베이스와 같은 악기를 연결할 수 있는 하이 임피던스(Hi-Z) 단자인 경우가 많습니다. 또한 4채널 이상의 멀티 인터페이스라도 Hi-Z 단자는 1~2개만 제공되는 경우가 많으므로, 연결 전에 반드시 확인해야 합니다.

Hi-z Input

05 보컬이나 연주자에게 음악을 들려주기 위해 헤드폰을 연결합니다. 헤드폰 출력 단자는 대부분 헤드폰 모양의 아이콘으로 표시되어 있어 쉽게 확인할 수 있습니다.

헤드폰

06 음악 작업부터 보컬 녹음까지 혼자 진행하는 싱어송라이터라면 문제가 없지만, 친구와 함께 녹음을 진행할 경우에는 두 개 이상의 헤드폰이 필요합니다. 이때 여러 대의 헤드폰을 동시에 사용할 수 있도록 헤드폰 앰프가 필요합니다. 헤드폰 앰프는 제품에 따라 오디오 인터페이스의 라인 아웃 단자에 연결하는 방식도 있으므로, 구입 시 연결 방식을 반드시 확인해야 합니다.

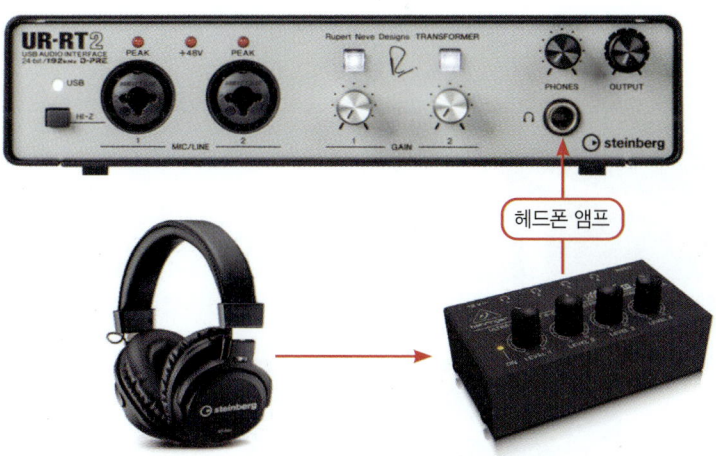

헤드폰 앰프

02 미디 레코딩 장치 연결

07 　음악 작업을 위해 미디 레코딩은 필수적인 요소입니다. 컴퓨터 음악의 가장 큰 장점은 혼자서도 모든 파트의 악기를 구현할 수 있다는 점이며, 이를 위해 필요한 장비는 마스터 건반 하나면 충분합니다. 대부분의 마스터 건반은 USB 케이블로 컴퓨터에 연결하면 자동으로 인식됩니다. 다만, 미디 컨트롤 기능을 제공하는 일부 제품은 제작사 공식 홈페이지에서 별도의 전용 프로그램을 다운로드하여 설치해야 하는 경우도 있습니다.

▲ 마스터 건반을 USB에 연결

08 　USB 포트가 있는 디지털 피아노라면 마스터 건반으로 사용할 수 있습니다. 다만 대부분의 디지털 피아노는 Local Off 기능을 지원하지 않기 때문에 VST 악기 소리와 디지털 피아노 자체의 소리가 함께 들릴 수 있습니다. 이런 경우에는 디지털 피아노의 볼륨을 줄이거나 큐베이스(Cubase)의 Local Off 기능을 사용해 문제를 해결합니다.

USB 포트

Q9 그루브를 살리기 위해 건반으로 드럼 리듬을 연주하는 경우도 있습니다. 하지만 건반은 강한 타격에 의해 쉽게 손상될 수 있으므로, 리얼한 연주가 필요한 경우에는 드럼 패드를 사용하는 것이 좋습니다. 드럼 패드는 대부분 USB로 컴퓨터에 연결됩니다.

▲ 드럼 패드로 연주

03 모니터 연결

10 사운드를 레코딩하고 편집하는 작업을 오랜 시간 동안 헤드폰만으로 모니터하는 것은 청력에 부담을 줄 수 있습니다. 가능하다면 모니터 스피커까지 함께 갖추는 것을 권장합니다. 모니터 스피커의 Input 단자에 오디오 인터페이스의 Main Out 단자를 연결합니다. 오디오 레코딩 패키지, 마스터 건반, 모니터 스피커까지 모두 준비되면 음악을 제작하고 음원을 발표할 수 있는 기본적인 환경은 완성된 것입니다. 이제 남은 것은 꾸준한 학습과 연습입니다.

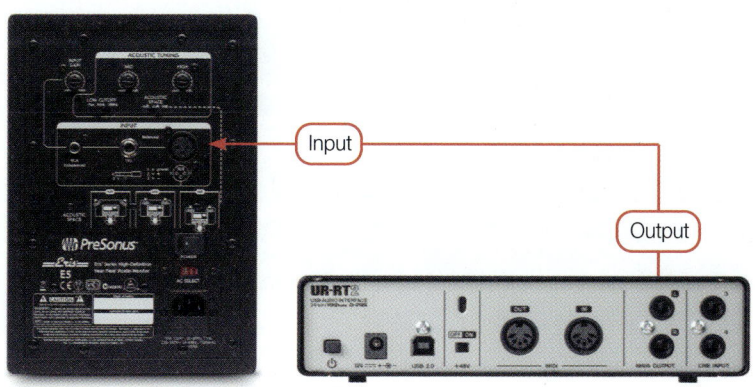

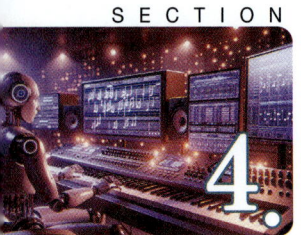

큐베이스
구매 및 설치

큐베이스는 Pro, Artist, Elements의 세 가지 버전이 있습니다. Elements는 기본적인 기능을 중심으로 구성된 입문용 버전이며, Artist 역시 개인 음악 제작에 부족함이 없는 기능을 제공합니다. 그러나 대부분의 전문적인 작업 환경에서는 모든 주요 기능을 포함한 Pro 버전이 사용되므로, 본서는 큐베이스 Pro를 기준으로 설명합니다.

01 큐베이스는 프로그램을 구매한 이후에도 라이선스 관리 및 업그레이드 등의 지속적인 관리가 필요하므로, Steinberg 계정 회원 가입이 필수입니다. Steinberg.net에 접속한 후, 화면 오른쪽 상단에 있는 사람 모양의 My Steinberg 아이콘을 클릭합니다.

02 로그인 창이 열립니다. 이미 Steinberg 계정이 있는 경우에는 이메일과 비밀번호를 입력하여 로그인합니다. 계정이 없는 첫 방문자는 Create an account를 클릭하여 회원 가입을 진행합니다.

03 회원 가입이 완료되면 ① Cubase 페이지를 선택한 후, ② Buy Cubase 버튼을 클릭합니다. 홈페이지 리뉴얼에 따라 화면 구성은 그림과 다를 수 있습니다.

04 어떤 버전을 구매할 것인지 선택할 수 있는 창이 열립니다. Cubase는 모든 기능을 제공하는 Pro, 일부 고급 기능이 제외된 Artist, 기본 기능만 제공하는 Elements의 세 가지 버전으로 판매되고 있습니다. 본격적으로 음악 작업을 이어갈 계획이라면 Pro 버전을 권장합니다. 가격은 상대적으로 높은 편이지만, 수백만 원에서 수천만 원의 비용이 드는 음원 제작을 단 한 곡이라도 스스로 완성할 수 있다면, 그 가치는 충분하다고 할 수 있습니다.

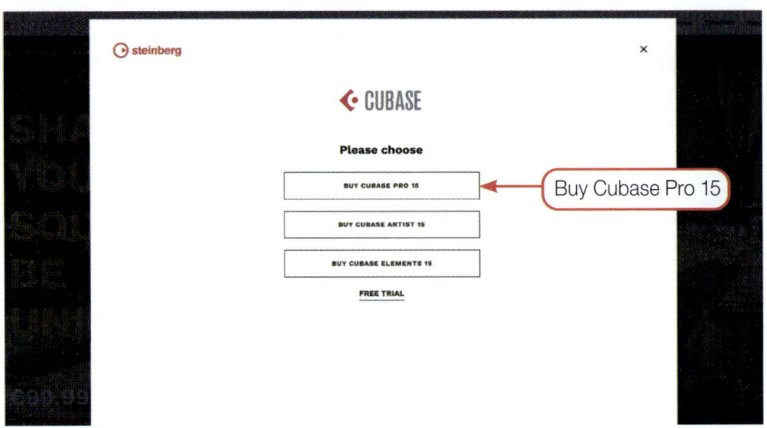

05 결제가 완료되면, 가입 시 입력한 이메일 주소로 Access Code가 발송되며, 즉시 프로그램을 다운로드할 수 있습니다. Cubase는 Windows와 macOS에서 모두 사용할 수 있으므로, 자신이 사용 중인 운영체세(OS)에 맞는 버전을 다운로드한 뒤, 파일을 더블 클릭하여 설치를 실행합니다.

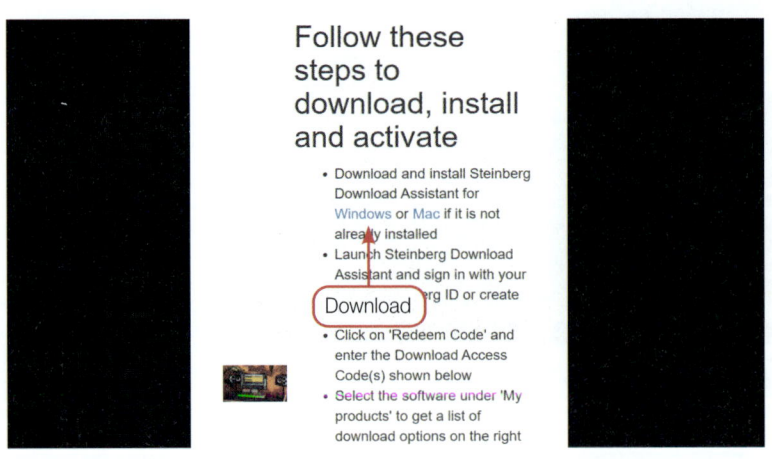

06 설치가 완료되면 Download Assistant가 실행됩니다. 왼쪽 목록에서 Cubase Pro 15 를 선택한 뒤, Install All 버튼을 클릭하여 필요한 구성 요소를 모두 설치합니다.

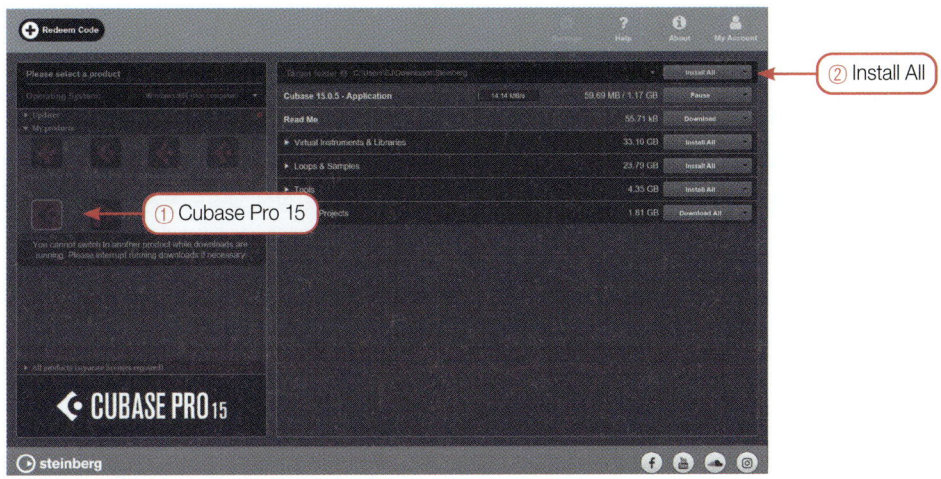

07 모든 설치가 완료되면 왼쪽 상단의 edeem Code 버튼을 클릭한 후, 이메일로 받은 Access Code를 입력합니다. Cubase는 하나의 라이선스로 최대 3대의 컴퓨터에 설 치하여 사용할 수 있습니다.

새로운 출발점, 새로운 허브

새로운 허브는 프로젝트를 열기 전부터 오디오 설정, 템플릿 관리, 최근 프로젝트 확인 등 핵심 기능을 한 곳에서 제공합니다. 검색과 프리뷰 기능으로 원하는 프로젝트나 템플릿을 빠르게 찾고 내용을 확인할 수 있으며, 프로젝트 설정 과정도 훨씬 간단해집니다. 허브는 단순한 시작 화면을 넘어 창작 작업의 효율적인 출발점 역할을 합니다.

01 새로운 프로젝트 만들기

01 큐베이스를 실행하거나 File 메뉴의 New Project 또는 도구 바의 Open Hub 아이콘을 선택하면 새 작업을 시작할 수 있는 허브 창이 열립니다. 이 창에서 새 프로젝트를 만드는 방법은 두 가지입니다.

① Create Empty를 클릭하여 빈 프로젝트로 시작하기
② Templates 영역에서 원하는 템플릿을 더블 클릭하여 미리 설정된 환경으로 시작하기

02 원하는 방식을 선택하면 프로젝트 저장 위치를 지정하는 창이 열립니다. 프로젝트는 폴더 단위로 관리하는 것이 좋으므로, 항상 곡 제목으로 새 폴더를 만들어 진행하는 것을 권장합니다.

03 새 프로젝트는 기본적으로 제목 없는(Untitled1) 상태로 생성되며, File 메뉴의 Save를 선택하여 저장합니다. 저장된 프로젝트는 기본적으로 15분마다 자동 저장되지만, 작업 중에는 Ctrl+S 키를 눌러 틈틈이 수동으로 저장하는 습관을 갖는 것이 좋습니다.

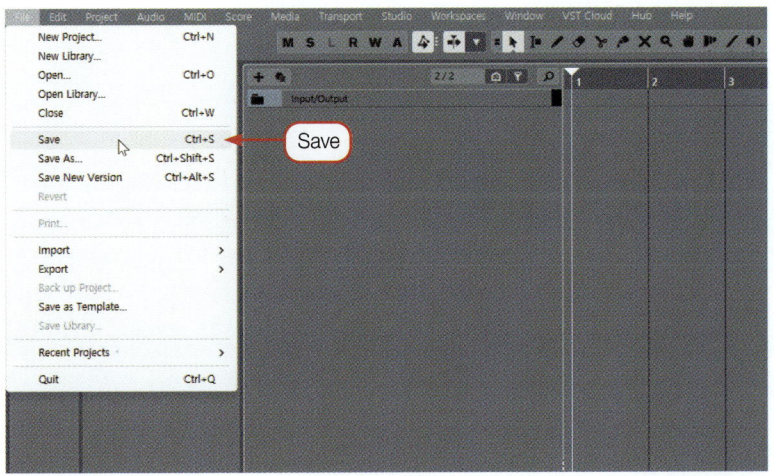

02 허브 설정

04 새로운 프로젝트를 만들 때마다 폴더를 지정하는 것이 번거롭다면, Hub Settings를 클릭하여 기본 폴더를 지정하거나 새 프로젝트가 저장될 위치를 선택하고, 이름을 입력할 수 있는 Show Project Location on Projects Page 옵션을 활용합니다.

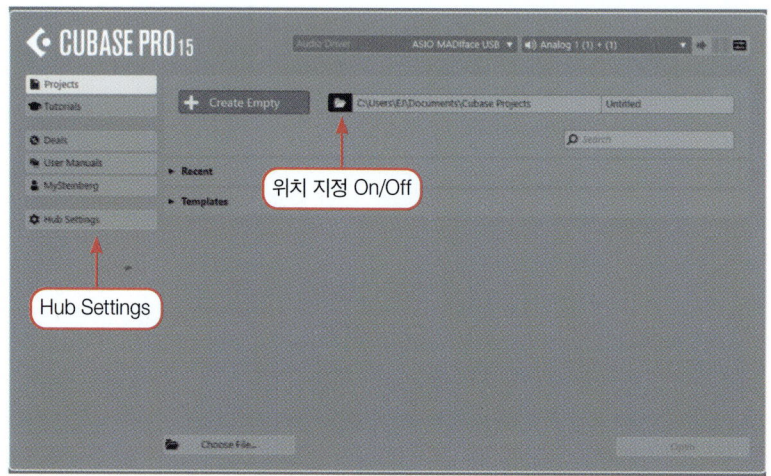

05 새 프로젝트가 저장되는 기본 루트 폴더는 Documents 입니다. 이를 변경하고 싶다면 ① Use Default Location 옵션을 체크하고, ② Default Location 항목을 클릭하여 원하는 폴더를 지정하면 됩니다.

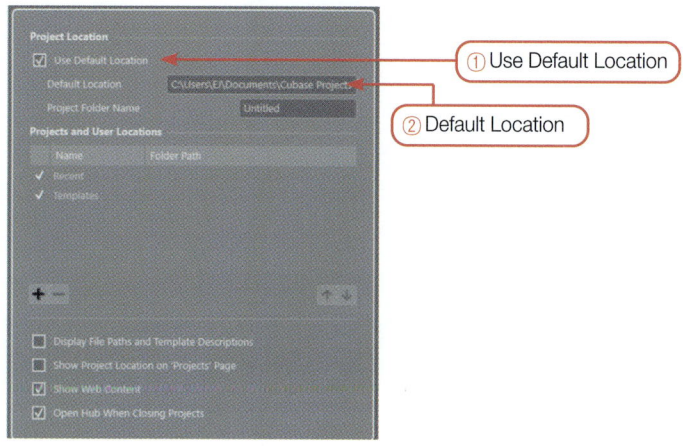

06 Use Default Location 옵션은 매번 프로젝트 저장 폴더를 지정할 필요가 없어 편리하지만, 새 프로젝트가 항상 Project Folder Name 에서 설정한 이름으로 자동 생성되는 단점이 있어, 모든 경우에 권장되는 설정은 아닙니다.

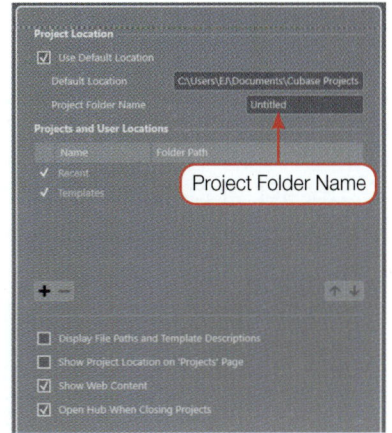

07 Projects and User Locations 섹션에서 Add 또는 Remove 버튼을 클릭하면 허브 창의 카테고리를 추가하거나 삭제할 수 있습니다. Move Up/Move Down 버튼은 선택한 카테고리의 위치를 위나 아래로 이동시켜 목록 순서를 변경하는 역할을 합니다.

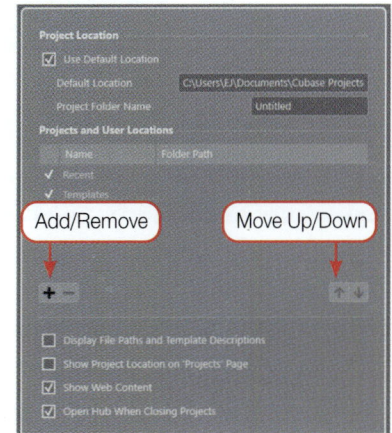

- **Display File Paths and Template Descriptions**
  프로젝트의 파일 경로나 템플릿 설명을 표시합니다.
- **Show Project Location on Projects Page**
  프로젝트가 저장될 폴더와 이름을 지정할 수 있는 항목을 표시합니다.
- **Show Web Content**
  Steinberg 웹 콘텐츠 링크를 표시합니다.
- **Open Hub When Closing Projects**
  프로젝트를 닫을 때 자동으로 허브 창을 열도록 설정합니다. 이 옵션을 해제하면 프로젝트를 닫을 때 큐베이스가 바로 종료됩니다.

03 사용자 템플릿 만들기

08 작업을 하다 보면 자연스럽게 자신만의 루틴과 세팅이 만들어집니다. 이를 매번 새 프로젝트에서 다시 설정하는 대신 템플릿으로 저장해두면 훨씬 빠르게 작업을 시작할 수 있습니다. 평소 사용하는 프로젝트를 불러와 Ctrl+A 키로 모든 이벤트를 선택한 뒤, Delete 키로 삭제합니다. 그리고 File 메뉴의 Save as Template을 선택합니다.

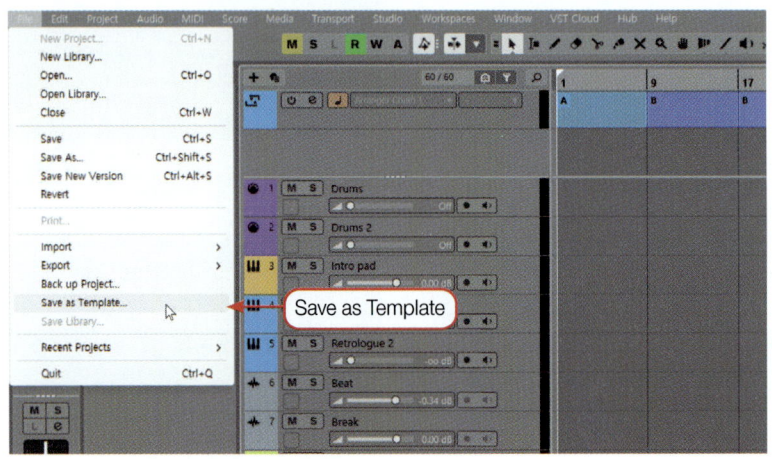

09 템플릿 저장 창이 열리면 New Preset 항목에 구분하기 쉬운 이름을 입력한 뒤 OK 버튼을 클릭합니다.

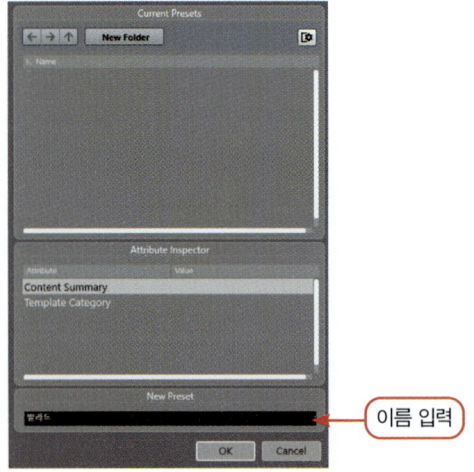

66

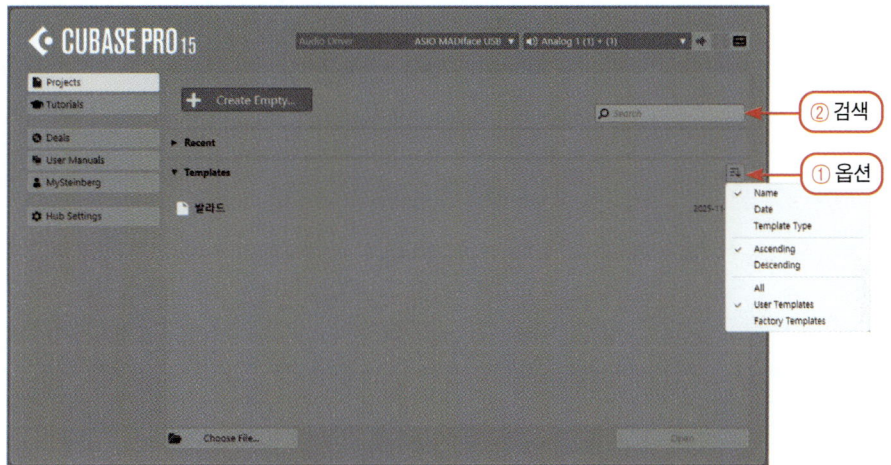

10 템플릿 목록에 사용자가 지정한 이름의 템플릿이 등록되며, 이를 더블 클릭하면 빠르게 작업 환경을 불러올 수 있습니다. Recent나 Templates 항목이 많을 경우에는 오른쪽 ① 옵션 버튼으로 표시 방식을 조정하거나, ② 검색 항목에 원하는 이름을 입력해 빠르게 찾을 수 있습니다.

정렬 기준 설정

- 이름(Name), 날짜(Date), 템플릿 타입(음악 제작, 마스터링, 스코어링 등)으로 정렬
- 오름차순(Ascending) / 내림차순(Descending)으로 선택

표시 방식 선택

- Use Templates: 사용자가 만든 템플릿만 표시
- Factory Templates: 큐베이스 기본 제공 템플릿만 표시
- All: 사용자 템플릿과 팩토리 템플릿 모두 표시

04 오디오 설정

11　　허브 창의 오디오 설정 섹션에서는 컴퓨터에서 프로젝트를 재생할 때 사용할 기본 오디오 장치와 출력 환경을 설정할 수 있습니다. 프로젝트 소리를 제대로 듣고 녹음하기 위한 기본 환경을 구성하는 곳입니다.

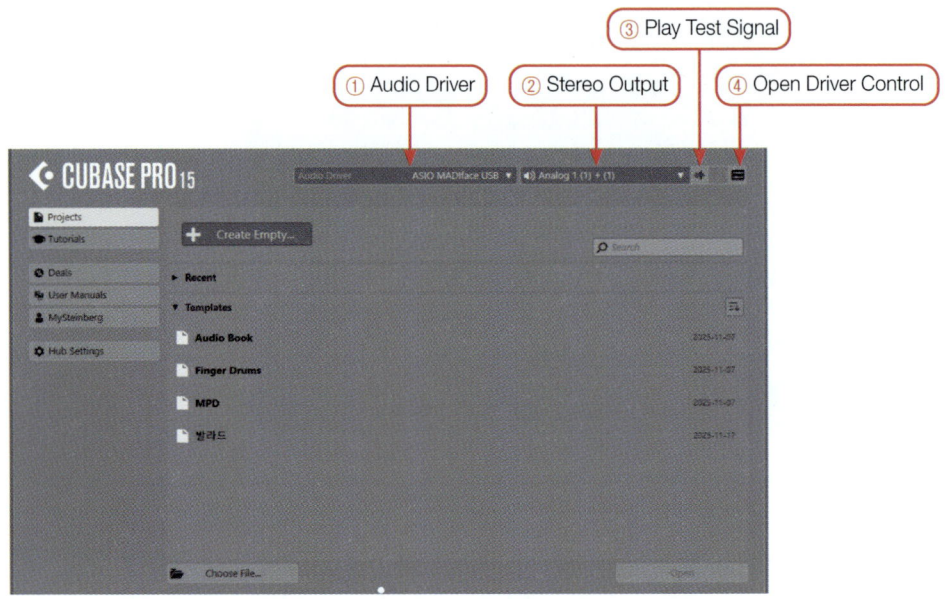

① Audio Driver: 사용하려는 오디오 장치의 드라이버를 선택합니다. 여러 오디오 인터페이스를 사용하는 경우, Cubase에서 사용할 장치를 여기서 지정합니다.

② Stereo Output: 선택한 오디오 장치의 스테레오 출력을 설정합니다. 모니터가 두 대 이상일 경우, 출력 라인을 선택하는 기능입니다.

③ Play Test Signal: 테스트 신호를 재생하여 오디오 장치가 정상적으로 작동하는지 확인합니다. 오른쪽의 Output Level 미터를 통해 소리 출력 상태를 시각적으로 확인할 수 있습니다.

④ Open Driver Controll: 선택한 오디오 장치의 제어판을 열어 버퍼 사이즈, 샘플레이트 등 세부 설정을 조정할 수 있습니다.

05 프로젝트 미리듣기

12 Cubase 15에서 가장 눈에 띄는 허브 기능 중 하나는 프로젝트 미리 듣기(Project Preview)입니다. 작업을 많이 하다 보면 직접 만든 프로젝트라도 어떤 내용인지 바로 기억나지 않을 때가 있습니다. 이 기능을 사용하면 프로젝트를 직접 열지 않고도 음악을 미리 들어볼 수 있어 원하는 프로젝트를 빠르게 찾고 작업 효율을 크게 높일 수 있습니다.

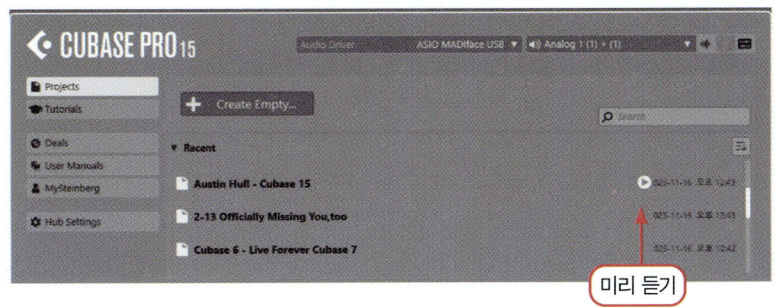

13 단, 프로젝트를 미리 듣기 위해서는 프로젝트 미리보기 파일이 생성되어 있어야 합니다. 파일은 Project 메뉴의 Project Preview에서 Crate를 선택하여 만들 수 있습니다.

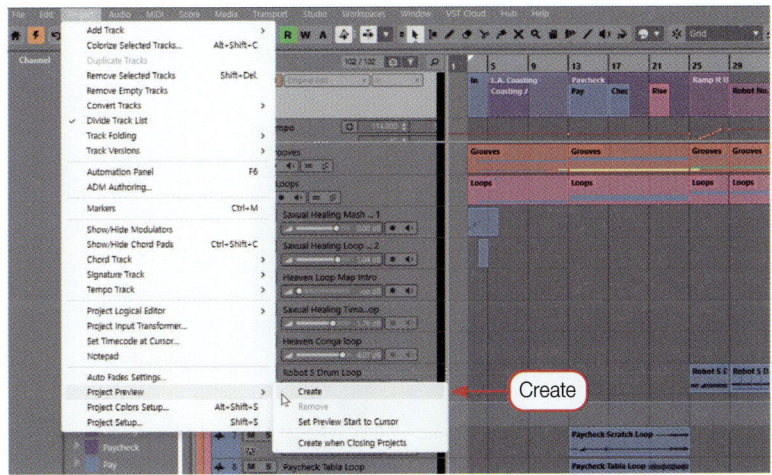

TIP
- Remove: 기존에 생성된 미리보기 파일을 삭제합니다.
- Set Preview Start to Cursor: 미리보기 파일을 커서가 위치한 지점까지 생성합니다.
- Create when Closing Projects: 프로젝트를 닫을 때 자동으로 미리보기 파일을 생성합니다.

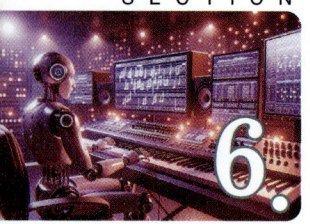

작업 공간을 설계하라
프로젝트 구성 이해하기

새 프로젝트를 만들면 가장 먼저 보이는 메인 화면이 바로 프로젝트 창입니다. 워드에서 글을 쓰기 위해 가장 먼저 새 문서를 만드는 것처럼, 큐베이스에서도 곡을 만들기 위해서는 하나의 작업 단위가 필요하며 이를 프로젝트라고 부릅니다. 즉, 큐베이스의 프로젝트는 워드에서의 새 문서와 같은 개념이며, 곡을 만들고 편집하는 모든 과정은 이 프로젝트 창 안에서 이루어집니다.

01 화면 구성

01 프로젝트 창은 트랙과 이벤트가 표시되는 메인 존을 중심으로 왼쪽에 Channel과 Left Zone, 오른쪽에 Right Zone, 하단에 Lower Zone으로 구성되어 있으며, 도구 바의 Zone 버튼을 클릭하여 열거나 닫을 수 있습니다.

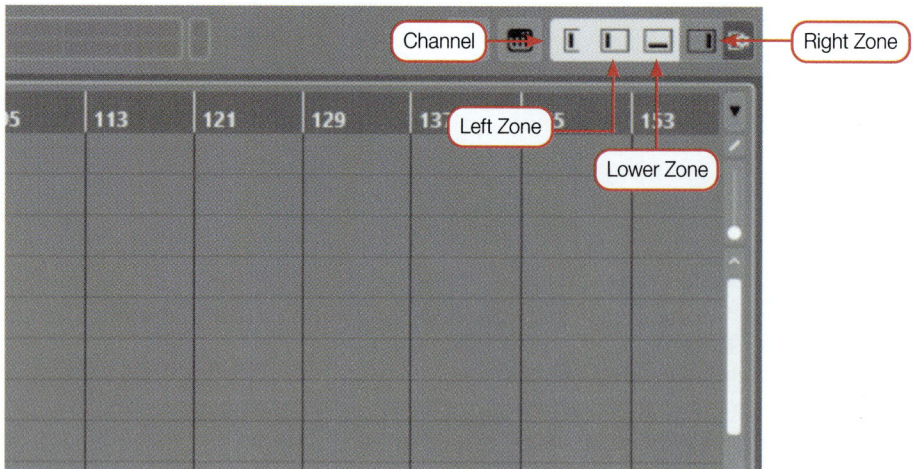

02 레이아웃(Layout) 버튼을 클릭하면 도구 바 아래에 표시되는 요소들을 관리할 수 있는 Set up Window Layout 창이 열립니다. 이 창에서 각 옵션을 체크하여 스테이터스 라인(Status Line), 인포 라인(Info Line), 오버뷰(Overview), 트랜스포트 바(Transport Bar)를 필요에 따라 표시하거나 숨길 수 있습니다.

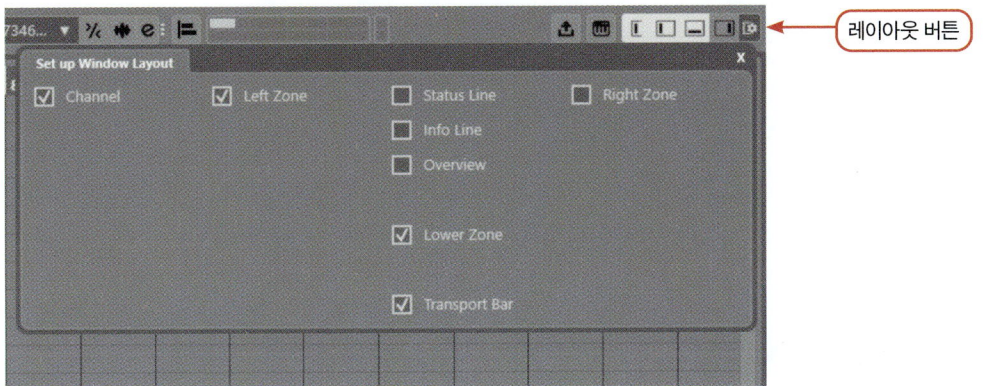

레이아웃 버튼

03 다음 화면은 레이아웃의 모든 옵션을 활성화한 상태입니다. 다양한 정보를 한눈에 확인할 수 있다는 장점이 있지만, 실제 작업이 이루어지는 메인 공간이 상대적으로 좁아진다는 단점도 있습니다. 따라서 도구 바의 Zone 버튼이나 단축키를 활용해 필요할 때만 열고 닫습니다. 단축키는 Ctrl+Alt 키를 누른 상태에서 Channel은 C, Left Zone은 L, Right Zone은 R, Lower Zone은 E 키를 사용합니다.

02 Left Zone의 Inspector

01 Left Zone은 인스펙터(Inspector)와 비저빌리티(Visibillity) 탭으로 구성되어 있으며, 인스펙터 탭은 선택한 트랙을 컨트롤할 수 있는 다양한 파라미터를 제공합니다.

02 인스펙터는 Track, Routing, Track Version, Quick Controls 등의 섹션으로 구성되어 있으며, 각 섹션의 이름을 클릭하여 열거나 닫을 수 있습니다. 기본적으로는 여러 섹션을 동시에 열 수 있지만, 특정 섹션만 단독으로 표시하고 싶다면 마우스 오른쪽 버튼을 클릭해 단축 메뉴를 열고 Expand Sections Exclusively 옵션을 체크합니다.

03 인스펙터는 여러 섹션으로 구성되어 있으며, 섹션 영역에서 마우스 오른쪽 버튼을 클릭해 단축 메뉴를 연 뒤 Set up Sections를 선택하면 자주 사용하는 섹션만 표시하거나 섹션의 위치를 변경할 수 있습니다.

04 큐베이스에서 기록된 MIDI 또는 오디오 이벤트를 더블 클릭하면 Lower Zone에 해당 이벤트를 편집할 수 있는 에디터가 열립니다. 이 상태에서 인스펙터의 Editor 탭을 선택하면, MIDI와 오디오 편집에 필요한 다양한 파라미터를 확인하고 조정할 수 있습니다.

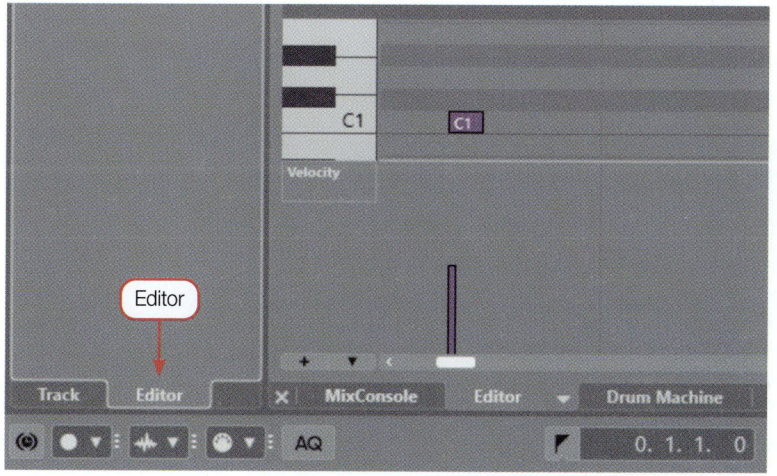

03 Left Zone의 Visibility

01 비저빌리티(Visibility) 탭에는 프로젝트에 포함된 트랙 목록이 표시되며, 각 트랙의 체크 표시를 통해 화면에 표시할 트랙을 선택할 수 있습니다. 많은 트랙을 사용하는 프로젝트에서 작업 화면을 정리하는 데 유용한 기능입니다.

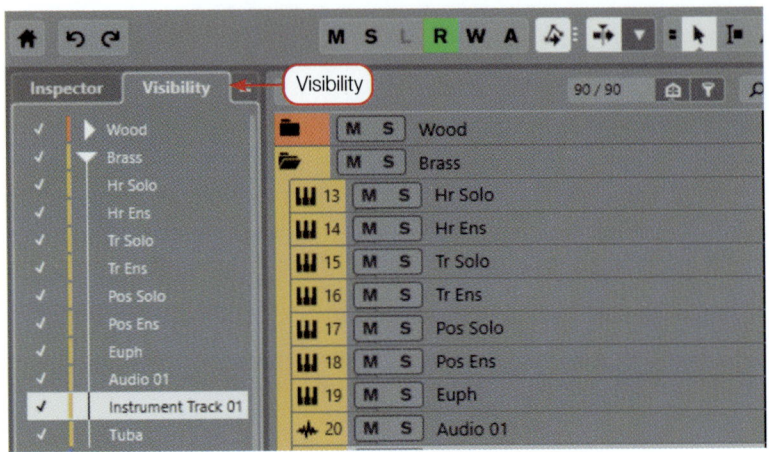

02 비저빌피티의 Zones 탭에서는 믹스 콘솔에 표시되는 트랙을 왼쪽, 중앙, 오른쪽 영역으로 구분해 배치할 수 있습니다. 이를 통해 트랙 종류나 역할에 따라 믹스 콘솔의 구성을 보다 효율적으로 정리할 수 있습니다.

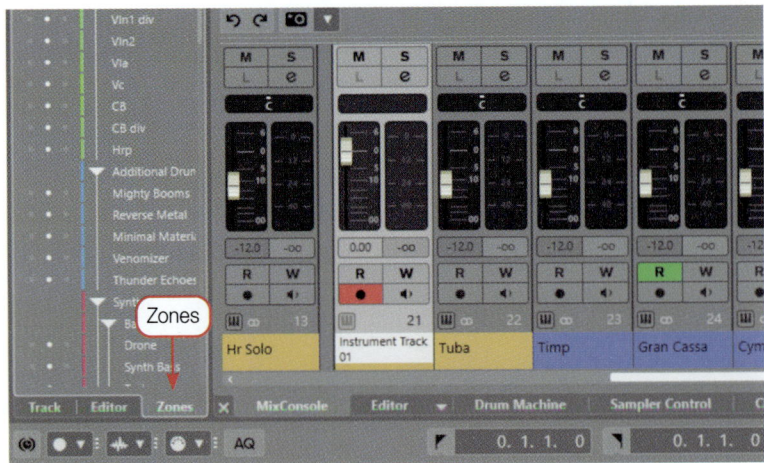

04 Left Zone의 Channel

01 인스펙터 창 왼쪽의 채널(Channel) 은 믹스 작업에 필요한 EQ, Insert, Send 등의 섹션으로 구성되어 있습니다. 인스펙터 탭과 크게 다르지 않지만, 믹서 창을 열지 않고도 주요 믹스 파라미터를 조정할 수 있어 작은 화면의 노트북 사용자에게 특히 유용합니다.

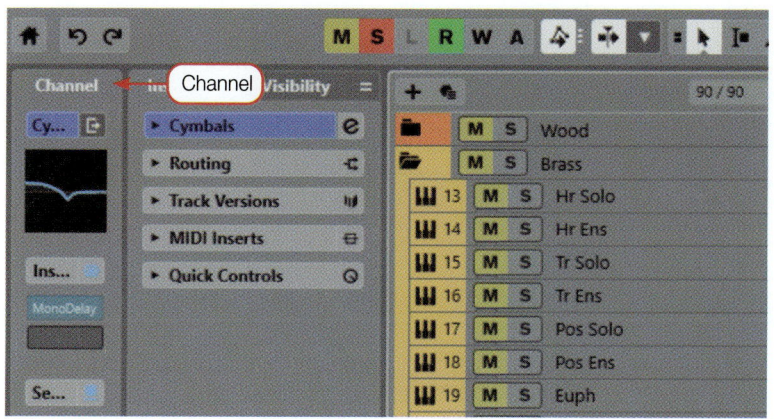

02 채널에서 마우스 오른쪽 버튼을 클릭하면 열리는 단축 메뉴에서 Set up Sections를 선택하여 채널 탭에 표시할 섹션을 지정하거나 위치를 변경할 수 있습니다. 이 기능은 인스펙터나 믹스 콘솔에서도 동일하게 사용할 수 있어 작은 화면의 노트북 사용자부터 다중 모니터 환경의 사용자까지 각자의 작업 스타일에 맞는 인터페이스를 구성할 수 있습니다.

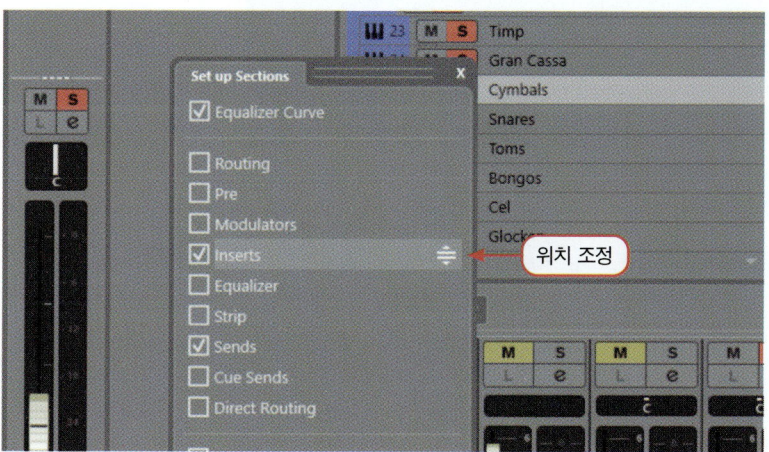

05 Right Zone의 Media

01 VST Instruments: Media 탭은 가상 악기, 이펙트, 오디오 샘플 등 다양한 미디어 콘텐츠를 탐색하고, 이를 프로젝트로 불러올 수 있는 역할을 합니다. VST Instruments 아이콘을 클릭하면 사용자 컴퓨터에 설치되어 있는 가상 악기를 볼 수 있습니다.

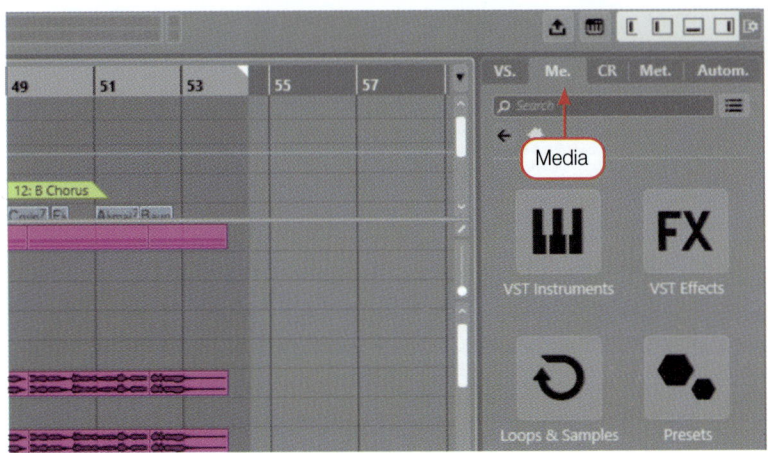

02 악기는 프로젝트 창으로 드래그하여 추가할 수 있습니다. VST Instruments에 표시되는 악기 이미지는 기본적으로 큐베이스에서 제공하는 악기만 나타나며, 서드파티 악기의 경우 패널에 있는 Picture 아이콘을 클릭해 표시할 수 있습니다.

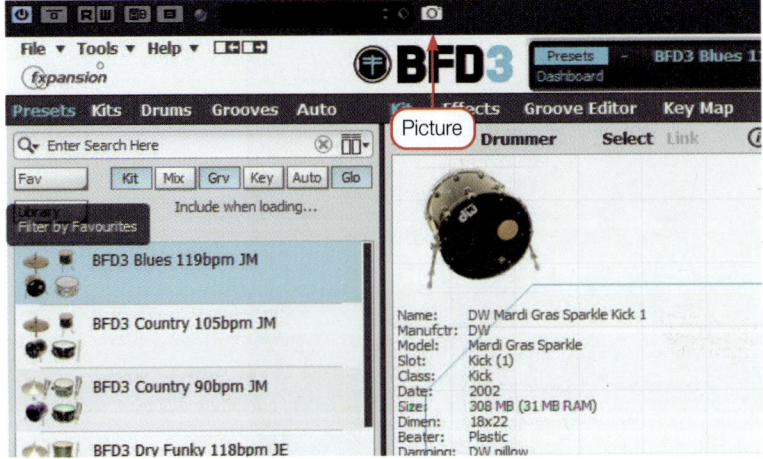

03 VST Effects: 사용자 컴퓨터에 설치된 VST 이펙트를 탐색하고 관리하는 영역입니다. Home 버튼을 클릭하면 Media 탭의 홈 페이지로 이동할 수 있습니다.

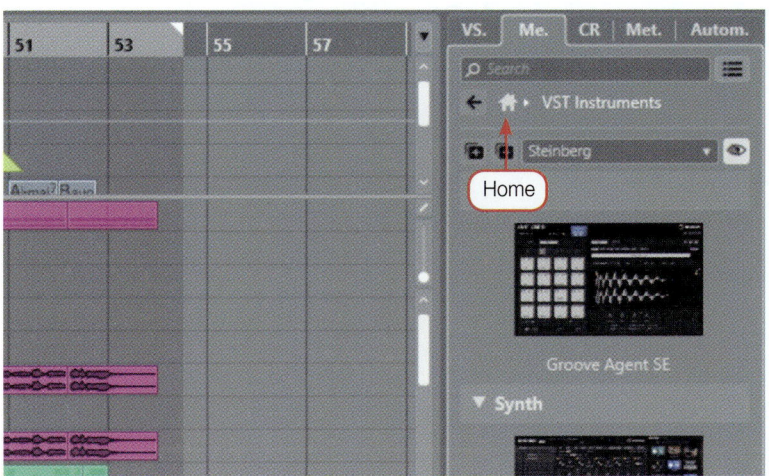

04 VST 이펙트는 트랙으로 드래그하여 직접 인서트할 수 있습니다. 눈 모양의 Picture 버튼을 클릭하면 VST 이펙트를 이미지 또는 리스트 형식으로 표시할 수 있으며, 서드파티 이펙트의 이미지를 표시하는 방법은 VST Instruments와 동일합니다.

05 **Loops&Samples:** 큐베이스는 다양한 MIDI 및 오디오 샘플을 제공하며, Loops&Samples 영역에서 탐색할 수 있습니다. 샘플은 라이브러리를 직접 클릭해 찾아볼 수도 있고, 검색 창에 원하는 샘플의 이름을 입력해 빠르게 찾을 수도 있습니다.

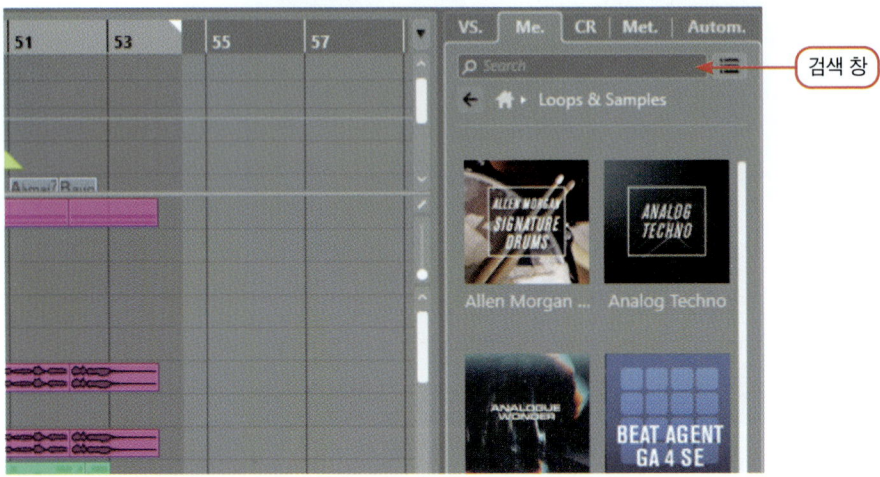

검색 창

06 카테고리 창에서 원하는 장르와 스타일을 선택해 검색 범위를 좁힐 수 있으며, 검색된 샘플은 프로젝트로 드래그 하여 음악 소스로 사용할 수 있습니다.

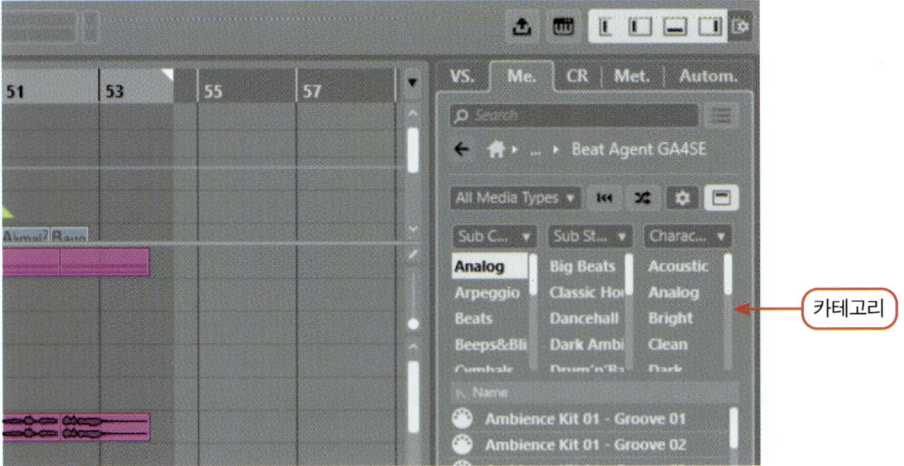

카테고리

07 선택한 샘플은 자동으로 재생되어 미리 들어볼 수 있으며, 하단의 Preview 패널에서 재생 방법을 세밀하게 제어할 수 있습니다.

Preview

 Transport Controls

재생, 정지, 반복 버튼으로 구성되어 있습니다. 이를 통해 미리 듣기 재생을 시작하거나 정지하고, 일시 정지하거나 반복 재생할 수 있습니다.

Preview Level

볼륨을 조절합니다. 프로젝트 전체 볼륨과는 독립적으로 작동하므로, 샘플 소리가 너무 크거나 작을 때 이 페이더를 이용해 적절한 크기로 조절할 수 있습니다.

Auto Play New Results Selection

이 옵션은 기본적으로 활성화되어 있으며, 샘플을 선택하는 즉시 자동으로 미리 듣기가 시작됩니다. 샘플을 하나씩 빠르게 비교해야 할 때 매우 유용한 기능입니다.

▶ Wait for Project Play

이 옵션을 켜면 Previewer의 재생과 정지가 프로젝트의 Transport 패널과 연동됩니다. 프로젝트가 재생 중일 때 선택한 루프는 프로젝트의 재생 상태에 맞춰 함께 재생됩니다. 이 기능을 효과적으로 사용하려면 왼쪽 로케이터를 마디의 시작 지점에 맞춘 뒤 프로젝트를 재생하는 것이 좋습니다.

♫ Link to Transpose Track

트랜스포즈 트랙과 연동해 재생하는 기능입니다. 이 옵션을 활성화하면 자동으로 Link to Project Tempo도 함께 활성화되어 템포와 키 모두 프로젝트 설정에 맞춰 재생됩니다.

-2 Transpose by Semitones

음정을 반음 단위로 조절합니다. 곡의 키에 맞는지 확인하고 싶을 때 유용하며, 미리 듣기 단계에서 간단히 조정해볼 수 있습니다.

F ▾ Transpose to Root Key

샘플의 루트 키를 설정하는 기능입니다. 샘플의 원래 키를 지정해 두면, 프로젝트의 키와 비교하거나 트랜스포즈 기능을 사용할 때 보다 정확한 결과를 얻을 수 있습니다.

♪ Link to Project Tempo

이 옵션을 활성화하면 선택한 오디오 파일이 프로젝트 템포에 맞춰 재생됩니다. 실시간 타임 스트레칭이 적용되기 때문에 BPM이 다른 루프라도 곡의 템포에 자연스럽게 맞춰 미리 들을 수 있습니다. 이 상태로 파일을 프로젝트에 추가하면 해당 이벤트의 Musical Mode가 자동으로 활성화됩니다.

1/2 Half Speed Playback

샘플을 절반 속도로 재생하는 기능입니다. 샘플의 리듬이나 디테일을 느리게 확인하고 싶을 때 활용할 수 있습니다.

2x Double Speed Playback

샘플을 두 배 속도로 재생합니다. 빠른 템포에서의 느낌을 미리 확인하거나 독특한 효과를 기대할 때 사용할 수 있습니다.

Tapemachine Style

이 옵션을 활성화하면 Speed 페이더가 나타나며, 테이프 머신처럼 연속적으로 재생 속도를 조절할 수 있습니다. 자연스러운 속도 변화 효과를 확인할 수 있지만, One Shot 샘플에는 타임 스트레칭이 적용되지 않습니다.

08 Link to Project Tempo 옵션이 활성화된 상태에서 샘플을 프로젝트에 가져오면, 해당 이벤트에는 자동으로 Musical Mode가 적용되어 프로젝트 템포에 맞춰 재생됩니다. Musical Mode가 적용된 이벤트는 오른쪽 상단에 물결 모양 아이콘이 표시되어 쉽게 구분할 수 있습니다. 이벤트를 더블 클릭해 열리는 에디터 창의 도구 바에서 음표 모양의 Musical Mode 옵션을 클릭하면, 언제든지 Musical Mode를 해제할 수 있습니다.

Q9 Presets: 사운드 디자인이나 믹싱 기술은 하루아침에 익힐 수 있는 분야가 아닙니다. 다행히 큐베이스는 전문가들이 만들어 놓은 설정을 그대로 활용할 수 있는 프리셋 (Preset)을 제공합니다. Track, Strip, Pattern, FX Chain, VST FX 등 사용 목적에 맞는 다양한 프리셋을 제공하며, 원하는 프리셋을 트랙으로 드래그하여 바로 적용할 수 있습니다.

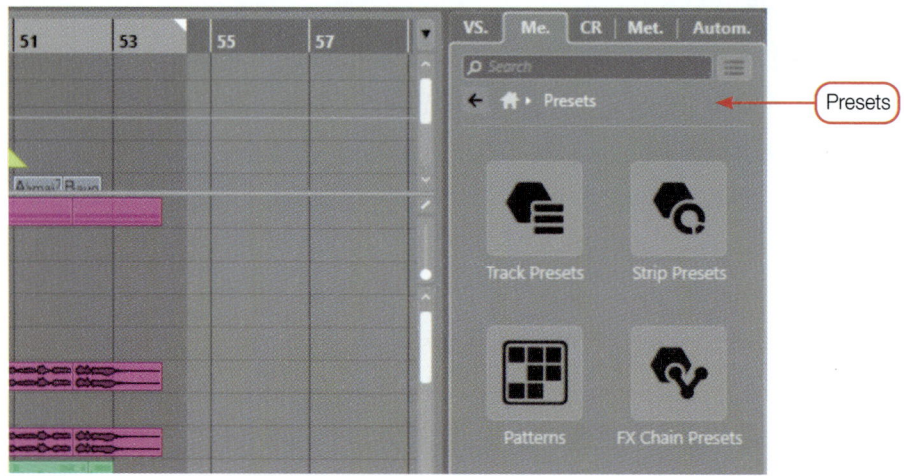

10 User Presets: 트랙에서 마우스 오른쪽 버튼을 클릭해 단축 메뉴를 연 뒤, Save Track Preset을 선택하면, 사용자가 만든 설정을 User Presets에 저장할 수 있습니다.

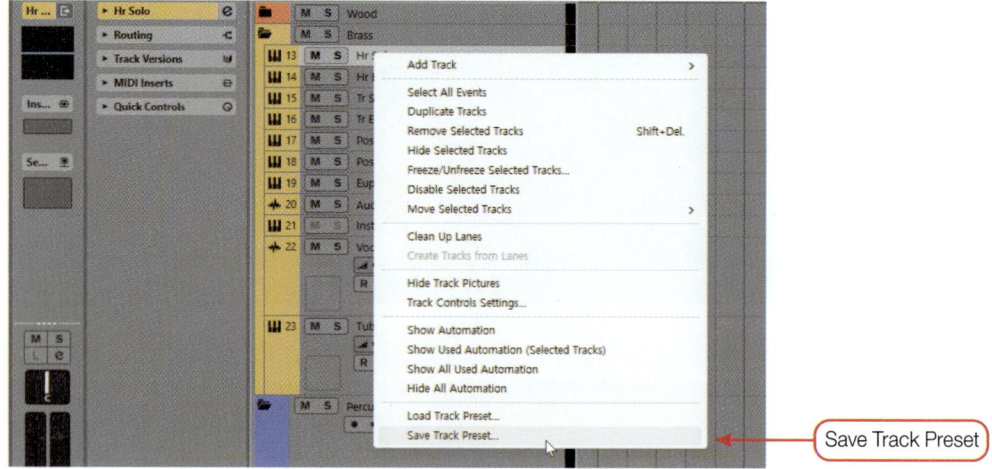

11 **File Browser:** 파일 브라우저는 윈도우 탐색기와 유사하게 사용자 컴퓨터에 저장된 샘플을 검색하고 프로젝트로 드래그하여 바로 사용할 수 있게 해줍니다. 자주 사용하는 폴더라면, Add Favorite 버튼을 클릭하거나 마우스 오른쪽 버튼을 눌러 열리는 Add Favorite 메뉴를 선택해 즐겨찾기로 등록할 수 있습니다.

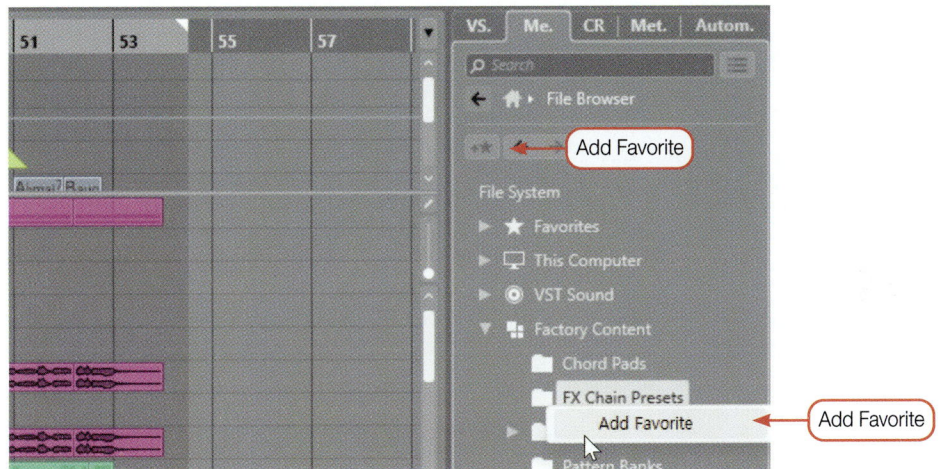

12 **Favorites:** 즐겨찾기(Favorites)는 자주 사용하는 폴더를 등록해, 필요할 때 빠르게 열어볼 수 있도록 도와줍니다. 폴더는 Add Favorites를 클릭하여 추가할 수 있으며, 더 이상 필요 없는 폴더는 단축 메뉴의 Delete를 선택하여 삭제할 수 있습니다.

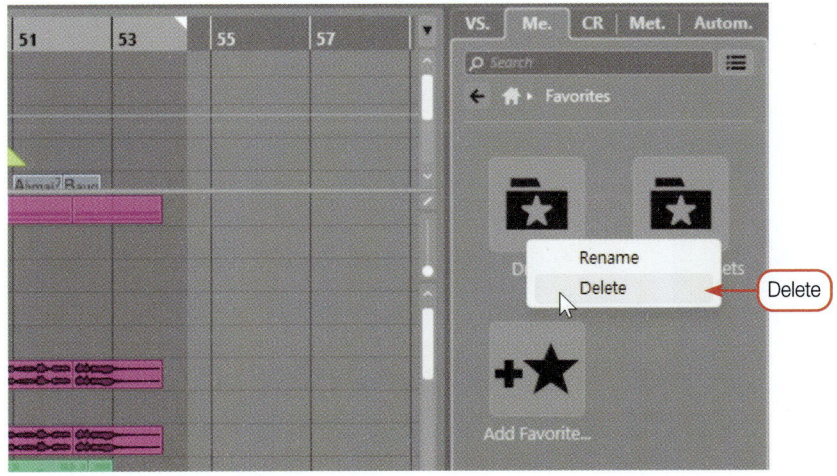

06 Right Zone의 CR

01 컨트롤 룸(CR)은 스튜디오의 모니터링 환경을 큐베이스 안에서 구현한 탭으로, 모니
터 출력과 헤드폰 신호 등을 관리할 수 있습니다. 이 기능은 기본적으로 비활성화되어
있으며, 홈 스튜디오 환경에서 사용하려면 Enable 버튼을 클릭해 활성화합니다.

02 컨트롤 룸 기능을 활성화한 경우, Media 탭에서 사운드를 미리 듣기 위해서는
Monitor 출력을 설정해야 합니다. 출력 설정 창은 Studio 메뉴의 Audio Connections
를 선택하여 열 수 있습니다.

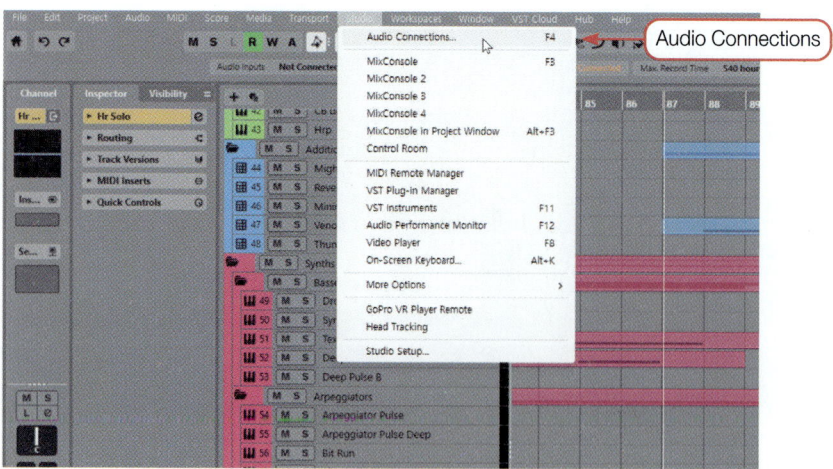

03 Control Room 탭을 선택해 연 뒤, Monitor 1 장치의 Audio Device에서 사용할 오디오 인터페이스를 선택합니다. 여러 개의 출력 채널을 지원하는 오디오 인터페이스를 사용하는 경우, Device Port에서 모니터에 사용할 출력 포트를 별도로 지정할 수 있습니다.

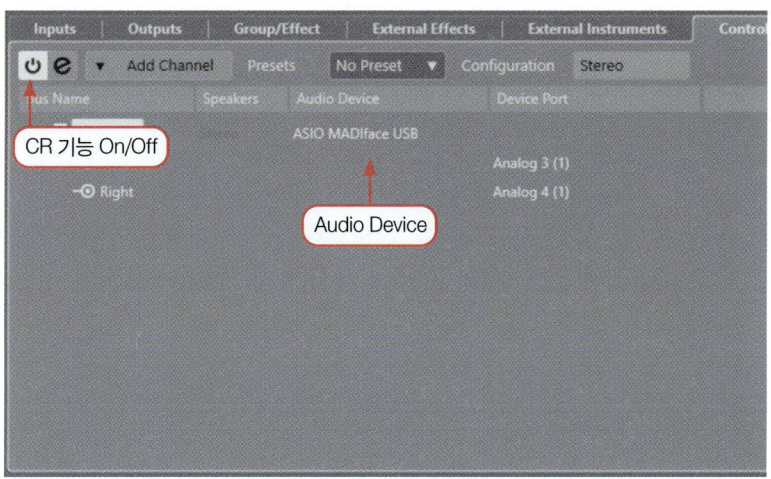

07 Right Zone의 Meter

01 피크 레벨(Peak)과 평균 레벨(RMS)를 측정할 수 있는 레벨 미터를 제공합니다. 평균 레벨인 RMS는 파란색으로, 최고 레벨인 Peak는 회색 실선으로 표시되며, 미터 하단에는 각 레벨의 최대값(Max) 이 표시됩니다. 일반적으로 녹음 단계에서는 피크 레벨, 믹싱 단계에서는 평균 레벨(RMS)을 참고합니다.

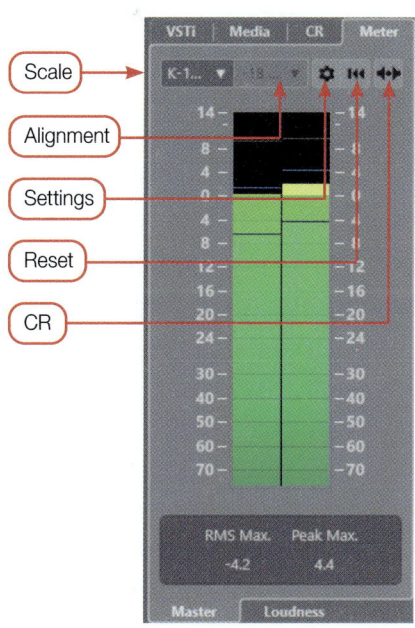

RMS/Peak Meter

- Scale: 레벨 미터의 표시 방식(스케일)을 선택합니다.
- Alignment: 방송 규격(DIN, EBU 등)에 맞출 때 기준점을 설정합니다.
- Settings: 미터기의 반응 속도나 상세 설정을 변경할 수 있습니다.
- Reset: 레벨 미터의 측정 값을 초기화합니다.
- CR: 컨트롤 룸을 활성화한 경우에 표시되며, 하단에 컨트롤 룸 관련 컨트롤러를 엽니다.

Scale 항목

1. 디지털 표준 (Digital)

가장 일반적인 방식입니다. 소리가 전혀 없는 상태에서부터 디지털 시스템이 수용할 수 있는 최대치인 0dBFS까지를 보여줍니다.

2. 방송용 표준 (DIN, EBU, British, Nordic)

과거 아날로그 방송 장비 시절부터 내려온 규격으로, 전 세계 방송국들이 통일된 볼륨으로 송출하기 위해 사용합니다.

- DIN (독일/유럽): 클래식이나 고음질 방송에 주로 사용됩니다.
- EBU (유럽방송연합): 유럽 전역의 표준 규격입니다.
- British (영국): BBC 등 영국에서 주로 사용하며, 눈금 숫자가 1~7로 표기되기도 합니다.
- Nordic (북유럽): 스칸디나비아 지역의 방송 표준입니다.

3. K-System (K-20, K-14, K-12)

유명한 엔지니어 밥 캐츠(Bob Katz)가 제안한 방식으로, 음악의 다이내믹을 살리기 위한 눈금입니다. 숫자(20, 14, 12)는 0으로 표시되는 지점의 Headroom을 의미합니다.

- K-20: 여유 공간이 가장 많습니다. 영화 음악이나 매우 섬세한 클래식 작업에 사용합니다.
- K-14: 현대적인 팝, 록 음악의 표준입니다. 가장 많이 권장되는 설정입니다.
- K-12: 여유 공간이 적어 TV 방송이나 라디오용 음악 작업에 사용합니다.

4. 확장형 디지털 (+3dB, +6dB, +12dB Digital)

디지털 미터는 0dB가 끝이지만, 이 스케일들은 0dB 위로 눈금을 더 보여줍니다. 소리가 얼마나 0dB를 초과했는지 구체적으로 파악하고 싶을 때 사용합니다.

02 라우드니스 미터는 소리의 물리적 크기가 아니라 사람의 귀에 들리는 체감 음량을 정확히 측정하는 도구입니다. 유럽 방송 연합(EBU)의 R128 표준을 기반으로 하며, 마스터링 단계에서 매우 중요합니다.

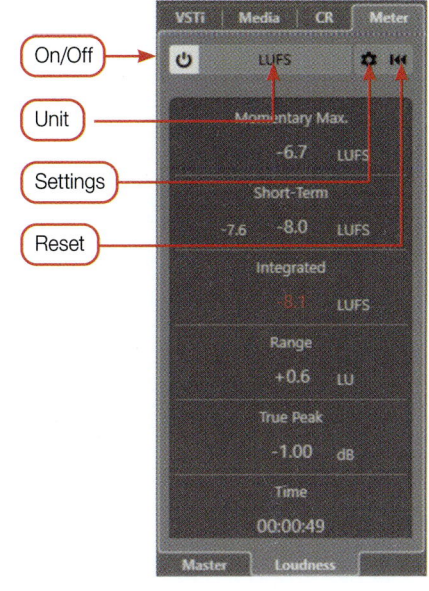

Loudness Meter

- **On/Off:** 라우드니스 측정을 On/Off 합니다.
- **Unit:** 라우드니스는 다음 두 가지 단위 중에서 선택해 표시할 수 있습니다.
    LUFS (절대값): 방송 및 스트리밍 기준으로 사용하는 절대적인 음량 단위입니다.
    LU (상대값): 기준값 대비 변화량을 나타내는 상대적인 단위입니다.
- **Settings:** 라우드니스(Loudness) 값을 설정할 수 있는 창을 엽니다.
- **Reset:** 레벨 미터의 측정 값을 초기화합니다.

측정 항목

- **Momentary Max:** 약 400ms 동안 측정된 음량을 표시합니다.
- **Short-Term:** 약 3초 동안 측정된 평균 음량을 표시합니다.
- **Integrated:** 측정이 시작된 시점부터 종료 시점까지의 전체 평균 라우드니스를 표시합니다.
- **Range (LRA):** 측정 구간 전체에서의 다이내믹 레인지를 표시합니다.
- **True Peak:** 디지털 신호가 아날로그 소리로 바뀔 때 발생하는 실제 피크를 예측합니다.
- **Time:** 현재 라우드니스가 측정된 총 시간을 표시합니다.

03 Settings 버튼을 클릭하면 레벨 미터의 표시 기준과 민감도를 사용자의 작업 환경에 맞춰 세밀하게 조절할 수 있습니다. 이 기능을 활용하면 설정한 목표 수치를 초과했을 때 즉각적인 시각적 피드백을 받을 수 있어, 더욱 정밀하고 신속한 음량 관리가 가능해집니다.

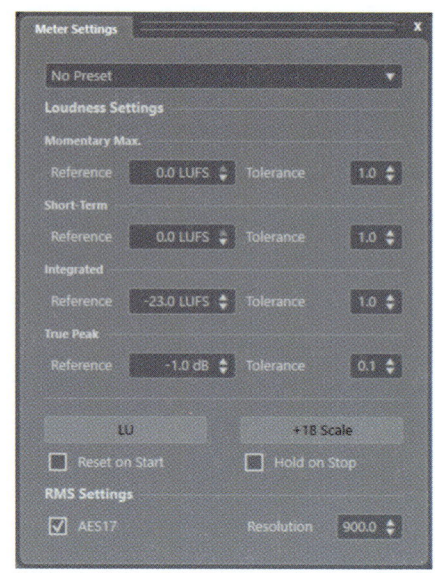

● **Presets**: 자주 사용하는 설정값(예: 유튜브용, 방송용 등)을 저장하거나 불러올 수 있습니다.

● **Loudness Settings**
소리가 너무 커지거나 기준을 벗어났을 때 미터기가 빨간색으로 변하는 기준을 정합니다.
Momentary, Short-Term, Integrated, True Peak: 각 항목의 참조값(Reference)과 허용 범위 (Tolerance)를 지정합니다. 예를 들어, Integrated를 -23 LUFS로 설정해두면, 이보다 커질 경우 미터기에 빨간불이 들어와 소리가 너무 크다는 신호를 줍니다.
LU/LUFS: 절대 수치로 볼지, 상대 수치로 볼지 결정합니다.
EBU +9/+18: 미터기 눈금의 폭을 결정합니다.
Reset on Start: 다시 재생할 때마다 지저분한 이전 측정값을 자동으로 지워줍니다.
Hold on Stop: 재생을 멈춰도 측정했던 최종값을 그대로 화면에 남겨두어 꼼꼼히 체크할 수 있게 합니다.

● **RMS Settings**
소리의 물리적 평균 에너지를 측정할 때 사용합니다.
AES 17: 이 옵션을 켜면 RMS 값에 3dB를 더해 표시합니다. 디지털 오디오 표준(AES17)에 맞춰 소리를 더 정확하게 모니터링하고 싶을 때 사용합니다.
Resolution: 평균값을 계산할 시간 간격을 정합니다. 시간을 짧게(예: 50ms) 하면 미터기가 아주 예민하게 움직이며 순간적인 음량 변화를 잘 보여주고, 시간을 길게(예: 500ms)하면, 미터기가 부드럽게 움직이며 전반적인 소리의 무게감을 파악하기 좋아집니다.

08 Lower Zone의 MixConsole

01 프로젝트 하단의 Lower Zone은 믹스 콘솔, 에디터, 샘플러 컨트롤, 코드 패드, 미디 리모트, 모듈레이터, 드럼 머신의 7가지 탭으로 구성되어 있습니다. MixConsole은 프로젝트의 모든 입/출력 라인과 신호 흐름을 통합적으로 컨트롤합니다.

MixConsole

02 로우 존의 믹스 콘솔은 Alt+F3 키로 간편하게 열고 닫을 수 있으며, 독립된 전체 창 형태의 믹스 콘솔은 F3 키를 사용합니다. 큐베이스는 총 4개의 믹스 콘솔을 제공하며, 기본 창 외의 MixConsole 2~4는 Studio 메뉴를 통해 열 수 있습니다.

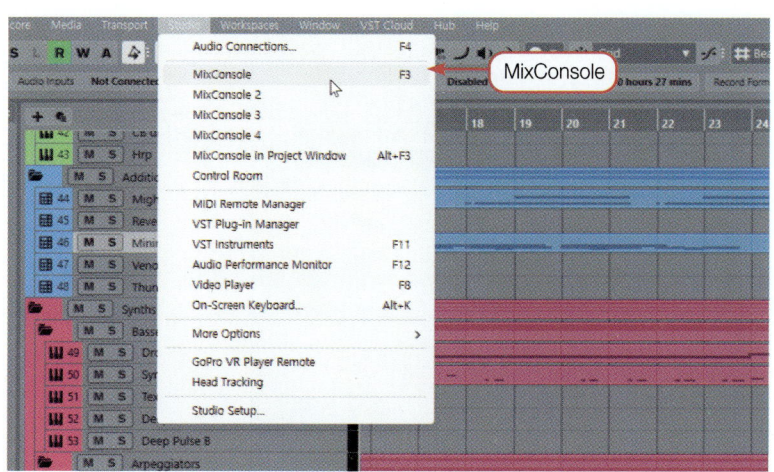

09 Lower Zone의 Editor

01 미디 및 오디오 이벤트를 더블 클릭하면 데이터를 편집할 수 있는 Editor 탭이 로우 존에 열립니다. 만약 더블 클릭 시 독립된 창으로 열리기를 원한다면, Audio 메뉴의 Set up Editor Preferences를 선택합니다.

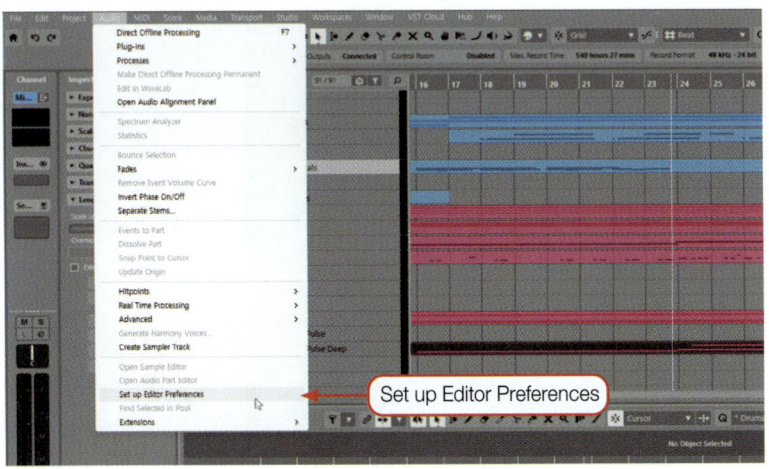

Set up Editor Preferences

02 Double-click opens Editor in Lower Zone으로 설정된 기본 옵션을 Double-click opens Editor in a Window로 변경하면, 이벤트 더블 클릭 시 에디터를 독립된 별도의 창으로 열 수 있습니다.

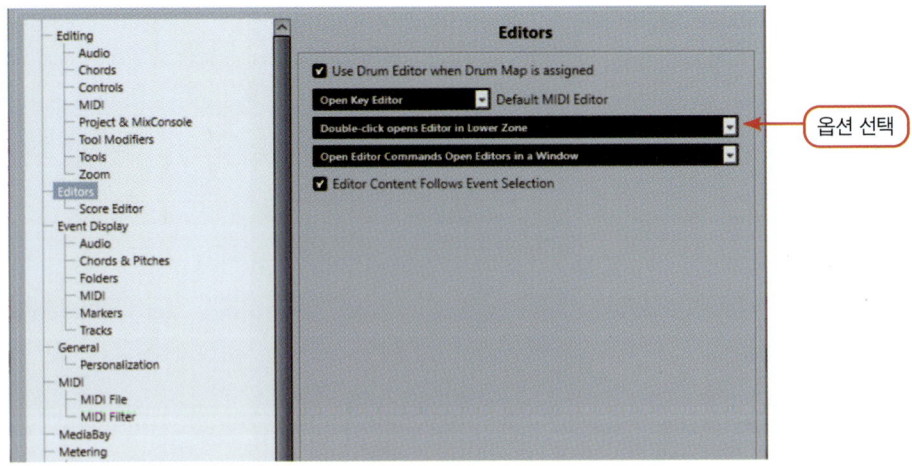

옵션 선택

10 Lower Zone의 Drum Machine

01 큐베이스는 음악 작업의 토대가 되는 드럼 패턴을 위해 로우 존에 드럼 악기 구성을 최적화할 수 있는 Drum Machine을 제공합니다. Add Drum Track 버튼을 클릭하면 즉시 패턴 제작이 가능한 드럼 전용 트랙이 생성되어 작업을 신속하게 시작할 수 있습니다.

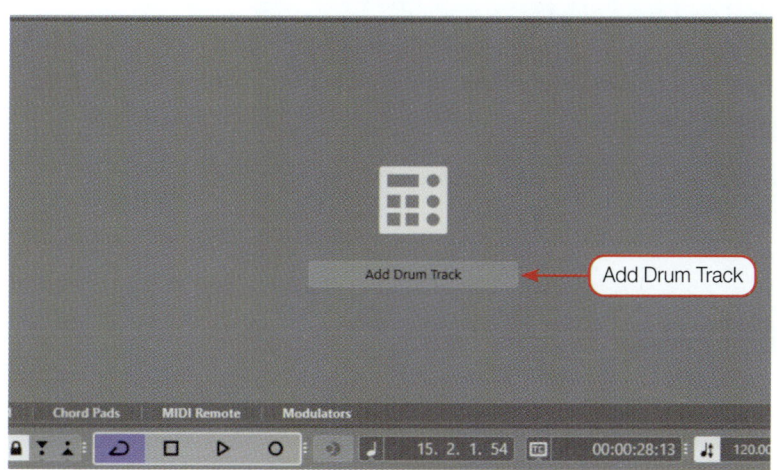

02 드럼 트랙을 생성하면 패드 형태의 인터페이스가 나타나며, 각 패드에 원하는 악기를 자유롭게 배치하여 구성할 수 있습니다. 큐베이스 샘플은 물론, 개인 소장 오디오 파일을 패드로 직접 드래그하여 자신만의 드럼 키트를 빌드하는 것도 가능합니다.

03 드럼 트랙의 Editor 탭은 스텝 입력 방식의 전용 편집 창을 제공하여 복잡한 드럼 리듬
도 누구나 손쉽게 제작할 수 있습니다.

Editor

11 Lower Zone의 Sampler Control

01 Sampler Control은 사용자가 녹음한 소리나 오디오 샘플에 피치를 할당하여 미디 음
원처럼 연주할 수 있는 기능을 제공합니다. 오디오 파일을 해당 탭으로 직접 드래그하
거나 Add Sampler Track 버튼을 클릭하여 샘플러 트랙을 생성할 수 있습니다.

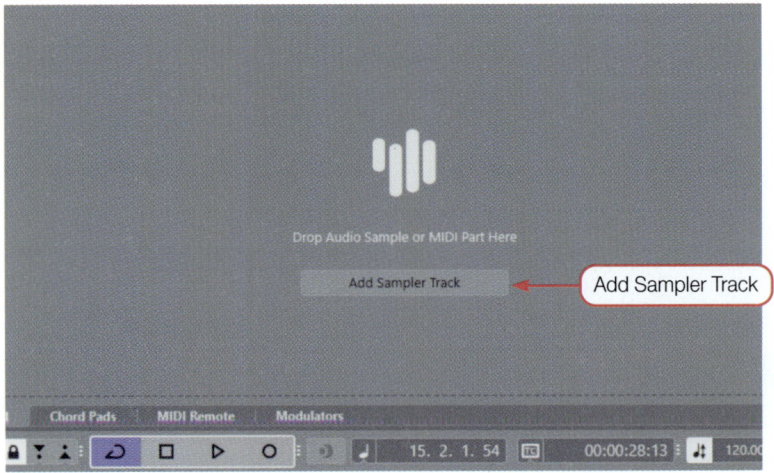

Add Sampler Track

02 샘플러 트랙을 먼저 생성한 경우, 프로젝트에 녹음한 이벤트나 큐베이스 제공 샘플, 혹은 개인 소장 오디오 파일을 탐색기에서 직접 드래그하여 불러올 수 있습니다. 이렇게 불러온 샘플은 마스터 건반을 연주하는 즉시 피치가 할당된 악기로 변환되어 곧바로 창작에 활용할 수 있습니다.

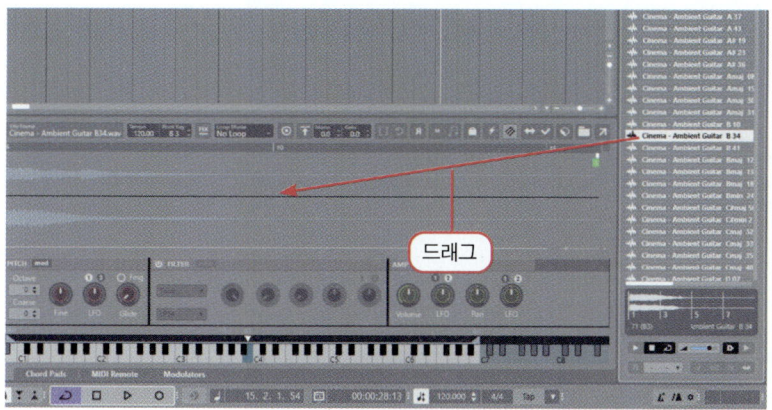

12 Lower Zone의 Chord Pads

01 Chord Pads는 초보자도 전문적인 수준의 코드 연주를 구현할 수 있도록 돕는 강력한 도구입니다. 건반 연주가 익숙하지 않은 사용자가 단 하나의 건반만으로도 복잡한 코드를 손쉽게 연주할 수 있게 하며, 더 나아가 다양한 연주 스타일과 테크닉을 적용할 수 있는 영역까지 확장하여 활용 가능합니다.

02 코드는 패드를 클릭하거나 마스터 건반을 통해 연주할 수 있습니다. 연주 가능한 기본 범위는 파란색으로 표시된 C1~D2 구간이며, 이는 사용자의 작업 환경이나 필요에 따라 자유롭게 변경 및 편집이 가능합니다.

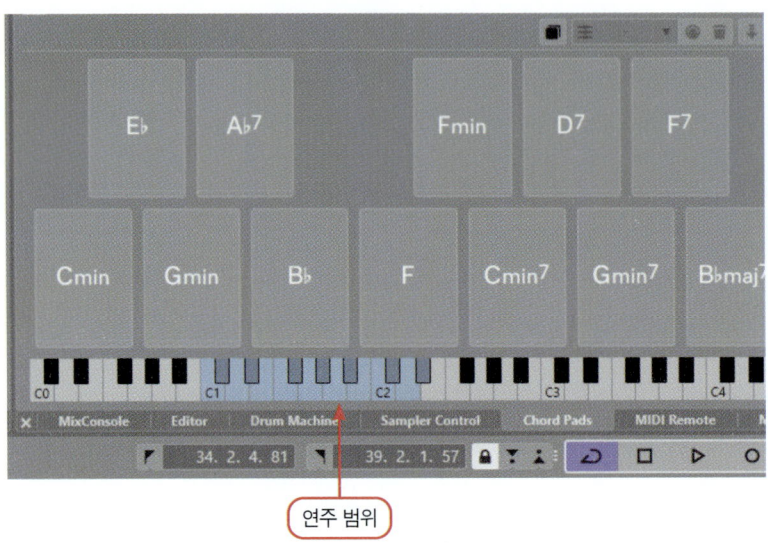

연주 범위

03 상단부에는 음악 장르와 악기 종류, 연주 패턴에 맞춰 다채로운 코드 구성을 도와주는 도구가 있으며, 우측에서는 코드를 세밀하게 편집하거나 새로운 코드 진행의 아이디어를 얻을 수 있는 보조 창을 제공합니다.

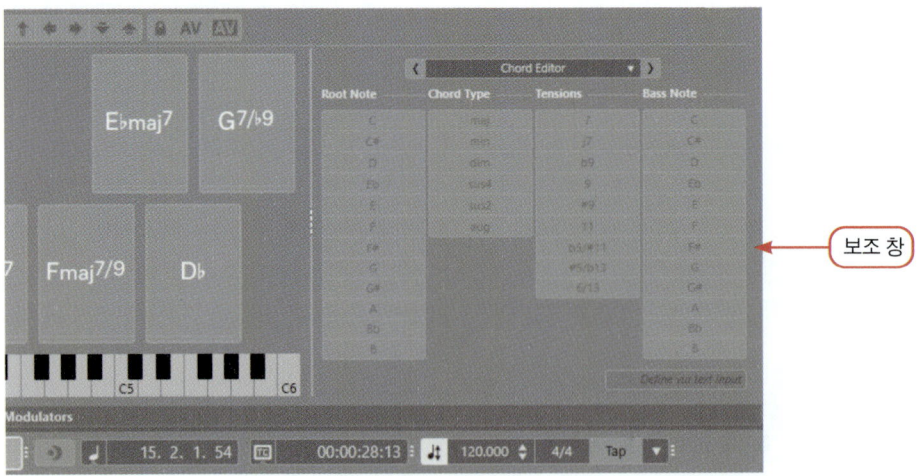

보조 창

13 Lower Zone의 MIDI Remote

01 큐베이스는 마스터 건반 등 하드웨어 미디 장치를 자동으로 감지하여 컨트롤러 기능을 즉시 매핑해주는 MIDI Remote 탭을 제공합니다. Add MIDI Controller Surface 버튼을 클릭하면 사용 중인 장치에 맞춘 직관적인 컨트롤 레이아웃을 구성할 수 있습니다.

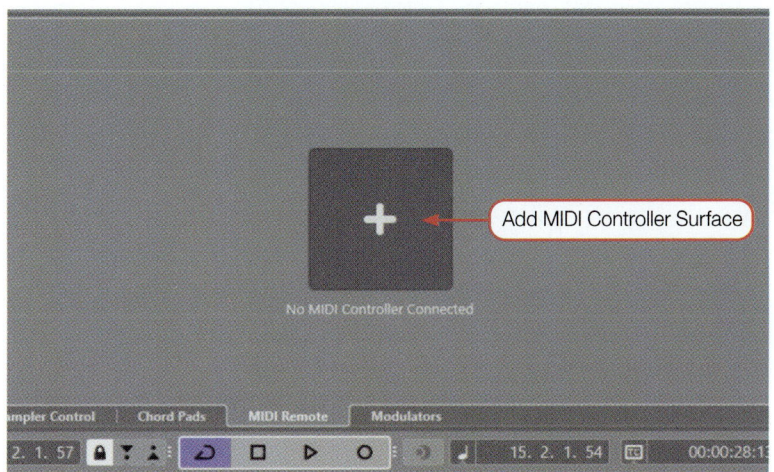

02 Vendor 항목에서 연결된 기기의 브랜드를 선택하고, Model에서 해당 기기의 모델명을 지정합니다. 만약 사용 중인 기기의 브랜드가 목록에 없다면, 리스트 맨 아래의 Add Vendor를 선택하여 직접 제조사 이름을 입력할 수 있습니다.

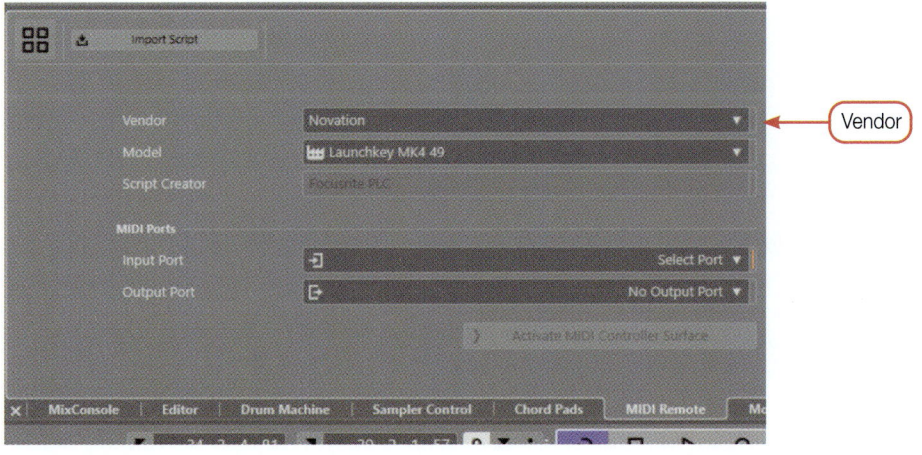

03 Import Script를 클릭하면 제조사나 타 사용자가 미리 제작한 설정 파일을 간편하게 불러올 수 있습니다. 이때 Script Creator에는 해당 설정을 만든 제작자의 이름이 표시되며, 사용자가 직접 설정을 만드는 경우에는 본인의 이름을 입력하여 관리할 수 있습니다.

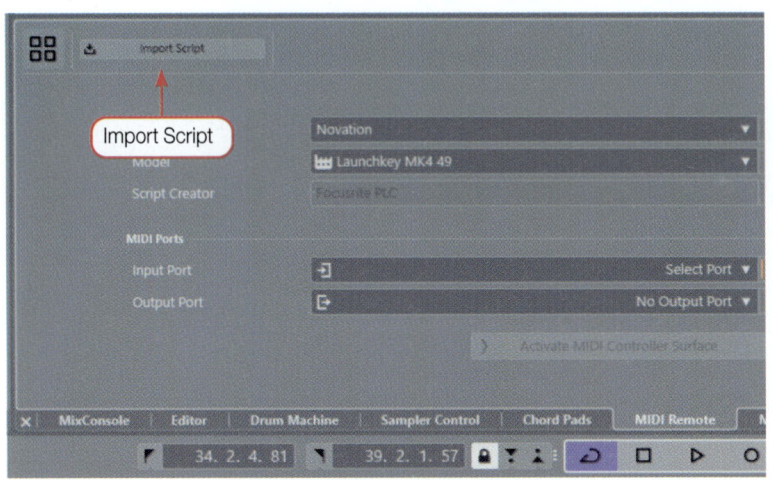

04 Input Port와 Output Port에서 장치가 연결된 포트를 각각 선택한 후, Create MIDI Controller Surface 버튼을 클릭하여 완료합니다. 작업을 취소하고 등록된 장치들을 한눈에 확인할 수 있는 메인 목록 화면으로 돌아가려면 Go to 버튼을 클릭합니다.

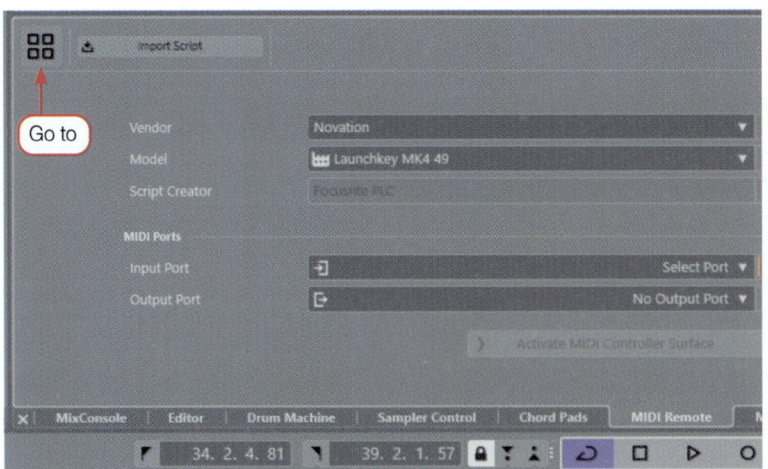

05 스크립트가 제공되는 않는 제품일 경우에는 사용자가 직접 매핑할 수 있습니다. Open Mapping Assistant 버튼을 클릭합니다.

06 마스터 건반의 노브나 페이더를 직접 조작하거나 화면의 컨트롤러 서피스에서 해당 요소를 클릭하여 선택합니다. 그다음 Functions Browser 창을 열고, 연결하고자 하는 기능을 더블 클릭하면 매핑이 즉시 완료됩니다.

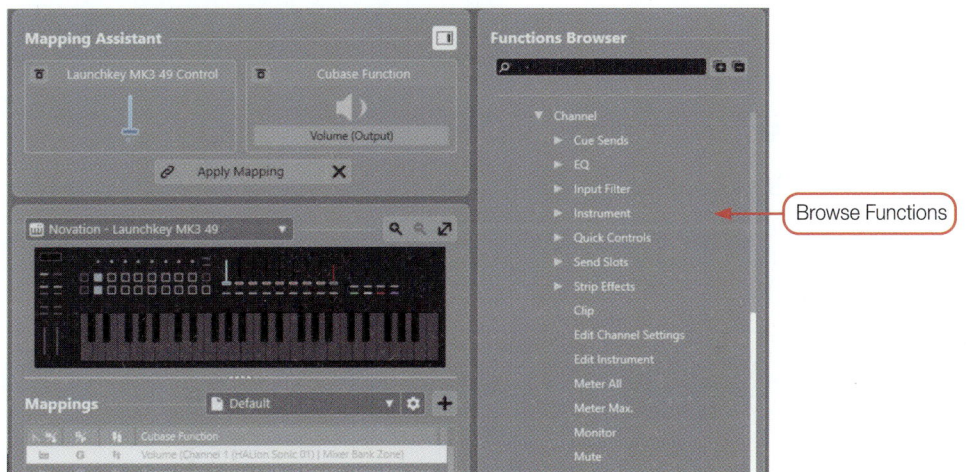

새로운 모듈레이터로 사운드에 생명을

모듈레이터는 사운드 디자인에서 창의적 표현과 생동감을 만들어 내는 핵심 도구입니다. Cubase 15에서는 Attack/Decay, Morph LFO, Wavefold LFO, Crossfader, Sample & Hold, Macro Knob의 6종 새로운 모듈레이터가 추가되어 기존 모듈레이터를 넘어 더 복합적이고 정교한 사운드 변화를 구현할 수 있게 되었습니다.

모듈레이터(Modulator)의 기본 목적은 사운드에 변화와 움직임을 주는 것입니다. 단순히 소리를 재생하는 것에서 벗어나, 필터, 피치, 볼륨, 패닝, 디스토션 등 다양한 파라미터를 시간, 규칙, 랜덤에 따라 자동으로 변조하여 정적인 사운드를 동적이고 생동감 있게 만드는 도구입니다. Cubase 15에서는 신규 모듈레이터 6종이 추가되어, 사운드 디자인 가능성이 크게 확장되었습니다.

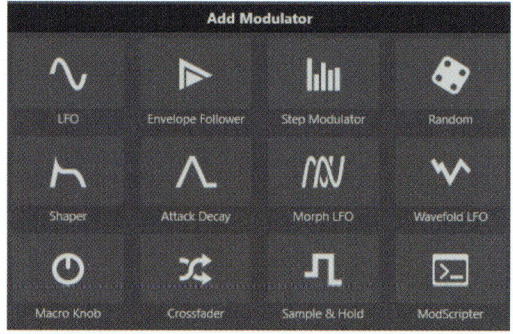

1. LFO: 기본 웨이브 변조를 제공하며 필터 컷오프, 오실레이터 피치, 볼륨 등을 반복적으로 변조합니다. 테크노 신스의 필터 자동화나 반복적 웨이브 패턴 생성에 적합합니다.

2. Envelope Follower: 입력 신호의 레벨을 기준으로 모듈레이션을 적용합니다. 예를 들어 드럼 킥에 맞춰 필터를 열고 닫는 오디오 반응형 효과를 만들 수 있습니다.

3. Step Modulator: 단계별 값 지정이 가능하며, 반복 패턴이나 시퀀싱 효과를 만들 때 유용합니다. 볼륨, 패닝, 필터 등을 정밀하게 변조할 수 있습니다.

4. Random: 단순 랜덤 변조를 지원하며, 미세한 피치 변동이나 아날로그 신스 특유의 불안정한 느낌을 구현할 수 있습니다.

5. Shaper: 웨이브 형태를 변형하여 사운드의 디스토션이나 펀치감을 강화할 수 있습니다.

6. Attack/Decay: 커브 기반 자동화를 제공하며, 프로젝트 템포에 싱크됩니다. 볼륨, 필터, 피치 등 다양한 파라미터를 시간에 따라 자동으로 변화시킬 수 있습니다.

7. Morph LFO: 두 LFO 웨이브를 모핑할 수 있으며, 모양뿐만 아니라 속도까지 블렌딩 가능합니다. 톱니파와 스퀘어파를 혼합하는 등 다채로운 패턴 생성이 가능합니다.

8. Wavefold LFO: 웨이브폴딩을 적용하여 반복 가능한 패턴을 생성합니다. 필터 컷오프나 디스토션과 결합하면 복합적인 사운드 변화를 만들 수 있습니다.

9. Macro Knob: 여러 파라미터를 동시에 제어할 수 있으며, 다양한 모듈레이터, 필터, 볼륨 등을 한 번에 조작하여 편리하게 사운드를 통합 제어할 수 있습니다.

10. Crossfader: 두 개의 다른 모듈레이터 출력을 받아 페이더로 블렌딩할 수 있습니다. 예를 들어 Step 모듈레이터와 Wavefold LFO를 혼합하여 복합 패턴을 만들 수 있습니다.

11. Sample & Hold: 다른 모듈레이터 출력을 샘플링하여 랜덤 혹은 스텝 효과를 생성합니다. 글리치, SF 사운드, 아날로그 불규칙성을 만들 때 유용합니다.

12. ModScripter: 스크립트를 이용한 맞춤형 모듈레이션이 가능하여, 복잡한 조건부 변조나 논리 기반 변조 등 창의적인 사운드 제작에 활용됩니다.

01 Wavefold LFO

Wavefold LFO는 단순한 LFO와 달리 파형을 접어(Folding) 더 복잡하고 독특한 변조 신호를 만들어내는 것이 특징입니다. 이 기능을 활용하면 신스의 필터, 피치, 펄스 폭 등 다양한 파라미터에 리드미컬하고 에너지 넘치는 변화를 줄 수 있어 EDM 리드 사운드를 더욱 강력하고 생동감 있게 만들 수 있습니다.

01 트랙 리스트에서 마우스 오른쪽 버튼을 클릭하여 단축 메뉴를 열고, Add Instrument Track을 선택합니다.

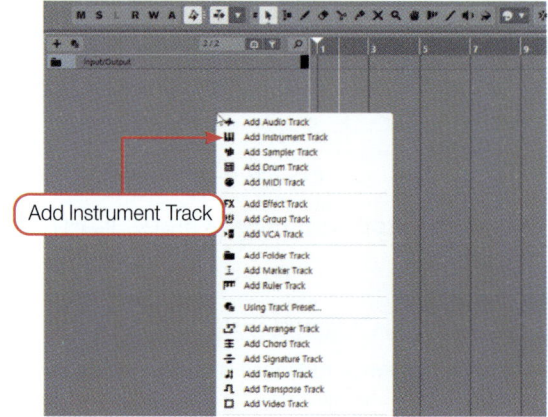

02 Instrument에서 Retrologue, Serum 처럼 필터 변조가 가능한 아날로그 스타일 신디사이저를 선택하여 로딩합니다. 이러한 신스들은 Wavefold LFO로 필터 컷오프나 피치 등을 변조했을 때 반응이 뚜렷하게 나타나, 이후 진행할 EDM 리드 사운드 실습에 특히 적합합니다.

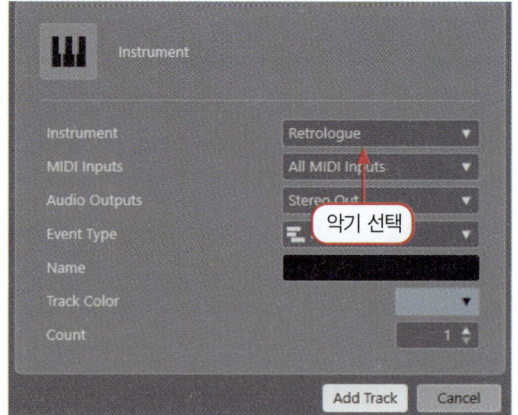

03 모듈레이터는 프로젝트 하단의 Lower Zone에서 ① Modulators 탭을 선택해 열 수 있습니다. 이곳에서 목록 중 ② Wavefold LFO를 선택하면 해당 모듈레이터가 트랙에 장착되며, 변조 작업을 시작할 수 있습니다.

04 장착한 Wavefold LFO가 실제로 작동하려면, 어떤 파라미터를 컨트롤할지 연결해 주는 과정이 필요합니다. 이를 위해 Add Connection(+) 버튼을 클릭합니다.

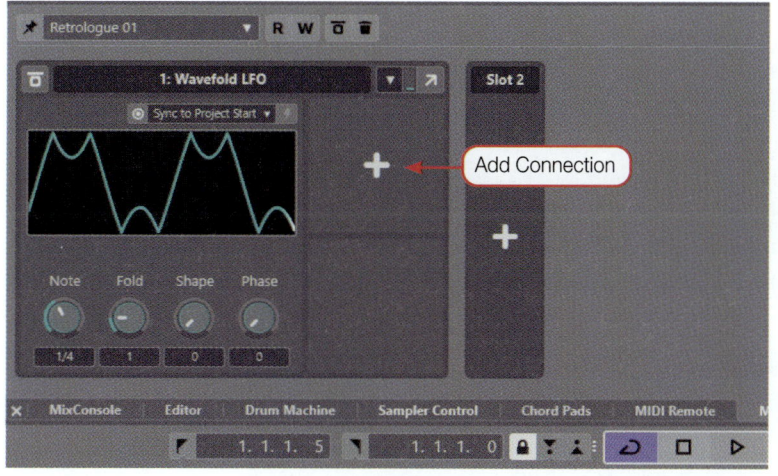

05 Wavefold LFO와 신스 파라미터를 연결하는 방법에는 Learn(자동)과 Select(수동)의 두 가지가 있습니다. 기본적으로 Learn 기능이 활성화되어 있으므로, Retrologue에서 원하는 파라미터(예: Filter Cutoff)를 클릭하면 자동으로 연결됩니다.

06 파라미터(Filter Cutoff)가 Wavefold LFO에 연결되면, LFO 디스플레이에 표시되는 웨이브 파형처럼 값이 실시간으로 움직이는 것을 확인할 수 있습니다. 이것이 모듈레이터의 기본 사용법이며, 변조 범위는 Modulation Depth 슬라이더로 설정합니다.

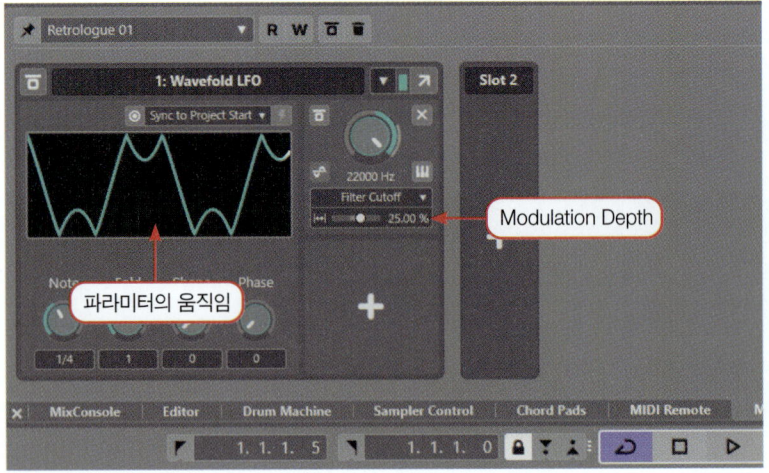

07 Wavefold LFO는 일반적인 사인파 LFO를 조금 특별하게 변형한 장치입니다. LFO(Low-Frequency Oscillator)는 낮은 주파수로 반복되는 파형을 만들어 소리의 높낮이, 볼륨, 필터 등에 변화를 주는 역할을 합니다. Wavefold LFO는 사인파가 특정 기준값을 넘어갈 때 그 파형을 접어 다시 안쪽으로 되돌리는(fold) 방식을 사용합니다. 이렇게 하면 일반적인 사인파보다 더 복잡하고 흥미로운 변조 효과를 만들 수 있습니다. 마치 종이를 접어서 새로운 패턴을 만드는 것과 비슷한 느낌입니다.

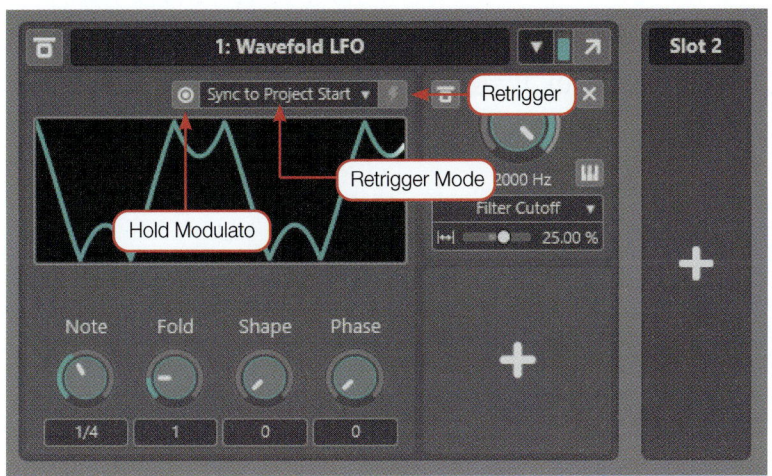

● Hold Modulator

LFO의 현재 출력을 잠시 멈추고 그대로 유지하도록 하는 기능입니다. 예를 들어 소리가 천천히 변하는 LFO가 있을 때, 특정 순간 값을 딱 잡아 일정 시간 동안 유지하고 싶을 때 사용할 수 있습니다. 이 기능은 자동화(Automation)가 가능하여 특정 시간 동안 LFO를 고정하고 다시 원래의 주기적 신호로 돌아가도록 설정할 수 있습니다. 쉽게 말해, 음악에서 일시 정지 후 다시 재생하는 것과 비슷한 역할을 합니다.

● Retrigger Mode

LFO가 자유롭게 계속 돌아가는지(free-running) 아니면 특정 시점에서 다시 시작(sync)하는지를 설정하는 기능입니다. Free 모드를 선택하면 LFO가 프로젝트의 시작이나 특정 위치와 상관없이 자유롭게 작동합니다. Sync to Project Start를 선택하면 LFO가 프로젝트의 템포에 맞춰 동기화되며, 지정한 위상(phase)에서 시작합니다.

● Retrigger

LFO를 사용자가 원하는 순간에 수동으로 다시 시작할 수 있도록 합니다. 자동화 기능과 함께 사용하면 프로젝트 내 임의 위치에서 LFO를 재시작할 수 있습니다. 단, Sync to Project Start가 활성화되어 있는 경우에는 사용할 수 없습니다.

● Note

LFO의 변조 속도를 음악적 박자 단위로 지정할 수 있는 기능입니다. 예를 들어 1/4, 1/8, 1/16 박자 단위로 LFO 속도를 설정하면 프로젝트의 템포에 정확히 맞춰 변조가 일어납니다. Sync to Project Start가 활성화되어 있을 때, 이 기능으로 기준 음표값을 선택하면 LFO가 프로젝트 속도와 완벽하게 동기화됩니다.

● Fold

LFO 사인파가 얼마나 접히는지를 조절합니다. 접힘이 많을수록 파형이 더 복잡해지고, 그에 따라 소리도 더 날카롭거나 변칙적으로 변합니다.

● Shape

LFO 사인파의 형태를 바꾸는 역할을 합니다. 예를 들어 사인파를 직선 기반의 파형으로 변환할 수 있으며, 그에 따라 변조 효과의 느낌도 부드러운 느낌에서 각진 느낌으로 달라집니다.

● Phase

LFO가 재시작될 때 파형이 어디서 시작할지를 설정합니다. 예를 들어 사인파는 보통 0에서 시작하지만, 위상을 90도로 설정하면 파형이 중간부터 시작합니다.

02 Random

Random은 여러 가지 랜덤 알고리즘을 제공하는 모듈레이터로, 변조 속도를 조절할 수 있는 기능을 갖추고 있습니다. 일반적인 LFO와 달리 주기적이지 않고 예측할 수 없는 값이 생성되기 때문에 소리에 불규칙적이면서도 자연스러운 변화를 주는 데 사용됩니다.

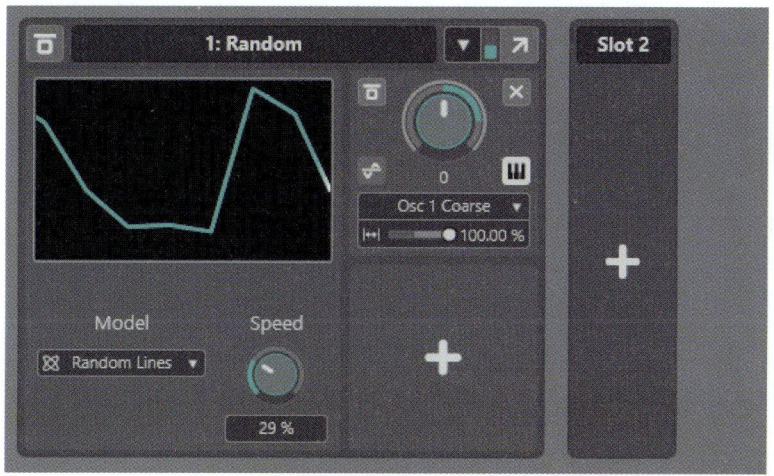

● Model

랜덤 변조 방식의 종류를 고르는 기능입니다. 각각의 모델은 잘 알려진 알고리즘을 바탕으로 만들어졌습니다. 선택한 모델에 따라 소리가 움직이는 방식과 느낌이 달라집니다.

● Speed

랜덤 변조가 얼마나 빨리 변하는지 조절하는 기능입니다. 값을 높이면 변조가 빠르고 활발해지고, 낮추면 천천히 부드럽게 변합니다. 소리의 변화 속도를 직접 조절할 수 있습니다.

03 Attack Decay

Attack Decay는 가장 기본적인 형태의 AD 엔벨로프를 만들어 주는 모듈레이터입니다. 엔벨로프는 시간이 지나면서 값이 올라갔다가(Attack) 다시 내려오는(Decay) 흐름을 만들어 주는 기능입니다. 이 모듈은 Attack과 Decay 두 구간만으로 구성되어 있어 구조가 매우 단순합니다. 이런 특징을 활용하면 소리가 짧게 튀어 오르고 바로 사라지는 느낌이나 부드럽게 올라갔다가 자연스럽게 줄어드는 변화를 쉽게 만들 수 있습니다.

● Note

AD 엔벨로프의 전체 길이를 음악적 박자 단위로 설정하는 옵션입니다. 1/4, 1/8, 1/16과 같은 기본 박자뿐 아니라 셋잇단음표(Triplet)나 점음표(Dotted)도 선택할 수 있습니다. 이를 사용하면 엔벨로프가 프로젝트 템포에 정확히 맞춰 작동하도록 만들 수 있습니다.

● Curve

Attack과 Decay 구간이 어떤 곡선 형태로 움직일지를 조절하는 기능입니다. 곡선을 급하게 설정하면 빠르고 톡 튀는(percussive) 느낌이 나며, 곡선을 완만하게 만들면 천천히 부풀어 오르는(swell) 변화가 만들어집니다. 이 옵션을 통해 엔벨로프가 주는 성격을 부드럽게 만들지, 날카롭게 만들지, 혹은 자연스럽게 만들지를 자유롭게 조형할 수 있습니다.

● Skew

Attack과 Decay의 길이 비율을 조절하는 기능입니다. 중앙에 놓으면 Attack과 Decay가 동일한 길이를 가지며, 오른쪽으로 돌리면 Attack은 길어지고 Decay는 짧아집니다. 반대로 왼쪽으로 돌리면 Attack은 짧아지고 Decay는 길어집니다. 이 조절을 통해 천천히 올라갔다가 빠르게 떨어지는 형태나 빠르게 올라갔다가 천천히 사라지는 형태처럼 다양한 움직임을 가진 엔벨로프를 만들 수 있습니다.

04 Morph LFO

Morph LFO는 두 개의 LFO를 서로 섞어서 새로운 변조 신호를 만들 수 있는 모듈레이터입니다. LFO 1과 LFO 2가 각각 독립적으로 움직이지만, 사용자가 두 신호의 비율을 조절해 하나의 새로운 LFO처럼 사용할 수 있습니다.

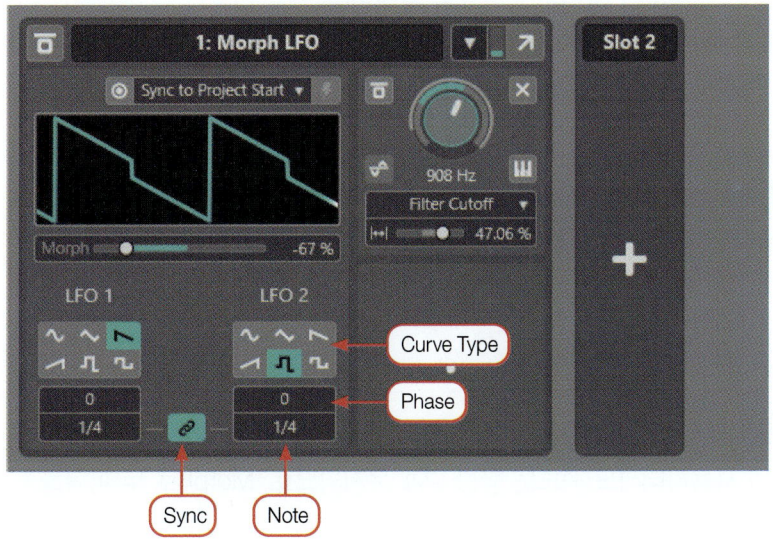

● Morph

LFO 1과 LFO 2의 출력을 얼마나 섞을지 정하는 조절기입니다. 왼쪽으로 돌리면 LFO 1의 신호가 더 많이 반영되고, 오른쪽으로 돌리면 LFO 2의 신호가 더 크게 작용합니다. 가운데면 두 신호가 반반 섞여 새로운 하이브리드 파형이 만들어집니다.

● LFO 1 & LFO 2

두 LFO는 동일한 파라미터를 갖고 있으며 각각 독립적으로 설정할 수 있습니다. 이를 통해 완전히 다른 두 파형을 만들고, 그 둘을 Morph 기능으로 자연스럽게 섞을 수 있습니다.

● Curve Type

Curve Type 버튼은 각 LFO가 어떤 파형으로 움직일지를 선택하는 기능입니다. 사용할 수 있는 파형은 Sine(사인파), Triangle(삼각파), Saw(톱날파), Ramp(램프), Square(사각파), Pulse(펄스)이며, 파형마다 움직임의 느낌이 모두 다릅니다. 이를 통해 부드러운 변조부터 날카롭고 리드미컬한 움직임까지 다양한 변조 효과를 만들 수 있습니다.

● Phase

Phase는 Retrigger가 실행될 때 LFO 파형이 어느 지점에서 시작할지를 결정하는 옵션입니다. 두 LFO의 Phase 값을 모두 0으로 설정하면, 두 LFO가 같은 지점에서 동시에 시작하므로 주기가 깔끔하게 맞춰지고 리듬이 더 정돈된 느낌으로 동작합니다.

● Note

LFO의 속도를 음악적 박자 단위로 설정하는 기능입니다. 1/4, 1/8, 1/16 같은 기본 박자뿐 아니라 셋잇단음표나 점음표도 선택할 수 있습니다. 특히 Sync to Project Start가 활성화된 상태에서는 이 Note 값이 LFO가 프로젝트 템포와 어떤 방식으로 동기화될지를 결정하는 기준이 됩니다.

● Sync

Sync 기능을 활성화하면 LFO 2의 Note 값이 LFO 1과 자동으로 동일하게 연결됩니다. 두 LFO가 서로 다른 파형을 사용하더라도 속도는 항상 같게 유지되므로, Morph로 두 파형을 섞을 때 리듬이 흐트러지지 않고 자연스럽게 이어지는 변조를 만들 수 있습니다.

05 Crossfader

Crossfader는 두 개의 입력 신호를 섞어 새로운 변조 신호를 만들어 주는 모듈레이터입니다. 보통 다른 모듈레이터의 출력, 예를 들어 두 개의 LFO나 LFO와 Random 신호를 입력으로 받아 사용합니다. 입력 신호는 악기 파라미터를 연결할 때와 마찬가지로 Learn 모드에서 Input 1 또는 Input 2를 선택하여 연결할 수 있습니다. 그런 다음 Fade를 사용해 Input 1과 Input 2가 최종 출력에 얼마나 섞일지를 조절합니다.

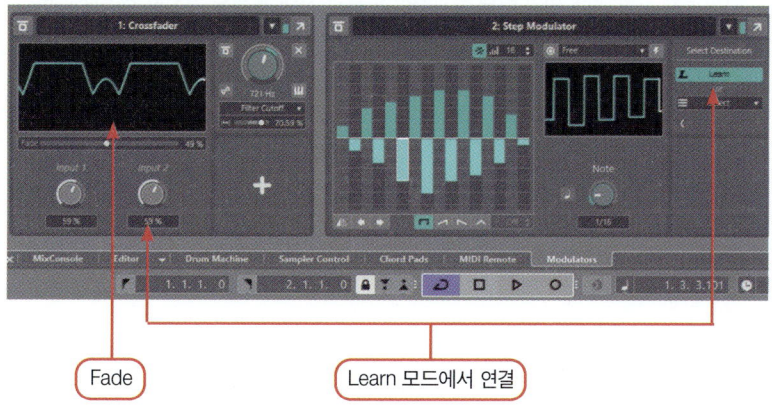

Fade

Learn 모드에서 연결

06 Sample & Hold

Sample & Hold는 순간적으로 들어오는 입력 신호 값을 샘플링하고, 그 값을 일정 시간 동안 고정(Hold)하여 새로운 제어 신호를 만들어 내는 모듈레이터입니다. Crossfader와 마찬가지로, 이 모듈레이터는 자체적으로 신호를 생성하지 않으며 반드시 입력 신호가 필요합니다.

영감이 바로 떠오르는
새로운 콘텐츠

Cubase 15에는 새로운 드럼과 송 스타터 팩, 다양한 악기, 그리고 코어 프리셋이 대거 포함되어 있어 음악적 아이디어가 자연스럽게 떠오르도록 도와줍니다. 초보자라도 클릭 몇 번만으로 여러 가지 사운드를 손쉽게 탐색하고, 마음에 드는 소리를 즉시 프로젝트에 넣어 자유롭게 실험할 수 있어 더욱 직관적이고 빠른 작업 흐름을 경험할 수 있습니다.

01 새로운 드럼 머신 프리셋

Drum Machine Volume 2라는 새로운 드럼 프리셋 팩이 추가되어 보다 폭넓은 리듬 제작이 가능해졌습니다. 이 팩은 힙합, 트랩, 일렉트로닉 등 다양한 장르에 맞춰 설계된 총 40개의 드럼 킷을 포함하고 있으며, 모든 킷에 기본 패턴이 미리 설정되어 있어 선택 즉시 재생하고 들어본 뒤 바로 편집할 수 있습니다. 드럼을 선택하는 순간 자동으로 패턴이 할당되어 완성된 드럼 루프처럼 사용할 수 있어, 초보자도 빠르고 쉽게 비트를 완성할 수 있습니다.

02 송 스타터 팩과 루프

곡의 기초 아이디어를 빠르게 만들 수 있도록 돕는 송 스타터 팩과 루프가 새롭게 추가되었습니다. 이 팩들은 특정 분위기나 장르에 맞게 구성된 음악 조각들이라, 초보자도 복잡한 과정 없이 원하는 스타일의 곡 분위기를 바로 만들어낼 수 있습니다.

● Cinematic Odyssey: 영화 OST처럼 웅장하고 서서히 고조되는 느낌의 사운드가 담겨 있어, 감정적인 분위기나 드라마틱한 장면에 어울리는 음악을 만들 때 유용합니다.

● Future Trap: 현대적인 트랩 음악 스타일로, 무거운 베이스와 리듬감을 가진 루프들이 들어있어 트렌디한 비트를 쉽게 만들 수 있습니다.

● Grits and Grime: 조금 더 거칠고 강한 느낌의 비트를 제공해, 에너지 넘치는 트랙을 만들 때 도움이 됩니다.

● Laid-back House: 편안하고 부드러운 하우스 리듬이 포함되어 있어 차분하고 그루브 있는 분위기의 음악을 만들 때 적합합니다.

● Main Room Melodic House: 멜로디를 중심으로 한 하우스 스타일의 루프가 준비되어 있어, 감성적이면서도 댄스 가능한 느낌을 쉽게 구현할 수 있습니다. 또한, 원샷(One-shot) 컬렉션도 포함되어 있는데, 이는 한 번만 재생되는 짧은 개별 소리들(킥, 스네어, 보컬 샘플 등)을 말합니다. 원하는 사운드를 클릭한 뒤 바로 프로젝트로 드래그하면 즉시 사용할 수 있어, 초보자도 다양한 소리를 조합하며 자신만의 트랙을 빠르게 만들 수 있습니다.

03 Groove Agent SE 6

Groove Agent SE 6는 드럼과 비트를 만들기 위해 사용하는 가상 드럼 머신으로, 이번 업데이트를 통해 초보자도 훨씬 쉽게 다룰 수 있는 형태로 개선되었습니다. 전체적인 인터페이스가 재디자인되어 화면 구성이 더 명확하고 직관적으로 바뀌어 필요한 기능을 찾기가 쉬워졌고 드럼 패드나 패턴 편집 화면도 한눈에 확인할 수 있어 작업 흐름이 부드러워졌습니다.

특히 새롭게 추가된 패턴 모드는 드럼 리듬을 만들고 편집하는 과정을 크게 단순화합니다. 원하는 소리를 선택해 리듬을 찍어 넣으면 즉시 패턴이 완성되며, 마음에 드는 패턴은 마우스로 드래그해 Cubase 프로젝트에 그대로 가져올 수 있습니다. 이 기능 덕분에 초보자라도 복잡한 메뉴를 거치지 않고 빠르게 비트를 만들고 곡에 적용할 수 있습니다.

또한 랜덤화(Randomize)와 스윙(Swing) 기능이 추가되어 드럼 패턴을 더욱 자연스럽고 인간적인 느낌으로 변형할 수 있습니다. 랜덤화는 패턴의 일부를 미세하게 바꿔 실제 연주처럼 들리게 하고, 스윙은 리듬에 독특한 흔들림을 주어 그루브를 만드는 데 도움을 줍니다.

결과적으로 Groove Agent SE 6는 클릭 몇 번으로 드럼 패턴을 만들고, 완성된 패턴을 드래그 앤 드롭만으로 곡에 바로 적용할 수 있는 매우 직관적인 도구입니다. 덕분에 드럼 제작이 처음인 사람도 부담 없이 비트를 만들며, 음악 작업을 더 즐겁게 진행할 수 있습니다.

Auto Gain Compressor, Bit Crusher, Distortion 등 드럼 사운드를 쉽고 다양하게 변형할 수 있는 새로운 오디오 이펙트들이 추가되었습니다. 이를 통해 드럼 소리를 더욱 선명하게 다듬 거나 타격감을 강화하고, 필요에 따라 일부러 거칠고 빈티지한 분위기로 만들 수도 있어 폭넓 은 톤 변화를 간편하게 구현할 수 있습니다. 특히 복잡한 사운드 디자인 지식이 없어도 몇 가 지 슬라이더와 노브만 조절하면 원하는 느낌을 빠르게 만들 수 있어, 초보자도 자신만의 드럼 사운드를 손쉽게 구축할 수 있다는 점이 큰 장점입니다.

이펙트 섹션

샘플의 피치를 자동으로 분석해 주는 기능이 추가되었습니다. 패드에 샘플을 넣으면 어떤 음 을 눌러야 하는지 자동으로 감지되기 때문에, 사용자가 따로 음정을 확인하거나 조절할 필요 가 없습니다. 특히 808, 킥, 서브베이스처럼 정확한 피치가 중요한 저음 소리를 다룰 때 매우 유용합니다. 이 기능 덕분에 편집 없이 바로 올바른 음정으로 음악에 활용할 수 있어, 초보자 도 피치 맞추기 같은 어려운 작업을 신경 쓰지 않고 빠르고 쉽게 음악을 만들 수 있다는 큰 장 점이 있습니다.

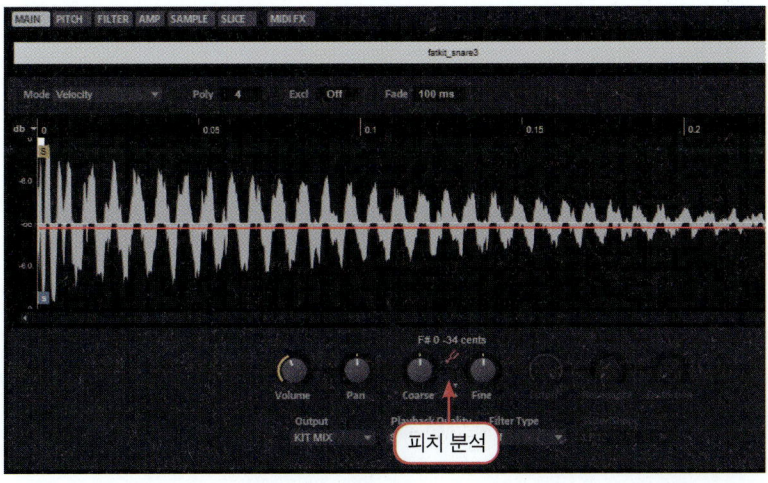

피치 분석

04 30개의 코드 패드 프리셋

코드 패드에는 재즈, 소울, 팝 등 다양한 장르에서 바로 사용할 수 있는 30개의 새로운 코드 패드 프리셋이 추가되었습니다. 이 프리셋들은 음악 경험이 많지 않은 초보자도 손쉽게 풍부한 화음을 만들 수 있도록 설계되어, 곡 작업을 보다 빠르고 간편하게 진행할 수 있게 도와줍니다.

코드 패드는 여러 음으로 구성된 코드를 버튼 하나로 쉽게 연주할 수 있는 기능입니다. 일반적으로 코드를 연주하려면 음악 이론을 알고 여러 음을 정확하게 동시에 눌러야 하지만, 코드 패드를 사용하면 특정 패드를 클릭하는 것만으로도 완성된 코드가 자연스럽게 연주됩니다.

새롭게 추가된 코드 패드 프리셋들은 각 장르의 특징을 잘 반영하고 있어, 원하는 분위기에 맞는 코드 스타일을 즉시 선택해 사용할 수 있다는 점이 큰 장점입니다. 예를 들어 팝 장르는 밝고 부드러운 느낌의 코드, 재즈 장르는 감각적인 텐션 코드, 인디 장르는 감성적인 흐름의 코드 진행을 제공해 초보자도 손쉽게 장르 특유의 분위기를 표현할 수 있습니다.

또한 코드 패드는 단순히 누르는 것만으로 시연하는 데 그치지 않고, 원하는 패드를 드래그해 프로젝트에 바로 배치하거나, 실제로 연주해 녹음하여 트랙으로 활용할 수도 있습니다. 덕분에 복잡한 화성 이론을 몰라도 클릭 몇 번만으로 감성적인 코드 진행을 완성할 수 있어, 작업 시간을 크게 줄여주는 매우 효율적인 기능입니다.

05 Hot Swap

샘플러의 Hot Swap 기능은 샘플러 트랙에서 소리를 빠르게 교체할 수 있도록 도와주는 편리한 기능입니다. 음악을 만들다 보면, 이 샘플도 괜찮지만 다른 소리도 한번 써보고 싶다 라는 순간이 자주 생기는데, Hot Swap은 이런 상황에서 시간을 크게 절약해 줍니다.

이 기능을 사용하면 Cubase의 미디어 라이브러리에서 다양한 소리를 미리 들어보고, 마음에 드는 샘플이 있으면 버튼 한 번으로 지금 작업 중인 샘플과 즉시 교체할 수 있습니다. 새 샘플을 불러오려고 파일을 찾거나, 끌어다 놓거나, 여러 번 설정을 다시 조정할 필요가 없습니다.

또한 가장 큰 장점 중 하나는 기존에 적용해 놓은 이펙트나 설정이 그대로 유지된다는 점입니다. 피치 조정, 필터, ADSR 설정, 이펙트 체인 등이 이미 잘 맞춰져 있다면 그대로 유지된 채로 샘플만 바뀌기 때문에, 반복 작업 없이 빠르게 다양한 소리를 실험할 수 있습니다.

결국 Hot Swap 기능은 샘플을 바꿔 들으며 비교하는 과정을 매우 빠르고 단순하게 만들어주는 도구로, 초보자일수록 작업 시간을 크게 절약하고 창의적인 실험을 더 쉽게 할 수 있게 해줍니다.

내 음악의 컨트롤 타워
트랜스포트 바

트랜스포트 바(Transport Bar)는 기본적으로 프로젝트 창 하단에 표시되며, 재생, 정지,
녹음 등 주요 제어 기능을 제공합니다. 단축키 F2를 사용하면 트랜스포트 패널을 독립
창 형태로 열거나 닫을 수 있으며, 필요에 따라 프로젝트 창에 표시하거나 숨길 수도 있
습니다. 사용 위치는 작업 방식에 따라 자유롭게 선택할 수 있지만, 일반적으로는 단축키
를 활용하는 경우가 많습니다.

01 트랜스포트 바의 구성

01 프로젝트 창 하단에 표시되는 트랜스포트 바는 레이아웃 버튼의 Transport Bar 옵션
을 통해 표시하거나 숨길 수 있습니다.

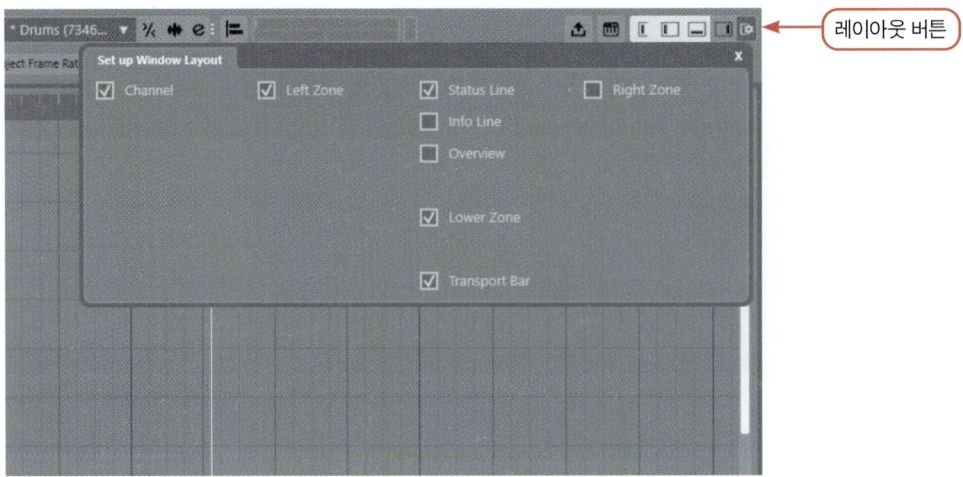

02 트랜스포트 패널에는 여러 기능 아이템이 제공되며, 기본적으로 자주 사용하는 항목들이 활성화되어 있습니다. 필요한 경우, 패널에서 마우스 오른쪽 버튼을 클릭하면 열리는 Setup Transport Bar 메뉴에서 원하는 아이템을 표시할 수 있습니다.

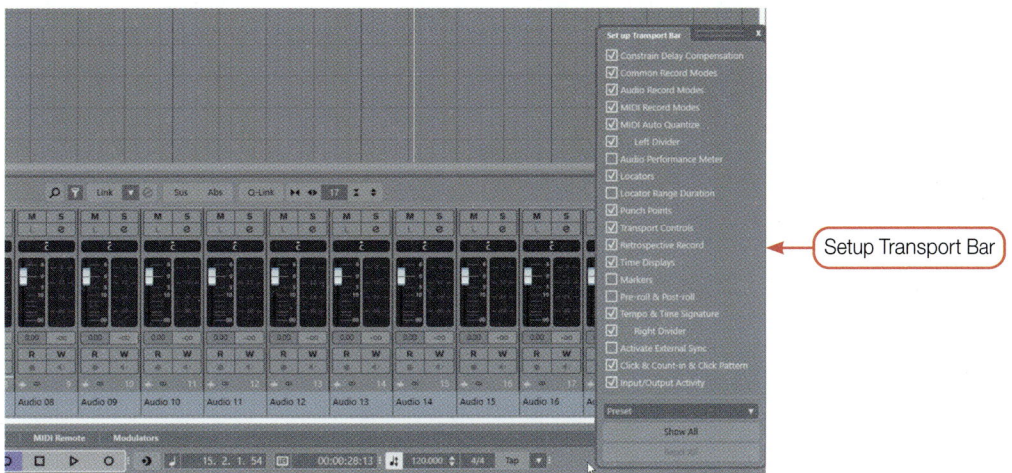

Setup Transport Bar

03 기본 아이템은 Locators, Punch Points 등의 항목으로 구성되어 있으며, 패널은 왼쪽 (Left Divider)과 오른쪽(Right Divider) 영역으로 나뉘어 배치됩니다. 각 아이템 오른쪽 끝에 표시되는 3개의 점은 일부 항목이 축약되어 있음을 의미하며, 클릭 및 드래그하여 확장하거나 축소할 수 있습니다.

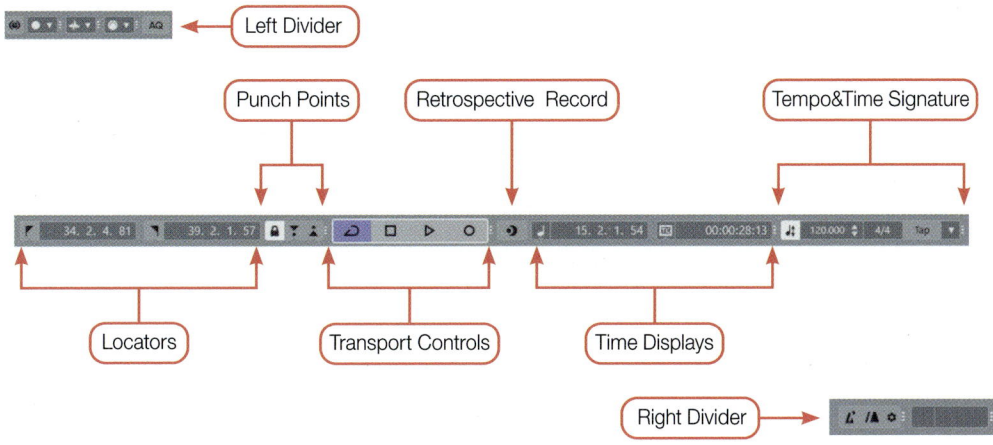

Left Divider

Punch Points

Retrospective Record

Tempo&Time Signature

Locators

Transport Controls

Time Displays

Right Divider

02 트랜스포트 컨트롤

01 곡을 재생하고 녹음하는 트랜스포트 컨트롤 아이템은 작업 중 가장 자주 사용하는 기능입니다. 화면의 버튼을 직접 클릭하는 방식보다 컴퓨터 키보드의 숫자 키패드 (NumPad)에 할당된 단축키를 활용하는 경우가 훨씬 많습니다. 작업 효율을 위해 주요 트랜스포트 단축키는 익숙해지는 것이 좋습니다.

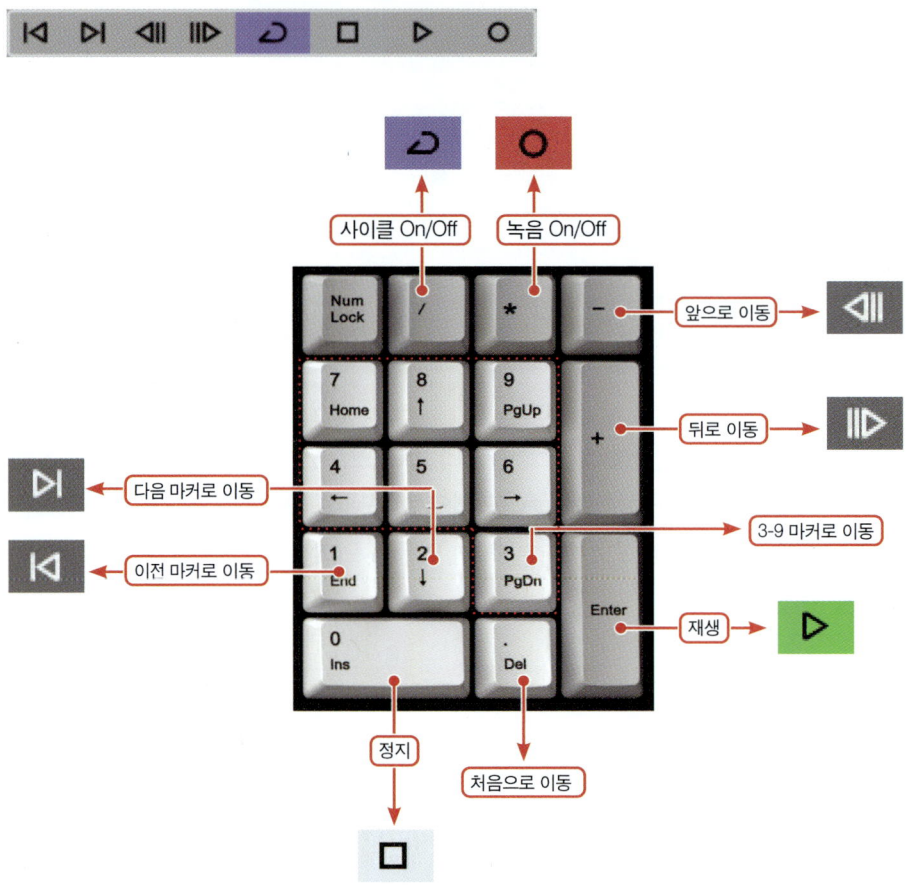

02 재생, 녹음 및 편집 위치를 나타내는 송 포지션 라인은 룰러 라인을 클릭하거나 드래그하여 손쉽게 이동할 수 있습니다. 룰러 라인에서 상하로 드래그하면 작업 공간을 확대하거나 축소할 수 있지만, G와 H 단축키를 더 많이 사용합니다.

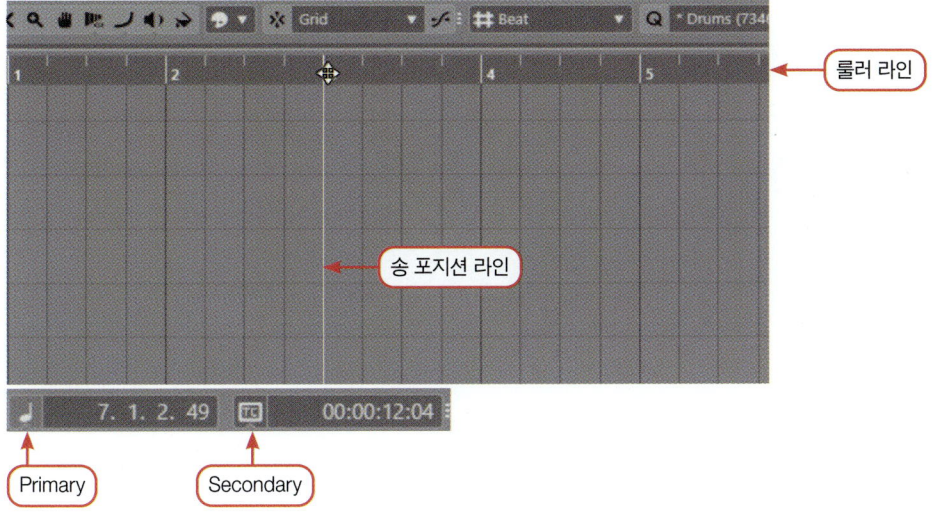

● **재생과 정지:** 숫자 키패드의 Enter 키 또는 스페이스 바를 누르면, 송 포지션 라인이 위치한 지점부터 재생이 시작됩니다. 재생 중에는 숫자 키패드의 0 키 또는 스페이스 바를 눌러 정지할 수 있습니다. 정지된 상태에서 숫자 키패드의 0 키를 누르면, 마지막으로 재생을 시작했던 위치로 커서가 이동합니다.

● **처음으로 이동:** 숫자 키패드의 Del 키를 누르면 프로젝트의 시작 지점으로 이동합니다.

● **앞/뒤로 이동:** 숫자 키패드의 + 키를 누르면 커서가 뒤로 이동하고, - 키를 누르면 앞으로 이동합니다. Shift 키를 누른 상태에서는 더 빠르게 이동되며, Ctrl 키를 누른 상태에서는 그리드 설정 단위 기준 이동됩니다. 또한 Shift+P 키를 사용하면 원하는 위치로 커서를 직접 이동할 수 있습니다.

● **타임 디스플레이:** 트랜스포트 패널의 타임 디스플레이는 송 포지션 라인 위치를 표시합니다. 기본적으로 Primary는 마디 형식, Secondary는 시간 형식으로 표시되며, 각 항목을 클릭하면 원하는 단위로 변경할 수 있습니다.

03 그리드 타입은 프로젝트 커서의 이동 및 편집 작업 시 적용되는 기준 단위를 결정합니다. 스냅 버튼을 활성화하고 스냅 타입을 Grid로 설정하면, 그리드 타입에 맞추어 정확한 단위로 이동하거나 편집할 수 있습니다.

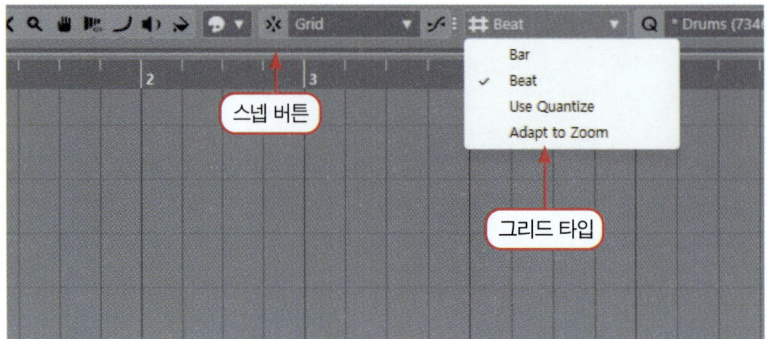

- Bar: 마디 단위로 이동하거나 정렬합니다.
- Beat: 박자 단위로 이동하거나 정렬합니다.
- Use Quantize: 현재 설정된 퀀타이즈 값 기준으로 이동합니다.
- Adapt to Zoom: 화면 확대/축소 상태에 따라 가변적인 단위로 적용됩니다.

04 이벤트를 편집할 때는 Grid 외에도 여러 스냅 타입을 활용할 수 있습니다. Grid Relative, Events, Shuffle, Cursor 등의 옵션은 작업 상황에 따라 서로 다른 기준으로 정렬과 이동을 도와줍니다.

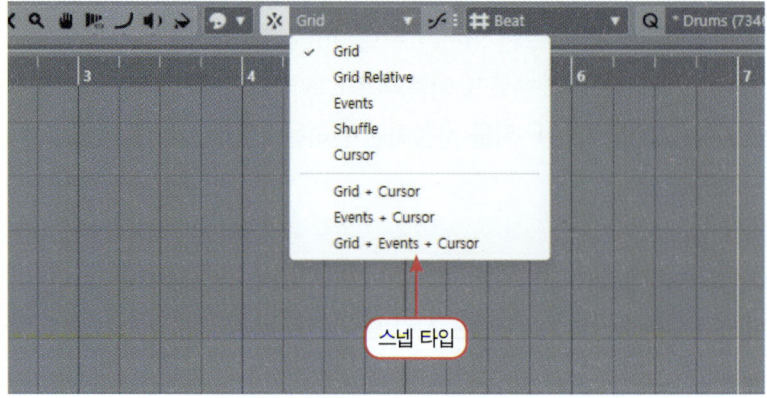

● Grid: 가장 기본적인 스냅 방식으로, 이벤트가 프로젝트에 설정된 그리드 선(마디, 박자, 퀀타이즈 단위 등)에 정확히 맞춰 정렬되도록 합니다. 이벤트를 이동하거나 길이를 조절할 때 항상 눈금에 맞게 배치되므로, 리듬 작업이나 박자 정렬이 중요한 MIDI 입력 및 비트 제작 작업에서 가장 많이 사용됩니다. 타이밍 오차를 방지하고 정밀한 편집을 가능하게 하는 표준적인 옵션입니다.

● Grid Relative: 그리드 기능을 사용하면서도 이벤트가 원래 가지고 있던 미세한 위치 차이를 유지하는 방식입니다. 이벤트가 그리드에서 약간 앞서거나 늦게 배치되어 있었다면, 이동 후에도 그 상대적인 간격이 그대로 보존됩니다. 이는 연주의 자연스러운 느낌이나 그루브를 유지하고자 할 때 유용하며, 인간적인 타이밍을 살리고 싶은 오디오 또는 MIDI 편집 작업에 적합합니다.

● Events: 다른 이벤트의 시작점이나 끝점을 기준으로 정렬하는 방식입니다. 이벤트를 이동하면 주변에 있는 이벤트의 경계 지점에 자동으로 맞춰지므로, 클립 간 연결 작업이나 오디오 편집 시 매우 편리합니다. 여러 이벤트를 정확히 이어 붙이거나 정렬해야 하는 상황에서 효과적으로 사용할 수 있습니다.

● Shuffle: 이벤트를 이동할 때 다른 이벤트와의 간격을 자동으로 재배치하는 방식입니다. 이벤트를 특정 위치로 옮기면 기존 이벤트들이 밀려나거나 당겨지면서 빈 공간 없이 정렬됩니다. 이 기능은 대사 편집, 라디오 편집, 음성 편집 등 시간 구조를 유지해야 하는 작업에서 특히 유용하며, 이벤트 간 충돌이나 불필요한 공백을 방지하는 데 도움이 됩니다.

● Cursor: 송 포지션 라인를 기준으로 이벤트를 정렬하는 방식입니다. 이벤트를 이동할 때 현재 재생 위치 또는 사용자가 지정한 커서 위치에 정확히 맞춰 배치할 수 있어 빠른 작업이 가능합니다. 특정 지점에 소리를 배치하거나 실시간으로 위치를 확인하며 편집할 때 유용하게 활용할 수 있습니다.

03 로케이터

01 룰러 라인 상단에 마우스를 가져가면 커서가 연필 모양으로 바뀌며, 드래그하여 특정 구간을 선택할 수 있습니다. 이렇게 설정된 범위를 로케이터 구간이라고 하며, 재생 반복이나 녹음, 편집 작업의 기준으로 사용됩니다.

02 로케이터 구간은 드래그 방식 외에도 단축키를 이용해 설정할 수 있습니다. 룰러 라인 에서 Ctrl 키를 누른 상태로 클릭하면 시작 로케이터가 설정되며, Alt 키를 누른 상태 로 클릭하면 종료 로케이터를 지정할 수 있습니다.

03 로케이터의 시작과 종료 위치에 표시되는 삼각형 핸들을 드래그하면 범위를 조정할 수 있습니다. 또한 로케이터 사이의 구간을 드래그하면 설정된 범위를 유지한 채 위치를 이동할 수 있습니다.

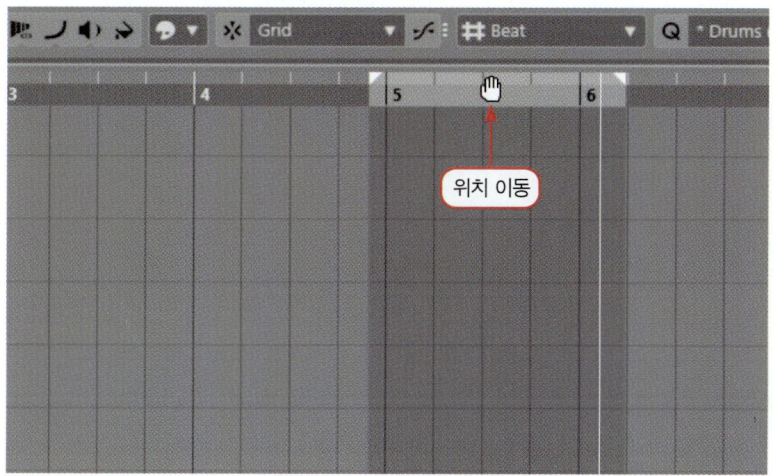

위치 이동

04 이벤트를 선택한 상태에서 P 키를 누르면 선택한 이벤트의 범위가 로케이터 구간으로 자동 설정됩니다. 이 방법은 원하는 구간을 빠르게 지정할 수 있어 실무에서 매우 자주 사용됩니다.

이벤트 선택

04 사이클

01 로케이터 구간이 설정된 상태에서 숫자 키패드의 / 키를 누르면 Cycle 모드가 활성화
됩니다. Cycle 모드가 켜지면 로케이터 구간이 반복 재생되며, 녹음 시에도 동일한 범
위가 반복됩니다. Cycle 모드를 해제하려면 / 키를 다시 누르면 됩니다.

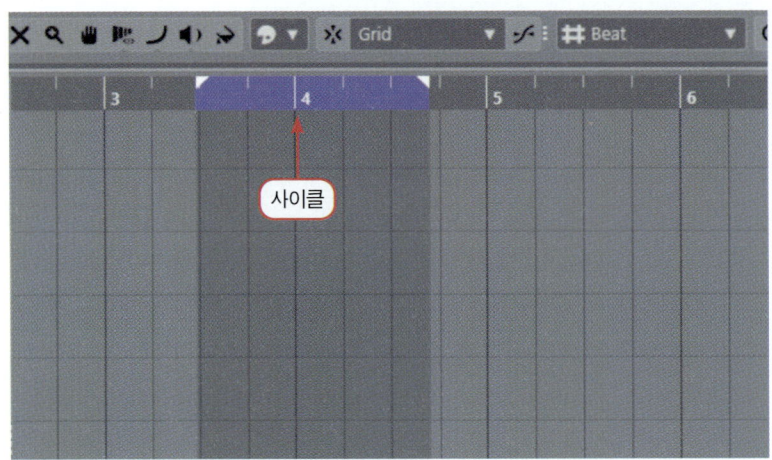

02 사이클 구간의 시작 및 끝 위치에 표시되는 삼각형을 드래그하여 반대로 설정하면, 갈
색의 스킵 구간으로 표시되며, 재생 및 녹음을 할 때 해당 구간을 점프하게 됩니다. 곡
의 일정 구간을 빼고 모니터하고 싶을 때 유용한 기능입니다.

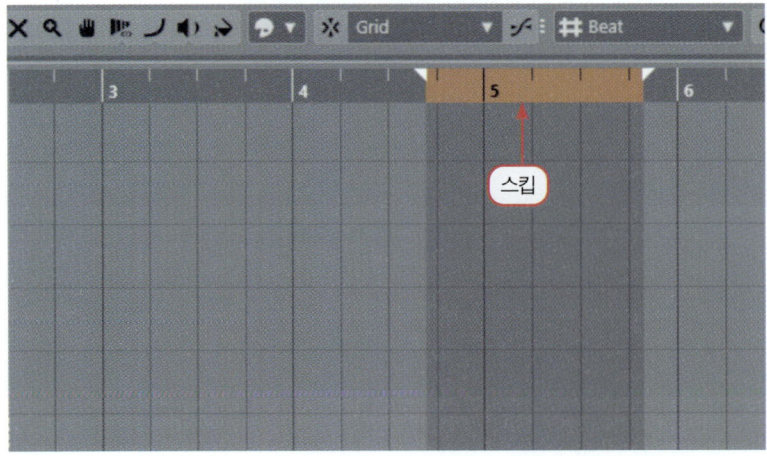

03 트랜스포트 패널의 로케이터 항목에는 시작과 종료 위치가 표시되며, 값을 직접 입력하거나 마우스 휠로 조정할 수 있습니다. 깃발 모양의 아이콘을 클릭하면 각각 시작 로케이터와 종료 로케이터 위치로 송 포지션 라인을 이동할 수 있습니다.

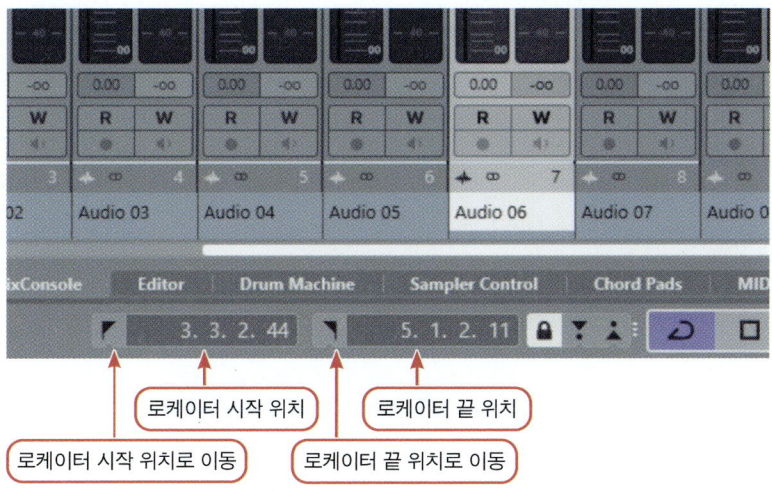

05 연주 기록 삽입

Insert Retrospective Recording은 녹음 상태가 아니더라도 연주한 MIDI 데이터를 복구할 수 있는 기능입니다. 정지 상태나 재생 중에 연주한 MIDI 신호를 큐베이스는 임시로 저장하고 있으며, 필요할 경우 이를 실제 이벤트로 되살릴 수 있습니다. 따라서 녹음 버튼을 누르지 않은 상태에서 연주했더라도 연주 내용을 잃어버리지 않고 복구할 수 있어, 아이디어 스케치나 즉흥 연주 작업에서 매우 유용하게 활용됩니다.

02
PART

미디 레코딩과 편집

MIDI 시퀀싱 소프트웨어로 시작한 Cubase는 현재 MIDI 녹음과 편집에서 가장 진보된 DAW입니다. 본 파트에서는 Cubase의 강력한 MIDI 도구와 기능을 완벽히 마스터하기 위한 실무 기술을 다룹니다. 기초적인 MIDI 트랙 활용법과 외부 장치 연결부터 리니어·사이클·스텝 녹음, 드럼 맵, 퀀타이즈 등 정교한 편집 기술을 체계적으로 습득합니다. 또한 MIDI 데이터의 입출력과 오디오 렌더링까지 실전 노하우를 꼼꼼히 짚어봅니다. 이 과정을 통해 Cubase MIDI 기능의 무한한 가능성을 여러분의 작업에 완벽히 녹여내기 바랍니다.

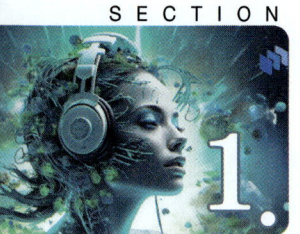

4가지 미디 트랙
특징과 사용법

큐베이스에서 제공하는 미디 트랙은 Instrument, Sampler, Drum, MIDI 총 4가지입니다. 모두 MIDI 데이터를 다루지만, 각 트랙이 MIDI 신호를 전달하는 장치에 따라 역할과 사용 방식이 달라집니다. 따라서 트랙을 선택하기 전에 데이터가 어디로 이동하고, 어떤 방식으로 소리로 변환되는지 이해하는 것이 중요합니다. 이렇게 하면, 녹음 시 소리가 나지 않거나 잘못된 트랙을 선택해 혼란이 생기는 문제를 예방할 수 있습니다.

01 Instrument 트랙

Instrument 트랙은 컴퓨터에 설치된 VST 악기를 연주하기 위한 트랙입니다. 이 트랙을 만들 때 원하는 VST를 지정하면, 해당 VST가 MIDI 데이터를 바로 받아 처리하고, 동시에 트랙에서 즉시 오디오가 출력됩니다. 즉, MIDI와 오디오가 한 트랙 안에서 묶여 있어 연주와 녹음을 동시에 처리할 수 있는 구조입니다. 흐름으로 보면, Instrument 트랙 → 내부 VST에서 소리 발생 → 트랙 오디오 출력 순서로 이해하면 됩니다.

이 트랙은 컴퓨터 내 가상악기를 바로 연주하거나 녹음하고 싶을 때, 그리고 한 트랙에서 MIDI 편집과 실제 소리를 동시에 확인하고 싶을 때 가장 편리합니다. 또한 VST를 선택하면 별도의 오디오 라우팅 없이 바로 소리가 나고, 모든 것이 한 트랙 안에서 관리되므로 트랙 정리와 작업이 쉽다는 장점이 있어 가장 많이 사용되는 트랙이기도 합니다.

단, 몇 가지 주의할 점도 있습니다. Instrument 트랙은 오직 내부 VST 전용이므로 외부 하드웨어 신시사이저와는 연결할 수 없습니다. 또한 하나의 VST에서 여러 파트를 사용할 때는 MIDI 채널과 슬롯 관리를 신경 써야 원하는 소리가 정확히 나오게 됩니다.

01 큐베이스에서 트랙을 추가하는 방법은 여러 가지가 있습니다. 가장 많이 사용하는 방법은 트랙 리스트에서 마우스 오른쪽 버튼을 클릭하여 열리는 단축 메뉴를 사용하는 것입니다. 메뉴에서 Add Instrument Track을 선택합니다.

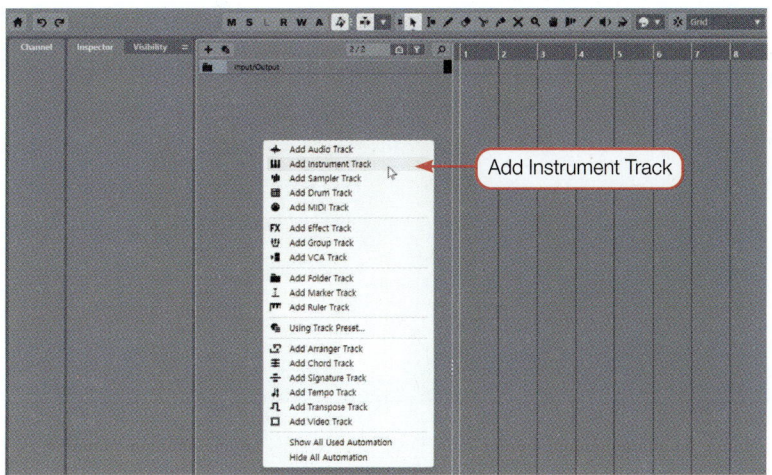

02 Instrument Track은 사용자 컴퓨터에 설치된 VST 악기를 연주하기 위한 트랙입니다. 이 트랙에서 사용할 악기는 트랙을 생성할 때 선택할 수 있으며, 트랙을 만든 후에도 언제든지 변경할 수 있습니다. 큐베이스에서 기본적으로 제공되는 ① HALion Sonic을 Instrument 항목에서 선택한 뒤 ② Add Track 버튼을 클릭합니다.

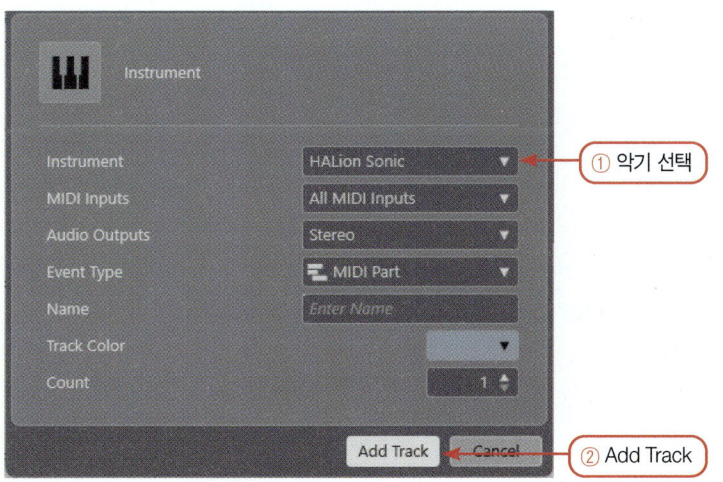

03 HALion Sonic을 선택했다고 해서 바로 소리가 나는 것은 아닙니다. 원하는 음색(프리셋)을 로딩해야 실제 소리가 나옵니다. 오른쪽 브라우저 창에는 HALion Sonic에서 기본적으로 제공하는 라이브러리 목록이 표시되어 있습니다. 여기서 모든 음색을 확인하고 선택할 수 있는 ALL 라이브러리를 선택합니다.

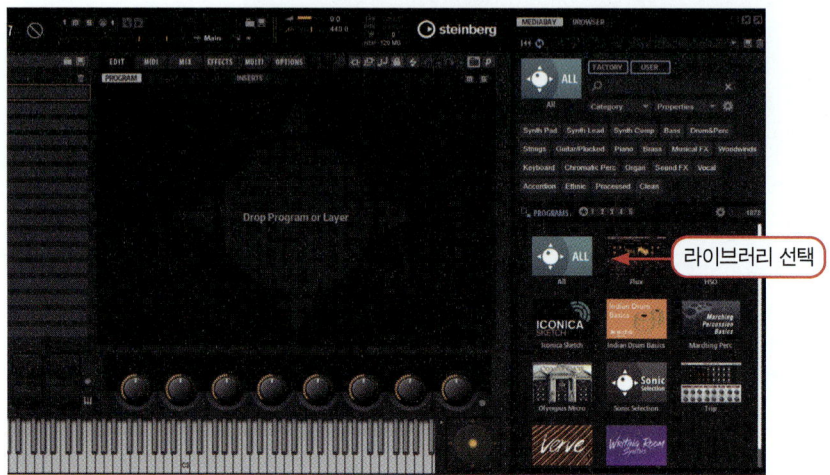

04 HALion Sonic에서 제공하는 음색 리스트가 열리면, 원하는 음색을 ① 더블 클릭합니다. 이때 선택한 음색이 ② 채널 1번에 로딩되는 것을 확인할 수 있습니다. 만약 음색이 많아 찾기 어렵다면, ③ 검색 창에 음색 이름을 입력하면 해당 이름이 포함된 음색만 표시되어 원하는 음색을 훨씬 빠르게 찾을 수 있습니다.

05 인스펙터(Inspector) 창의 Routing 패널을 보면, ① Out 항목에 HALion Sonic이 선택되어 있고, ② Channel 항목에는 Channel 1이 선택되어 있습니다. 즉, 이 트랙은 HALion Sonic의 1번 채널에 로딩된 음색을 연주하는 트랙이라는 의미입니다.

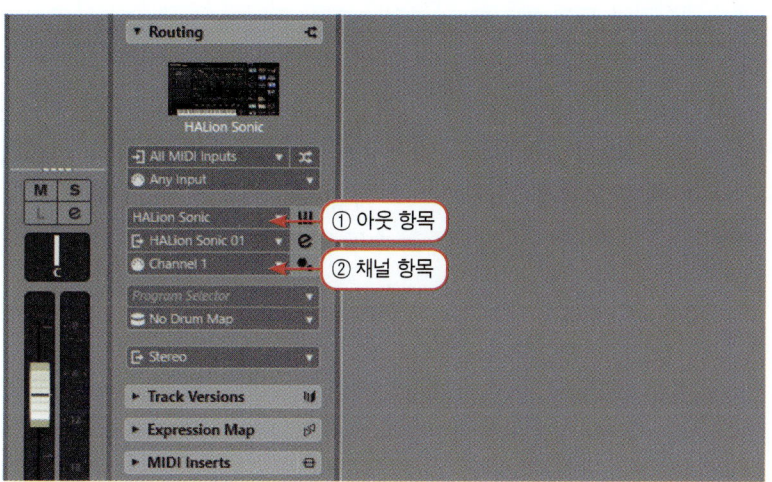

06 컴퓨터에 USB 케이블로 연결된 마스터 키보드를 연주하면, HALion Sonic의 1번 채널에 로딩된 음색을 바로 들을 수 있습니다. 필요하다면, Routing 패널에서 표시되는 ① 악기 이미지나 Out 항목 옆의 건반 모양 ② Edit Instrument 버튼을 클릭하여 HALion Sonic을 다시 열고, 원하는 음색으로 변경할 수도 있습니다.

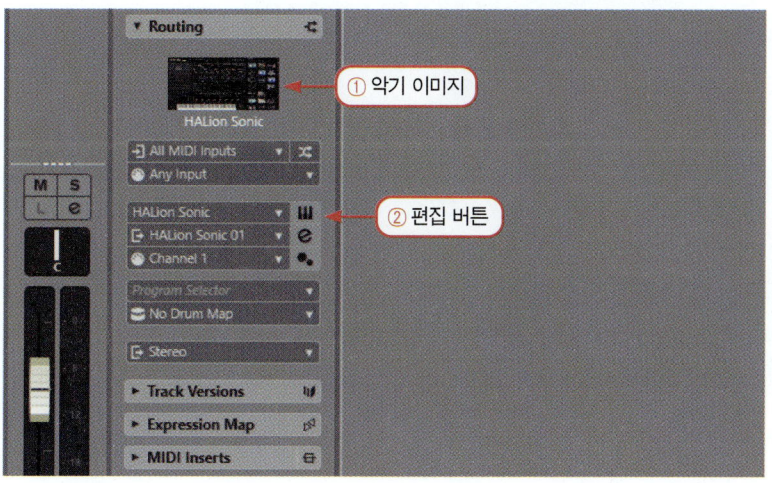

02 MIDI 트랙

MIDI 트랙은 VST 악기 또는 외부 하드웨어 악기를 연주하기 위한 트랙입니다. 이 트랙 자체로는 소리를 내지 않고, MIDI 데이터를 받아 소리를 만들어줄 외부 악기나 내부 VST 가상악기가 반드시 연결되어 있어야 합니다.

MIDI 트랙은 여러 장치나 가상악기를 동시에 제어하거나 녹음한 MIDI 데이터를 편집 후 다른 장치로 전송할 때 유용합니다. 예를 들어, 처음에는 MIDI 데이터를 VST 악기로 연주하고, 나중에는 같은 데이터를 외부 신시사이저로 전송해 연주할 수도 있습니다.

단, MIDI 트랙을 사용할 때는 Output Routing과 MIDI 채널 설정을 정확히 확인해야 합니다. 설정이 잘못되면 소리가 나지 않기 때문에 항상 목적지 장치와 채널을 확인하는 습관이 필요합니다. 올바르게 설정하면, MIDI 트랙은 다양한 악기를 제어하고 MIDI 데이터를 유연하게 활용할 수 있는 트랙이 됩니다.

01 큐베이스에서 트랙을 추가하는 두 번째 방법은 트랙 리스트 상단에 있는 Add Track 버튼을 클릭하거나 단축키 T 키를 사용하는 것입니다. 이 방법을 사용하면 빠르게 트랙을 생성할 수 있어 반복해서 트랙을 추가할 때 편리합니다.

TIP MIDI 트랙은 트랙 리스트 빈 공간 더블 클릭으로 만들 수 있습니다.
단, 오디오 트랙이 선택되어 있는 경우에는 오디오 트랙이 생성됩니다.

02 생성할 트랙 종류를 선택하는 창이 열리면 ① MIDI 트랙을 선택합니다. MIDI 트랙은 컴퓨터에 설치된 VST 악기뿐 아니라 USB 케이블로 연결된 외부 하드웨어 악기까지 연주할 수 있는 유연한 트랙입니다. 즉, ② MIDI Outputs 항목에서 외장 악기를 선택하면, 이 트랙에 입력된 MIDI 이벤트가 해당 장치로 전달되어 연주할 수 있습니다.

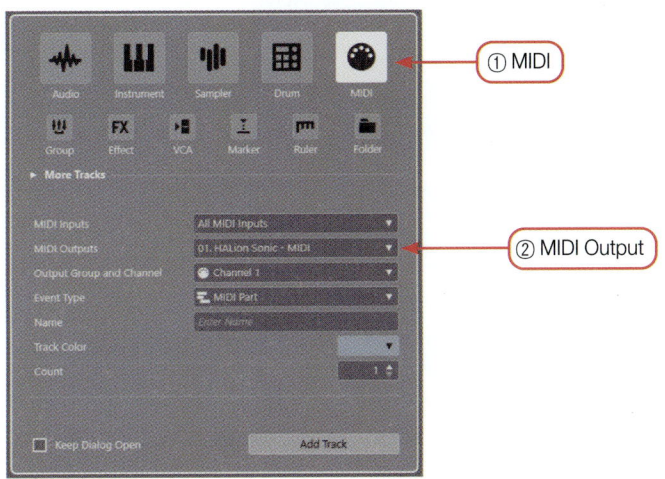

03 MIDI 트랙은 외장 악기뿐만 아니라 컴퓨터에 설치된 VST 악기도 연주할 수 있습니다. Out 항목을 앞서 생성한 HALion Sonic으로 선택하면, 이 MIDI 트랙에 입력되는 모든 MIDI 이벤트가 HALion Sonic으로 전달되어 해당 음색을 연주하게 됩니다.

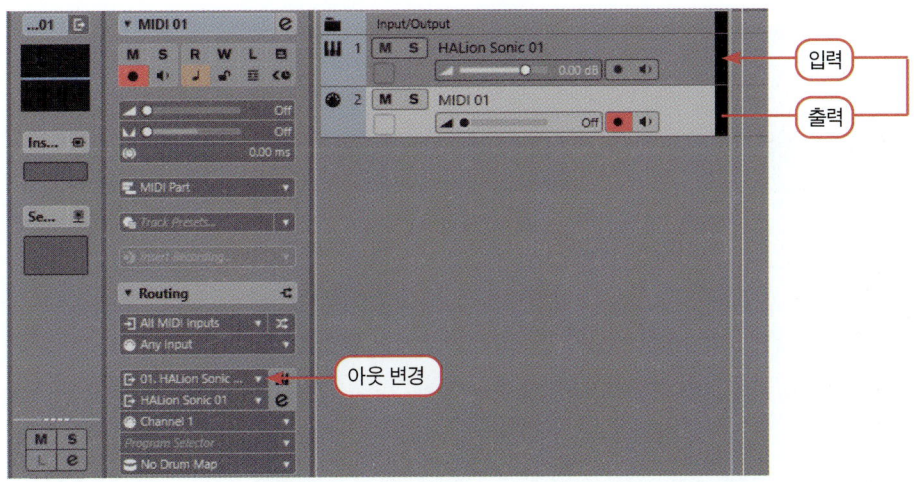

04 단, MIDI 트랙은 VST Instrument 트랙과 동일한 음색을 연주하게 됩니다. 다른 음색을 연주하고 싶다면, 채널 항목에서 원하는 번호로 변경해야 합니다. 예를 들어, 채널을 2번으로 선택하면 HALion Sonic의 2번 채널에 로딩된 음색을 연주하게 됩니다.

05 물론, HALion Sonic의 2번 채널에도 음색을 로딩해야 합니다. HALion Sonic은 총 16채널을 지원하므로, 이 방식을 활용하면 하나의 VST 안에서 최대 16개의 서로 다른 악기를 연주할 수 있으며, 각각의 악기마다 VST Instrument 트랙을 16개 생성하는 것보다 시스템 자원을 훨씬 효율적으로 사용할 수 있습니다.

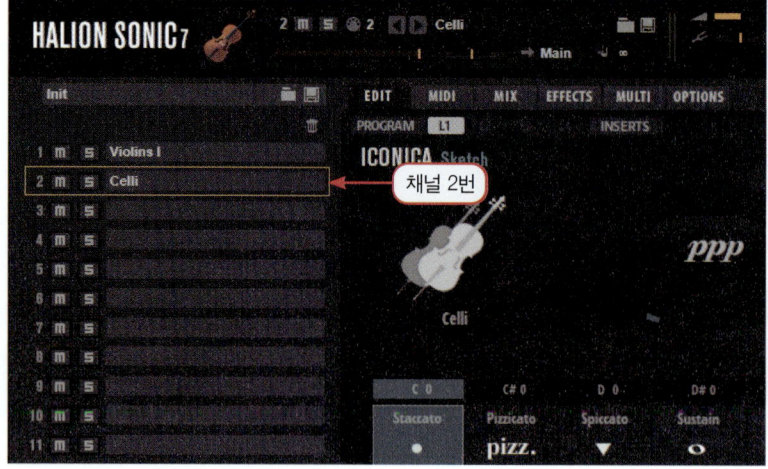

03 Drum 트랙

Drum 트랙은 큐베이스에서 제공하는 드럼 머신(Drum Machine)을 연주하기 위한 전용 트랙 입니다. 드럼 편집과 패턴 제작에 최적화된 트랙으로 Drum Editor와 연동되어 킥, 스네어, 하 이햇 등 각 드럼 소리를 시각적으로 구분하며 편집할 수 있습니다. MIDI 데이터를 드럼 전용 가상악기나 외부 드럼 모듈로 전달하도록 최적화되어 있어 복잡한 드럼 패턴도 빠르고 직관 적으로 제작할 수 있습니다. 또한 Drum Map을 적용하면 각 트랙이 정확한 드럼 음색과 매핑 되어 혼란 없이 작업할 수 있습니다.

01   Drum Editor를 이용한 패턴 작업은 MIDI 트랙이나 Instrument 트랙에서도 사용할 수 있습니다. 하지만 큐베이스에는 드럼 작업을 위해 설계된 전용 Drum 트랙이 별도로 제공되며, 이 트랙을 사용하면 패턴 작업을 훨씬 편하게 진행할 수 있습니다. Ctrl+Alt+E 키를 누르거나 도구 바의 Lower Zone 버튼을 클릭하여 프로젝트 아래쪽에 로우 존을 엽니다.

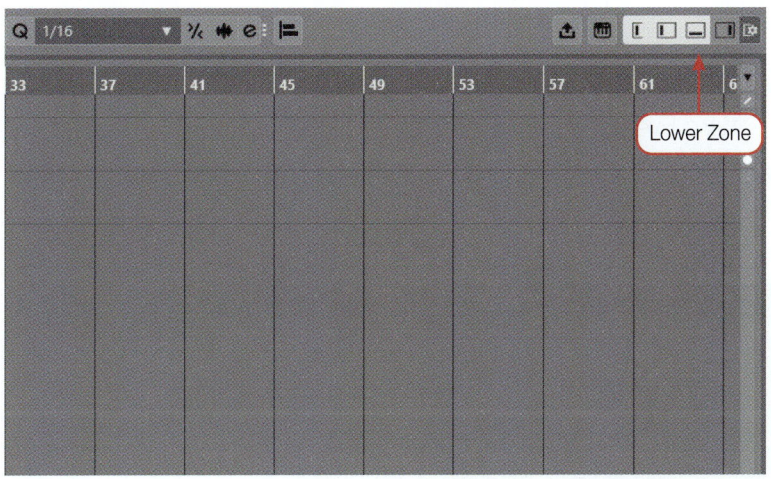

Lower Zone

02 ① Drum Machine 탭을 선택한 후 ② Add Drum Track 버튼을 클릭하면 전용 드럼 트랙을 생성할 수 있습니다. 물론, VST Instrument 트랙이나 MIDI 트랙을 만들 때 사용하던 방법으로도 드럼 트랙을 만들 수 있습니다.

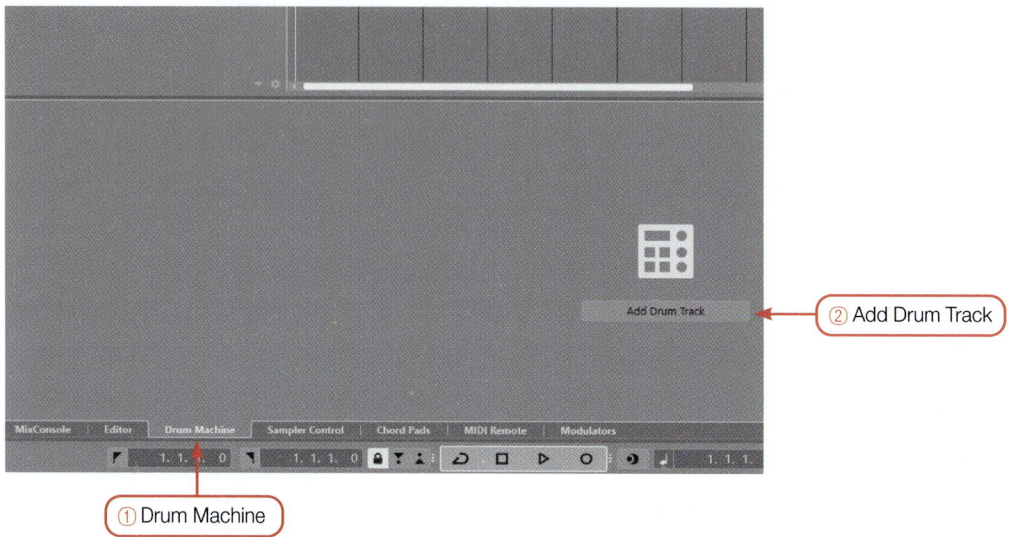

03 Add Track 창은 VST Instrument 트랙이나 MIDI 트랙을 만들 때와 동일합니다. 다만, Event Type이 Pattern Event로 설정되어 있다는 점이 다릅니다. 즉, VST Instrument 트랙이나 MIDI 트랙에서도 Event Type만 Pattern Event로 변경하면 Drum Editor를 사용할 수 있다는 뜻입니다.

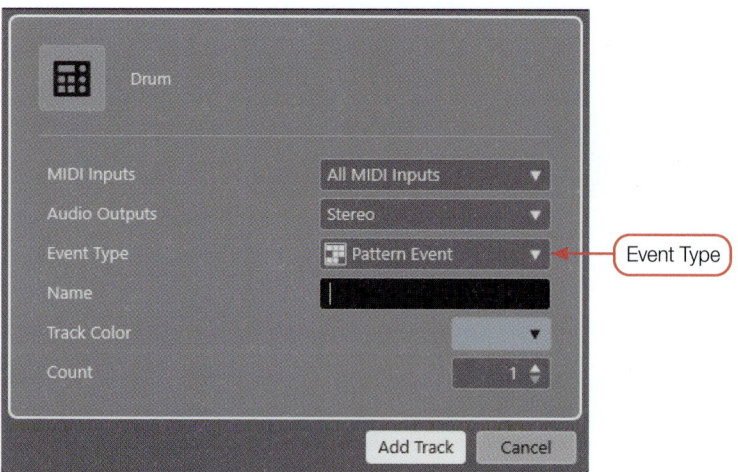

04 Drum Machine은 큐베이스에서 기본 제공하는 라이브러리 또는 사용자가 가지고 있는 오디오 샘플을 패드에 직접 끌어와 나만의 드럼 킷을 만들 수 있으며, 이것이 드럼 전용 악기가 되는 것입니다. 기본으로 제공되는 프리셋 중에서 적당한 것을 선택합니다.

05 드럼 연주를 위한 전용 트랙이 완성되었습니다. 이제 VST Instrument 트랙이나 MIDI 트랙에서처럼 이벤트를 입력해도 좋지만, Drum Machine은 Drum Editor와 연동되어 초보자도 쉽게 드럼 패턴을 만들 수 있습니다.

04 Sampler 트랙

Sampler 트랙은 큐베이스에서 제공하는 샘플러를 연주하기 위한 트랙입니다. 오디오 샘플을 MIDI로 연주할 수 있는 악기로 바꿔주는 특별한 기능으로, 드럼 원샷, 보컬 한 소절, 신스 한 음처럼 짧은 오디오 파일을 Sampler Control 창에 그냥 드래그하기만 하면, 그 소리가 MIDI 키보드로 높낮이를 조절하며 연주 가능한 악기로 변합니다. 이 트랙은 내부에 샘플러 엔진이 포함되어 있기 때문에 따로 VST 악기를 선택할 필요가 없으며, 오디오 샘플로 자신만의 사운드를 만드는 데 매우 적합합니다.

루트 키 설정, 연주 가능한 키 범위 지정, 피치 조절, 샘플 자르기, 루프 반복 등 다양한 편집 기능을 제공하여 하나의 샘플을 여러 방식으로 변형할 수 있지만, 처음 사용할 때는 한 개의 샘플로 간단한 연주를 시도해보는 것이 좋습니다. 예를 들어, 보컬 "아~" 소리를 넣어 다양한 음정으로 연주해보거나, 스네어 소리를 여러 옥타브에 걸쳐 배치해 독특한 리듬 변주를 만들어보는 식입니다. 이런 방식으로 기본 개념을 익히고 나면, 이후에는 여러 샘플을 서로 다른 키에 배치하여 멜로디 악기나 작은 드럼 킷을 만드는 등 더 창의적이고 개인적인 사운드 디자인으로 확장할 수 있습니다.

01 샘플러 트랙은 VST Instrument 트랙이나 MIDI 트랙을 만들 때와 동일한 방식으로 생성할 수도 있고, 오디오 샘플을 직접 끌어와 자동으로 만들 수도 있습니다. 도구 바에서 ① Right Zone 버튼을 클릭해 오른쪽 존을 열고, ② Loops&Samples 항목을 선택합니다.

02 큐베이스에는 기본적으로 다양한 라이브러리가 포함되어 있어 드럼, 신스, 보컬, 사운 드 이펙트 등 여러 종류의 샘플을 미리 들어보고 바로 사용할 수 있습니다. 처음 사용할 때는 어떤 샘플이 있는지 천천히 들어보며 익숙해지는 것이 좋습니다. 그 중 보이스 샘플을 모아 놓은 Bloom을 선택해봅니다.

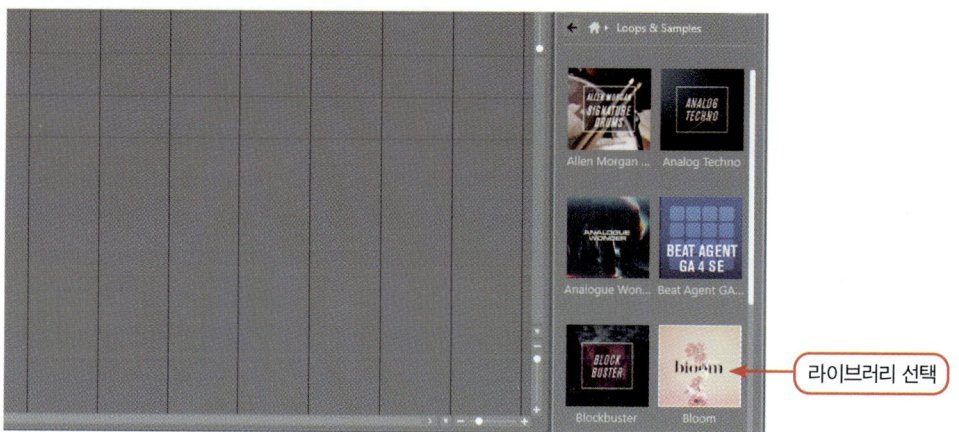

라이브러리 선택

03 선택한 라이브러리의 샘플 목록이 나열되며, 클릭해 들어볼 수 있습니다. 로우 존에서 ① Sampler Control 탭을 열고, 마음에 드는 샘플을 ② 드래그하여 놓으면 Sampler 트랙이 자동 생성되며, MIDI 키보드로 연주할 수 있는 악기처럼 사용할 수 있습니다. 사용자가 가진 샘플도 탐색기에서 직접 드래그해 가져올 수 있으며, 프로젝트에 녹음한 오디오 이벤트를 드래그하여 활용할 수도 있습니다.

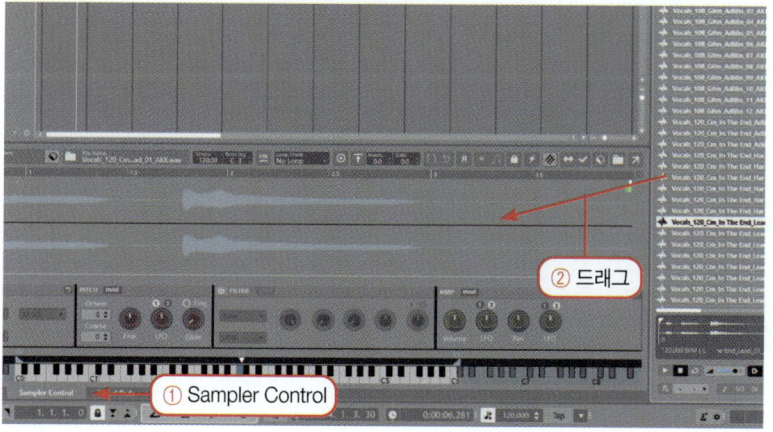

② 드래그

① Sampler Control

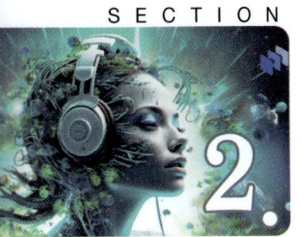

음악 작업의 시작
템포 설정

음악을 녹음할 때 템포(Tempo)는 매우 중요합니다. 오케스트라에서는 지휘자를 따라가고, 작은 밴드에서는 드럼을 기준으로 연주하듯, 큐베이스에서도 녹음을 할 때는 메트로놈(Click)이나 드럼 리듬을 기준으로 연주해야 합니다. 메트로놈을 사용할지, 드럼을 기준으로 삼을지와 상관없이, 가장 먼저 설정해야 할 것은 프로젝트의 템포입니다.

01 메트로놈 설정하기

01　프로젝트 하단의 트랜스포트 바 오른쪽에는 메트로놈과 메트로놈 설정 버튼이 있으며, 점 3개로 표시된 확장 버튼을 클릭하면 카운트인 버튼을 함께 확인할 수 있습니다. 확장 버튼을 한 번 더 클릭하면 패턴 창이 작게→크게 순서로 표시되며, 다시 클릭하면 원래 구성으로 되돌아옵니다. 확장 버튼을 드래그하는 방식으로 사용할 수도 있습니다.

메트로놈 → 　　확장 버튼

카운트-인　설정 버튼

02 메트로놈 버튼을 클릭하거나 C 키를 눌러 재생 및 녹음 중에 메트로놈 소리를 들을 수 있고, 카운트인 버튼을 클릭하면 녹음 시작 전 예비 박자를 미리 들을 수 있습니다. 설정 버튼을 클릭하면 메트로놈의 세부 설정을 조정할 수 있는 창이 열립니다.

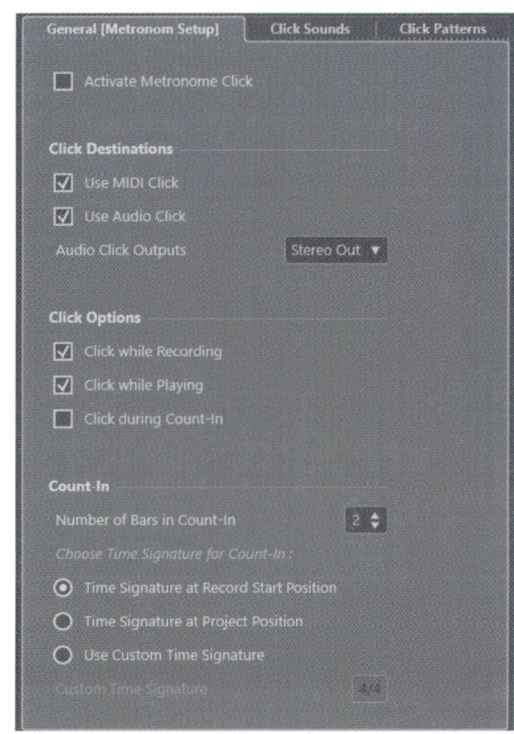

Click Destinations

메트로놈 소리의 종류와 어떤 장치로 들을지 설정합니다.

- Use MIDI Click

  MIDI 신호로 메트로놈 소리를 냅니다.

  가상악기(VST)로 메트로놈 소리를 재생하고 싶을 때 사용합니다.

- Use Audio Click

  오디오 신호로 메트로놈 소리를 냅니다.

  오디오 인터페이스를 통해 스피커 또는 헤드폰으로 직접 들을 수 있습니다.

- Audio Click Outputs

  오디오 메트로놈 소리를 어떤 출력으로 보낼지 선택합니다.

  예: 헤드폰으로만 듣거나, 모니터 스피커와 함께 들리도록 설정 가능

Click Options

프로젝트를 재생하거나 녹음할 때 메트로놈이 언제 들릴지 설정합니다.

- Click while Recording

  녹음 중에 메트로놈 소리를 들을 수 있습니다.
- Click while Playing

  프로젝트를 재생할 때 메트로놈 소리가 들리도록 합니다.
- Click during Count-In

  녹음을 시작하기 전에 예비 박자를 들려줍니다.

  녹음 시작 전에 박자를 미리 잡아 연주할 수 있게 도와줍니다.

Count-In

녹음 시작 전에 들려주는 예비 박자의 마디 수와 박자 기준을 설정합니다.

- Number of Bars in Count-In

  녹음 시작 전에 몇 마디를 미리 세어줄지 설정합니다.

  예: 1마디, 2마디
- Time Signature at Record Start Position

  녹음을 시작하는 지점의 박자와 템포를 자동으로 사용합니다.

  녹음을 어디서 시작하든, 그 위치 기준으로 카운트인이 맞춰집니다.
- Time Signature at Project Position

  프로젝트의 현재 위치(프로젝트 전체 기준)의 박자를 사용합니다.
- Use Custom Time Signature

  카운트인에 사용할 박자를 직접 설정할 수 있습니다.

  프로젝트 내에서 박자가 바뀌더라도 카운트인은 설정한 박자로 유지됩니다.

02 템포 설정하기

03 빈 프로젝트에서 작업을 시작할 때, 어떤 사람은 드럼이나 베이스처럼 곡의 기본 리듬 요소부터 만들기도 하고, 어떤 사람은 멜로디나 코드처럼 떠오르는 아이디어를 먼저 기록하기도 합니다. 하지만 어떤 방식으로 시작하든 가장 먼저 정해야 하는 것은 템포입니다. 트랜스포트 패널에 있는 Tab Tempo 버튼을 클릭하거나 Shift+Spacebar 키를 눌러 떠오른 멜로디에 맞는 템포, 또는 그날 기분에 따른 템포 값을 설정할 수 있습니다. 또한 외부 기기(드럼 머신·기타 연주·녹음된 드럼 소리)의 박자에 맞춰 템포를 정하고 싶을 때나 레퍼런스 음악에 템포를 맞추고 싶을 때도 사용할 수 있습니다.

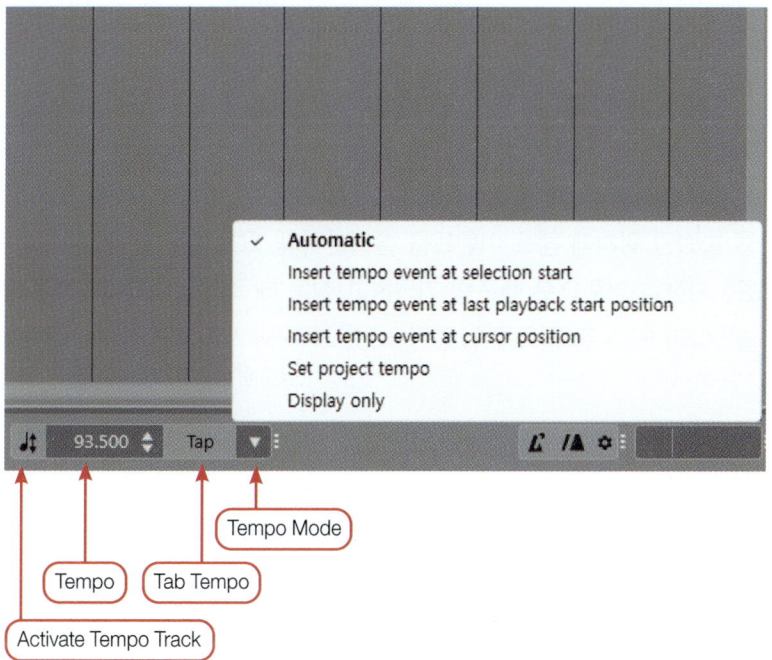

Tap Tempo Mode

Tap Tempo 버튼 오른쪽의 모드 메뉴에서는 탭 템포로 입력한 BPM을 프로젝트에 어떤 방식으로 기록할지 선택할 수 있습니다. 모드마다 템포가 적용되는 위치가 달라지므로, 작업 방식에 맞게 적절한 모드를 선택하는 것이 중요합니다.

● Automatic

초보자에게 가장 사용하기 쉬운 기본 모드입니다. 프로젝트의 현재 상황을 기준으로, 큐베이스가 자동으로 가장 자연스러운 위치에 템포 이벤트를 기록합니다. 오브젝트(파트, 이벤트, 범위)가 선택되어 있으면 그 시작 지점에 템포 이벤트가 생성되며, 아무것도 선택되지 않은 경우에는 재생 상태인지 정지 상태인지에 따라 기록 위치가 달라집니다. 재생 중이었다면 마지막 재생 시작 위치에 정지 상태에서는 현재 커서 위치에 템포가 기록됩니다. 또한 템포 트랙이 비활성화되어 있다면 템포 이벤트를 추가하지 않고 프로젝트 전체 템포 숫자만 변경됩니다.

● Insert tempo event at selection start

선택한 파트, 이벤트, 혹은 범위의 시작 지점에 템포 이벤트를 추가합니다. 특정 구간의 템포만 바꾸고 싶을 때 유용합니다. 해당 구간을 선택한 뒤 템포를 탭하면, 선택 영역 시작 부분에 새 템포가 기록됩니다. 선택된 것이 없다면 변화가 적용되지 않습니다.

● Insert tempo event at last playback start position

가장 최근에 재생 버튼을 눌렀던 위치에 템포 이벤트를 삽입합니다. 오브젝트 선택 여부와는 관계없이 재생을 시작했던 지점을 기준으로 템포를 기록하고 싶을 때 적합합니다. 예를 들어 특정 지점에서 재생을 눌렀다가 멈춘 뒤 템포를 탭하면, 바로 그 재생 시작 지점에 템포 이벤트가 기록됩니다.

● Insert tempo event at cursor position

현재 프로젝트 커서(재생헤드)가 위치한 지점에 템포 이벤트를 삽입하는 가장 직관적인 방식입니다. 템포를 바꾸고 싶은 위치에 커서를 옮긴 뒤 탭 템포를 입력하면, 그대로 해당 위치에 템포가 기록됩니다. 단순하고 명확하여 특정 지점에 정확하게 템포 이벤트를 넣고 싶을 때 유용합니다.

● Set project tempo

템포 이벤트를 추가하는 것이 아니라 프로젝트 전체 템포를 변경합니다. Tempo Track 모드가 활성화되어 있다면 템포 트랙의 첫 번째 템포 이벤트가 수정되어 전체 기준 템포가 바뀌며, Tempo Track이 비활성화된 경우에는 프로젝트 기본 템포 숫자 자체가 변경됩니다. 전체 템포를 한 번에 바꾸고 싶을 때 사용하는 모드입니다.

● Display only

탭 템포로 입력한 BPM을 프로젝트에 적용하지 않고 화면에 표시만 하는 모드입니다. 템포 변화 없이 참고용으로만 확인하고 싶을 때 사용합니다. 프로젝트의 템포 트랙이나 전체 템포에는 아무런 변화가 없으므로, 실험적으로 BPM을 체크할 때 부담 없이 사용할 수 있습니다.

Activate Tempo Track

● **Activate Tempo Track**을 끄면 프로젝트는 고정 템포 모드(Fixed Tempo Mode)가 됩니다. 이 상태에서는 템포가 프로젝트 전체에서 하나로 고정되며, 템포 숫자를 바꾸면 프로젝트 전체가 같은 속도로 유지됩니다. 고정 템포 모드는 EDM, 팝, 락처럼 BPM이 일정한 곡이나 연습용 프로젝트, 아이디어 스케치에 적합합니다.

● **Activate Tempo Track**을 켜면 프로젝트는 템포 트랙 모드(Tempo Track Mode)가 됩니다. 이 모드에서는 프로젝트 안에서 원하는 위치마다 템포 이벤트를 추가할 수 있어 곡 중간중간 템포를 느리게 또는 빠르게 조절할 수 있습니다. 템포가 계속 변하는 클래식 음악, 영화 음악, 또는 섹션별로 템포를 달리하고 싶은 곡에 적합합니다. 만약 프로젝트에 템포 이벤트가 하나도 없는 상태에서 템포를 바꾸면, 프로젝트 시작 지점의 템포 값이 변경됩니다.

Tempo

프로젝트의 템포 값을 표시하며, 클릭하여 직접 입력할 수 있습니다. 템포 트랙 모드(Tempo Track Mode)를 활성화하면, 프로젝트 내 특정 위치마다 템포 이벤트를 추가할 수 있어 구간별로 템포를 빠르게 또는 느리게 조절할 수 있습니다. 또한 Tap Tempo 기능과 함께 사용하면 떠오르는 멜로디나 외부 소리의 박자에 맞춰 직관적으로 BPM을 설정할 수 있습니다.

Time Signature

박자표는 오른쪽의 점 3개로 표시된 확장 버튼을 클릭하거나 드래그하면 박자표를 확인할 수 있습니다. 프로젝트 시작 시 기본 박자를 설정하면, 메트로놈과 마디 기준, MIDI 및 오디오 루프 길이 계산에 사용됩니다. 프로젝트 중간에 박자가 바뀌는 곡이라면, Tempo Track 모드와 함께 박자 이벤트를 추가해 구간별로 박자를 바꿀 수 있습니다.

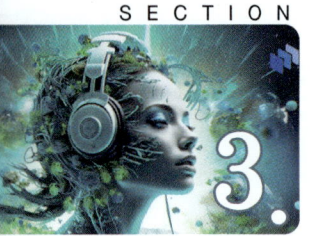

미디 레코딩의 기본
리니어(Linear) 레코딩

리니어 레코딩(Linear Recording)은 시작 지점에서 끝 지점까지 한 번만 녹음하는 방식입니다. 이는 반복적으로 녹음하여 여러 레이어를 생성하는 사이클 레코딩(Cycle Recording)과는 달리, 한 번 녹음하면 해당 구간이 완성된다는 특징이 있습니다. 리니어 레코딩에는 New Parts, Merging, Replace 세 가지 모드가 있으며, 각각의 모드를 적절히 활용하면 녹음 과정과 편집 작업을 보다 효율적이고 체계적으로 진행할 수 있습니다.

01 New Parts

01 New Parts 모드는 큐베이스에서 기본으로 설정된 MIDI 녹음 방식으로, 녹음을 시작할 때마다 새로운 파트를 자동으로 생성합니다. 트랙에 이미 MIDI가 녹음되어 있어도 새로 녹음하는 내용은 이전 파트 위에 겹쳐 쌓이는 형태로 별도의 이벤트로 저장되기 때문에 여러 악기를 순서대로 녹음할 때 매우 유용합니다. T 키를 눌러 Add Track 창을 열고, ① Instrument를 선택합니다. 악기는 ② Instrument 항목에서 Groove Agent SE를 선택합니다.

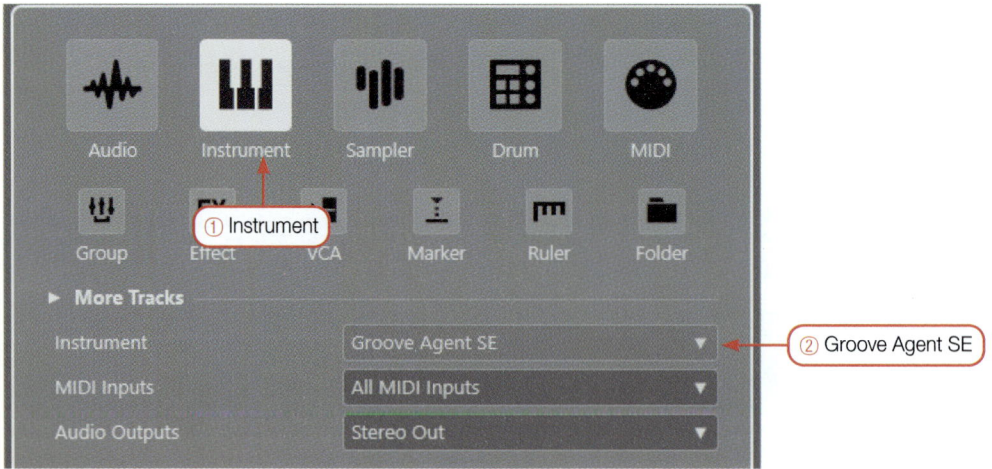

02 ① 프리셋 항목을 클릭하면 다양한 드럼 킷 목록이 표시되는데, 음악의 장르와 스타일에 따라 정리되어 있어 원하는 사운드를 쉽게 찾을 수 있습니다. ② 드럼 킷을 선택한 뒤, ③ 패드를 클릭하거나 MIDI 건반을 눌러 소리를 재생해보면 녹음 전에 어떤 톤과 질감을 가진 드럼인지 바로 확인할 수 있어 작업 방향을 잡는 데 도움이 됩니다.

03 Groove Agent SE를 연주할 때는 마스터 건반이나 건반에 포함된 패드를 사용해도 충분하지만, 드럼을 보다 빠르고 효율적으로 입력하고 싶다면 전용 패드 컨트롤러를 사용하는 것이 훨씬 유리합니다. 전용 패드 컨트롤러는 Groove Agent SE의 패드 배열과 동일하게 구성되어 있어 손이 자연스럽게 위치하며, 반응 속도와 감도가 뛰어나 킥이나 스네어 같은 리듬을 보다 정확하고 자연스럽게 연주할 수 있습니다. 대표적인 제품으로는 AKAI MPC 시리즈와 Native Instruments Maschine이 있으며, 입문자라면 가격 부담이 적고 복잡한 설정 없이 바로 사용할 수 있는 AKAI MPD 시리즈도 좋습니다.

▲ AKAI MPD   ▲ AKAI MPC   ▲ NI Maschine

04 레인 모드는 트랙을 분리해 레이어처럼 쌓아주는 기능으로, 하나의 트랙에서 여러 악기를 겹쳐서 연주하고 싶을 때 매우 유용합니다. 이 방식을 사용하면 녹음 순서를 체계적으로 관리할 수 있을 뿐 아니라, 각 파트를 개별적으로 편집할 수 있어 작업 효율도 높아집니다. 트랙 리스트 아래쪽에 있는 트랙 컨트롤 설정 버튼을 클릭합니다.

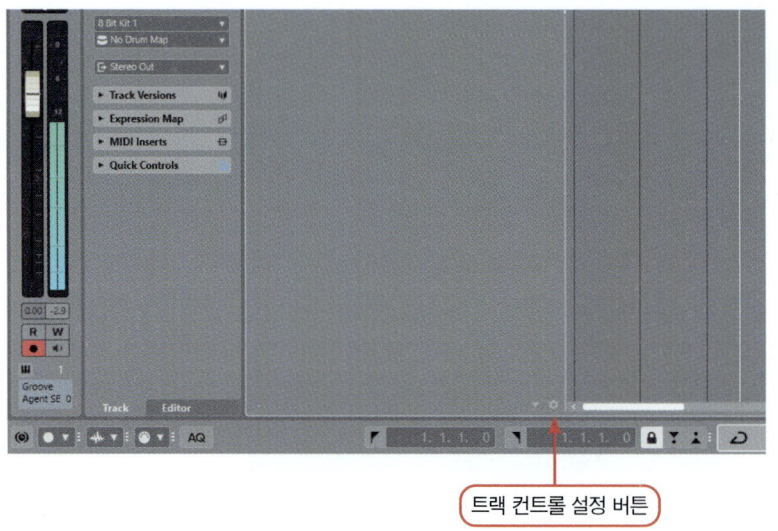

트랙 컨트롤 설정 버튼

05 트랙에 표시할 컨트롤을 선택할 수 있는 창이 열리면 ① Instrument 트랙을 선택합니다. 그리고 왼쪽의 Hidden Controls 목록에서 ② Lane Display Type 항목을 찾아 선택하고, ③ Add 버튼을 클릭하여 오른쪽 Visible Controls 목록에 추가합니다.

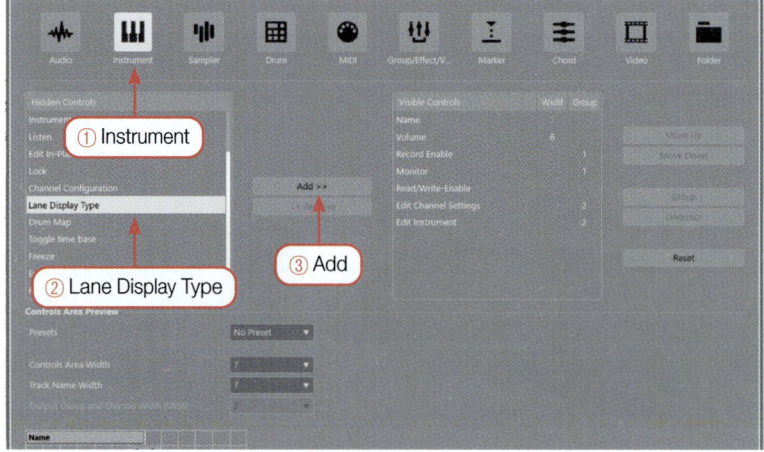

① Instrument

② Lane Display Type

③ Add

06 트랙의 경계선을 아래로 드래그해 트랙 높이를 확장하면 모든 트랙 컨트롤이 표시됩니다. 여기서 새로 추가된 ② Lanes 버튼을 클릭하면, 녹음할 때마다 생성된 파트를 레이어처럼 분리해 보여주며 각 파트를 개별적으로 관리하고 편집할 수 있습니다.

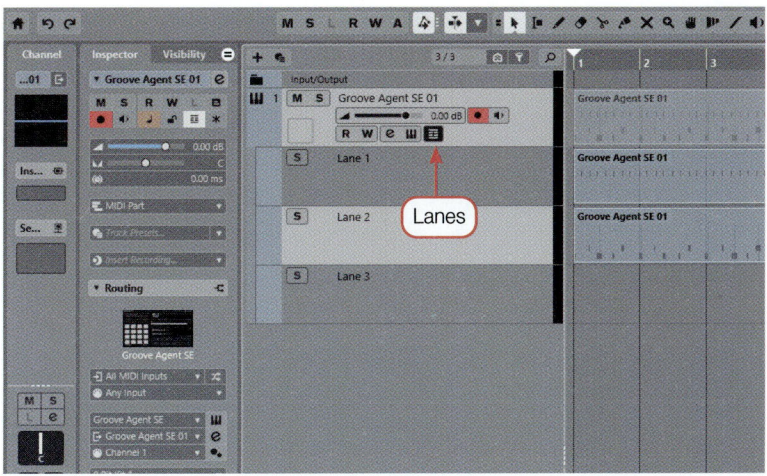

07 레이어 편집은 MIDI 이벤트를 각각 독립적으로 다룰 수 있다는 장점이 있지만, 전체 연주를 한 번에 편집할 때는 실수가 발생하기 쉽다는 단점도 있습니다. 만약 개별 편집이 모두 끝났다면, 풀 도구로 클릭하여 하나로 합칠 수 있습니다.

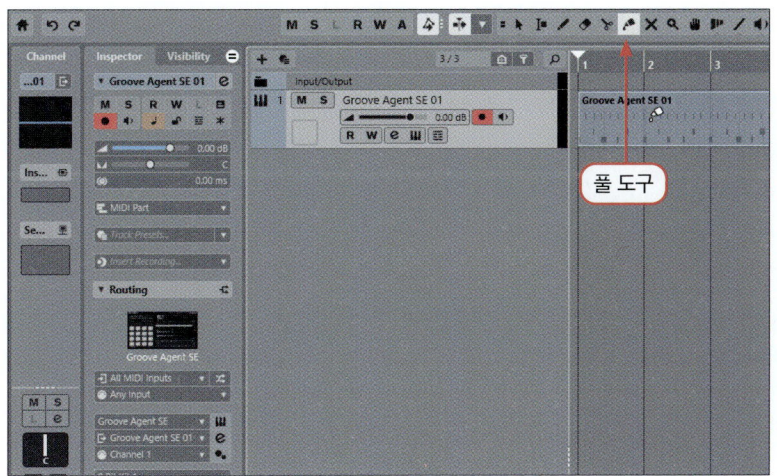

149

02 Merge

08 미디 녹음을 할 때 새 파트를 따로 만드는 게 아니라, 기존 파트에 합쳐지게 하도록 하는 것이 Merge 모드입니다. Ctrl 키를 누른 상태로 Z 키를 두 번 눌러 앞에서 녹음한 파트를 취소하고, 미디 모드 버튼을 클릭하여 Merge 모드로 변경합니다.

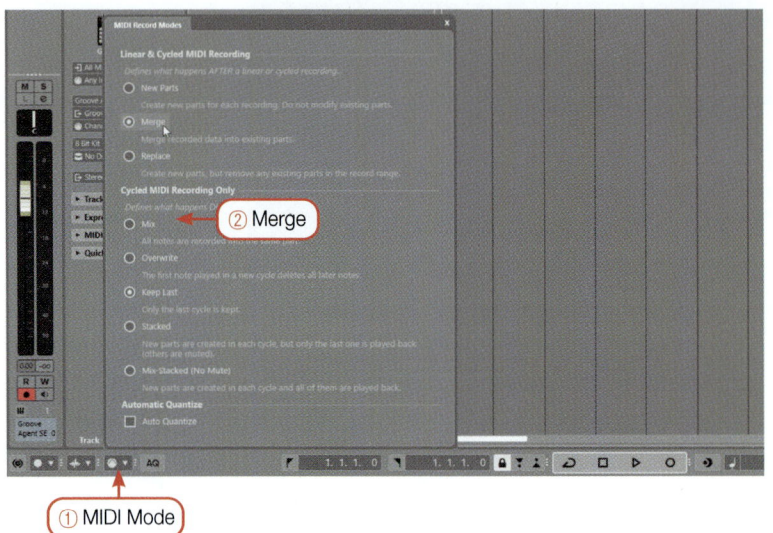

09 Merge 모드에서는 새로운 파트를 만들지 않고 기존 파트에 녹음이 계속해서 누적됩니다. 하이햇을 녹음한 뒤, 다시 킥과 스네어를 녹음하면, New Parts 모드와 달리, 모든 연주가 하나의 MIDI 파트로 합쳐지는 것을 확인할 수 있습니다.

10 만약 하나로 합쳐진 MIDI 파트를 분리해야 하는 상황이 생긴다면, 자동과 수동의 두 가지 방법이 있습니다. 먼저 트랙에서 마우스 오른쪽 버튼을 클릭하여 단축 메뉴를 열고, Duplicate Tracks를 선택하여 복사합니다.

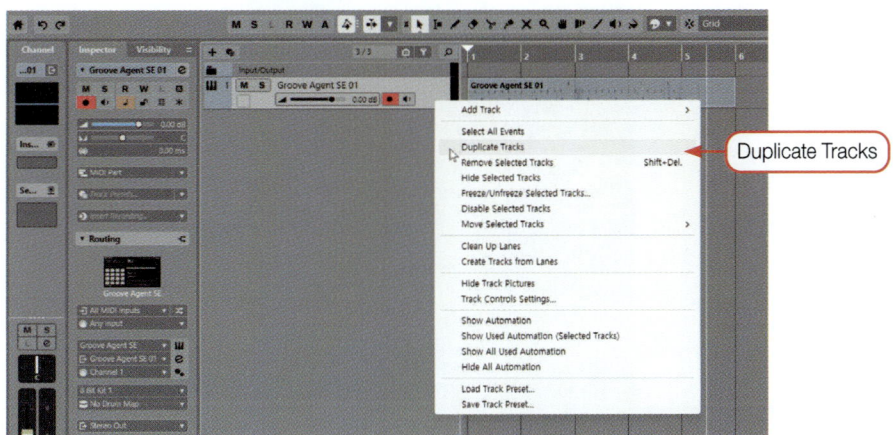

Duplicate Tracks

11 첫 번째 MIDI 파트를 더블 클릭하면 키 에디터가 열리는데, 여기서 마우스를 드래그하여 하이햇 연주에 해당하는 노트들을 모두 선택합니다. 선택이 완료되면 Delete 키를 눌러 하이햇 노트만 삭제해 해당 파트에는 킥과 스네어만 남도록 정리할 수 있습니다. 반대로 두 번째 MIDI 파트에서는 킥과 스네어 노트를 선택해 삭제하면 하이햇만 남게 됩니다. 이 과정에서 각 노트를 클릭하면 어떤 사운드인지 직접 들을 수 있어, 어떤 악기 노트인지 쉽게 구분하며 작업할 수 있습니다.

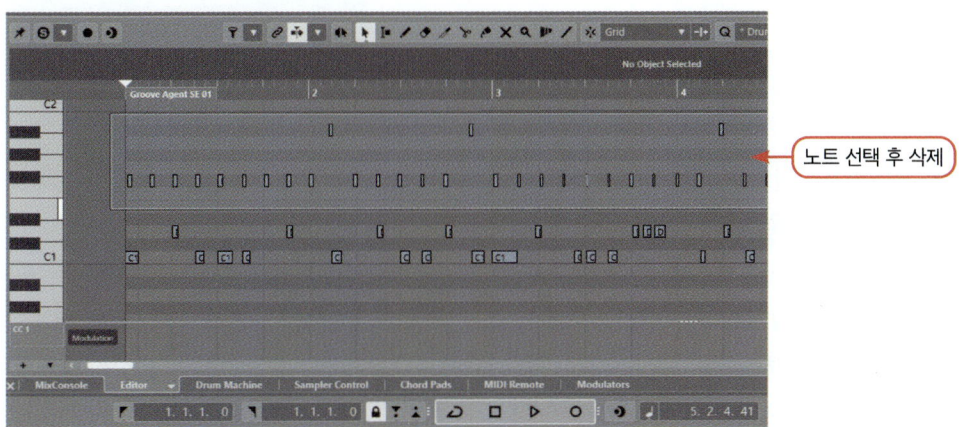

노트 선택 후 삭제

12 이번에는 MIDI 파트를 자동으로 분리하는 방법을 살펴보겠습니다. 먼저, Ctrl+Z 키를 반복하여 이전 작업을 취소합니다. 그리고 MIDI 메뉴의 Dissolve Part를 선택합니다.

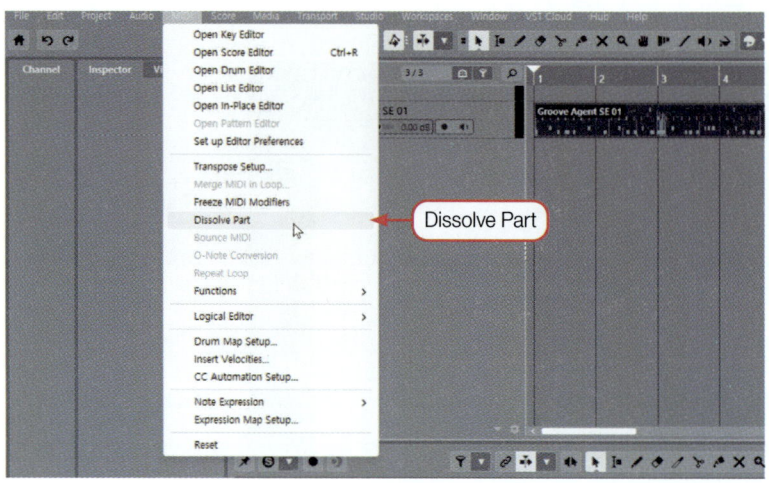

13 선택한 MIDI 파트를 어떻게 분리할지 지정하는 설정 창이 열리면, 채널별로 나누는 Separate Channels와 피치별로 나누는 Separate Pitches 중 하나를 선택할 수 있습니다. 이 중에서 Separate Pitches를 선택하여 MIDI 파트에 들어 있는 노트들이 각 피치별로 분리되게 합니다.

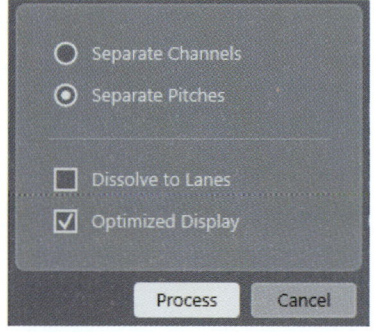

● Dissolve to Lanes: 여러 개의 트랙으로 나누는 대신, 하나의 트랙 내부를 여러 레인(Lane)으로 분리하여 표시하는 기능입니다. 이를 사용하면 트랙 수를 늘리지 않고도 각각의 파트를 구분해 볼 수 있어 편리합니다.

● Optimized Display: 분리된 파트들 중에서 아무 노트도 없는 빈 구간을 자동으로 제거해 화면을 깔끔하게 정리해 주는 옵션입니다. 단, 이 기능은 Dissolve to Lanes가 활성화되어 있을 때는 사용할 수 없습니다.

14 Dissolve Part 기능을 실행하면, 원본 트랙에 있던 MIDI 파트는 자동으로 뮤트(Mute) 처리되어 재생되지 않게 됩니다. 필요하다면 ① 뮤트 도구로 클릭하여 언제든지 해제 할 수 있습니다. 분리된 각 ② 트랙의 이름은 더블 클릭하여 자유롭게 변경할 수 있으며, Ctrl 키를 누른 상태에서 Enter 키를 누르면, 파트 이름을 함께 변경할 수 있습니다.

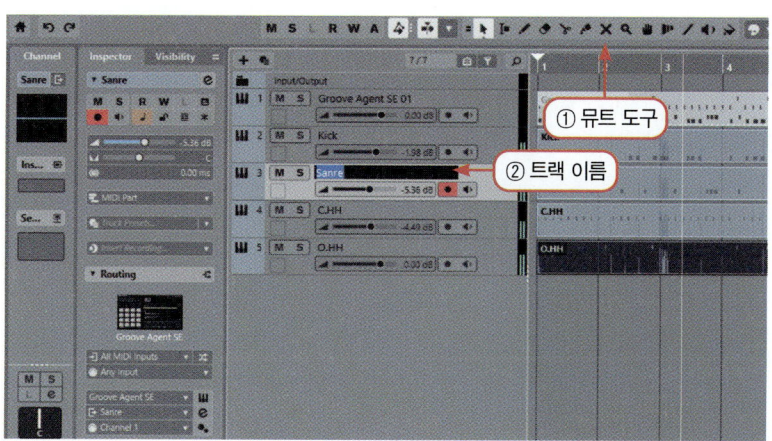

15 Dissolve Part 기능을 사용하면, 다른 사람이 제작한 MIDI 파일을 가져왔을 때도 채 널별로 데이터를 손쉽게 분리해 활용할 수 있습니다. 또한 하나의 트랙에 합쳐져 있는 드럼 MIDI 역시 피치별로 나누어 킥, 스네어, 하이햇 등 각 악기를 개별 트랙으로 분리할 수 있습니다. 이렇게 분리된 트랙들은 MixConsole에서 각각 독립적으로 볼륨 조절, EQ, 컴프레 서 등 다양한 믹싱 작업을 할 수 있어, 보다 정교하고 세밀한 사운드 조정이 가능합니다.

03 Replace

16 Replace 모드는 기존에 녹음된 내용을 부분적으로 수정해야 할 때 유용하게 사용할 수 있는 기능입니다. 이전 작업을 취소하려면 Ctrl+Z 키를 여러 번 눌러 되돌릴 수도 있지만, 이번에는 보다 직관적인 방법인 Edit 메뉴의 History 기능을 활용해보겠습니다.

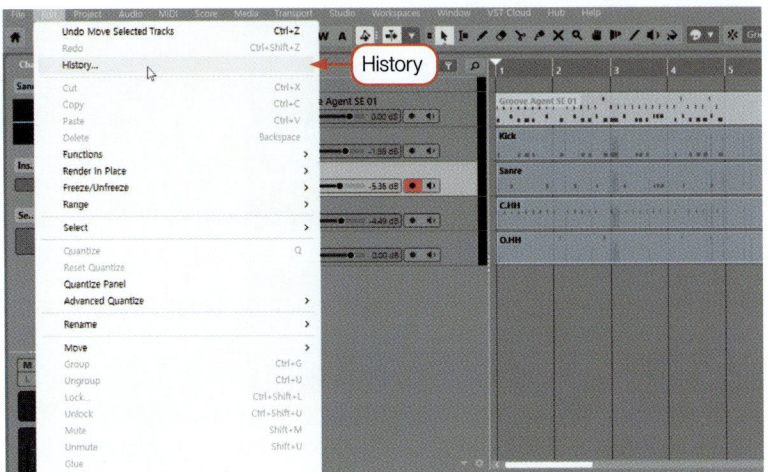

17 History 창에는 지금까지 수행한 작업 목록이 순서대로 표시되며, 원하는 지점을 선택하면 해당 시점까지 한 번에 취소하거나 되돌릴 수 있습니다. 여기서는 Record 이전 단계로 돌아가기 위해, 2 Record 항목을 선택하여 처음 트랙을 만들었던 상태로 취소합니다.

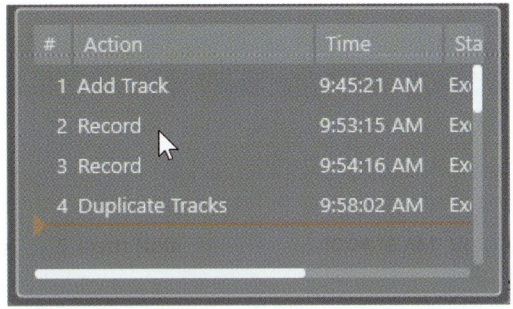

18 MIDI 모드 버튼을 클릭해 녹음 방식을 Replace 모드로 변경합니다. 새롭게 녹음을 시작할 때 기존에 녹음되어 있던 구간이 자동으로 새 녹음으로 대체됩니다.

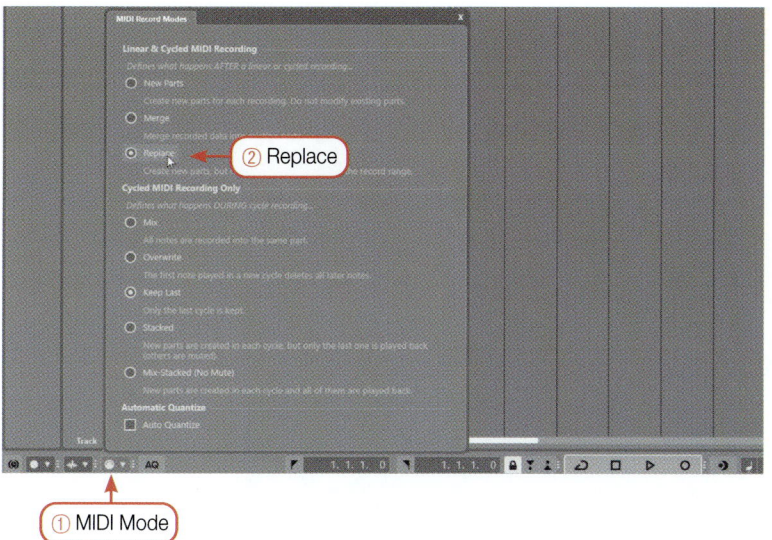

19 앞서 했던 것처럼 먼저 하이햇을 녹음한 뒤, 이어서 킥과 스네어를 다시 녹음해봅니다. 녹음이 끝난 후 결과를 확인해보면, 기존의 하이햇 연주는 지워지고 새로 녹음한 킥과 스네어만 남아 있는 것을 볼 수 있습니다. 이처럼 수정하고 싶은 특정 구간만 다시 녹음하고 싶을 때 유용하게 활용할 수 있는 모드입니다.

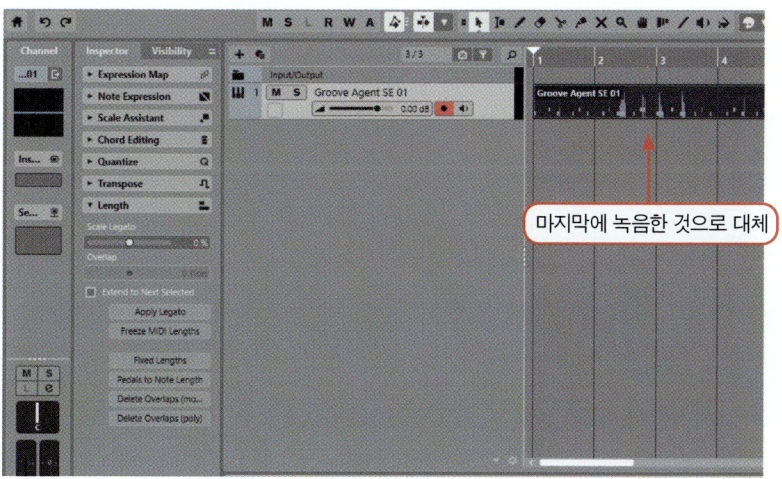

04 Re-Record

20 여러 번의 테이크를 반복해서 녹음해야 할 때, 기존 방식으로는 방금 녹음한 내용을 취소하고, 처음 녹음을 시작했던 위치로 돌아간 뒤, 다시 녹음을 눌러 작업을 반복해야 했습니다. 하지만 Re-Record 모드를 사용하면 레코딩 버튼을 한 번만 눌러도 바로 재녹음이 가능해 훨씬 편리합니다. MIDI 모드를 New Parts로 설정합니다.

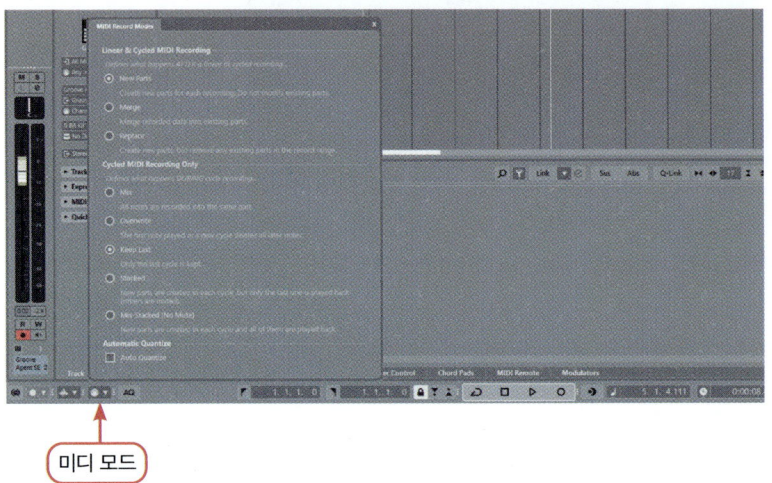

미디 모드

21 레코딩 방식을 결정하는 요소는 녹음 모드이며, 이 설정을 통해 녹음을 어떻게 시작하고 멈출지가 정해집니다. 기본값은 녹음 버튼을 누르면 녹음을 시작하고 다시 누르면 종료하는 Punch In/Out 모드인데, 이를 Re-Record 모드로 변경하면 버튼을 한 번만 눌러도 즉시 재녹음이 가능해집니다.

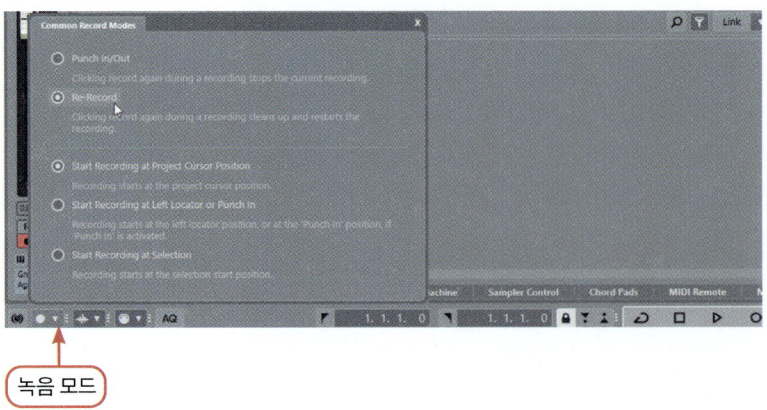

녹음 모드

22 키보드 숫자패드의 별표(*) 키를 눌러 녹음을 시작한 뒤, 실수를 했거나 연주가 마음에 들지 않는 경우에는 다시 한 번 별표(*) 키를 누르기만 하면 됩니다. 그러면 방금 녹음된 내용이 자동으로 삭제되고, 녹음을 시작했던 동일한 위치로 돌아가 즉시 재녹음이 진행되는 것을 확인할 수 있습니다.

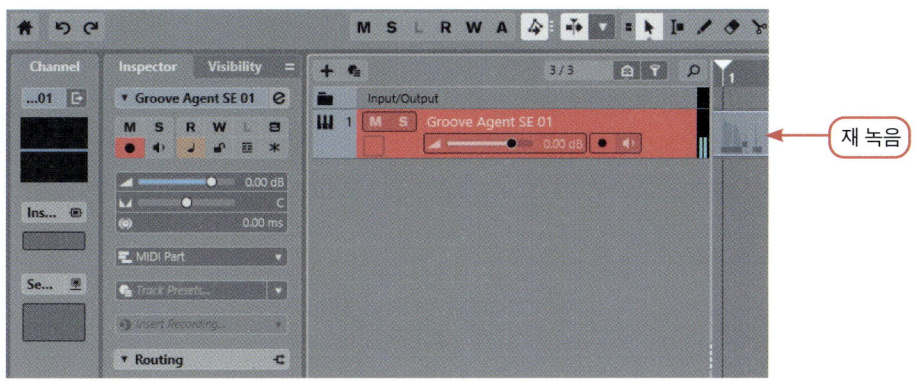

재 녹음

05 템포 다운 녹음 기법

23 미디는 실제 연주 속도와 상관없이 데이터만 기록되기 때문에 초보자라면 템포를 느리게 낮춘 뒤 녹음하고 다시 원래 템포로 복구하는 방식이 매우 효과적입니다. 사람은 입으로 흥얼거리는 속도는 그대로 연주로 옮기기 쉬운 경우가 많기 때문에 흥얼거리며 Tap 버튼을 클릭하거나 BPM 위에 마우스 휠을 돌려 조절합니다. 녹음한 다음에 BPM을 클릭하여 원래 값을 입력하면, 마치 빠른 속주를 정확히 연주한 것 같은 결과를 얻을 수 있습니다.

템포

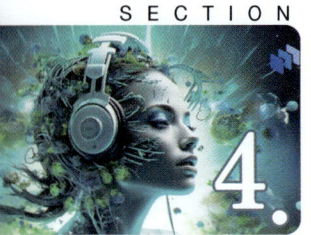

반복의 마법
사이클(Cycle) 레코딩

사이클 레코딩은 특정 구간을 반복해서 녹음하며 패턴을 완성하는 방식으로, 드럼, 베이스, 신스, 패드 등 다양한 악기에 적용할 수 있습니다. 과거 드럼 머신에서는 보통 1~4마디 정도의 짧은 패턴을 반복 녹음하고, 나중에 이어 붙여 곡 전체를 만드는 방식이 사용되었습니다. 하지만 큐베이스에서는 드럼뿐 아니라 다른 악기에도 확장되어, 짧은 패턴을 반복하며 곡을 빠르고 효율적으로 완성할 수 있습니다.

01 Mix

01 사이클 레코딩 모드는 크게 4가지가 있으며, 기본적으로 반복 녹음되는 이벤트를 하나의 파트로 합치는 Mix 모드로 설정되어 있습니다. 미디 모드 버튼을 클릭하여 Cycled MIDI Recording Only 옵션이 Mix로 선택되어 있는지 확인합니다.

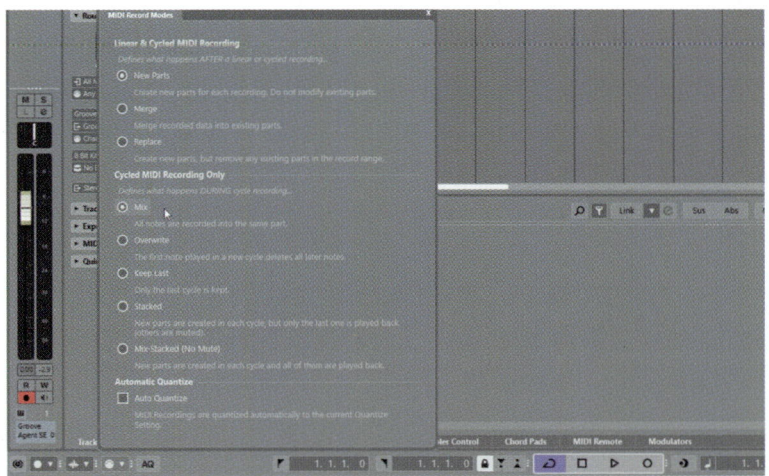

02 MIDI 모드에서 Auto Quantize 옵션을 체크하거나 MIDI 모드 버튼 오른쪽의 AQ(Auto Quantize) 버튼을 켜면 녹음되는 MIDI 이벤트가 자동으로 그리드에 맞춰 정렬되게 할 수 있습니다.

Auto Quantize

03 퀀타이즈의 기준은 도구 모음의 퀀타이즈 프리셋에서 선택한 비트입니다. 초기 설정은 1/16(16비트)로 되어 있으며, 필요에 따라 다른 값으로 변경합니다.

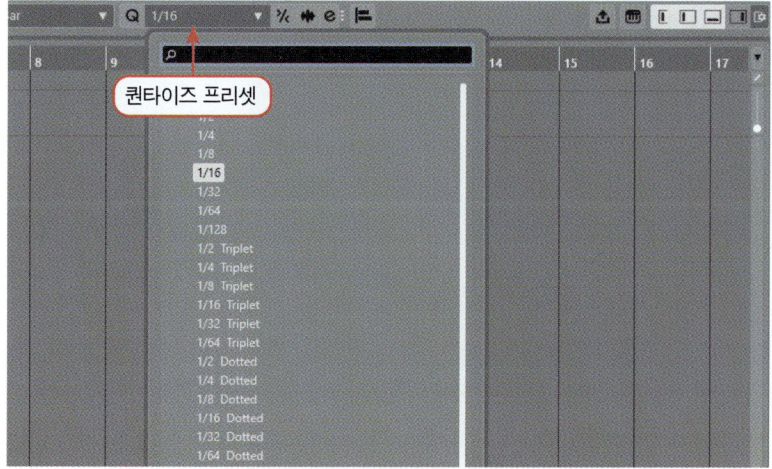

퀀타이즈 프리셋

04 로케이터 구간은 룰러 라인을 드래그하여 설정할 수 있습니다. ① 시작 위치는 Ctrl 키를 누른 상태에서 ② 끝 위치는 Alt 키를 누른 상태에서 클릭하여 설정할 수도 있습니다. 또한 시작과 끝 위치를 드래그하여 범위를 조정하거나 구간 중간을 드래그하여 위치를 이동할 수도 있습니다. 이때 ③ 스냅(Snap) 버튼이 켜져 있으면, ④ 그리드 타입(Grid Type)에서 설정한 단위(기본값: 마디)에 맞춰 정확하게 조정할 수 있습니다.

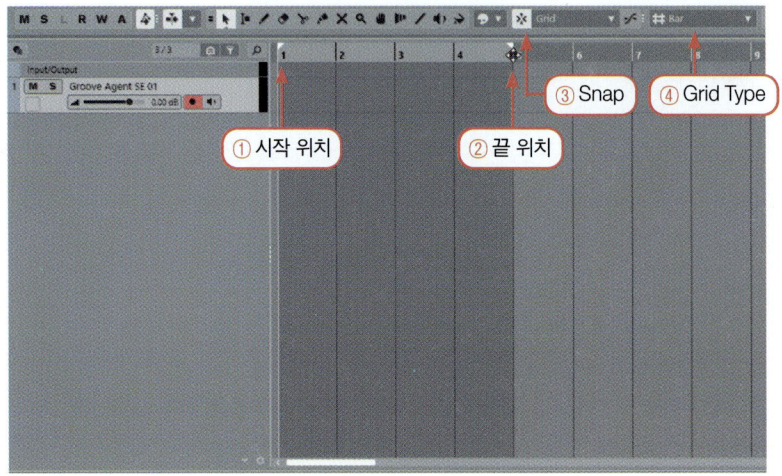

05 사이클 기능은 트랜스포트 패널의 사이클 버튼을 클릭하거나 키보드 숫자패드의 슬래시(/) 키를 눌러 켜거나 끌 수 있습니다.

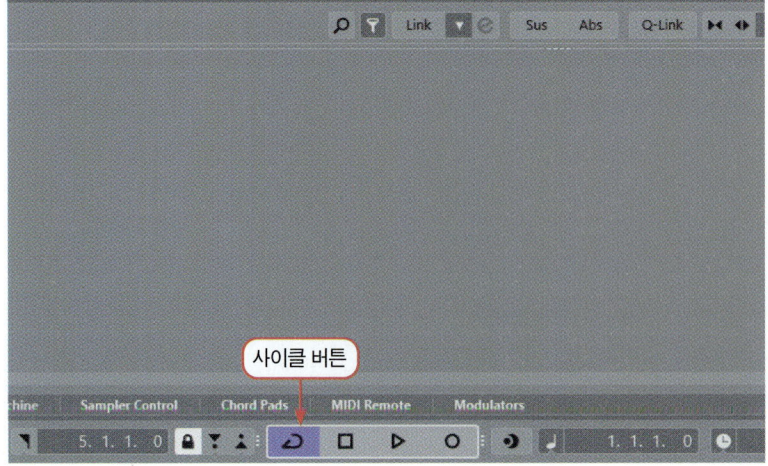

06 사이클 기능을 활성화한 상태에서 녹음을 시작하면, 설정한 구간이 반복 재생·녹음 되는 것을 확인할 수 있습니다. 이 방식은 드럼 패턴을 차례대로 연주하거나, 마음에 드는 애드리브가 나올 때까지 계속 시도하는 등 다양한 목적으로 활용할 수 있습니다.

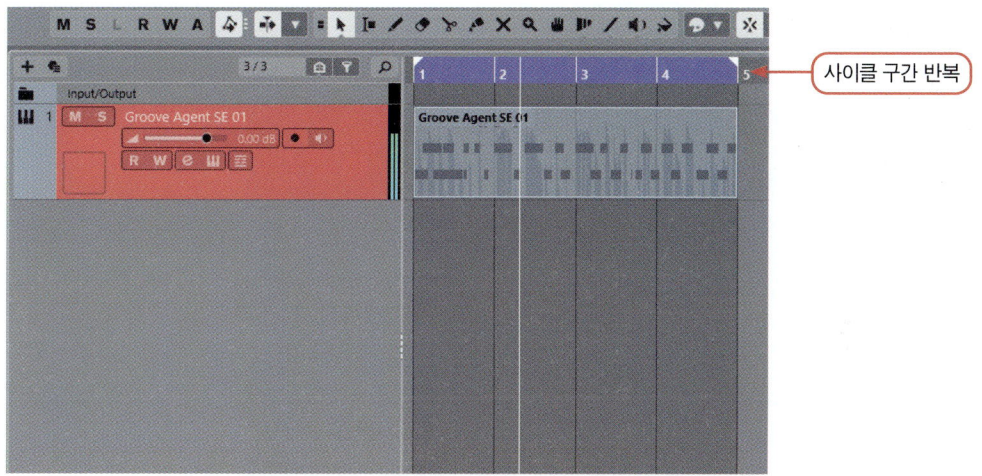

07 녹음이 끝난 패턴은 Ctrl+D 키를 눌러 선택한 파트를 복제하거나, 파트 오른쪽에 있는 Repeat 핸들을 드래그하여 원하는 길이만큼 반복할 수 있습니다.

02 Overwrite

08 Overwrite는 반복 녹음 중 특정 부분만 다시 녹음하고 싶을 때 사용하는 방식으로, 원하는 구간만 자연스럽게 수정하며 녹음할 수 있는 모드입니다. MIDI 모드에서 Overwrite를 선택합니다.

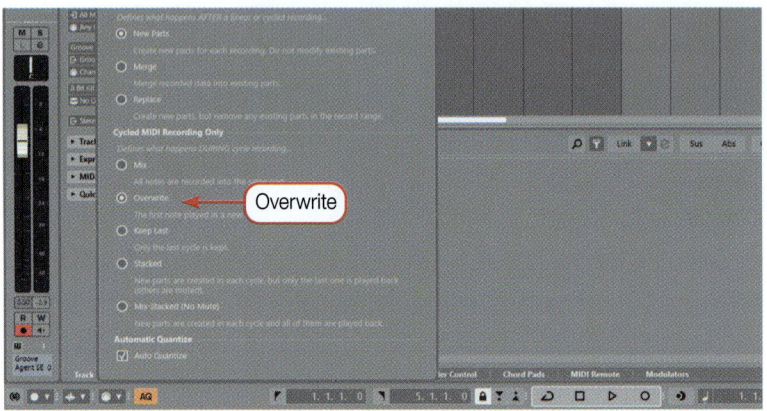

09 사이클이 반복될 때, 새 루프에서 처음 누른 음표 이후의 기존 녹음은 모두 지워지고, 그 지점부터 새로 녹음이 시작됩니다. 예를 들어 1~4마디를 루프로 녹음했는데 3마디가 마음에 들지 않는다면, 다음 루프에서 3마디에서 다시 노트를 눌러주기만 하면 됩니다. 그러면 3마디 이후가 자동으로 새로 녹음되고, 잘 된 앞부분은 그대로 남기 때문에 필요한 부분만 깔끔하게 수정할 수 있습니다.

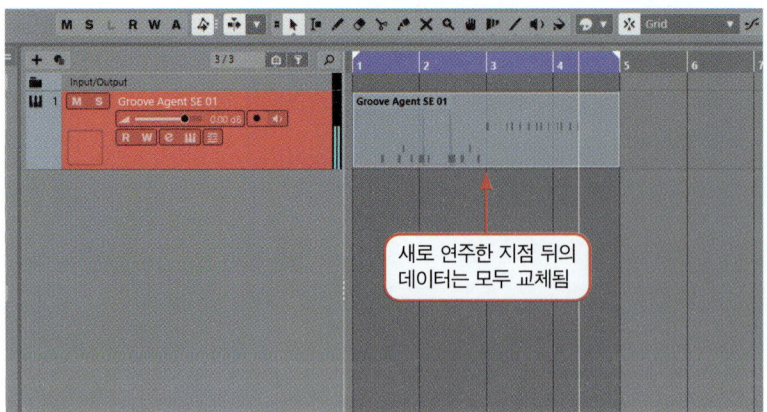

새로 연주한 지점 뒤의 데이터는 모두 교체됨

03 Keep Last

10 Keep Last 모드는 여러 번 반복해서 연주해본 뒤, 마지막 테이크만 자동으로 남기고 싶을 때 유용한 기능입니다. 연주자가 따로 선택하지 않아도 가장 마지막에 연주한 루프 전체가 자동으로 저장됩니다. MIDI 모드에서 Keep Last를 선택합니다.

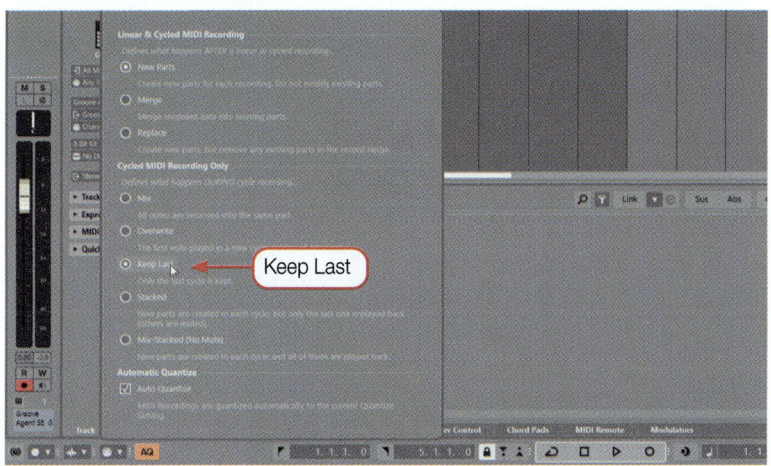

11 녹음을 멈추면 가장 마지막에 연주한 테이크만 저장됩니다. 마음에 들지 않으면 그대로 이어서 다시 연주하면 되고, 이전 연주는 자동으로 버려집니다. 사이클 끝에 맞춰 Stop을 누를 필요도 없으며, 언제 멈추더라도 바로 직전에 완성된 루프 하나만 남습니다.

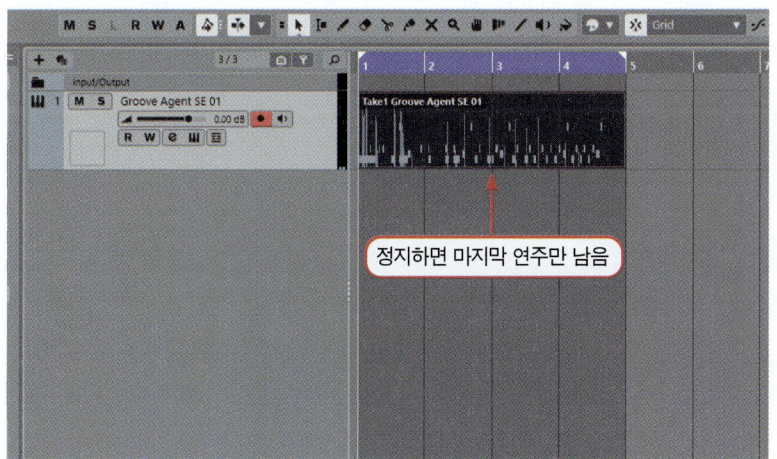

04 Stacked

12   Stacked 모드는 사이클 녹음을 진행할 때, 각 반복 구간을 자동으로 별도의 테이 크로 분리하여 트랙 아래에 층처럼 쌓아주는 기능입니다. 이렇게 쌓인 테이크들은 한눈에 비교할 수 있어, 사용자는 여러 테이크 중 가장 잘 나온 부분만 골라 조합하는 컴핑 (Comping) 작업을 쉽고 빠르게 수행할 수 있습니다. 특히 보컬 녹음이나 기타 솔로처럼 여러 번 시도하여 최상의 결과를 선택해야 하는 작업에서 매우 효과적입니다. 기능은 Stacked와 Mix-Stacked(No Mute) 두 가지 모드로 제공됩니다.

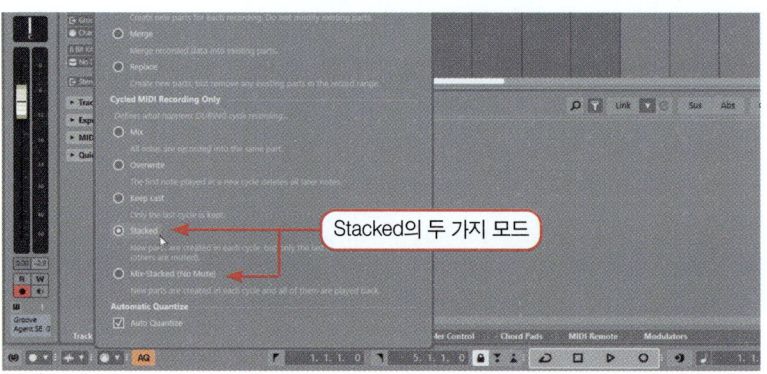

13   Stacked는 큐베이스에서 가장 일반적으로 사용되는 테이크 녹음 방식입니다. 사이 클 녹음을 진행하면 반복 구간이 한 번 지날 때마다 새로운 테이크가 생성되고, 이 중 가장 마지막에 녹음된 테이크만 재생되도록 설정됩니다. 이전에 녹음된 테이크들은 자동으로 음소거(mute)되지만 삭제되는 것은 아닙니다.

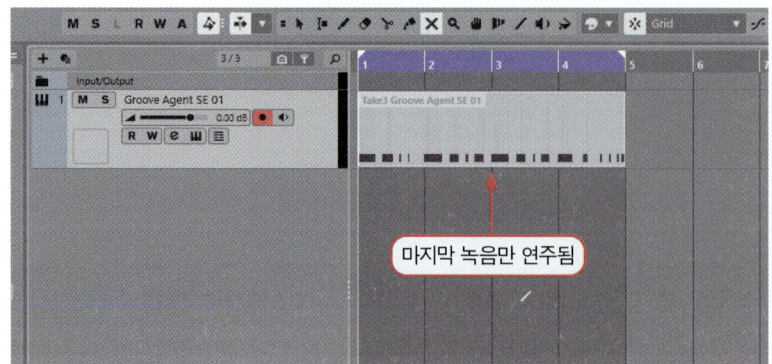

14 녹음된 테이크들은 ① Lanes 버튼을 눌러 확인할 수 있으며, 각각의 테이크가 층처럼 정리된 형태로 표시됩니다. 다른 테이크를 들어보고 싶다면 ② 뮤트 툴을 사용해 특정 테이크의 음소거 상태를 해제하거나 다시 음소거하여 손쉽게 비교할 수 있습니다.

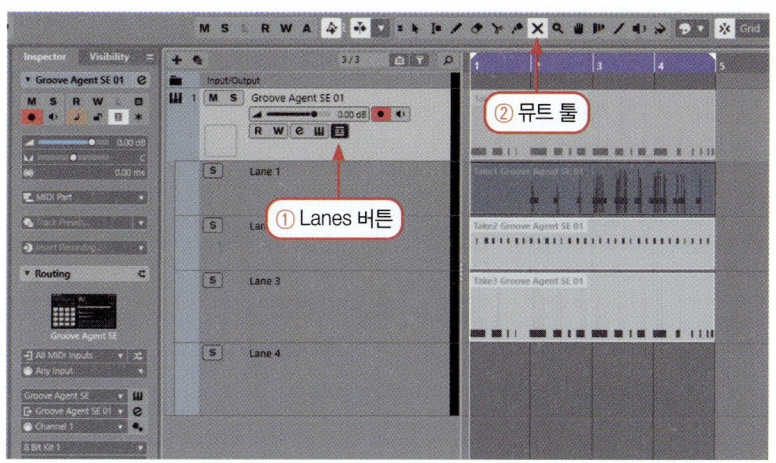

15 Stacked Mode(No Mutes)는 반복 녹음 시 각 테이크가 자동으로 음소거되지 않고 모두 동시에 재생된다는 차이가 있습니다. 드럼처럼 여러 소리가 동시에 존재해야 하는 리듬 파트에서 특히 유용하게 활용됩니다. 각 테이크는 활성 상태로 겹쳐 쌓이기 때문에 필요에 따라 가위 툴로 원하는 구간만 잘라 재구성할 수 있으며, 필요 없는 연주나 잘못된 부분은 뮤트 툴로 음소거하거나 Delete 키를 이용해 삭제하여 깔끔하게 정리할 수 있습니다.

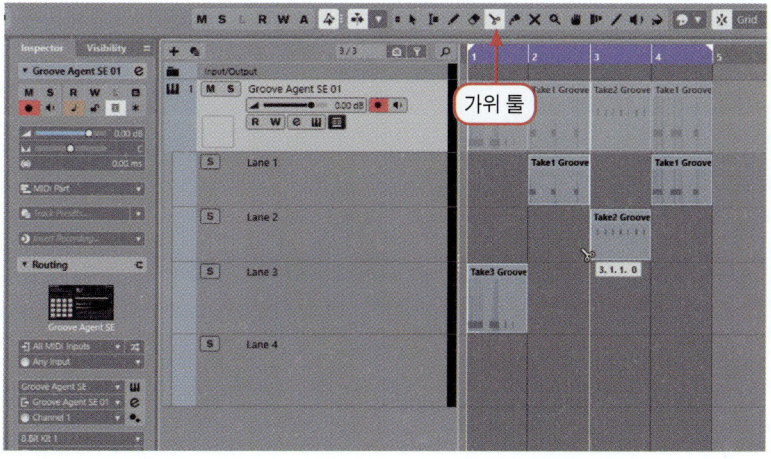

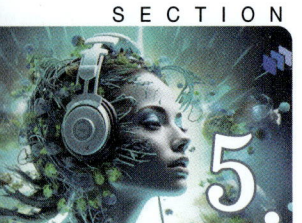

마우스 입력부터
스텝 레코딩까지

사용자 연주를 실시간으로 녹음하는 방법 외에도 MIDI 이벤트를 입력하는 방식에는 마우스로 노트를 직접 입력하는 방법과 스텝 레코딩을 이용해 박자 단위로 자동 입력하는 방법이 있습니다. 실제로 노래나 기타를 연주하다가 MIDI 를 시작하는 경우가 많기 때문에 건반 연주에 익숙하지 않은 사용자도 적지 않습니다. 물론 이 두 가지 입력 방식은 연주 실력과 관계없이 MIDI 편집을 익히기 위해 반드시 알아두어야 할 기본 요소입니다.

01 마우스 입력

01 마우스 입력이나 스텝 레코딩을 사용하려면 먼저 MIDI 파트를 만들어야 합니다. MIDI 파트는 연필 도구로 드래그하여 생성할 수 있으며, 기본 화살표 도구가 선택된 상태에서도 Alt 키를 누른 채 드래그하면 동일하게 파트를 만들 수 있습니다.

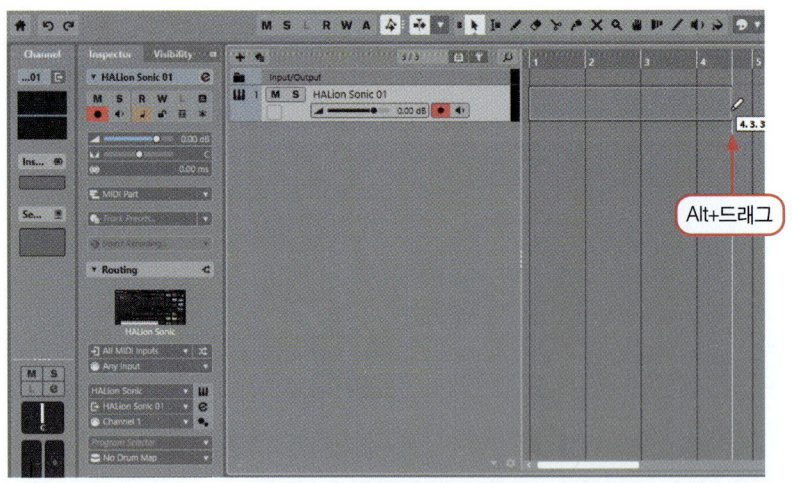

Alt+드래그

TIP 화살표 도구로 프로젝트 공간을 더블 클릭하면 한 마디의 MIDI 파트가 생성되며, 오른쪽 하단을 드래그하면 원하는 만큼 길이를 조정할 수 있습니다.

02 마우스 입력이나 스텝 레코딩을 사용하려면 먼저 MIDI 파트를 만들어야 합니다. MIDI 파트는 연필 도구로 드래그하여 생성할 수 있으며, 기본 화살표 도구가 선택된 상태에서도 Alt 키를 누른 채 드래그하면 동일하게 파트를 만들 수 있습니다.

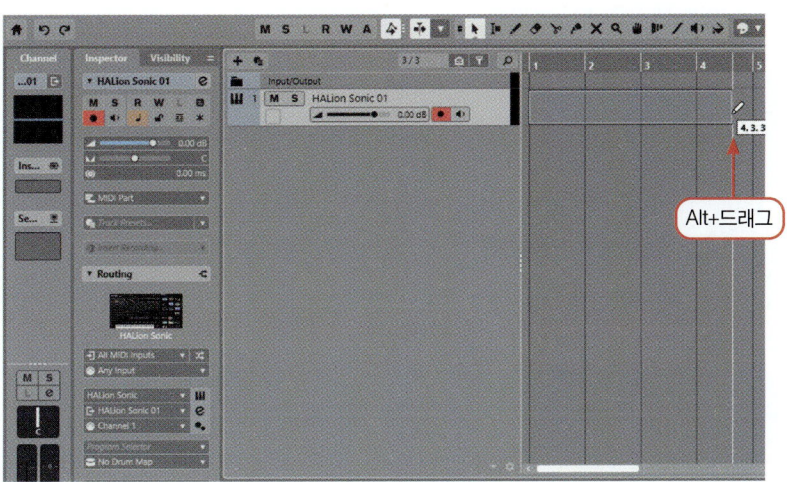

Alt+드래그

03 생성된 MIDI 파트를 더블 클릭하거나 Enter 키를 누르면, 가장 많이 사용되는 MIDI 편집 창인 키 에디터가 로우 존에 열립니다. 듀얼 모니터를 사용 중이라면, 키 에디터 도구 바 오른쪽 끝에 있는 확장 버튼을 클릭하여 별도의 독립 창으로 띄울 수 있어 편리하게 작업할 수 있습니다.

확장 버튼

04 MIDI 노트는 마우스로 클릭하여 입력할 수 있으며, 드래그를 통해 노트 길이도 자유롭게 조정할 수 있습니다. 실시간 연주 입력에 비해 작업 속도는 느리지만, 마우스 입력에 익숙해져야 고급 편집이 자유로워지므로, 연주가 가능한 사용자라도 반드시 연습해야 하는 과정입니다.

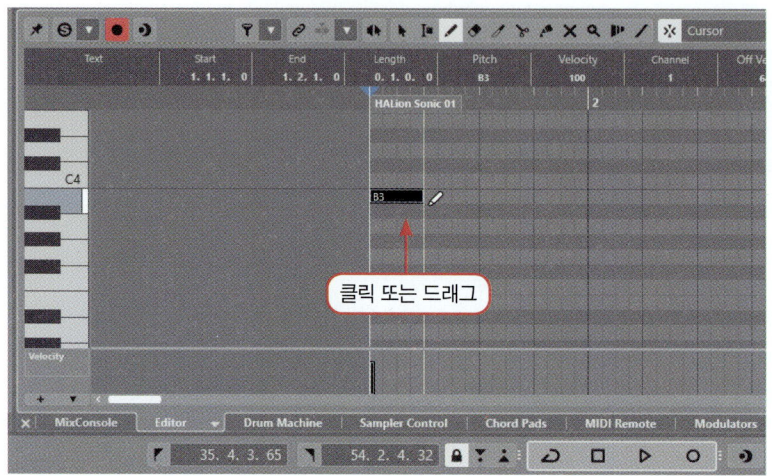

05 입력된 노트는 화살표 도구를 사용해 원하는 위치로 이동할 수 있으며, 노트의 시작점과 끝점을 드래그하여 재생 위치와 길이를 자유롭게 수정할 수 있습니다. 또한 MIDI 파트 전체의 길이는 룰러 라인에 표시된 파트 헤더를 드래그하여 조정할 수 있습니다.

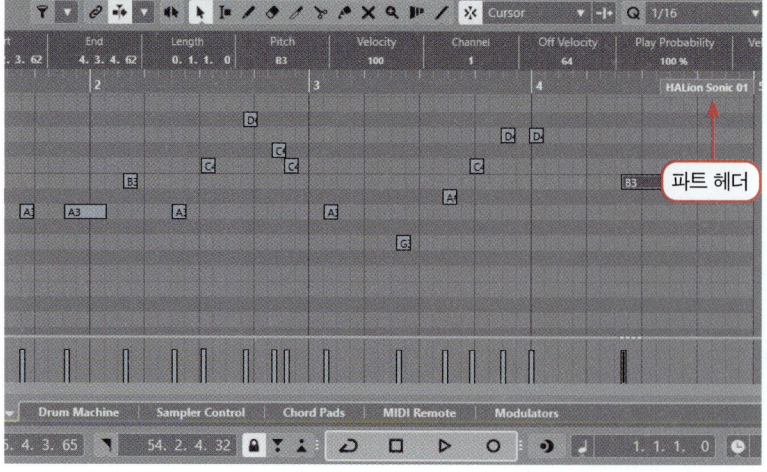

02 스텝 레코딩

06 키 에디터 창의 기본 툴바에는 스텝 입력 아이콘이 기본적으로 표시되지 않습니다. 이를 추가하려면 툴바 영역에서 마우스 오른쪽 버튼을 클릭해 설정 창을 열고, 목록에서 Step/MIDI Input 항목을 체크하여 활성화하면 됩니다.

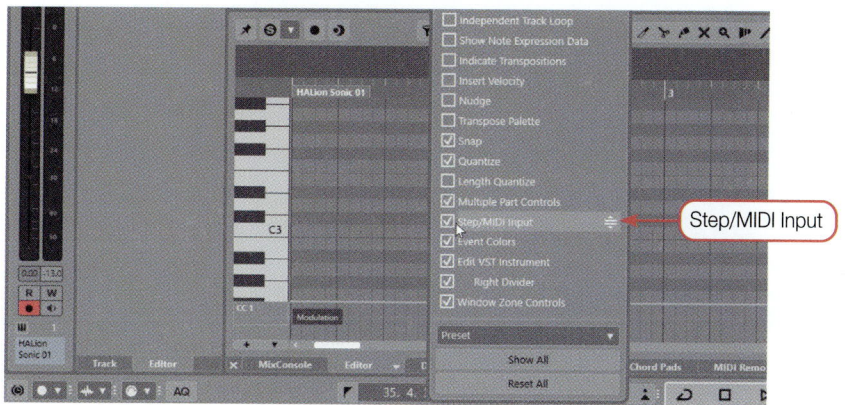

07 스텝 입력에서 가장 중요한 요소는 한 번 입력할 때 생성될 노트의 길이를 결정하는 퀀타이즈 값을 설정하는 것입니다. 예를 들어 16분음표(1/16)를 선택하면, MIDI 키보드에서 건반을 한 번 누르는 순간 해당 위치에 16분음표 길이의 노트가 입력됩니다. 손을 떼면 자동으로 다음 16분음표 위치로 이동하므로, 박자에 맞춰 연주하지 않아도 정확한 길이의 패턴을 손쉽게 입력할 수 있습니다.

08 ① 스텝 입력 버튼을 활성화한 상태에서 MIDI 건반을 누르면 해당 위치에 노트가 입력되며, 이후 파란색 ② 인서트 라인이 자동으로 오른쪽으로 이동해 다음 노트가 기록될 위치를 표시합니다. 이 인서트 라인은 스텝 입력 과정에서 중요한 기준점으로, 사용자는 이를 통해 패턴이 어떻게 진행되고 있는지 직관적으로 확인할 수 있습니다.

09 파트의 길이는 스텝 레코딩 중 입력되는 노트의 양에 따라 자동으로 확장됩니다. 쉼표를 넣고 싶을 때는 좌·우 방향키를 사용하여 인서트 라인을 원하는 위치로 이동시키면 됩니다. 또한 입력이 끝난 후에는 불필요한 노트가 추가되는 것을 방지하기 위해 반드시 Step Input 버튼을 꺼주는 것이 좋습니다.

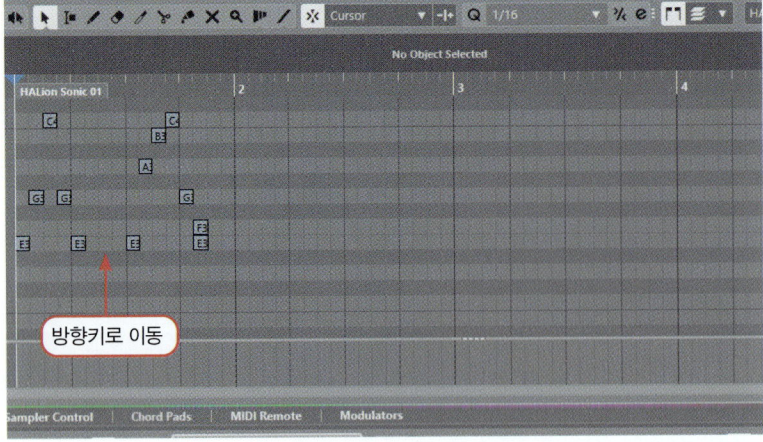

03 리얼 효과 만들기

10 마우스 입력이나 스텝 레코딩의 단점은 모든 노트가 정확한 박자와 길이로 입력되기 때문에 연주가 다소 기계적으로 들린다는 점입니다. 이를 실제 연주처럼 자연스럽게 만들려면 박자와 노트 세기(벨로시티)를 조절해야 합니다. 인스펙터의 MIDI Inserts 섹션에서 MIDI Modifiers를 선택합니다.

11 MIDI 신호를 실시간으로 바꿔주는 MIDI Modifiers 창이 열립니다. 예를 들어, ① Random1에서 Position을 선택하고, ② Random2에서 Velocity를 선택합니다. 그리고 ③ Max/Min Value 값을 각각 -20에서 +20 범위로 설정하면 위치와 벨로시티를 해당 범위 내에서 무작위로 변형되어, 마치 실제 연주한 것처럼 자연스러운 느낌을 줄 수 있습니다.

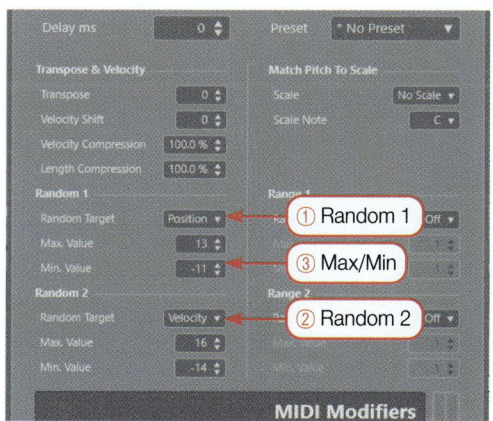

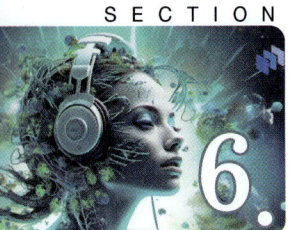

완벽한 박자의 함정,
퀀타이즈의 두 얼굴

퀀타이즈(Quantize)는 정해진 박자에서 어긋난 미디 노트를 눈금(Grid)에 맞춰 자동으로
정렬해 주는 매우 편리한 기능입니다. 하지만 모든 트랙에 기계적인 퀀타이즈를 남발하
면, 음악 고유의 생동감과 인간미가 사라져 자칫 지루한 결과물이 될 수 있습니다. 따라
서 리듬의 뼈대를 이루는 드럼이나 베이스에는 정교한 퀀타이즈를 적용하여 안정감을 주
되, 선율이나 솔로 악기에는 연주자의 미세한 감정이 살아나도록 퀀타이즈 강도를 조절
하는 지혜가 필요합니다.

01 퀀타이즈 적용

01   미디 연주를 레코딩하고 파트를 더블 클릭하여 키 에디터를 열어보면, 입력된 음들이
그리드 라인에서 미세하게 어긋나 있는 것을 확인할 수 있습니다. 이러한 현상은 사람
이 직접 악기를 연주하며 발생하는 자연스러운 오차이지만, 리듬의 안정감을 해치는 원인이
되기도 합니다.

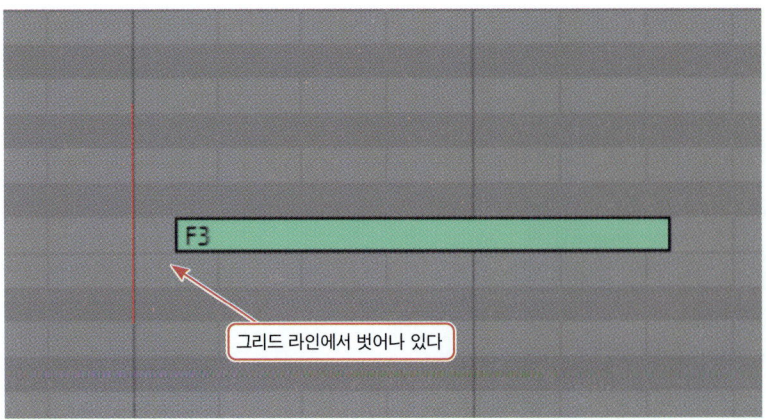

F3

그리드 라인에서 벗어나 있다

02 　도구 바의 퀀타이즈 항목에서 원하는 단위를 선택하고 Q 키를 누르면, 노트의 시작 위치가 정확하게 정렬되는 것을 확인할 수 있습니다. 이처럼 퀀타이즈 기능을 활용하면 연주 중 발생한 미세한 박자 오차를 클릭 한 번으로 손쉽게 보정할 수 있습니다.

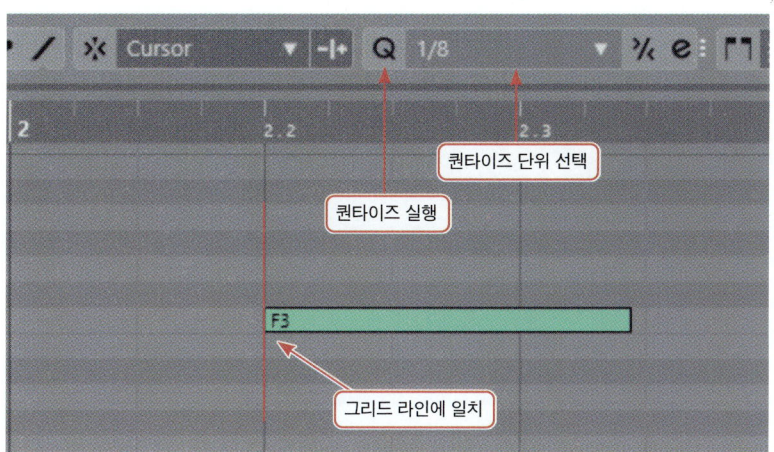

03 　퀀타이즈는 노트의 시작 위치를 그리드 라인에 정확하게 맞추어 주지만, 기계적인 연주로 변질될 수 있다는 단점이 있습니다. 큐베이스는 이를 방지하기 위해 Soft Quantize 기능을 제공합니다. 도구 바의 Soft Quantize 버튼을 켜고 Q 키를 누르면, 노트를 그리드에 완전히 밀착시키는 대신 60% 비율로만 정렬합니다. 이 기능을 활용하면 리듬의 안정감을 확보하면서도 연주 고유의 그루브와 휴머니즘을 자연스럽게 유지할 수 있습니다.

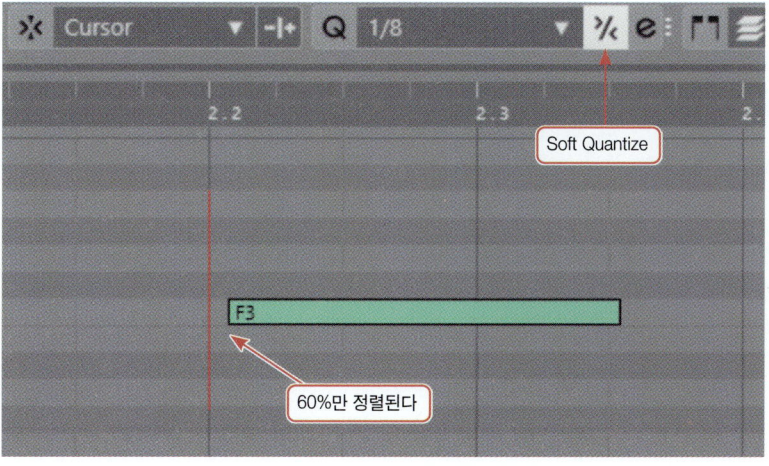

02 퀀타이즈 설정

01 Soft Quantize가 60%인 이유는 Quantize Panel 창의 Iterative Strength 항목이 해당 수치로 설정되어 있기 때문이며, 이 창을 통해 기존 값을 변경하거나 사용자만의 퀀타이즈 설정을 새롭게 만들 수 있습니다. 사용자가 원하는 세부 값을 설정할 수 있는 이 창은 도구 바의 e 아이콘으로 표시된 Open Quantize Panel 버튼을 클릭하여 열 수 있습니다.

02 Soft Quantize 옵션이 활성화되었을 때 적용되는 정렬 비율은 Quantize Strength 항목에서 설정합니다. 기본적으로 60%로 설정되어 있으며, 사용자의 의도에 따라 수치를 조절하여 노트를 그리드 방향으로 이동시키는 강도를 세밀하게 변경할 수 있습니다.

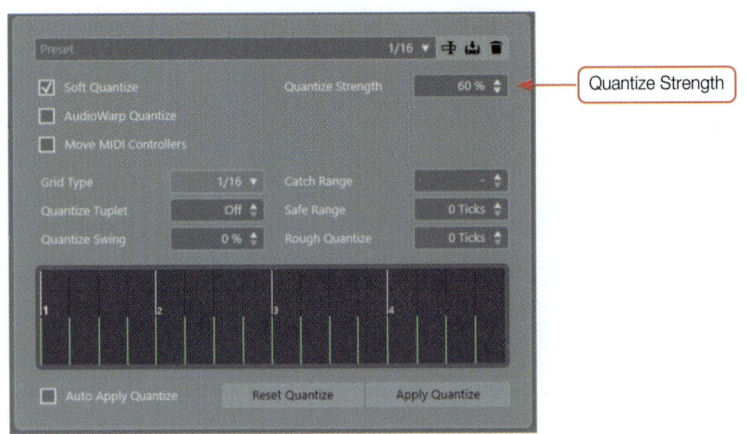

● AudioWarp Quantize: 오디오 이벤트에 타임 스트레치를 적용하여 박자를 맞춥니다. 오디오 내부의 워프 마커가 설정된 그리드에 정렬됩니다.

● Move MIDI Controllers: 노트를 퀀타이즈할 때 피치벤드와 같은 관련 컨트롤러 데이터도 노트와 함께 자동으로 이동시켜 연주 정보가 어긋나지 않게 합니다.

● Grid Type: 퀀타이즈의 기준이 되는 기본 음표 단위(1/8, 1/16 등)를 선택합니다.

● Quantize Tuplet: 그리드를 더 세밀한 단계로 나누어 복잡한 n-연음 리듬을 만들 때 사용합니다.

● Quantize Swing: 그리드의 두 번째 박자 위치를 뒤로 미루어 셔플(Shuffle)이나 스윙 리듬을 만듭니다. (셋잇단음표가 꺼져 있고 직선 박자일 때만 활성화됩니다.)

● Catch Range: 그리드 라인에서 일정 거리 안에 있는 노트들만 퀀타이즈 대상으로 포함시킵니다. 너무 멀리 떨어진 노트는 무시하여 연주 의도를 보호할 수 있습니다.

● Safe Range: 그리드 앞뒤로 안전 구역을 설정합니다. 이 구역 안에 들어온 노트는 퀀타이즈하지 않고 그대로 두어, 아주 미세한 연주 변화를 유지합니다.

● Rough Quantize: 노트를 그리드에 정확히 맞추는 대신, 그리드 주변의 무작위(Random) 위치로 정렬합니다. 박자가 너무 멀어지는 것은 막으면서도 기계적인 느낌을 지워줍니다.

● Auto Apply Quantize: 설정을 바꾸는 즉시 선택된 파트에 결과가 반영됩니다. 루프 재생을 켜놓고 소리를 들으며 값을 조절할 때 매우 편리합니다.

● Reset Quantize: 퀀타이즈된 노트를 원래의 연주 상태로 되돌립니다. 단, 사용자가 직접 손으로 옮긴 노트에는 적용되지 않습니다.

● Apply Quantize: 설정한 모든 값을 최종적으로 데이터에 반영합니다.

03 고급 퀀타이즈

01 Edit 메뉴에는 퀀타이즈를 적용하는 Quantize, 원래의 상태로 되돌리는 Reset Quantize, 세부 설정 창을 호출하는 Quantize Panel이 위치해 있습니다. 또한, 노트의 길이와 끝 위치 등을 정교하게 정렬할 수 있는 Advanced Quantize 메뉴를 통해 한층 더 세밀한 보정 기능을 제공합니다.

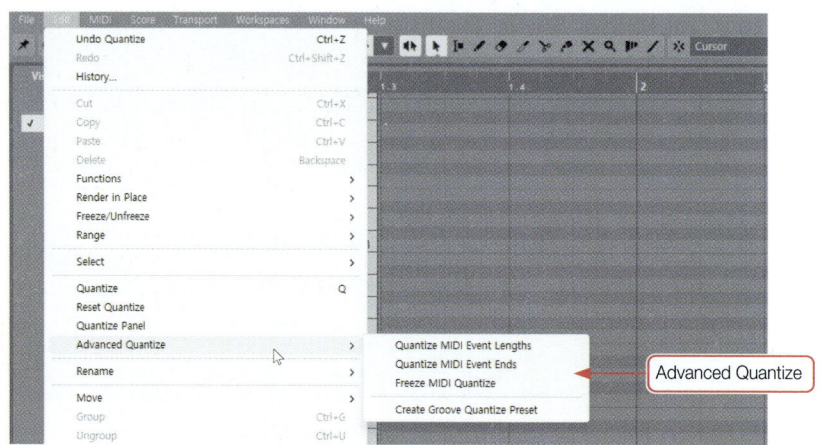

02 Quantize MIDI Event Lengths는 퀀타이즈 단위를 기준으로 노트의 길이를 조절하며, Quantize MIDI Event Ends는 노트의 끝 지점을 그리드에 맞추어 정렬합니다. 두 기능은 서로 유사해 보이지만, Quantize MIDI Event Ends는 노트의 시작 지점 위치와 상관없이 무조건 가장 가까운 퀀타이즈 라인에 끝 지점을 밀착시킨다는 점에서 차이가 있습니다.

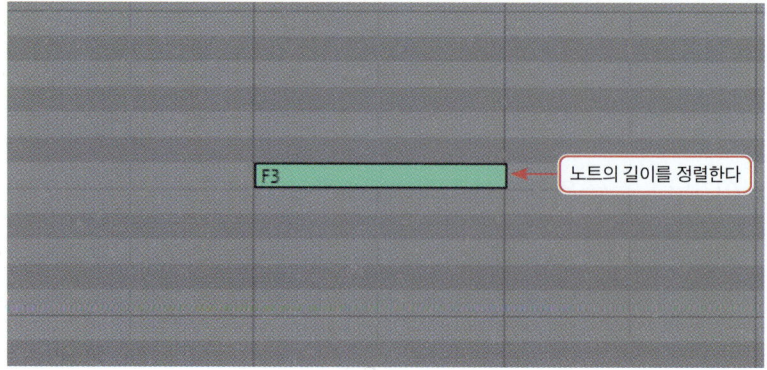

03 Freeze Quantize는 현재 적용된 퀀타이즈 상태를 고정하는 기능입니다. 이 기능은 한 파트 내에서 서로 다른 퀀타이즈 값을 복합적으로 적용해야 할 때 특히 유용합니다. 예를 들어, 12비트 음표들을 먼저 정렬한 뒤 Freeze Quantize로 상태를 고정하고, 나머지 8비트 노트를 이어서 정렬하는 방식으로 더욱 정교한 리듬 보정 작업을 수행할 수 있습니다.

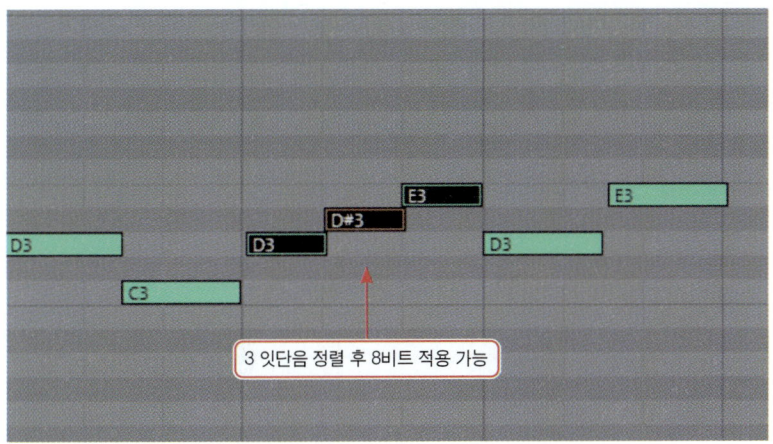

3 잇단음 정렬 후 8비트 적용 가능

04 Create Groove Quantize Preset은 선택한 파트의 노트 배치와 리듬감을 분석하여 새로운 퀀타이즈 프리셋을 생성하는 기능입니다. 특정 연주 데이터에서 추출한 독특한 그루브를 프리셋으로 저장해 두면, 다른 파트에도 동일한 느낌의 리듬을 손쉽게 적용할 수 있어 매우 효과적입니다.

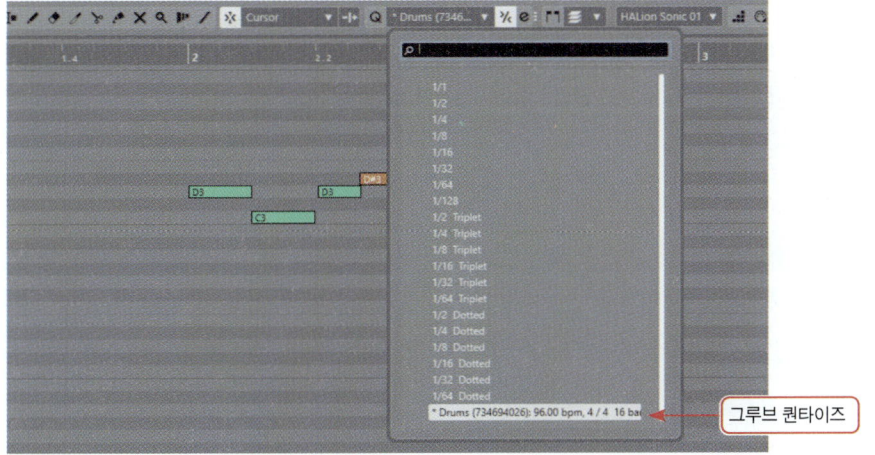

그루브 퀀타이즈

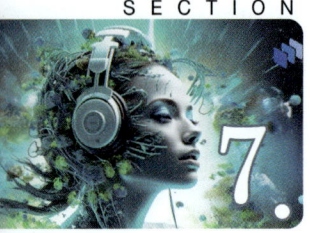

미디 편집의 중심
키 에디터

키 에디터는 입력된 미디 노트를 수평 막대 모양으로 표시하며, 사용자가 자유롭게 음
높이와 길이를 편집할 수 있는 미디 편집 창의 표준입니다. 큐베이스에서는 기본적으로
미디 파트를 더블 클릭하면 화면 하단의 로우 존에 키 에디터가 활성화됩니다. 만약 파
트를 더블 클릭했을 때 별도의 독립된 창으로 열고 싶다면 MIDI 메뉴에서 Set up Editor
Preferences를 선택하여 창을 열고, Double-click opens Editor in Lower Zone 옵션을
Double-click opens Editor in Window으로 변경합니다.

01 키 에디터의 구성

01 　미디 파트를 더블 클릭하면 로우 존에서 키 에디터가 활성화됩니다. 작업 환경에 따라
넓은 편집 화면이 필요하다면, 도구 바 오른쪽 끝에 있는 Open in Separate Window
버튼을 클릭하여 독립된 창으로 즉시 전환할 수 있습니다. 반대로 독립 창 상태에서 동일한
위치의 Open in Lower Zone 버튼을 클릭하면, 다시 로우 존으로 복구됩니다.

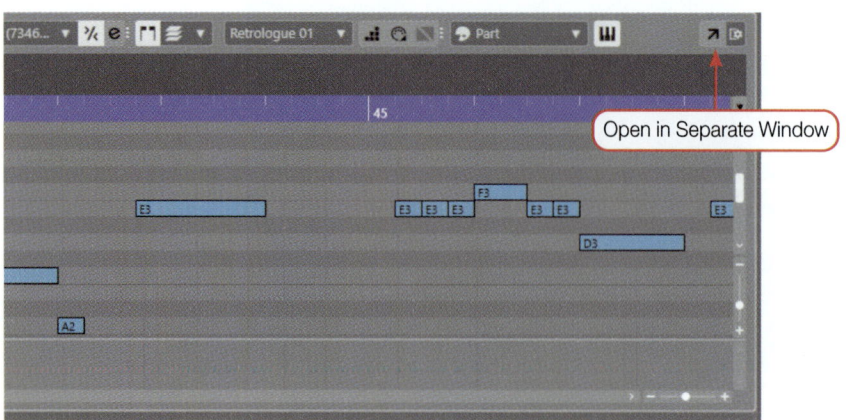

Open in Separate Window

02 키 에디터는 중앙의 노트 편집 창을 중심으로 왼쪽에 인스펙터, 아래쪽에는 벨로시티 등을 조절하는 컨트롤러 라인이 위치해 있습니다. 각 창은 Zone 버튼을 클릭하여 자유롭게 열거나 닫을 수 있으며, 레이아웃 버튼을 통해 Status Line, Info Line, Global Tracks 등의 표시 여부도 사용자의 작업 환경에 맞춰 결정할 수 있습니다.

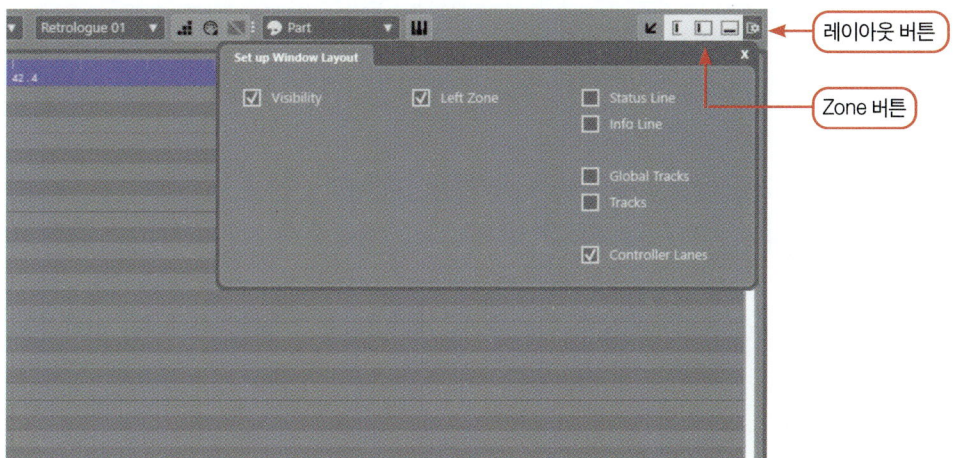

레이아웃 버튼

Zone 버튼

03 키 에디터의 모든 레이아웃 옵션을 활성화하면 각 구성 요소가 화면에 상세히 표시됩니다. 키 에디터를 로우 존 방식으로 열어 사용하는 경우, Visibility, Left Zone, Global Tracks 등은 개별 에디터 창이 아닌 프로젝트 창의 설정에 종속되어 표시됩니다.

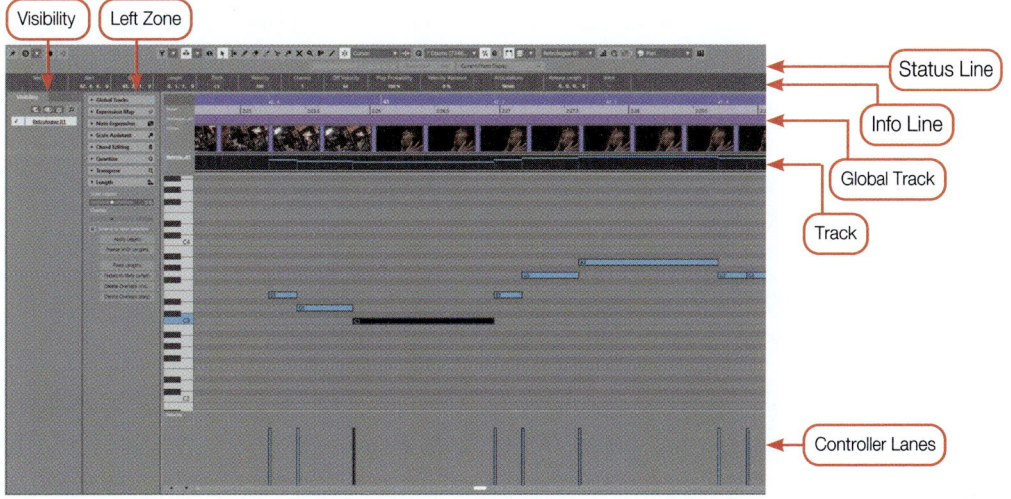

Visibility

Left Zone

Status Line

Info Line

Global Track

Track

Controller Lanes

● **도구 바(Toolbar):** 미디 노트를 입력하거나 길이를 자르고 붙이는 등 편집에 필요한 다양한 도구(연필, 가위, 지우개 등)를 제공합니다.

● **스테이터스 라인(Status Line):** 현재 마우스 커서가 가리키고 있는 위치의 시간 정보와 음 높이(Pitch)를 실시간으로 표시합니다.

● **인포 라인(Info Line):** 선택한 노트의 시작 위치, 길이, 속도(Velocity), 음 높이 등의 상세 데이터를 숫자로 표시하며, 여기서 값을 직접 수정할 수도 있습니다.

● **글로벌 트랙(Global Tracks):** 템포, 마커, 코드 트랙 등 프로젝트 전체에 영향을 주는 트랙 정보를 에디터 내에서 함께 확인하며 작업할 수 있게 해줍니다.

● **트랙(Tracks):** 현재 편집 중인 미디 트랙의 정보를 표시합니다.

● **노트 창(Note Display):** 실제 미디 노트를 입력하고 시각적으로 확인하며 편집하는 중심 공간입니다.

● **컨트롤러 라인(Controller Lane):** 노트 아래쪽에 위치하며, 벨로시티(Velocity)나 피치벤드, 서스테인 페달 등 다양한 컨트롤러 정보를 입력하고 편집합니다.

● **비저빌리티(Visibility):** 여러 개의 미디 파트를 동시에 열었을 때, 특정 이벤트의 표시 여부를 결정하여 편집 화면을 깔끔하게 관리할 수 있도록 돕습니다.

● **왼쪽 존(Left Zone):** 퀀타이즈, 트랜스포즈, 코드 설정 등 미디 작업을 위한 강력한 기능들이 모여 있는 인스펙터(Inspector) 창을 포함합니다.

04 스테이터스 라인(Status Line)은 현재 마우스 커서가 가리키고 있는 위치의 시간 정보와 음 높이를 실시간으로 표시합니다. 특히 Current Chord Display 항목은 매우 유용한데, 특정 코드가 입력된 위치에 송 포지션 라인을 위치시키면 입력된 노트를 실시간으로 분석하여 해당 코드의 이름을 화면에 표시해 줍니다.

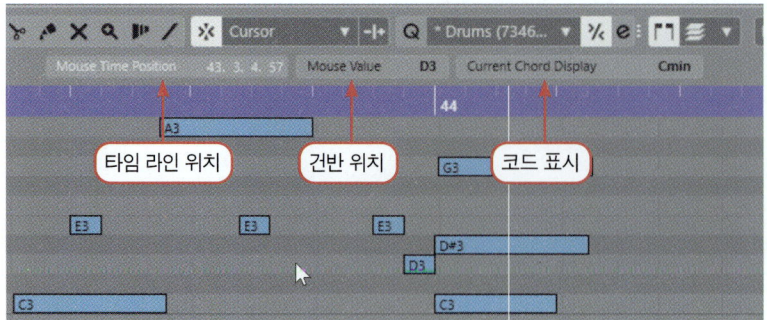

05   인포 라인(Info Line)은 선택한 노트의 모든 상세 정보를 숫자로 표시하며, 이를 통해 마우스 드래그만으로는 한계가 있는 정밀한 편집을 수행할 수 있습니다. 예를 들어, 특정 노트의 시작 위치(Start), 길이(Length), 음 높이(Pitch), 벨로시티(Velocity) 등을 숫자로 직접 입력하여 소수점 단위까지 정교하게 수정이 가능합니다.

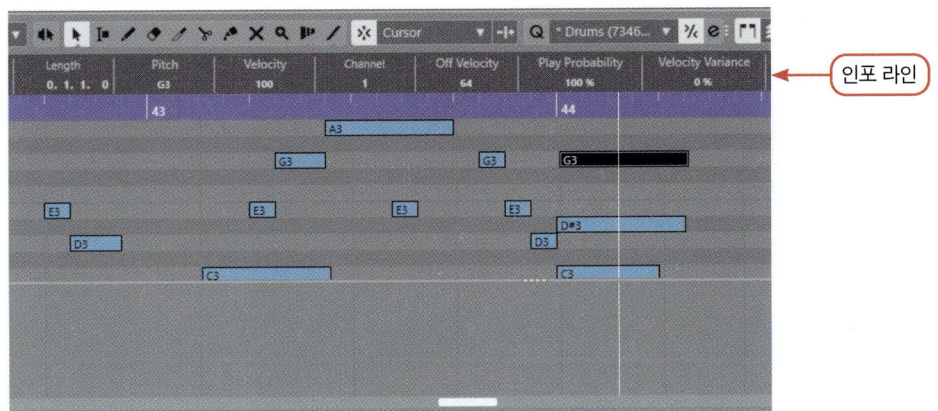

인포 라인

● Start / End / Length: 노트의 시작 지점, 끝 지점, 그리고 전체 길이를 표시합니다. 만약 2개 이상의 노트를 선택한 경우에는 선택된 노트 중 가장 앞에 위치한 노트의 정보가 기준이 되어 표시됩니다.

● Pitch: 선택한 노트의 음 높이(고도)를 표시합니다. 2개 이상의 노트를 선택한 경우에는 선택된 노트 중 가장 높은 음의 정보가 표시됩니다.

● Velocity: 노트의 타격 강도(강약)를 0~127 단계로 표시합니다.

● Channel: 해당 노도가 할당된 미디 채널 번호를 표시합니다.

● Off Velocity: 건반에서 손을 뗄 때의 속도 정보를 표시하여 악기별 표현력을 조절합니다.

● Articulation: 가상 악기의 주법(VTS Expression Maps 등) 정보를 표시하고 수정합니다.

● Release Length: 노트가 끝난 뒤 잔향이 지속되는 릴리즈 길이를 조절합니다.

● Voice: 악보 창(Score Editor) 등과 연동하여 노트에 특정 성부(Soprano, Alto 등) 이름을 지정할 수 있습니다.

● Text: 노트에 직접 텍스트를 입력할 수 있는 기능입니다. 주로 가사를 메모하거나 연주 시 주의 사항을 기입하는 용도로 활용됩니다.

02 노트 편집

01 키 에디터에서는 입력된 노트를 마우스로 드래그하여 위치를 자유롭게 이동하거나, 노트의 시작과 끝 지점을 드래그하여 길이를 변경할 수 있습니다. 이러한 직관적인 조작 방식을 통해 사용자가 녹음한 연주 정보를 음표 단위로 세밀하게 수정하고, 의도에 맞는 완벽한 결과물을 만들어낼 수 있습니다.

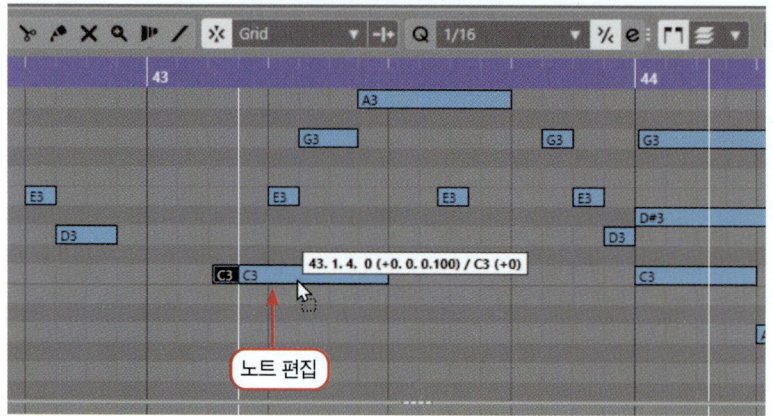

노트 편집

02 노트를 편집할 때 설정된 그리드 라인에 맞춰 정확하게 이동시키려면 스냅(Snap) 버튼을 활성화(On) 합니다. 만약 스냅이 활성화된 상태에서 일시적으로 그리드를 무시하고 아주 미세하게 위치를 조절하고 싶다면, Ctrl 키를 누른 채 드래그하면 됩니다. 이 방법을 사용하면 스냅 설정을 매번 끄고 켤 필요 없이 유연하고 정밀한 편집이 가능합니다.

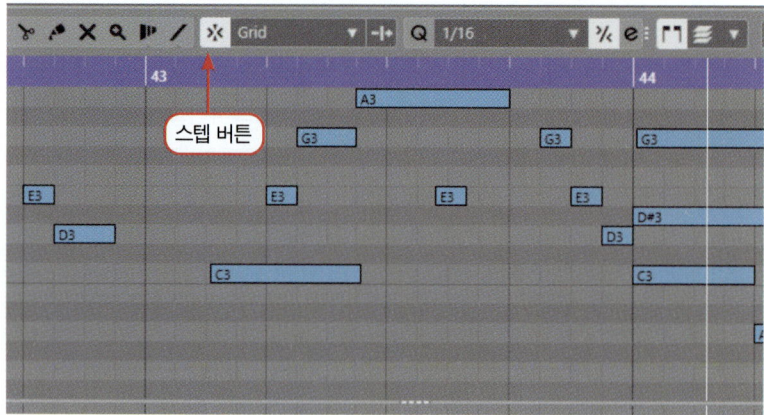

스텝 버튼

03 Alt 키는 클릭 위치와 조작 순서에 따라 세 가지 기능을 수행하는 다목적 단축키입니다. 먼저 특정 노트를 선택한 후 Alt 키를 누른 상태에서 드래그하면 해당 노트가 간편하게 복사됩니다. 반면, Alt 키를 먼저 누른 상태에서 노트를 클릭하면 커서가 가위 도구로 변하여 노트를 자를 수 있습니다. 또한, 빈 공간에서 Alt 키를 누르면 연필 도구로 활성화되어 새로운 노트를 입력할 수 있습니다.

04 불필요한 노트는 Delete 키를 눌러 삭제할 수 있습니다. 만약 당장 사용하지는 않지만 나중에 다시 활용할 가능성이 있어 삭제를 보류하고 싶다면, Alt+M 키를 눌러 해당 노트를 뮤트 상태로 전환합니다. 뮤트된 노트는 회색으로 표시되며 재생 시 소리가 나지 않으므로, 다양한 연주 아이디어를 비교하거나 임시로 노트를 제외할 때 효과적입니다.

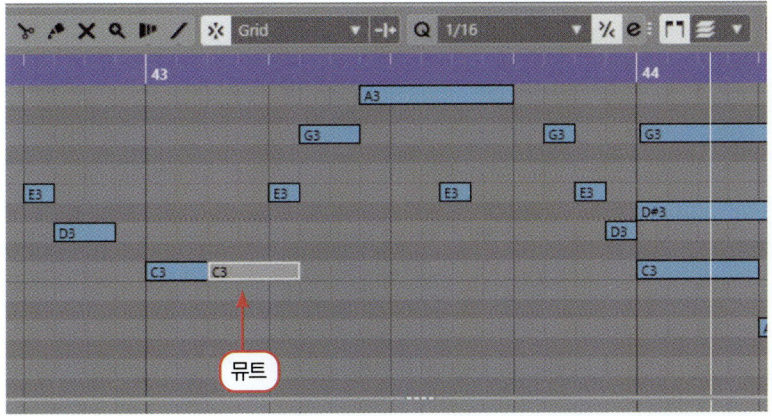

03 컨트롤 정보 편집

01 미디 연주에는 노트의 위치 정보 외에도 음의 강약을 나타내는 벨로시티나 서스테 인 페달과 같은 추가적인 컨트롤 정보가 필수적입니다. 이러한 데이터는 키 에디터 하단의 컨트롤러 레인에서 편집하며, 화면에 보이지 않을 경우, 레이 아웃 버튼을 클릭하여 Controller Lane 옵션을 체크합니다.

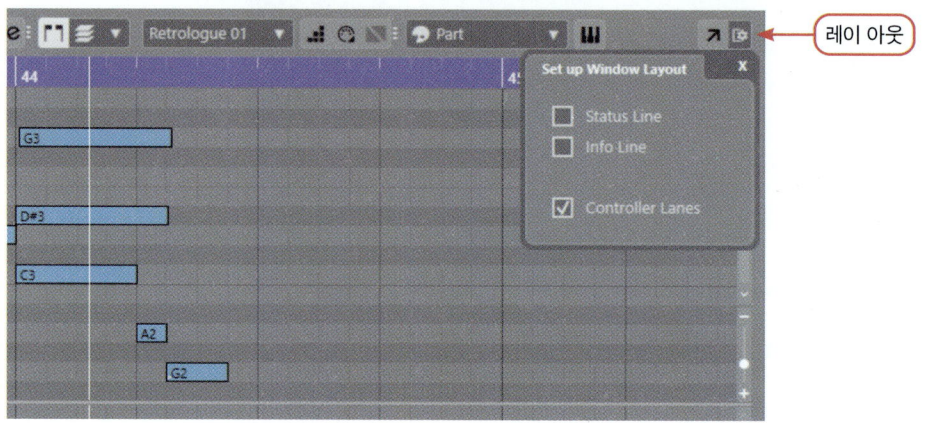

레이 아웃

02 컨트롤러 레인에는 기본적으로 각 노트의 연주 강도를 나타내는 벨로시티(Velocity) 바가 표시됩니다. 이 막대그래프를 마우스로 드래그하면 미디 표준 규격인 0에서 127 사이의 범위 내에서 세밀하게 값을 변경할 수 있습니다. 컨트롤러 레인 창의 크기는 노트 창과 의 경계선을 드래그하여 조절할 수 있습니다.

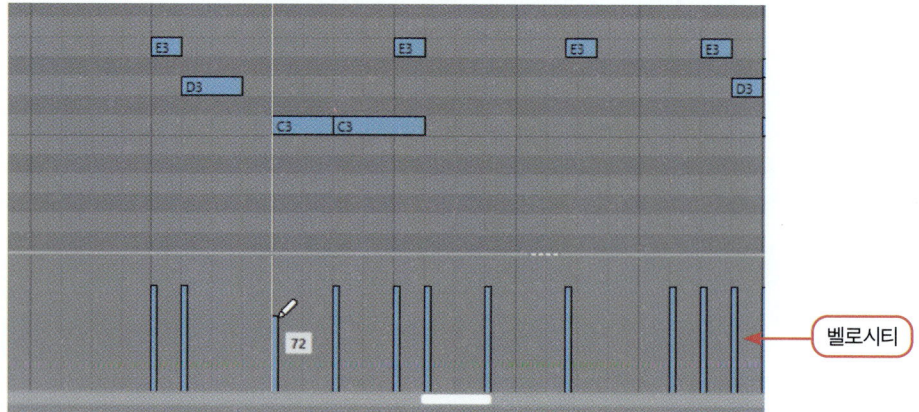

벨로시티

03 2개 이상의 노트를 선택하면 Tilt, Scale, Around 핸들이 나타납니다. Tilt는 벨로시티를 한쪽으로 기울여 자연스러운 크레센도나 데크레센도 효과를 연출하며, Scale은 선택한 모든 노트의 벨로시티를 일정한 비율로 확대하거나 축소합니다. 마지막으로 Around는 각 노트 간의 상대적인 강약 차이를 유지하면서 전체적인 레벨을 조절할 때 유용합니다.

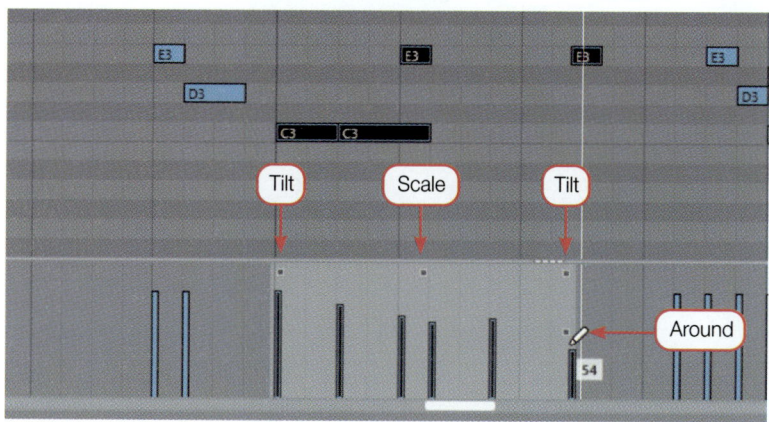

04 벨로시티 이외에도 피치 휠(Pitch Wheel), 모듈레이션(Modulation), 서스테인 페달 (Sustain Pedal) 등의 정보는 컨트롤러 메뉴를 통해 표시할 수 있습니다. 여러 종류의 컨트롤 정보를 동시에 확인하며 작업하고 싶다면, + 기호 버튼을 클릭하여 추가합니다.

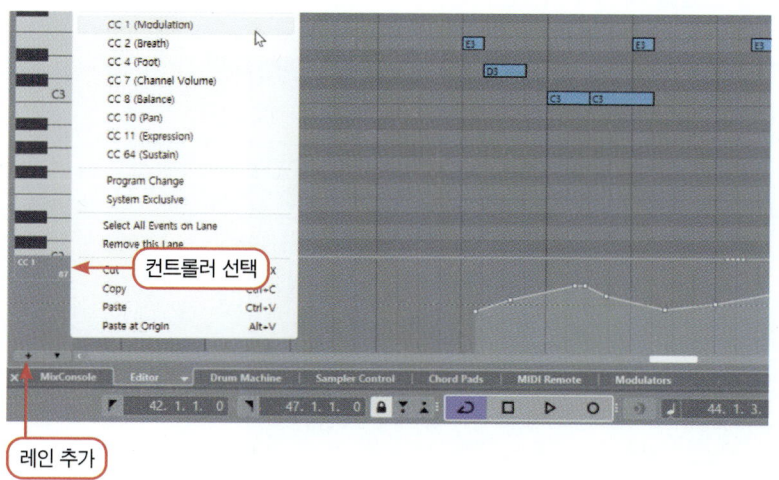

05 모듈레이션이나 피치 휠과 같이 연속적인 정보를 연필 도구보다 라인 도구를 사용하는 것이 효율적입니다. 도구 바의 라인 버튼을 누르고 있으면 Line, Parabola, Sine 등 다양한 형태의 라인 종류를 선택할 수 있는 메뉴가 열립니다.

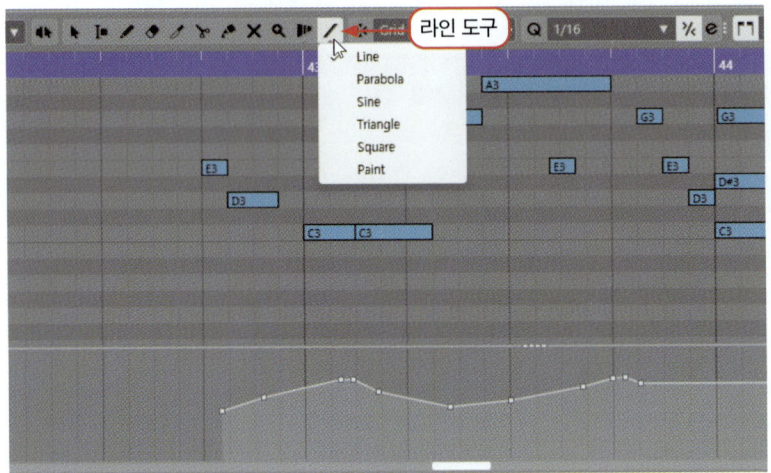

06 라인 도구를 활용하면 마우스 드래그만으로도 매끄러운 다이내믹의 변화나 자연스러운 악기 연주의 굴곡을 정교하게 그려낼 수 있습니다. 이 방식은 모듈레이션(Modulation)이나 익스프레션(Expression)과 같이 값이 끊임없이 변화하는 연속적인 컨트롤 정보(Continuous Data)를 편집할 때 매우 수월합니다.

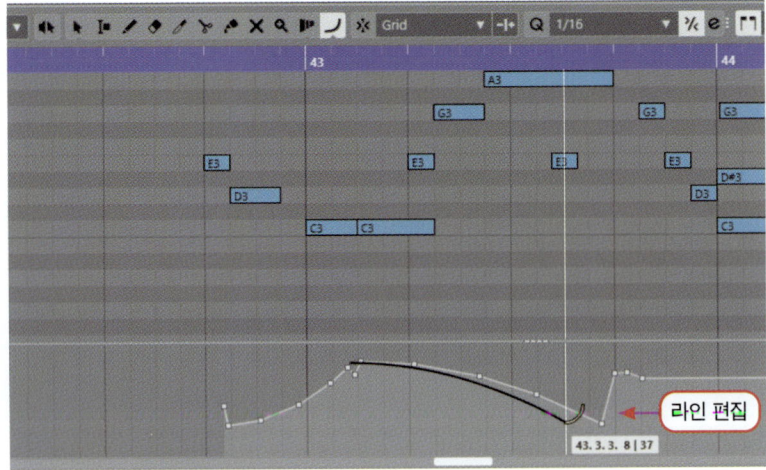

07 라인 도구 외에도 컨트롤 정보의 입력 타입을 변경하면 더욱 정교하고 편리한 편집이 가능합니다. 컨트롤러 레인 좌측의 Setup 버튼을 클릭하여 메뉴를 열고, Type of New Controller Events에서 Ramp를 선택합니다.

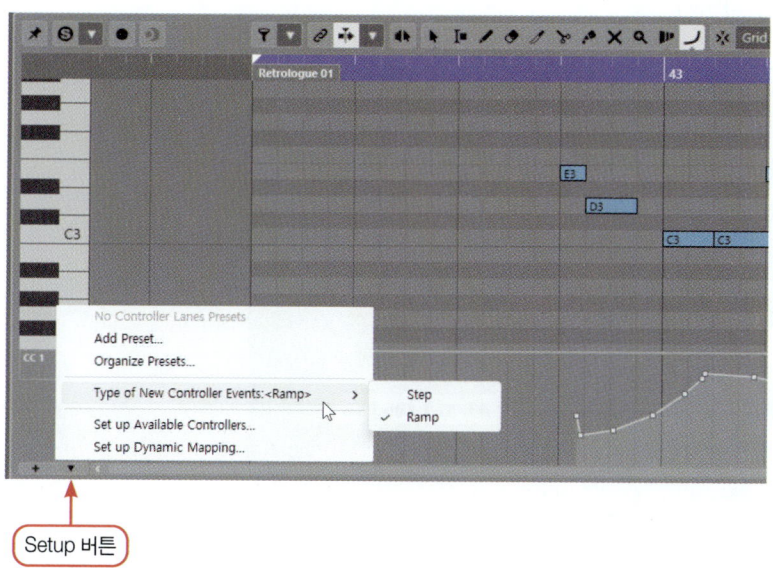

Setup 버튼

08 기본 설정인 Step은 데이터가 계단 형태로 입력되지만, Ramp을 선택하면 연속된 두 지점을 라인으로 연결해 줍니다. 이 방식을 활용하면 모듈레이션이나 익스프레션 같은 연속적인 데이터를 입력할 때, 별도의 추가 작업 없이도 매끄러운 다이내믹 변화를 손쉽게 구현할 수 있습니다. 특히 입력된 라인 중간의 핸들을 드래그하면 곡선 변형이 가능하며, 적은 수의 포인트만으로도 정교한 제어가 가능해 편집과 데이터 관리가 매우 효율적입니다.

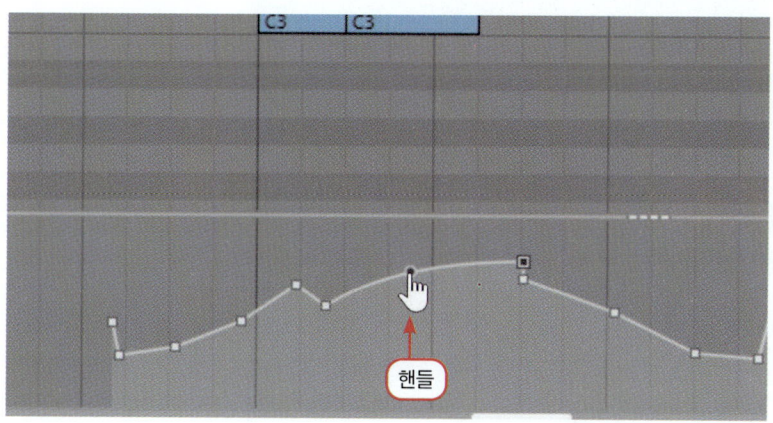

핸들

Q9 입력된 컨트롤 정보는 미디 노트와 동일한 방식으로 마우스로 드래그하여 이동할 수 있으며, Alt 키를 누른 상태에서 드래그하면 선택한 정보가 그대로 복사됩니다. 만약 한 화면에 보이지 않는 먼 거리로 이동하거나 복사해야 할 경우에는 Ctrl+X, Ctrl+C, Ctrl+V와 같은 표준 단축키를 이용합니다.

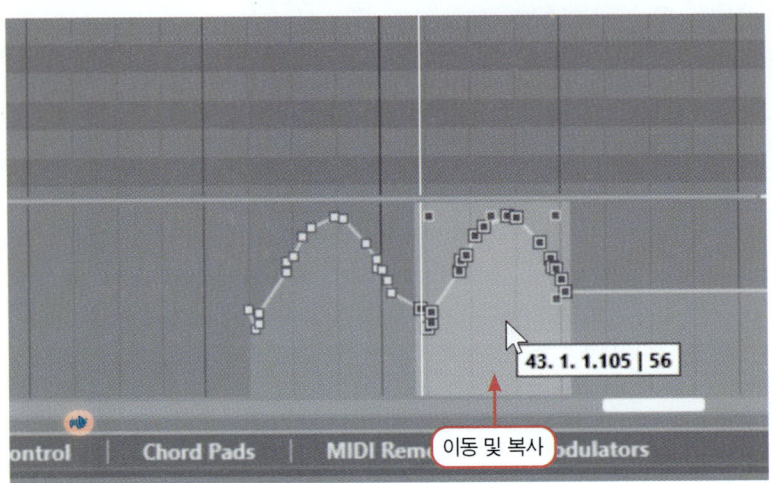

10 입력된 컨트롤 정보는 미디 노트와 동일한 방식으로 마우스로 드래그하여 이동할 수 있으며, Alt 키를 누른 상태에서 드래그하면 선택한 정보가 그대로 복사됩니다. 만약 한 화면에 보이지 않는 먼 거리로 이동하거나 복사해야 할 경우에는 Ctrl+X, Ctrl+C, Ctrl+V와 같은 표준 단축키를 이용합니다.

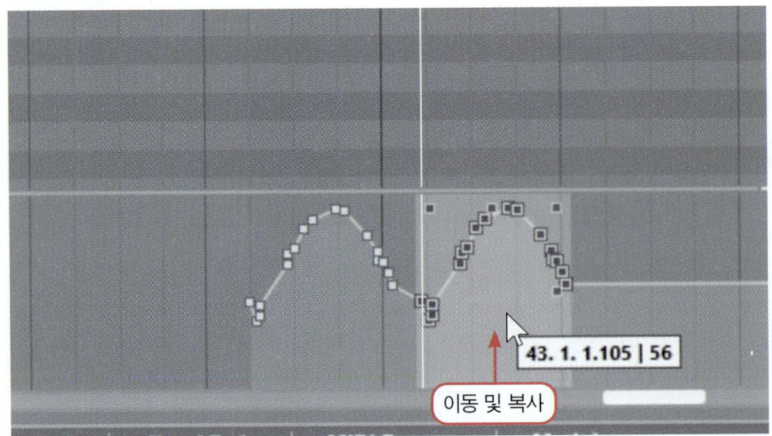

11 피치 벤드는 효율적인 편집을 위해 그리드 라인(Show Semitiones Grid)에 맞춰주는 Snap 기능과 범위를 지정할 수 있는 Setup을 제공합니다. 피치 벤드 범위는 기본적으로 온음 단위인 ±2로 설정되어 있으나, 한 옥타브(±12)로 사용하는 경우가 많습니다. 만약 피치 휠을 올리는 범위와 내리는 범위를 다르게 지정하고 싶다면 Link 옵션을 해제합니다.

12 Setup 창에서 설정하는 피치 범위는 편집을 돕기 위한 그리드 라인을 표시하는 시각적인 기준일뿐입니다. 실제로 의도한 범위(예: ±12)만큼 음정이 변화하려면, 반드시 해당 가상 악기에서도 동일한 피치 벤드 범위가 설정되어 있어야 합니다. 설정 방법은 악기마다 다르며, HALion Sonic의 경우 Edit 창의 PB Down/Up 항목에서 지정할 수 있습니다.

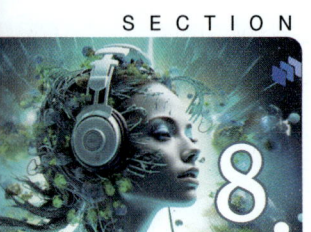

창의적인 음악 제작을 위한 익스프레션 맵

새로워진 Expression Maps 기능은 악기의 다양한 아티큘레이션을 더욱 부드럽고 직관적으로 제어할 수 있게 해줍니다. 설정 과정이 간소화되어 손쉽게 사용할 수 있으며, 각 아티큘레이션별로 어택 보정을 적용할 수 있습니다. 또한 키 에디터와 스코어 에디터에 통합되어, 음악 제작 과정에서 보다 정밀하고 창의적인 표현이 가능합니다.

아티큘레이션(Articulation) 이해하기

아티큘레이션은 음악에서 같은 음을 어떤 방식으로 연주할지, 어떤 느낌으로 표현할지를 나타내는 연주법입니다. 예를 들어, C음 하나를 연주할 때도 짧게 끊어서 연주하면 스타카토(Staccato), 부드럽게 이어서 연주하면 레가토(Legato), 강하게 강조하면 마르카토(Marcato) 등 서로 다른 소리가 나게 됩니다. 이렇게 연주 방식에 따라 음의 느낌이 달라지는 것이 바로 아티큘레이션입니다.

MIDI나 가상 악기 환경에서는 실제 악기를 연주하지 않고도 아티큘레이션을 적용할 수 있습니다. 대부분의 가상 악기에는 다양한 연주법이 녹음되어 있으며, 아티큘레이션을 바꾸면 같은 음이라도 다른 느낌으로 들립니다. 예를 들어, 바이올린에서는 Sustain(부드럽게 이어서 연주), Spiccato(튕기듯 짧게 연주) 등이 있고, 피아노에서는 Staccato(짧고 끊어서 연주)나 Legato(음을 매끄럽게 연결) 등이 있습니다.

아티큘레이션을 활용하면 음악의 표현력을 강화할 수 있습니다. 같은 멜로디라도 아티큘레이션을 바꾸면 분위기가 완전히 달라지며, 특히 오케스트라 라이브러리를 사용할 때 여러 아티큘레이션을 섞으면 실제 연주처럼 자연스럽고 현실감 있는 사운드를 만들 수 있습니다. 또한, Cubase의 Expression Maps나 MIDI 시퀀서에서 아티큘레이션을 바꾸면 멜로디와 화음의 패턴을 다양하게 변형할 수 있어 창의적인 음악 제작이 가능합니다.

01 아티큘레이션을 적용하려면 사용하는 악기가 이를 지원해야 합니다. 큐베이스에서 기본 제공되는 HALion Sonic은 아티큘레이션을 지원합니다. 트랙 리스트에서 마우스 오른쪽 버튼을 클릭하여 단축 메뉴를 연 뒤, Add Instrument Track을 선택하여 악기 트랙을 추가합니다.

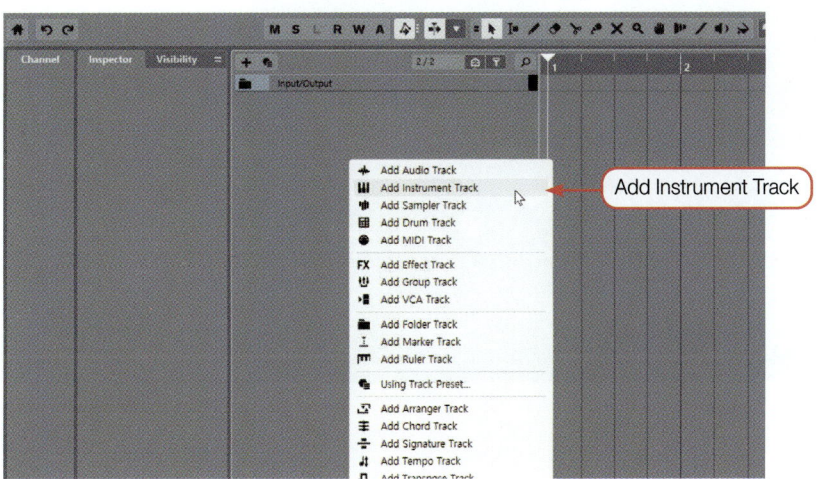

02 Instrument 항목에서 HALion Sonic을 선택하여, 트랙을 생성합니다.

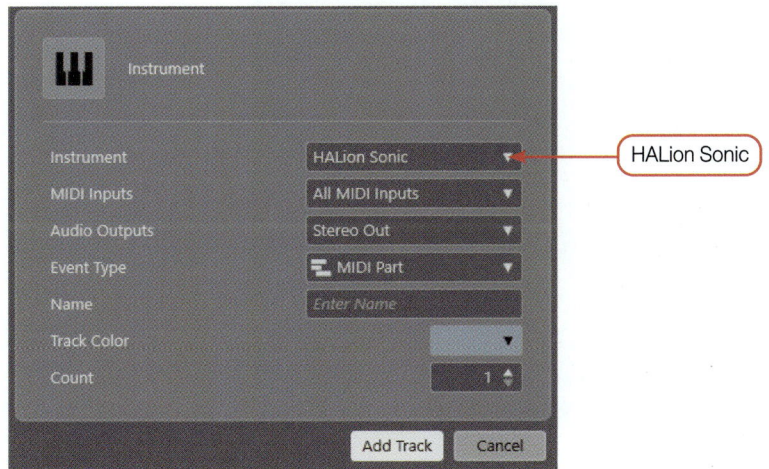

03 아티큘레이션 표현이 뛰어나다고 평가받는 Iconica Sketch 라이브러리를 사용해 보기로 하겠습니다. 라이브러리를 선택한 후 더블 클릭하여 불러옵니다.

04 음색 리스트가 열리면, 적당한 악기 음색을 더블 클릭하여 불러옵니다. 각 노트 (C0~F#0)에 할당된 아티큘레이션을 확인할 수 있습니다.

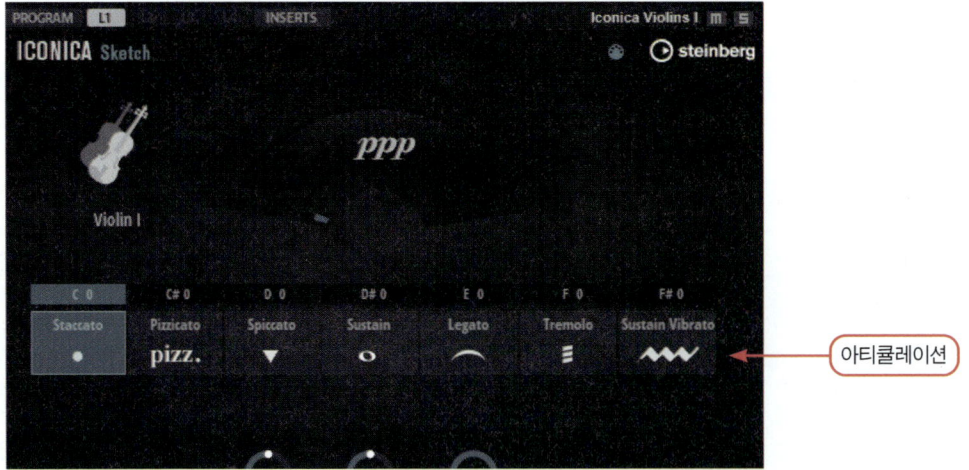

05 악기의 아티큘레이션을 Expression Maps에 할당하면, 키 에디터나 스코어 에디터에서 자유롭게 사용할 수 있습니다. 트랙 인스펙터에서 마우스 오른쪽 버튼을 클릭한 후 Set Up Sections를 선택합니다.

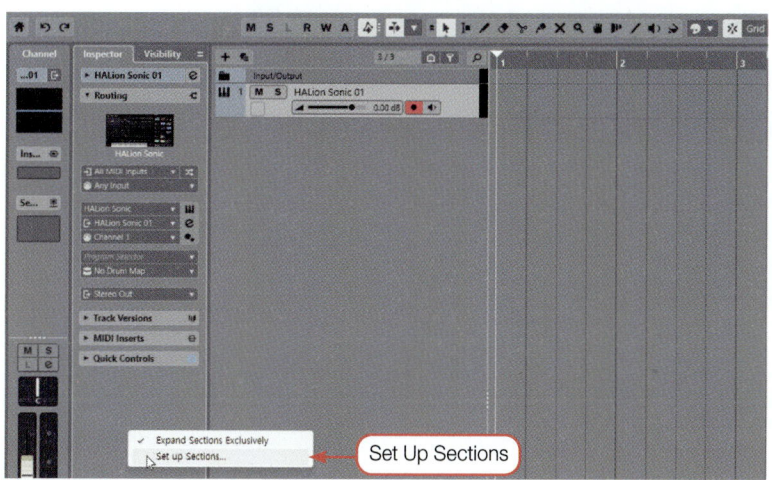

06 Inspector 창에 표시할 섹션을 선택할 수 있는 리스트가 열립니다. 여기서 Expression Map을 체크하여 표시합니다.

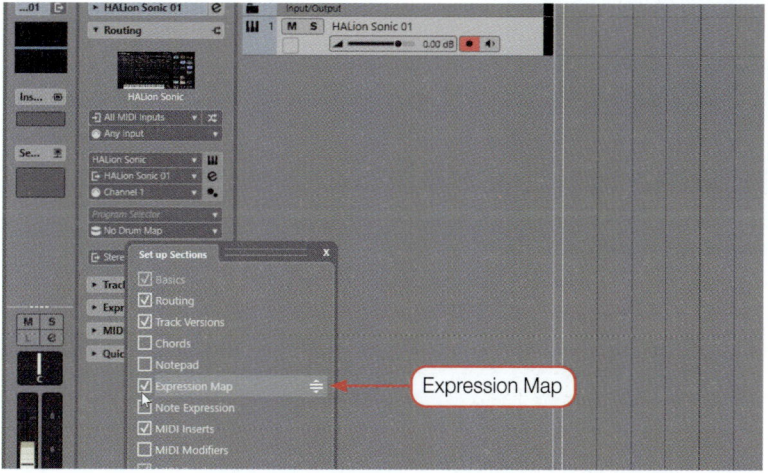

193

07 Inspector 창에 표시된 Expression Map 섹션을 열고, Add Map 버튼을 클릭하여 새 맵을 추가합니다.

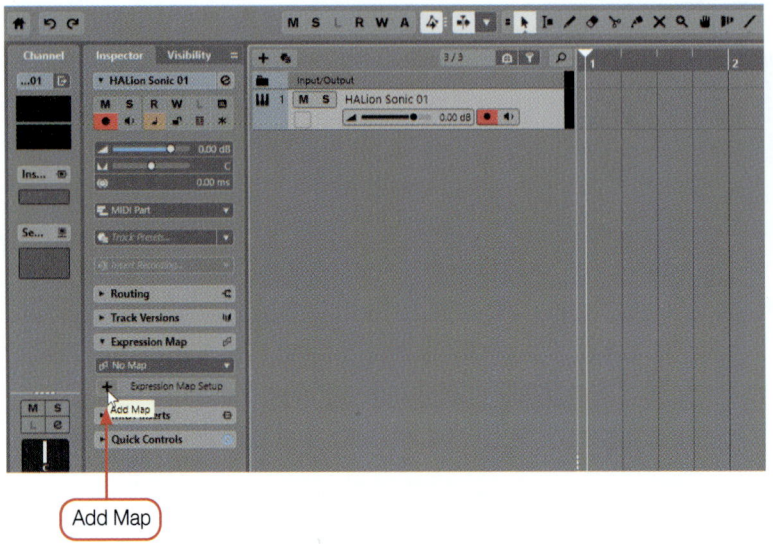

Add Map

08 Expression Map 이름을 입력할 수 있는 창이 열립니다. Import Key Switches 옵션 이 체크된 상태에서 악기 음색 이름을 입력합니다.

이름 입력

09 악기에 설정된 아티큘레이션이 자동으로 로딩되는 것을 확인할 수 있습니다.

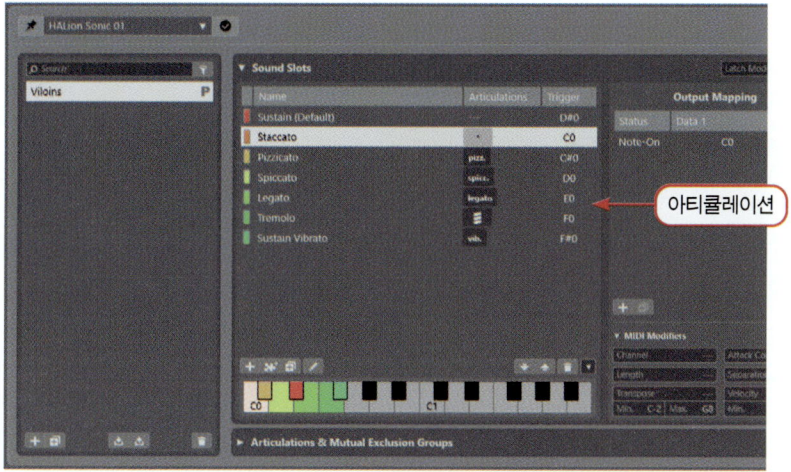

아티큘레이션

10 설정된 Expression Map은 키 에디터나 스코어 에디터에서 자유롭게 적용할 수 있습니다. 키에디터의 ① 컨트롤러 선택 메뉴에서 ② Articulations를 선택합니다.

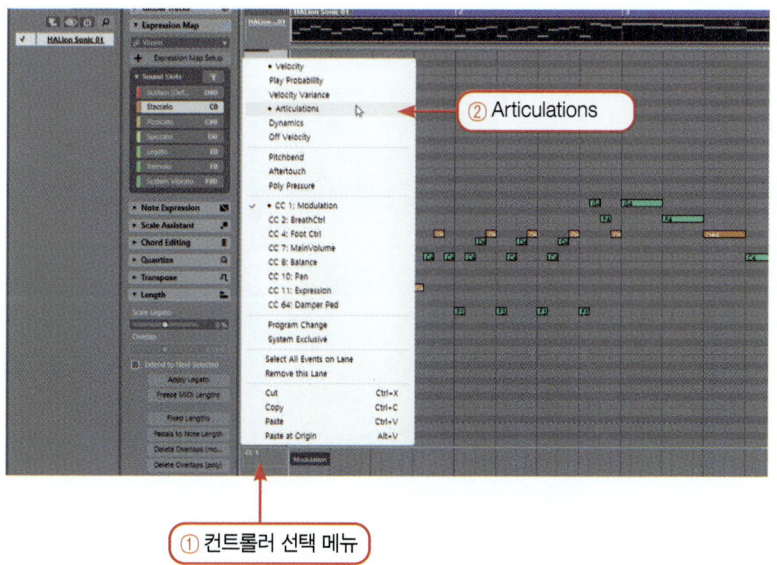

② Articulations

① 컨트롤러 선택 메뉴

11 설정된 Expression Map이 나열되며, 원하는 연주법을 노트별로 지정하여 쉽고 빠르게 적용할 수 있습니다.

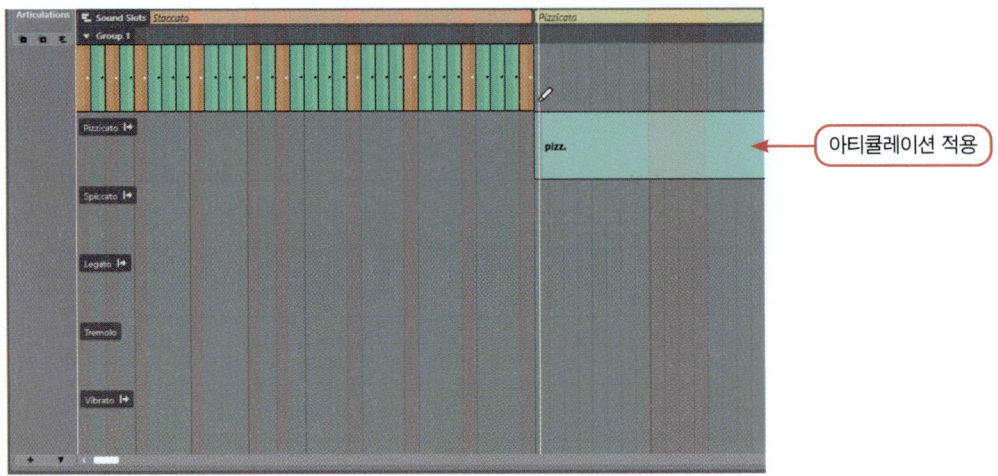

아티큘레이션 적용

12 아티큘레이션을 사용할 때 가장 큰 문제는 사운드가 지연되는 현상입니다. 새 버전에서는 이를 보정할 수 있는 기능을 제공합니다. Edit 메뉴의 Render in Place에서 Render를 선택합니다.

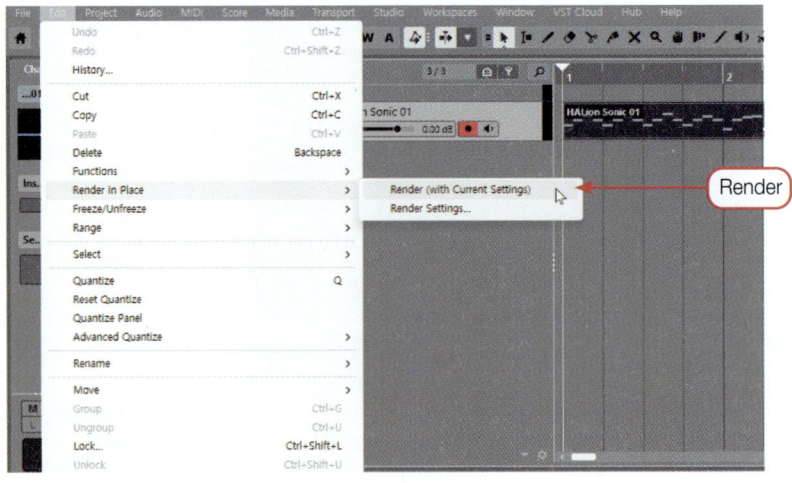

Render

13 렌더링된 오디오 이벤트를 보면 사운드가 지연되어 있는 것을 확인할 수 있습니다. 이 전에는 이벤트를 앞으로 이동해 사용했지만, 수정이 필요할 때마다 다시 렌더링해야 하는 번거로움이 있었습니다. 지연 시간은 사용자 시스템에 따라 다르므로, 트랜스포트 패널의 Time 항목에서 확인합니다.

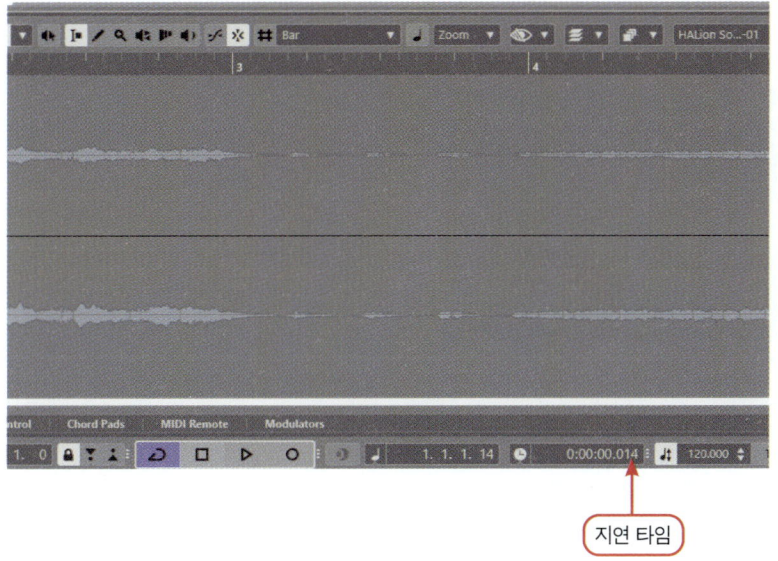

지연 타임

14 Expression Map Setup 창의 MIDI Modifiers에서 Attack Comp 값을 지연된 시간만큼 설정하면, 렌더링 과정 없이도 정확한 타이밍으로 재생되도록 작업할 수 있습니다.

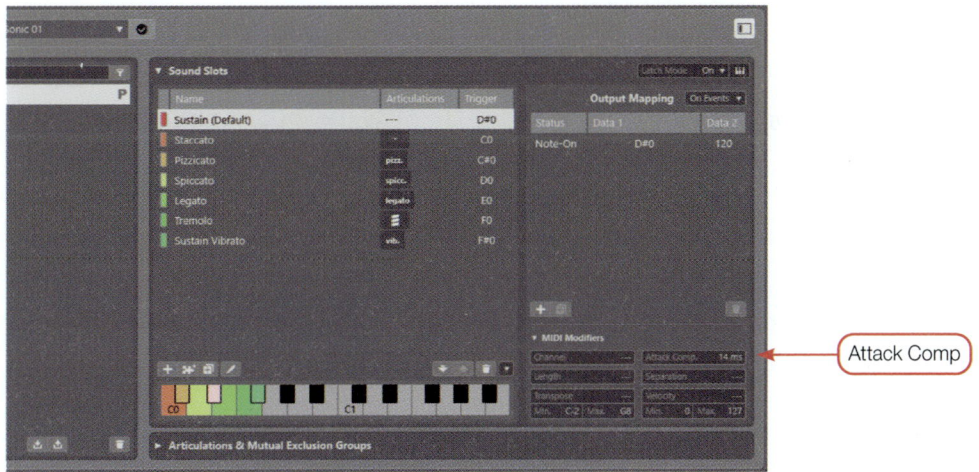

Attack Comp

Expression Map - MIDI Modifiers

Expression Map의 MIDI Modifiers 기능은 들어오는 MIDI 데이터를 자동으로 조정하여 아티큘레이션이 보다 자연스럽고 정확하게 재생되도록 돕는 역할을 합니다. 이 기능을 활용하면 각 아티큘레이션마다 별도의 연주 특성을 세밀하게 설정할 수 있어, 오케스트라 라이브러리처럼 다양한 표현이 필요한 작업에서 매우 유용합니다.

● Channel

선택한 사운드 슬롯이 어떤 MIDI 채널로 재생될지를 지정하는 기능입니다. 이를 통해 같은 트랙에서도 채널을 바꿔 다른 프로그램이나 사운드를 불러올 수 있습니다. 예를 들어 1번 채널은 보통 기본 연주용, 2번 채널은 트릴이나 스페셜 FX용으로 설정하면, 같은 MIDI 트랙에서도 다양한 아티큘레이션을 동시에 사용할 수 있습니다.

● Length

선택한 아티큘레이션의 음 길이를 강제로 조절하는 기능입니다. 음을 짧게 설정하면 스타카토(staccato)처럼 끊어지는 느낌을, 길게 설정하면 테누토(tenuto)처럼 길게 유지되는 느낌을 낼 수 있습니다. 이렇게 하면 MIDI 입력 음 길이에 상관없이 원하는 연주 스타일을 자동으로 적용할 수 있습니다.

● Transpose

음을 위아래로 이동시켜, 샘플 라이브러리에서 서로 다른 옥타브에 위치한 아티큘레이션을 정확하게 불러올 수 있도록 도와줍니다. 예를 들어 스피카토 아티큘레이션이 C3에만 있다면, C4에서 연주하더라도 Transpose -12를 설정하면 자동으로 C3 아티큘레이션이 재생됩니다. 즉, 음역에 관계없이 원하는 표현을 정확히 사용할 수 있습니다.

● Attack Compensation

음이 실제보다 조금 일찍 트리거되도록 만들어, 샘플 어택이 느려서 생기는 지연 현상을 보정하는 기능입니다. 예를 들어 스트링 샘플의 오스티나토가 박자보다 늦게 들릴 때, Attack Comp에 20ms를 설정하면 MIDI가 20ms 앞당겨 재생되어 실제 소리는 정확한 박자에 맞게 들리게 됩니다. 이렇게 하면 렌더링 후 수동으로 음을 이동할 필요가 없습니다.

● Separation

키스위치 신호를 실제 음보다 얼마나 먼저 보내야 할지를 설정하는 기능입니다. 키스위치는 아티큘레이션을 전환할 때 사용되는데, Separation 값을 적절히 설정하면 아티큘레이션 변경이 정확한 타이밍에 적용됩니다. 즉, 아티큘레이션을 미리 준비시키는 것입니다.

● Velocity

선택한 아티큘레이션의 연주 강도를 설정하는 기능입니다. 강한 악센트를 주거나 약한 터치로 연주하도록 할 수 있으며, MIDI 입력 벨로시티와 상관없이 설정한 세기로 자동 재생됩니다. 이를 통해 표현력을 높이고, 라이브러리 내 다양한 벨로시티 레이어를 효율적으로 사용할 수 있습니다.

● Min Pitch / Max Pitch

선택한 아티큘레이션이 작동할 음역 범위를 제한하는 기능입니다. 예를 들어 트릴은 높은 음역에서만, 베이스 아티큘레이션은 낮은 음역에서만 적용하도록 설정할 수 있습니다. 이를 통해 원하는 음역대에서만 특정 사운드가 재생되도록 정확히 제어할 수 있습니다.

● Min Velocity / Max Velocity

아티큘레이션이 작동할 벨로시티 범위를 제한합니다. 예를 들어 벨로시티 1~50에서는 소프트 톤, 80 이상에서는 포르테 레이어를 자동 사용하도록 설정할 수 있습니다. 여러 벨로시티 레이어를 가진 샘플 라이브러리에서 특히 유용하며, 같은 키에서도 강약에 따라 다른 아티큘레이션을 자동으로 적용할 수 있습니다.

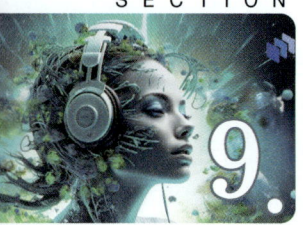

SECTION

9.

빈티지 아날로그 신스
Writing Room Synths

Writing Room Synths는 음악 역사에 큰 영향을 준 전설적인 아날로그 신시사이저들을 실제 기계에서 직접 샘플링해 만든 사운드 컬렉션으로, 따뜻한 패드부터 강력한 베이스 까지 아날로그 특유의 깊고 풍부한 음색을 그대로 담아 초보자도 손쉽게 활용할 수 있는 HALion Sonic 라이브러리입니다.

01 메인 페이지

01   큐베이스 15의 HALion Sonic에는 Writing Room Synths 라이브러리가 새롭게 추가 되었습니다. 이 라이브러리는 세계적으로 유명한 빈티지 아날로그 신시사이저를 기반 으로 한 리드, 베이스, 패드 사운드를 제공하며, 직관적인 인터페이스 덕분에 초보자도 쉽게 활용할 수 있도록 구성되어 있습니다.

Writing Room Synths

02 음색은 ① 프로그램 리스트에서 선택할 수도 있지만, ② 프리셋 메뉴가 악기 유형별로 정리되어 있어 원하는 사운드를 더 쉽게 찾을 수 있습니다.

03 메인 페이지의 아래쪽에는 신스 사운드의 톤을 조절하는 여러 파라미터가 있습니다.

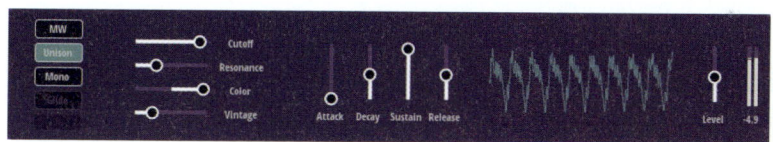

MW (Mod Wheel)

MW는 MIDI 키보드 왼쪽에 있는 모듈레이션 휠을 의미하며, 이를 움직이면 신스 소리에 비브라토 효과를 적용할 수 있습니다. 비브라토는 음정을 빠르게 흔들어 소리에 떨림과 생동감을 주는 효과입니다. MW 버튼을 켜면 Frequency(속도)와 ModDepth(강도)를 조절할 수 있는 파라미터가 활성화됩니다.

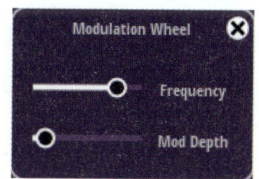

Frequency: 비브라토 속도를 결정합니다. 값이 높을수록 빠르게 흔들립니다.
ModDepth: 비브라토의 강도를 조절합니다. 값이 높을수록 음정 변화가 크게 흔들립니다.

Unison

하나의 음을 누르면 여러 개의 동일한 소리를 겹쳐서 동시에 재생합니다. 각 소리가 약간씩 음정이 다르게(디튠) 설정되고, 좌우로 퍼지게(팬) 배치되므로, 소리가 더 두껍고 풍성하며 넓게 퍼지는 느낌을 만들 수 있습니다.

Mono

모노 모드는 한 번에 한 음만 재생되는 방식입니다. 여러 음을 동시에 눌러도 마지막에 누른 음만 들리며, 선이 또렷한 리드 사운드나 끊김 없이 이어지는 베이스 라인을 만들 때 유용합니다.

Glide

글라이드는 한 음에서 다음 음으로 넘어갈 때 음정이 부드럽게 연결되는 효과입니다. Glide는 Mono 모드가 켜져 있어야 사용할 수 있으며, Glide Time으로 음이 미끄러지는 시간을 조절할 수 있습니다.

- **짧게 설정**: 음이 금방 넘어가며 톡톡 끊기는 느낌
- **길게 설정**: 음이 천천히 부드럽게 연결되어 풍성한 슬라이드 사운드

Cutoff

컷오프는 소리에서 고음을 얼마나 걸러낼지 결정하는 필터 기능입니다.

- **슬라이더를 왼쪽으로 이동**: 고음이 줄어들어 소리가 더 어둡고 부드럽게 들립니다.
- **슬라이더를 오른쪽 끝까지 이동**: 필터가 꺼져 원래 소리 그대로 들립니다.

Resonance

컷오프 근처의 특정 음역대를 강조하여 소리를 더 날카롭고 개성 있게 만드는 기능입니다. 값이 높으면 강조된 부분이 강하게 울리면서, 특유의 "삐-" 하는 소리가 나기도 합니다.

Color

컬러는 소리의 전체 톤을 조절하는 간단한 기능으로, 소리를 더 밝게(Bright) 또는 더 어둡게(Dark) 만들 수 있습니다.

Vintage

빈티지 기능은 소리에 가벼운 디스토션과 1980~1990년대 전자 기계 특유의 비트 크러시 감성을 더합니다. 이를 통해 소리를 더 빈티지하고 아날로그 느낌으로 만들 수 있어, 레트로 스타일 음악이나 따뜻한 신스 사운드 제작에 유용합니다.

Envelope Controls

엔벨로프 컨트롤은 소리가 어떻게 시작되고, 유지되며, 사라지는지를 결정하는 기능입니다. 소리의 성격을 만드는 핵심 파라미터입니다.

● Attack(어택): 소리가 눌린 순간부터 얼마나 빠르게 들리는지
● Decay(디케이): 어택 후 볼륨이 얼마나 떨어지는지
● Sustain(서스테인): 키를 누르고 있을 때 소리의 유지 강도
● Release(릴리스): 키에서 손을 뗀 뒤 소리가 사라지는 시간

이 네 가지를 조절하면 부드러운 패드, 또렷한 피아노, 다이나믹한 리드 사운드 등 다양한 표현이 가능합니다.

Oscilloscope

오실로스코프는 패널 오른쪽의 작은 화면으로, 소리의 파형을 시각적으로 보여주는 장치입니다. 이를 통해 소리가 어떻게 진동하고 변화하는지 눈으로 확인할 수 있어, 사운드 특성을 이해하는 데 도움이 됩니다.

Output Level Slider & Meter

● Level: 신스 전체의 최종 볼륨을 조절합니다.
● Meter: 출력되는 소리의 실시간 레벨을 확인할 수 있습니다.
● 미터 아래에는 Peak(최대 음량)가 표시되며, 가장 크게 나온 소리를 보여줍니다. 클릭하면 Peak 값을 초기화할 수 있습니다.

02 아르페지오

04 아르페지오(Arp) 페이지는 신스에 아르페지에이터 기능을 설정하는 패널로, 눌러준 코드를 자동으로 나누어 리듬 있게 연주해주는 역할을 합니다. 메인 화면 상단의 Arp 버튼을 클릭하면 아르페지오 설정 페이지가 열리며, 버튼 왼쪽에 있는 On/Off 버튼으로 아르페지오 기능을 실제로 사용할지 여부를 켜고 끌 수 있습니다.

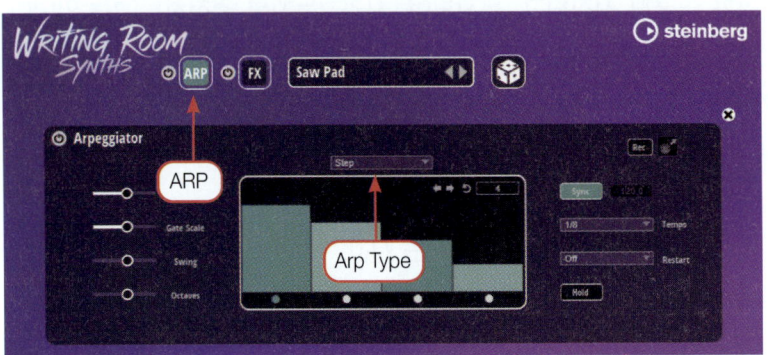

Arp Type

Arp Type은 아르페지오가 어떤 순서로, 어떤 방식으로 연주될지를 결정합니다.

- Step: 마지막으로 누른 음을 기준으로 단일 음 시퀀스를 연주합니다.
- Chord: 입력한 음들을 그대로 코드로 반복 재생합니다.
- Up: 낮은 음에서 높은 음 순서로 연주합니다.
- Down: 높은 음에서 낮은 음 순서로 연주합니다.
- Up/Down 1: 낮은 음에서 높은 음, 다시 낮은 음 순으로 왕복합니다.
- Up/Down 2: Up/Down 1과 같지만, 최고·최저 음을 한 번 더 반복하며 왕복합니다.
- Down/Up 1: 높은 음에서 낮은 음, 다시 높은 음 순으로 왕복합니다.
- Down/Up 2: Down/Up 1과 같지만, 최고·최저 음도 반복됩니다.
- Random: 입력한 음들을 무작위 순서로 연주합니다.

Vel Scale

아르페지오 전체 음의 세기를 조절하는 기능입니다. 100%로 설정하면 원래 음 세기 그대로 연주되며, 100% 이상으로 설정하면 더 강하게, 100% 이하로 설정하면 더 약하게 들립니다.

Gate Scale

각 음이 얼마나 길게 또는 짧게 들릴지를 조절하는 기능입니다. 100%는 원래 길이 그대로 재생되며, 값을 낮추면 음이 짧아져 톡톡 끊기는 느낌이 나고, 값을 높이면 음이 더 길게 유지됩니다.

Swing

짝수 박자에 있는 음의 위치를 앞이나 뒤로 이동시켜 스윙 리듬 느낌을 만드는 기능입니다. 값을 양수로 설정하면 음이 조금 늦게 재생되고, 음수로 설정하면 음이 더 빠르게 재생됩니다.

Octaves

현재 연주하는 아르페지오 패턴을 다른 옥타브로 확장하여 반복 재생하는 기능입니다. +1로 설정하면 기본 패턴을 연주한 후 한 옥타브 위에서도 같은 패턴이 반복되며, -1로 설정하면 한 옥타브 아래에서도 패턴이 반복됩니다.

Sync

기능을 켜면 아르페지오가 프로젝트의 템포와 자동으로 동기화됩니다. Sync를 끄면 오른쪽 템포 값을 기준으로 아르페지오 속도를 직접 설정할 수 있습니다.

Tempo

아르페지오가 어떤 박자 단위로 연주될지를 결정하는 기능입니다. Sync가 켜져 있으면 선택한 박자 분할이 프로젝트 템포에 맞춰 자동으로 연주되며, Sync가 꺼져 있으면 신스 내부 설정에 따라 박자 단위대로 재생 속도가 결정됩니다.

Restart

아르페지오 패턴이 언제 처음부터 다시 시작될지를 설정합니다. Off는 새로운 음을 눌러도 패턴이 계속 이어지고, New Chord는 새로운 코드를 눌렀을 때 처음부터 다시 시작합니다. New Note는 새 음을 누를 때마다 항상 처음부터 시작하며, Sync to Host는 프로젝트 박자에 맞춰 자동으로 패턴이 정렬됩니다.

Hold

건반에서 손을 떼었을 때 아르페지오 패턴이 어떻게 유지될지를 결정하는 기능입니다. Off는 손을 떼면 즉시 멈추고, On은 패턴이 끝까지 재생된 후 멈추며, Loop를 켜면 손을 떼어도 패턴이 계속 반복됩니다.

05 스텝 벨로시티 섹션에서는 아르페지오 패턴의 전체 길이, 각 음의 연주 순서와 리듬, 그리고 노트별 음의 세기를 조절하여 자신만의 아르페지오를 만들 수 있습니다.

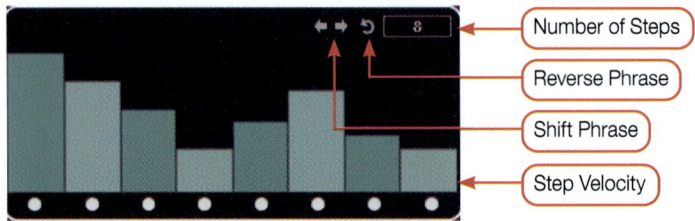

Number of Steps
Reverse Phrase
Shift Phrase
Step Velocity

Number of Steps

Number of Steps를 사용하면 아르페지오 패턴이 몇 단계(step)로 구성될지 설정할 수 있습니다. 원하는 값을 직접 입력하거나 마우스 휠로 올리거나 내릴 수 있으며, 최대 16단계까지 설정 가능합니다.

Shift Phrase

Shift Phrase 기능을 사용하면 아르페지오 패턴 전체의 리듬을 앞이나 뒤로 이동시킬 수 있습니다. Shift Phrase Left를 선택하면 첫 번째 단계가 마지막으로 이동하고, Shift Phrase Right를 선택하면 마지막 단계가 처음으로 이동합니다. 이를 통해 패턴의 시작 위치를 쉽게 바꿀 수 있습니다.

Reverse Phrase

Reverse Phrase는 패턴 전체를 거꾸로 뒤집어 재생할 수 있는 기능입니다. 예를 들어 1-2-3-4 패턴을 뒤집으면 4-3-2-1 순서로 연주되어, 리듬과 멜로디에 새로운 변화를 줄 수 있습니다.

Step Velocity

Step Velocity는 각 단계별 음의 세기(벨로시티)를 개별적으로 조절할 수 있는 기능입니다.

● 단계 클릭 후 위/아래로 드래그하면 벨로시티를 조절할 수 있습니다.

● 완전히 아래로 드래그하면 해당 단계 음을 뮤트할 수 있습니다.

● Shift+드래그를 사용하면 모든 단계의 벨로시티를 상대적으로 조절할 수 있습니다.

● Alt+선 그리기를 사용하면 계단식(ramp) 형태로 벨로시티를 조절할 수 있습니다.

● Alt+Shift+선 그리기를 사용하면 시퀀스 시작과 끝에 대칭적인 ramp를 만들 수 있습니다.

● Ctrl+클릭: 선택한 단계의 벨로시티를 기본값 127로 초기화합니다.

● Ctrl+Shift+클릭: 모든 단계의 벨로시티를 한 번에 기본값 127로 초기화할 수 있습니다.

06 아르페지오 패널 오른쪽 상단에는 Record와 Drag MIDI 기능이 있어, 아르페지오 패턴을 녹음하고 프로젝트 내 MIDI 트랙으로 가져와 사용할 수 있습니다.

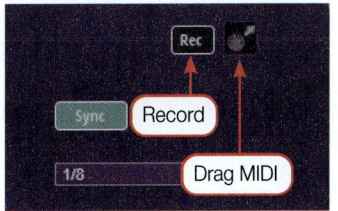

1. 녹음하기

Record 버튼을 클릭하면 Drag MIDI 필드가 깜빡이며 녹음 모드가 활성화됩니다.

2. 연주하기

원하는 음을 연주하면서 아르페지오 패턴을 만듭니다.

3. 녹음 종료

다시 Record 버튼을 클릭하면 녹음이 종료됩니다. 이때 Drag MIDI 필드의 화살표는 켜진 상태로 남아, 녹음된 MIDI 패턴을 내보낼 수 있음을 표시합니다.

4. 패턴 내보내기

Drag MIDI 필드를 드래그하면 녹음된 패턴을 프로젝트의 MIDI 트랙으로 내보낼 수 있습니다.

03 FX 페이지

07 FX 페이지는 신스 사운드에 다양한 효과를 추가하고 조절할 수 있는 패널로, 최대 4개의 효과를 동시에 적용할 수 있습니다. 메인 화면 상단의 ① FX 버튼을 클릭하면 설정 패널이 열리며, 각 개별 효과는 패널 왼쪽 상단의 ② On/Off 버튼을 통해 개별적으로 활성화하거나 비활성화할 수 있습니다.

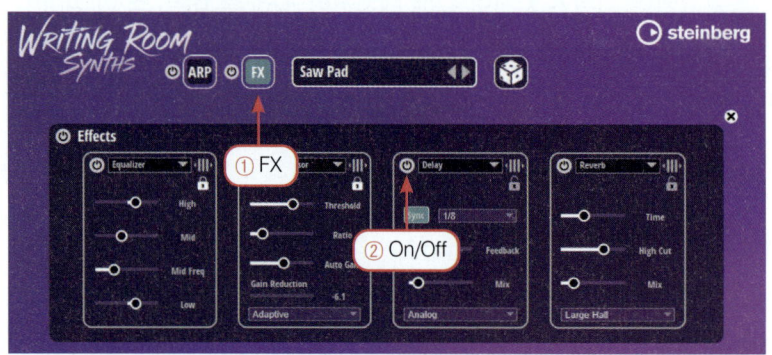

08 각 효과 패널 상단의 ① Select Effect 필드에서 원하는 효과를 선택하거나 기존 효과를 다른 효과로 교체할 수 있습니다. 총 10가지 효과 중에서 선택 가능하며, 한 가지 효과는 한 번만 사용할 수 있고, 메뉴에는 항상 사용 가능한 효과만 표시됩니다. 또한, Select Effect 필드 오른쪽의 ② Drag Effect 아이콘을 사용하면 효과 순서를 변경하여 사운드의 최종 특성을 조정할 수 있습니다. FX 설정을 랜덤화할 때 특정 효과를 변경하지 않도록 하고 싶다면, 해당 효과의 ③ Lock 버튼을 활성화하면 됩니다.

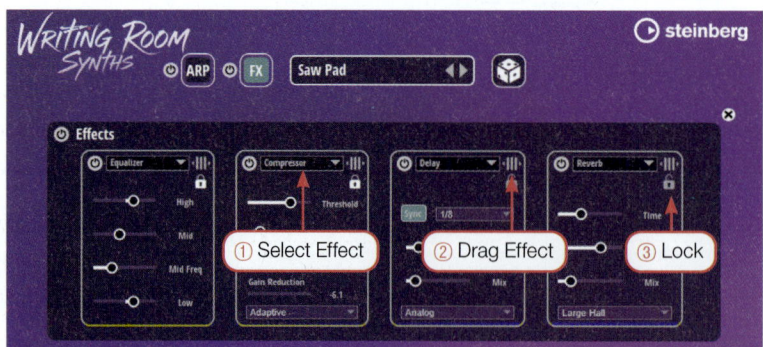

① Equalizer

Equalizer는 소리의 톤을 조절할 수 있는 고품질 4밴드 EQ 입니다. 이를 통해 소리를 더 밝게(Bright) 하거나 어둡게 (Dark) 만드는 등 원하는 음색으로 만들 수 있습니다.

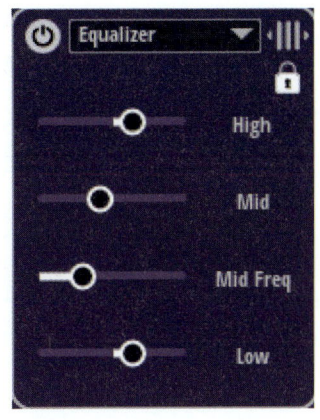

High

높은 주파수 영역의 볼륨을 올리거나 줄이는 기능입니다. 값을 올리면 고음이 더 강조되고, 값을 줄이면 고음이 약해집니다.

Mid

중간 주파수 영역의 볼륨을 조절하는 기능입니다. Mid Gain 값을 올리면 중음이 강해지고, 내리면 약해집니다.

Mid Freq

Mid Gain으로 조절할 중간 주파수의 기준점을 설정합니다. 이 값을 바꾸면 어느 주파수 대역 이 강화되거나 줄어들지 결정됩니다.

Low

낮은 주파수 영역의 볼륨을 올리거나 줄이는 기능입니다. 값을 올리면 베이스가 강해지고, 값 을 줄이면 저음이 약해집니다.

② Compressor

Compressor는 소리의 다이내믹 레인지(가장 작은 소리와
큰 소리의 차이)를 줄여, 전체적인 소리의 안정성을 높이는
효과입니다. 이렇게 확보된 여유(headroom)를 이용해 전
체 볼륨을 올릴 수도 있습니다.

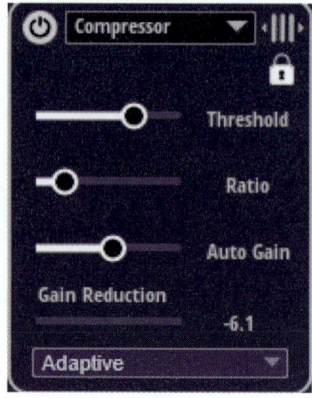

Threshold

압축이 시작되는 소리의 기준 레벨을 설정합니다. 소리가 Threshold를 초과하면, 설정된
Ratio에 따라 볼륨이 줄어듭니다.

Ratio

Threshold를 초과한 소리가 얼마나 줄어들지 결정하는 파라미터입니다. 값이 높을수록 소리
가 더 많이 줄어듭니다.

Auto Gain

압축 후 전체 볼륨을 일정하게 유지하도록 보상해 주는 기능입니다. Threshold나 Ratio를 바
꾸더라도 소리의 체감 볼륨이 크게 달라지지 않습니다.

Gain Reduction

효과 패널 하단의 미터에서 실제로 적용되는 볼륨 감소를 시각적으로 확인할 수 있습니다.

Select Compressor Preset

컴프레서 설정을 미리 만들어 놓은 프리셋 중에서 선택할 수 있으며, 선택 후 그대로 사용하
거나 필요에 따라 수정해 사용할 수 있습니다.

③ Delay

Delay는 입력된 소리를 반복 재생하여 에코 효과를 만들
어주는 이펙트입니다. 반복 횟수와 시간 등을 조절하여 다
양한 공간감과 리듬감을 연출할 수 있습니다.

Sync

Delay 시간을 프로젝트 템포에 맞춰 자동으로 동기화할 수 있는 기능입니다. 활성화하면
Delay 시간을 박자 단위(노트 값)로 설정할 수 있고, 비활성화하면 밀리초 단위로 직접 입력하
여 원하는 반복 간격을 설정할 수 있습니다.

Time

Delay가 반복되는 간격을 밀리초 단위로 설정합니다. 값을 줄이면 짧은 간격으로 반복되고,
늘리면 긴 간격으로 반복됩니다.

Feedback

Delay가 몇 번 반복될지를 설정합니다. 값이 높을수록 반복이 많아지고, 낮으면 반복이 적습
니다.

Mix

원음(dry)과 Delay 효과(wet)의 비율을 설정합니다. 값을 높이면 Delay 효과가 더 크게 들리
고, 낮추면 원음이 더 크게 들립니다.

Select Delay Preset

미리 만들어진 Delay 프리셋을 선택할 수 있으며, 그대로 사용하거나 필요에 따라 수정하여
적용할 수 있습니다.

④ Reverb

Reverb는 소리에 공간감을 더해주는 효과로, 마치 콘서트 홀이나 스튜디오에서 울리는 잔향처럼 소리를 자연스럽게 퍼지게 합니다.

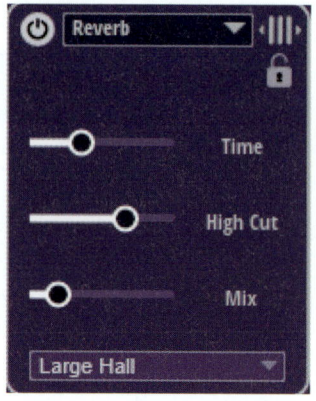

Time

리버브의 잔향이 얼마나 오래 지속될지를 조절합니다. 값을 높이면 잔향이 길게 늘어나며, 최대값으로 설정하면 사실상 무한대로 이어지는 긴 잔향을 만들 수 있습니다.

High Cut

리버브 잔향에서 고음 성분을 얼마나 줄일지를 설정합니다. 값을 낮추면 잔향에서 고음이 줄어들어 더 부드럽고 어두운 느낌을 만들 수 있습니다.

Mix

원음(dry)과 리버브 효과(wet)의 비율을 설정합니다. 값을 높이면 리버브 효과가 더 크게 들리고, 낮추면 원음이 더 많이 들립니다.

Select Reverb Preset

미리 만들어진 리버브 프리셋을 선택할 수 있으며, 그대로 사용하거나 필요에 따라 수정하여 적용할 수 있습니다.

⑤ Chorus

Chorus는 소리를 두껍고 풍성하게 만들어 주는 효과로, 피치를 약간씩 변조하여 원음에 약간의 흔들림과 공간감을 추가합니다.

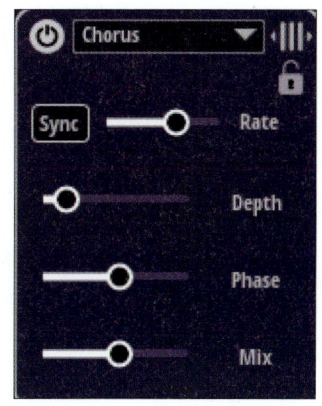

Sync

Chorus의 Rate(속도) 파라미터를 프로젝트(호스트) 템포와 동기화할 수 있습니다. 활성화하면 Rate를 박자 단위(노트 값)로 설정할 수 있습니다.

Rate

피치 변조가 일어나는 속도를 Hertz 단위로 설정합니다. 값이 높을수록 흔들림이 빠르고, 낮을수록 느리게 흔들립니다.

Depth

피치 변조의 세기를 조절합니다. 값을 높이면 흔들림이 강해져 효과가 더 두드러집니다.

Phase

사운드의 공간감을 조절하여 모노에서 스테레오로 넓게 들리도록 합니다. 값을 높이면 소리가 좌우로 넓게 퍼집니다.

Mix

원음(dry)과 Chorus 효과(wet)의 비율을 설정합니다. 값을 높이면 효과가 더 강하게 들리고, 낮추면 원음이 더 많이 들립니다.

⑥ Flanger

Flanger는 소리를 두껍고 넓게 만들어 주는 효과로, 피치
를 약간씩 변조하여 원음에 특유의 제트기처럼 흐르는 움
직임을 추가합니다.

Sync

Flanger의 Rate(속도) 파라미터를 프로젝트 템포와 동기화할 수 있습니다. 활성화하면 Rate
를 박자 단위(노트 값)로 설정할 수 있습니다.

Rate

피치 변조가 일어나는 속도를 Hertz 단위로 설정합니다. 값이 높을수록 변조가 빠르고, 낮을
수록 느리게 변조됩니다.

Depth

피치 변조의 세기를 조절합니다. 값을 높이면 변조가 강해져 효과가 더 두드러집니다.

Feedback

공명을 추가하여 소리가 흐르면서 진동하는 듯한 제트기 느낌의 스윕을 만들어 줍니다.

Mix

원음(dry)과 Flanger 효과(wet)의 비율을 설정합니다. 값을 높이면 효과가 더 강하게 들리고,
낮추면 원음이 더 많이 들립니다.

⑦ Phaser

Phaser는 소리를 두껍고 넓게 만들어 주는 효과로, 위상 (phase)을 변조하여 독특한 물결치는 듯한 사운드를 만들어 줍니다.

Sync

페이저의 Rate(속도) 파라미터를 프로젝트(호스트) 템포와 동기화할 수 있습니다. 활성화하면 Rate를 박자 단위(노트 값)로 설정할 수 있습니다.

Rate

위상 변조가 일어나는 속도를 Hertz 단위로 설정합니다. 값이 높을수록 변조가 빠르게 반복됩니다.

Depth

위상 변조의 세기를 조절합니다. 값을 높이면 물결 효과가 더 두드러지고, 낮추면 변조가 부드럽게 들립니다.

Feedback

효과에 공명을 추가하여 사운드가 더 뚜렷하게 울리도록 합니다. 값을 높일수록 효과가 강하게 나타납니다.

Mix

원음(dry)과 Phaser 효과(wet)의 비율을 조절합니다. 값을 높이면 페이저 효과가 강하게 들리고, 낮추면 원음이 더 많이 들립니다.

⑧ Tremolo

Tremolo는 소리의 볼륨을 주기적으로 변조하여, 울렁거리는 듯한 리듬감 있는 사운드를 만들어 주는 효과입니다.

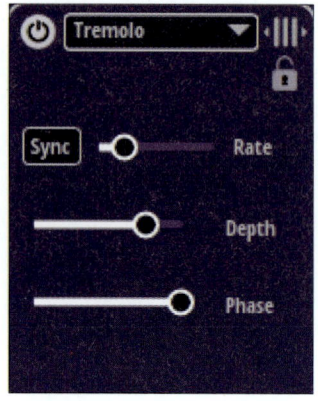

Sync

Tremolo의 Rate(속도) 파라미터를 프로젝트(호스트) 템포와 동기화할 수 있습니다. 활성화하면 Rate를 박자 단위(노트 값)로 설정할 수 있습니다.

Rate

볼륨 변조가 반복되는 속도를 Hertz 단위로 설정합니다. 값이 높으면 빠르게, 낮으면 느리게 울렁거립니다.

Depth

볼륨 변조의 폭을 조절합니다. 값을 높이면 울렁거림이 강하게, 낮추면 부드럽게 들립니다.

Phase

효과의 스테레오 이미지를 조절합니다. 값을 조정하면 소리가 좌우로 넓게 퍼지거나 좁게 들리게 할 수 있습니다.

⑨ Distortion

Distortion은 소리에 밝고 강한 배음 왜곡을 추가하여, 더 공격적이고 풍부한 느낌을 주는 효과입니다.

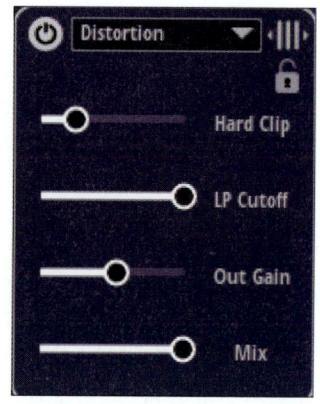

Hard Clip

신호에 직접적인 왜곡을 추가합니다. 값을 높일수록 소리가 더 날카롭고 거칠게 변합니다.

Low Cutoff

6dB/oct 로우패스 필터로, 설정한 컷오프 주파수보다 높은 음은 줄여 소리를 더 부드럽게 만들 수 있습니다.

Output Gain

디스토션이 적용된 소리의 최종 볼륨을 조절합니다.

Mix

원본 소리(드라이)와 효과 적용 소리(웨트)의 비율을 조절하여, 디스토션 효과가 얼마나 강하게 들릴지 결정합니다.

⑩ Ring Modulator

Ring Modulator는 입력 신호에 사인 파형을 곱해 금속성 또는 종소리 같은 독특한 배음을 만들어 내는 효과입니다. 이로 인해 소리가 일반 신스와는 다른, 독특하고 반짝이는 톤으로 변합니다.

Sync

LFO 주파수를 프로젝트 템포에 맞춰 동기화할 수 있습니다. 활성화하면 박자 단위로 LFO 속도를 설정할 수 있고, 비활성화하면 Hz 단위로 설정됩니다.

LFO Freq

사인 오실레이터의 주파수를 변조하는 LFO의 속도를 설정합니다.

LFO Waveform: LFO에서 사용할 기본 파형을 선택합니다.

- Sine: 부드럽게 변조되는 사인파.
- Triangle: 사인파와 비슷하지만 삼각형 형태로 변조.
- Saw: 램프 형태의 반복 변조.
- Pulse: 두 값 사이를 급격히 오가는 계단식 변조.
- Ramp: Saw 파형과 유사.
- Log: 로그 형태로 변조.
- S&H 1 / S&H 2: 각 단계가 무작위로 달라지는 계단식 랜덤 변조.

LFO Depth

사인 오실레이터 주파수 변조의 강도를 설정합니다. 값이 클수록 변조가 뚜렷해집니다.

Frequency

사인 오실레이터 자체의 주파수를 결정합니다. 높은 값일수록 소리가 더 날카롭고 금속성으로 들립니다.

04 랜덤화 기능

Q9 랜덤화 기능은 신스의 다양한 설정을 무작위로 바꾸어 새로운 사운드를 쉽게 실험하고 만들 수 있는 기능입니다. 메인 화면에서 Randomize 버튼을 클릭하면 ALL, ARP, FX, OSC 랜덤화 기능들이 나타납니다.

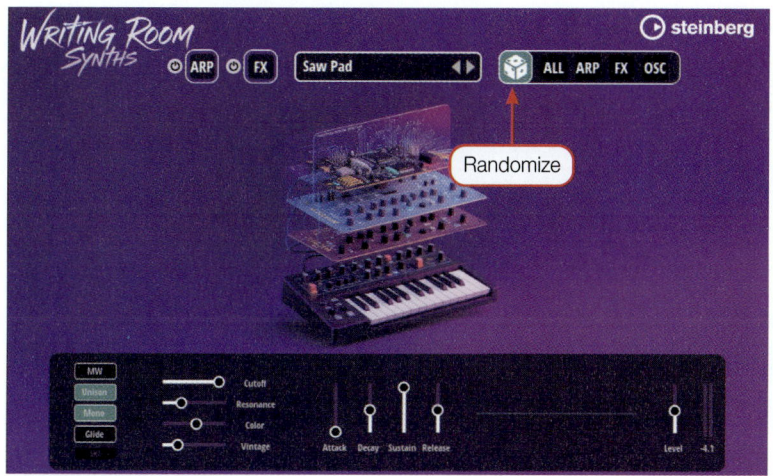

● All: 신스의 모든 페이지(사운드 선택, 아르페지오, FX 등)의 모든 설정을 한 번에 무작위로 바꿉니다. 새로운 사운드를 빠르게 탐색할 때 유용합니다.

● Arp: 아르페지오 패턴의 설정만 무작위로 바꿉니다. 단, Sync to Host Tempo, Tempo, Restart, Hold 같은 아르페지오의 핵심 기능은 변경되지 않습니다. 즉, 패턴 구조만 바뀌고 템포나 반복 방식 등은 그대로 유지됩니다.

● FX: 적용된 이펙트들의 파라미터를 무작위로 변경합니다. FX 패널에서 특정 효과가 랜덤화되지 않게 하고 싶다면 Lock 버튼을 활성화하면 해당 효과는 그대로 유지됩니다.

● OSC: 현재 선택된 신스 사운드 자체만 무작위로 바꿉니다. 아르페지오와 FX 설정은 그대로 유지되므로, 사운드만 바꾸어 새로운 느낌을 쉽게 실험할 수 있습니다.

아이디어를 실현하는
멜로딕 패턴 시퀀서

멜로딕 패턴 시퀀서는 Cubase 15에서 새롭게 추가된 기능으로 사용자가 멜로디나 베이스라인을 직관적으로 만들 수 있는 스텝 기반 시퀀서입니다. 이전 버전의 드럼 패턴 시퀀서처럼 스텝 단위 입력 방식을 따르지만, 멜로디 중심의 기능들이 추가되어 있어 스케일 선택, 화음 구성, 파라미터 제어, 랜덤 생성, 코드 입력까지 모두 가능합니다.

01 큐베이스를 실행하면 열리는 허브 창에서 'Create Empty' 버튼을 클릭하여 빈 프로젝트를 만듭니다.

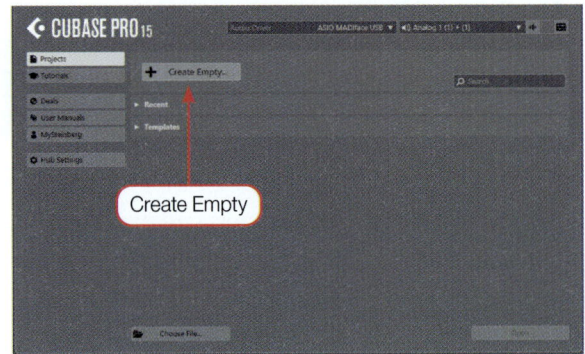

02 프로젝트를 저장할 위치를 선택하는 창이 열리면 '새 폴더' 버튼을 클릭하여 작업할 곡의 제목으로 폴더를 만듭니다.

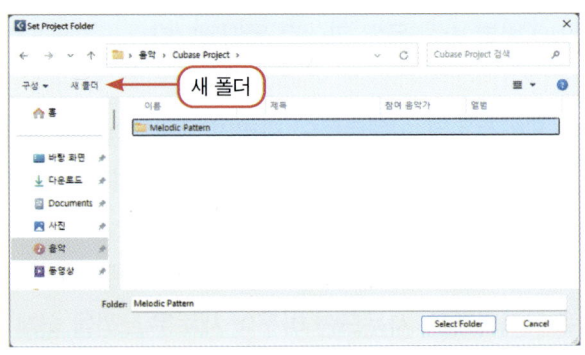

TIP 프로젝트는 곡마다 폴더별로 관리하는 것이 좋습니다.

03 트랙 리스트 상단의 Add
Track 버튼을 클릭하여 창
을 엽니다.

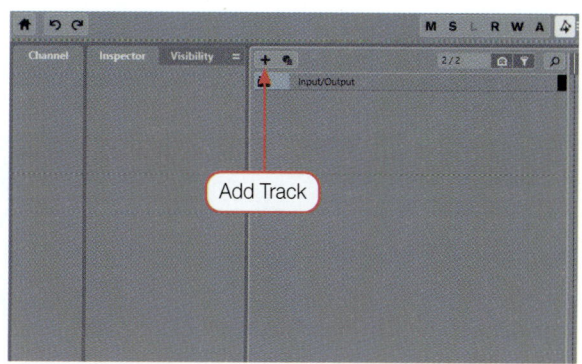

Add Track

04 Add Track 창이 열리면 ①
Instrument 트랙을 선택
하고, ② 악기 목록에서 평소 자주
사용하는 악기를 선택합니다.

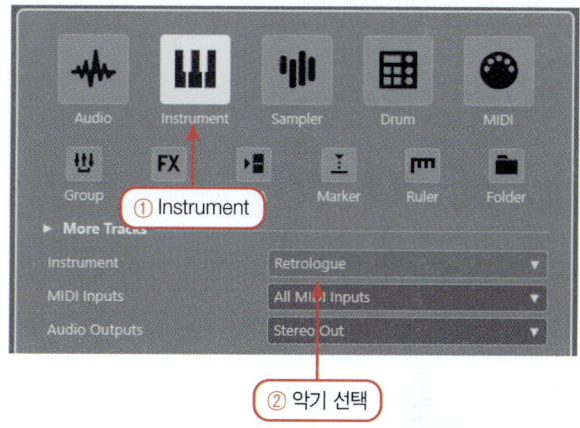

① Instrument

② 악기 선택

05 트랙 인스펙터(Inspector)
에서 이벤트 타입(Event
Type)을 MIDI Part에서 Pattern
Events로 변경합니다.

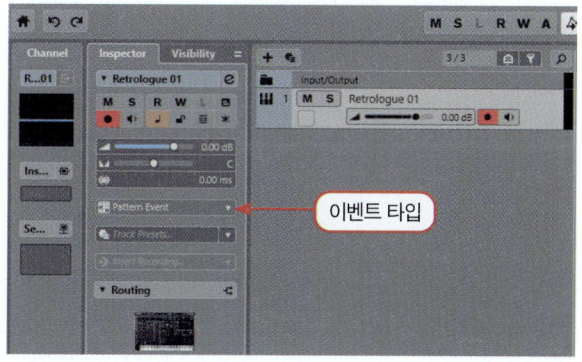

이벤트 타입

TIP 이벤트 타입(Event Type)은 트랙을 만
들 때 Add Track 창에서 설정할 수도 있습니다.

06 작업 공간에서 Alt 키를 누른 상태로 드래그하면 이벤트가 생성됩니다. 이때 이벤트 타입 설정에 따라 패턴 이벤트가 자동으로 만들어집니다.

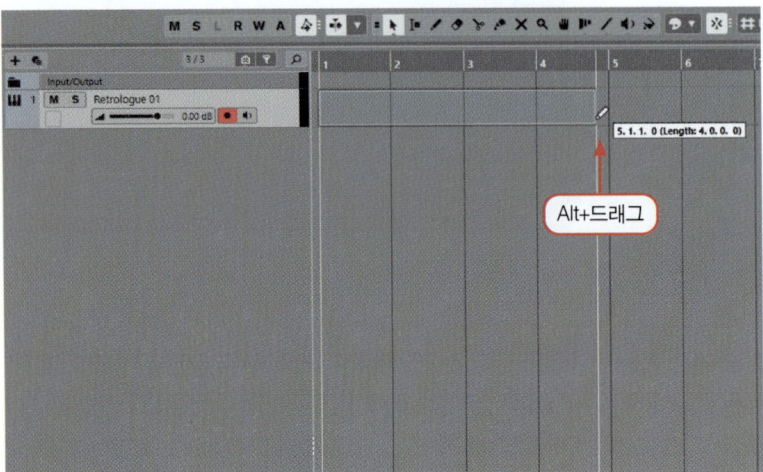

TIP 더블 클릭하면 한 마디 길이의 이벤트가 생성됩니다.

07 이벤트를 더블 클릭하면 화면 하단에 에디터 창이 열립니다. 여기서 Melodic 모드를 선택하면, 큐베이스 15의 새로운 멜로딕 패턴 시퀀서를 사용할 수 있습니다.

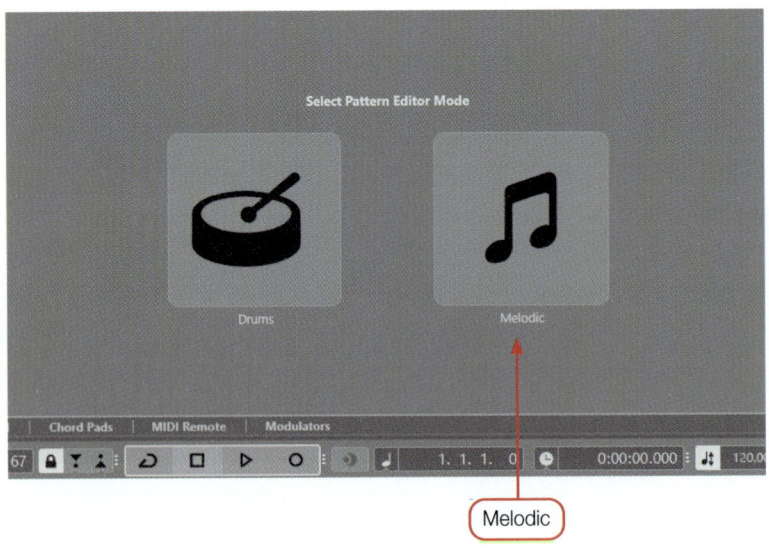

01 멜로디 입력

08 패턴 에디터의 그리드(바둑판 모양 칸)를 클릭하면 노트가 입력되어 손쉽게 멜로디를 만들 수 있습니다. 입력된 노트를 다시 클릭하면 삭제됩니다.

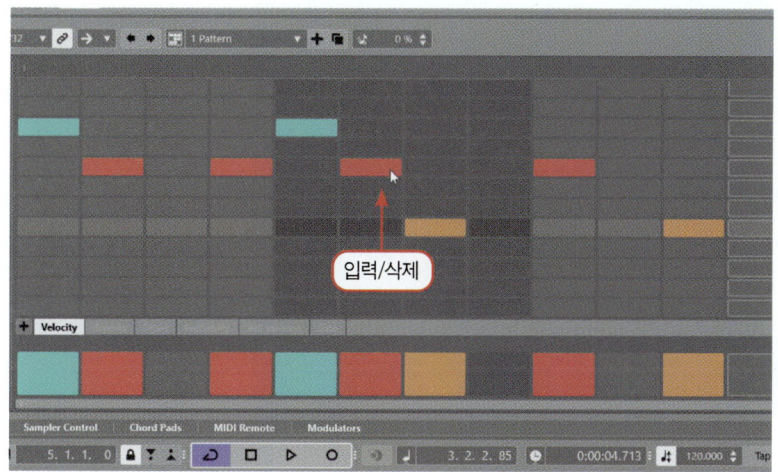

09 ① 루트(Root)와 ② 스케일(Scale) 항목에서 키를 설정해 두면, 음악 이론을 잘 몰라도 스케일 밖의 음을 실수로 넣는 일을 방지할 수 있습니다.

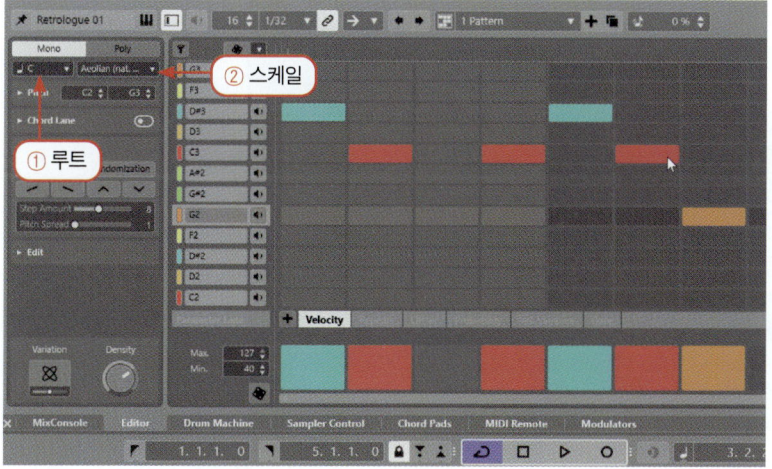

10 피치(Pitch) 항목에서는 음역을 정할 수 있습니다. 위아래로 드래그하거나 위/아래 버튼을 클릭해 조절할 수 있으며, 노트는 왼쪽 ① 최저음(Lowest)부터 오른쪽 ② 최고음(Highest)까지의 범위 안에서만 입력됩니다.

11 Pitch 항목의 ① 열기 버튼을 클릭하면, 입력한 노트를 음정(Note) 단위나 옥타브(Octave) 단위로 이동할 수 있는 ② Note Down / ③ Note Up 버튼이 나타납니다.

12 입력된 노트의 오른쪽 끝을 드래그하면 노트 길이를 늘릴 수 있습니다. 기본 16분 음표를 연장해야 할 때 사용하는 방법입니다.

13 Edit 항목을 클릭하면, Tie All, Split All, Apply Legato, Remove Legato, Resolution, Length 등 노트를 한 번에 편집할 수 있는 6가지 옵션 버튼이 나타납니다.

① Tie All: 연속 노트를 하나의 긴 음으로 연결해주는 기능입니다. 이 기능을 사용하면 멜로디나 베이스라인에서 끊김 없이 길게 이어지는 소리를 만들 수 있습니다. 초보자라면 단순히 반복 음을 하나로 만들고 싶을 때 Tie All을 클릭하면 쉽게 적용할 수 있으며, Apply Legato와 함께 사용하면 더 자연스러운 멜로디 연결이 가능합니다.

② Split All: Tie나 긴 노트로 연결된 음을 다시 개별 노트로 나눌 때 사용하는 기능입니다. 길게 연결된 노트를 세분화해 길이나 위치를 조정하고 싶을 때 유용합니다. 초보자는 Tie All과 반대 기능으로 이해하면 편하며, 노트 연결을 되돌리거나 세부 편집을 하고 싶을 때 Split All을 사용하면 됩니다.

③ Apply Legato: 노트들을 서로 겹치게 연결하여 부드럽게 이어지도록 만들어주는 기능입니다. 멜로디가 자연스럽게 이어지며, 슬라이드나 긴 음을 표현할 때 효과적입니다. 초보자 팁으로는 모든 노트를 한 번에 적용할 수 있으며, Tie와 달리 노트가 겹치도록 이어진다는 점을 이해하면 좋습니다.

④ Remove Legato: Apply Legato로 겹쳐진 노트 연결을 해제하는 기능입니다. 이 기능을 사용하면 노트가 원래 길이와 간격으로 돌아오며, Legato가 마음에 들지 않거나 부분적으로 수정할 때 유용합니다. 초보자라면 Split All과 혼동하지 않도록, Remove Legato는 단지 Legato 연결만 제거한다는 점을 기억하는 것이 좋습니다.

⑤ Resolution: 패턴의 박자 단위를 세분화할 수 있는 기능입니다. 이를 통해 노트를 더 세밀하게 나누거나 16분 음표를 32분 음표처럼 더 짧게 만들 수 있습니다. 초보자는 빠른 멜로디를 만들거나 세밀한 리듬 편집이 필요할 때 Resolution을 활용할 수 있습니다.

⑥ Length: 패턴의 길이를 한 번에 늘려주는 기능입니다. 멜로디나 베이스라인에서 패턴을 반복할 때 유용합니다. Tie나 Apply Legato와 함께 활용하면 더욱 자연스럽게 멜로디를 편집할 수 있습니다.

02 스텝 입력

 14 노트는 MIDI 건반으로 직접 입력할 수도 있습니다. 오른쪽 상단에 있는 스텝 입력 (Step Input) 버튼을 클릭하여 스텝 모드를 활성화합니다.

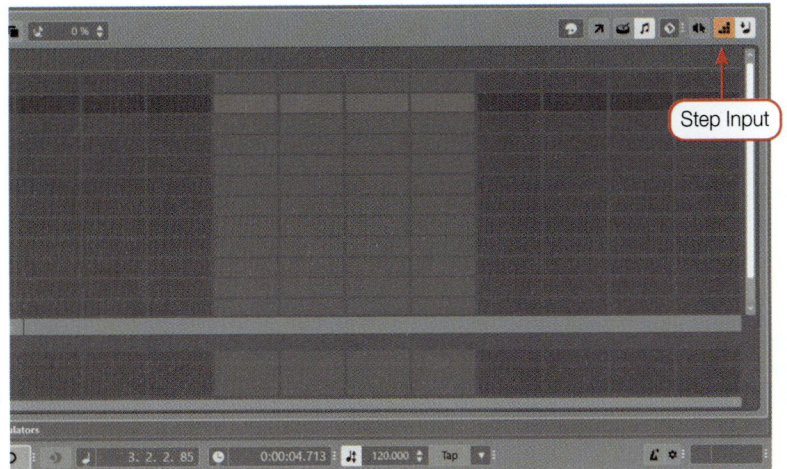

Step Input

15 스텝 모드에서는 MIDI 건반을 누르면 한 번에 한 음씩 노트를 입력할 수 있습니다. 노트 사이에 쉼표를 넣고 싶을 때는 키보드의 오른쪽 방향키를 눌러 입력 위치를 이동합니다. 또한, 건반을 누른 상태에서 오른쪽 방향키를 누르면 음 길이를 연장할 수 있습니다.

입력 위치

03 폴리 모드

인스펙터의 Poly 버튼을 선택하면 여러 음을 동시에 입력할 수 있는 폴리(Poly) 모드로 전환됩니다. 이 모드를 사용하면 한 스텝에 여러 음을 함께 입력할 수 있습니다.

패턴에 변화를 주고 싶다면 ① Variation 버튼을 클릭합니다. 큐베이스가 자동으로 패턴을 분석해 리듬이나 음의 배열을 다양하게 바꿔 줍니다. 이때 ② Density을 함께 사용하면, 패턴 안에 들어가는 노트의 개수를 늘리거나 줄여서 더 복잡하거나 간결한 리듬을 만들 수 있습니다.

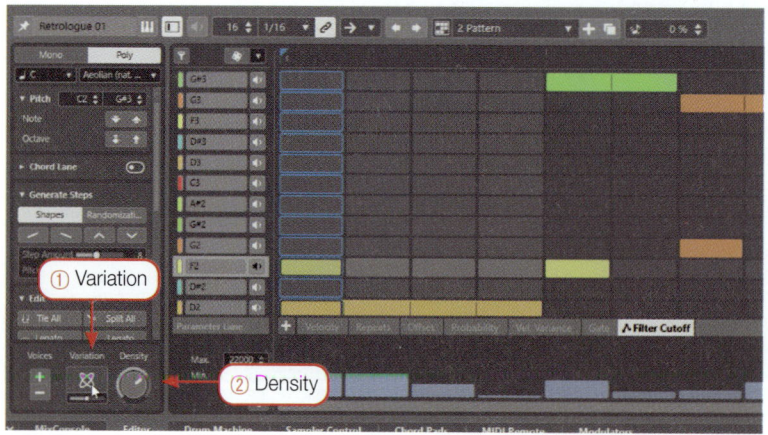

04 자동 생성

18 아이디어가 잘 떠오르지 않을 때는, Generate Steps 섹션의 Randomization 버튼을 클릭합니다. 큐베이스가 설정된 키와 음역 범위 안에서 패턴을 자동으로 생성해 줍니다. 클릭할 때마다 새로운 패턴이 만들어지기 때문에, 예상치 못한 멜로디 아이디어를 얻는 데 도움이 됩니다.

Randomization

Randomization 기능은 이름 그대로 무작위로 노트를 생성해 주는 기능입니다. 하지만 단순히 아무렇게나 만드는 게 아니라, 다음 옵션을 통해 패턴의 성격을 세밀하게 제어할 수 있습니다.

● Ties: 노트가 길게 이어질지, 짧게 끊길지를 설정합니다. 0 %는 짧은 노트만, 50 %는 짧은 노트와 긴 노트가 반반 섞인 형태, 100 %는 긴 노트만 생성합니다.

● Tie Range: 노트 길이의 최소값과 최대값을 직접 지정할 수 있습니다. 패턴 전체 길이를 넘지 않는 범위에서 조절되며, Poly Mode에서 Voices와 함께 사용하면 자동으로 코드를 만들 수도 있습니다.

● Repeats: 같은 음이 연속해서 나타날 확률을 조정합니다. 값이 높을수록 같은 음이 반복되는 패턴이 많아집니다.

● Jumps: 음이 위아래로 얼마나 넓게 이동할지를 정합니다. 값이 높으면 멜로디가 크고 역동적으로 움직이고, 값이 낮으면 부드럽고 좁은 범위 내에서 움직입니다.

19 Shapes 탭은 선택한 곡선 형태(Shape)에 따라 자동으로 멜로디를 만들어주는 기능으로, Step Amount를 통해 Shape가 몇 개의 스텝에 적용될지를 결정하고, Pitch Spread를 통해 각 스텝 사이의 음정 간격을 설정하여 음들이 얼마나 떨어져서 울릴지를 조절할 수 있습니다.

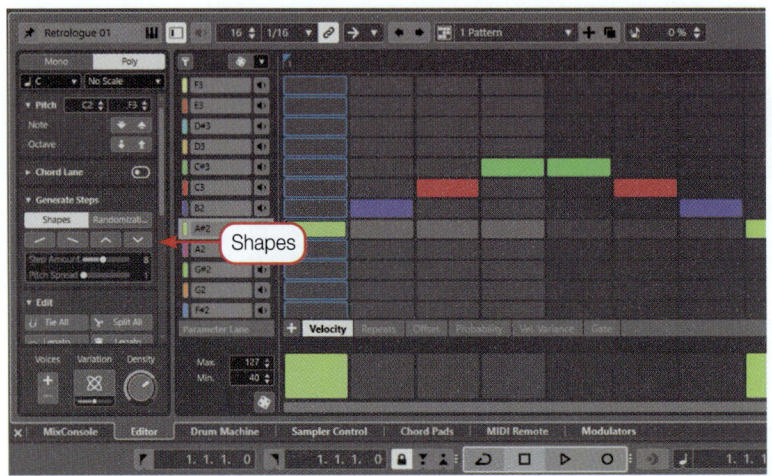

20 생성된 스텝에 스윙 리듬을 적용하려면 Swing&Offset 섹션의 ① Swing 값을 조절하면 됩니다. ② Offset은 스텝 전체를 일정한 시간 단위로 앞이나 뒤로 이동시켜 타이밍을 미세하게 조절할 수 있는 기능입니다.

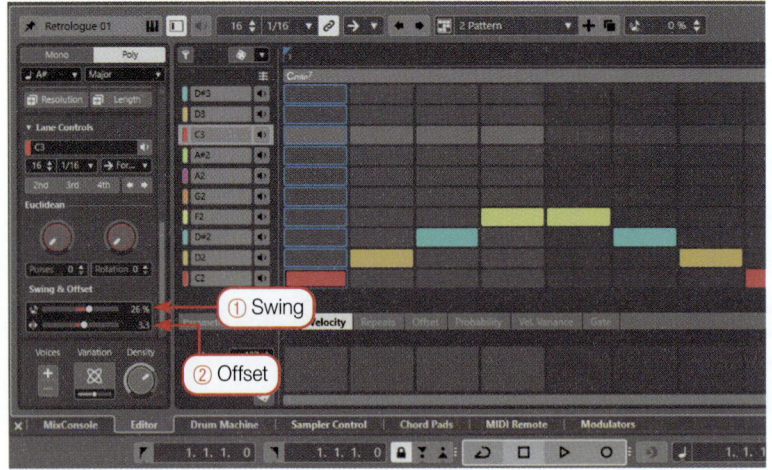

21 스텝 한 줄, 즉 피치를 담당하는 레인(Lane)에서는 선택한 레인별로 2nd, 3rd, 4th 스텝마다 음표를 자동으로 생성할 수 있는 Lane Controls 기능이 있습니다. 생성된 노트는 오른쪽의 Nudge 버튼을 사용해 좌/우로 이동시킬 수 있습니다.

Lane Controls의 옵션 구성은 다음과 같습니다.

● Number of Steps: 한 레인에 몇 개의 노트를 배치할지 결정합니다. 최대 128스텝까지 설정할 수 있으며, 스텝 수가 많을수록 더 길고 복잡한 패턴을 만들 수 있습니다.

● Step Resolution: 각 스텝의 길이를 설정합니다. 다양한 음표 길이를 선택할 수 있으며, 트리플렛(triplet)과 도트(dotted) 음표도 지원됩니다.

● Step Lane Play Direction: 스텝 레인이 재생되는 방향을 선택하는 기능으로, 패턴의 흐름

→ Forward: 처음부터 끝까지 순서대로 재생

→ Backward: 끝에서 처음까지 거꾸로 재생

→ Alternating: 앞으로 갔다가 뒤로 돌아오는 반복 재생

● Euclidean Pulses: 레인에 배치할 노트의 개수를 결정합니다.

● Euclidean Rotation: 스텝이 없을 때는 노트의 시작 위치를 조정하고, 이미 스텝이 설정되어 있을 경우에는 노트를 회전시켜 위치를 조정합니다.

05 파라미터 레인

22 스텝 아래쪽에는 노트의 Velocity와 Repeats 등의 파라미터 레인(Parameter Lane)이 제공되며, 각각 노트의 강약이나 반복 같은 세부 표현을 조절할 수 있습니다.

23 기본 제공되는 파라미터 외에, 악기에서 제공하는 파라미터는 Add 버튼을 클릭해 추가할 수 있으며, 이를 활용하면 다양한 사운드 변화를 만들 수 있습니다.

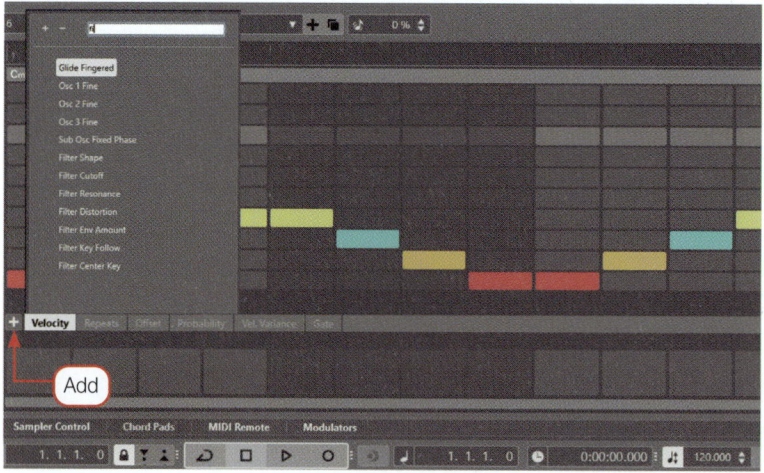

● Velocity (노트의 세기)

노트의 연주 세기를 조절하는 기능입니다. 값이 높을수록 소리가 강하고 선명하게 들리며, 값이 낮을수록 부드럽고 약하게 표현됩니다.

TIP 드럼이나 베이스처럼 강약이 중요한 악기에서 벨로시티를 조절하면 훨씬 자연스러운 연주 느낌을 만들 수 있습니다.

● Repeats (반복 횟수)

한 스텝 안에서 노트를 여러 번 반복하도록 설정할 수 있는 기능입니다. 최대 10번까지 반복할 수 있으며, 빠르게 이어지는 효과나 트릴(trill), 롤(roll) 같은 리듬을 만들 때 유용합니다.

TIP 하이햇을 세밀하게 반복하거나 드럼 롤을 표현할 때 활용할 수 있습니다.

● Offset (미세 타이밍 조정)

각 스텝의 노트가 재생되는 타이밍을 약간 앞이나 뒤로 이동시킬 수 있습니다. 이를 통해 기계적으로 딱 맞는 리듬 대신, 사람의 연주처럼 자연스러운 그루브를 만들 수 있습니다.

TIP 스네어를 약간 늦추면 느긋한 느낌이, 킥을 살짝 당기면 타이트한 리듬감을 줄 수 있습니다.

● Probability (재생될 확률)

각 스텝이 실제로 연주될 확률을 설정합니다. 값이 높을수록 재생될 가능성이 높고, 낮을수록 빠질 확률이 커집니다. 이를 활용하면 예측하기 어려운 자연스러운 리듬을 만들 수 있습니다.

TIP 적당히 조절하면 반복되는 패턴이 덜 단조롭게 들립니다.

● Velocity Variance (벨로시티 변화폭)

각 스텝의 벨로시티에 약간의 변화를 주는 기능입니다. 같은 노트가 반복되어도 세기가 조금씩 달라져 사람 손으로 연주한 듯한 느낌을 낼 수 있습니다.

TIP 하이햇이나 퍼커션 패턴에 약간의 변화폭을 주면 훨씬 자연스럽고 살아 있는 리듬을 만들 수 있습니다.

● Gate (노트 길이 조절)

노트가 얼마나 길게 연주될지를 설정하는 기능입니다. 기본적으로 스텝의 길이만큼 소리가 유지되지만, Gate 값을 줄이면 짧게 끊기고 늘리면 더 길게 이어집니다.

TIP 게이트를 짧게 하면 리듬이 타이트해지고, 길게 하면 부드럽게 이어지는 느낌을 줄 수 있습니다.

06 코드 레인

24 코드 트랙이나 코드가 포함된 MIDI 이벤트를 불러와, 현재 코드 진행에 어울리는 패턴을 만들 수도 있습니다. Chord Lane 섹션의 Chord Input 옵션을 활성화합니다.

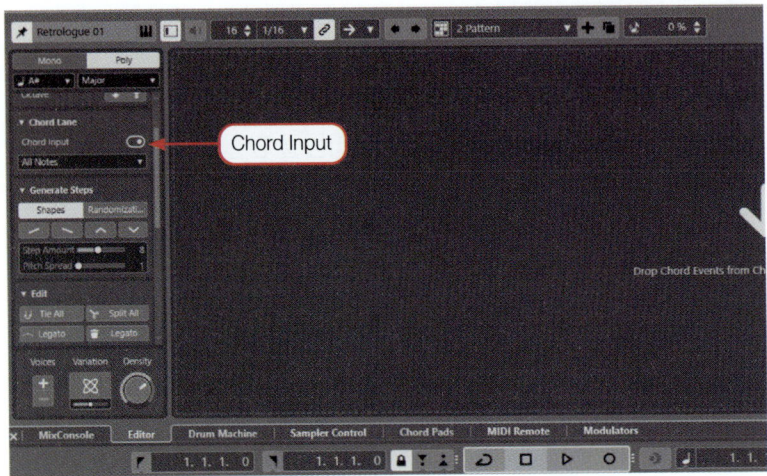

25 코드 트랙의 코드나 코드가 포함된 MIDI 이벤트를 패턴 시퀀서로 드래그하여 가져옵니다. 이를 바탕으로 베이스 라인을 만들고 싶다면 Add Voice에서 Root Notes를 선택하고, 멜로디 라인을 만들고 싶다면 Chord Notes를 선택합니다.

26 ① Pattern Management에서 New Pattern을 선택하면 새로운 패턴을 추가하거나 기존 패턴을 선택할 수 있습니다. 생성된 패턴은 ② Drag 아이콘을 프로젝트 창으로 드래그하여 적용합니다.

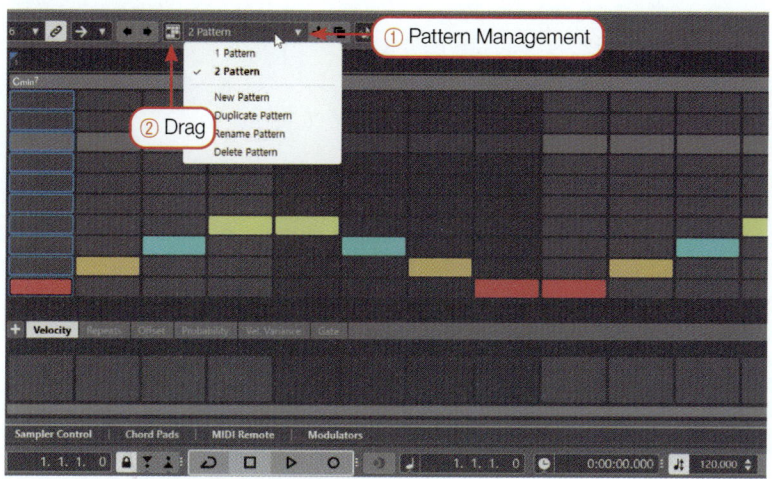

27 프로젝트에 적용한 패턴 이벤트는 언제든지 왼쪽 상단의 선택 버튼을 클릭하여 변경할 수 있습니다. 이처럼 패턴 시퀀스 기능은 음악 작업 과정에서 새로운 아이디어를 얻는 데 도움이 되는 유용한 도구입니다.

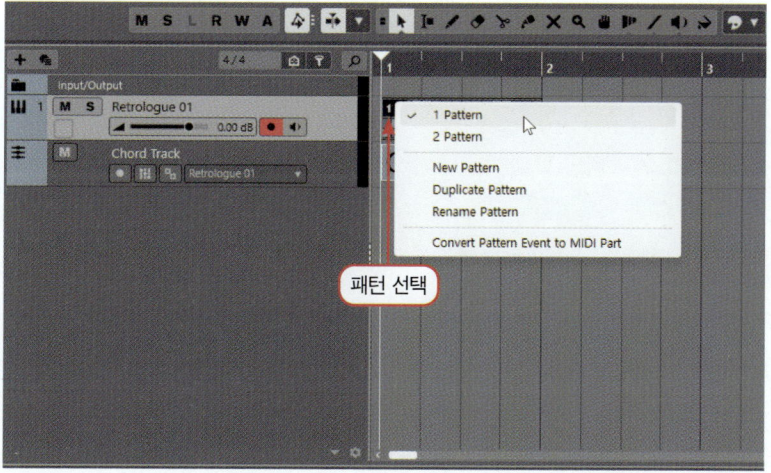

03

PART

오디오 레코딩과 편집

올바른 기술만 있다면 오디오 레코딩과 편집은 쉽고 즐거운 작업입니다. 본 파트에서는 최적의 녹음 환경 설정부터 실전 레코딩 옵션, 정교한 오디오 편집 기술까지 체계적으로 학습합니다. 또한 오디오 이펙트 활용법과 효율적인 트랙 관리를 위한 그룹핑 기법을 다루어, 녹음된 소리를 완벽한 테이크로 완성하는 노하우를 제공합니다. 이 과정을 통해 여러분의 오디오 작업 숙련도를 한 차원 더 높여보기 바랍니다.

SECTION

1.

오디오 녹음을 위한
프로젝트 설정

멋진 음악은 흔히 영감에서 시작된다고 생각합니다. 하지만 실제 음악 작업에서는 영감보다 먼저 탄탄한 준비가 필요합니다. 그 시작점은 바로 새 프로젝트를 제대로 만드는 것입니다. 이 단계가 흔들리면 녹음은 지연되고, MIDI는 엉키며, 프로젝트는 예기치 않게 사라질 수 있습니다. 결국, 그 순간의 영감마저 함께 사라지게 됩니다.

01 새 프로젝트 만들기

01 큐베이스를 실행하면, 새 프로젝트를 만들거나 이전에 작업하던 프로젝트를 불러와 이어서 작업할 수 있는 허브 창(Steinberg Hub) 이 열립니다. Create Empty 버튼을 클릭합니다. Empty(빈 프로젝트)는 아무 것도 없는 깨끗한 작업 공간을 의미하며, 이 상태에서 녹음, MIDI 작업, 편집 등 모든 음악 작업을 자유롭게 시작할 수 있습니다.

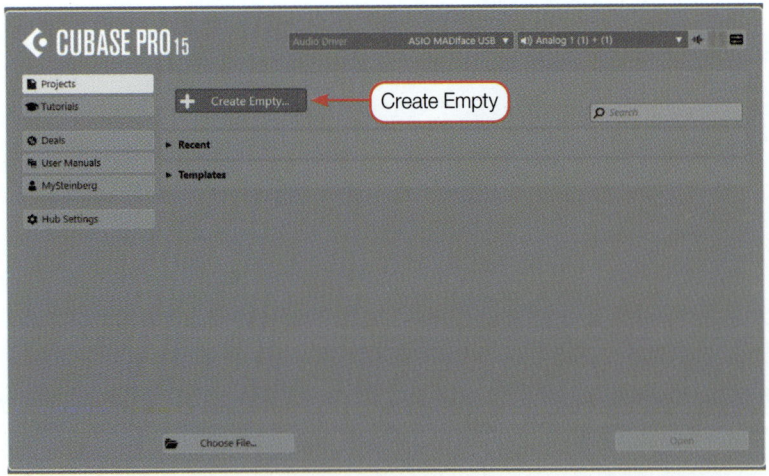

02 프로젝트를 저장할 위치를 지정하는 창이 열립니다. 큐베이스에서는 프로젝트를 폴더 별로 관리하는 것이 좋습니다. ① 새 폴더 버튼을 클릭하여 작업할 프로젝트의 곡 제목으로 폴더를 만들고, ② Select Folder 버튼을 클릭하여 해당 폴더를 선택합니다.

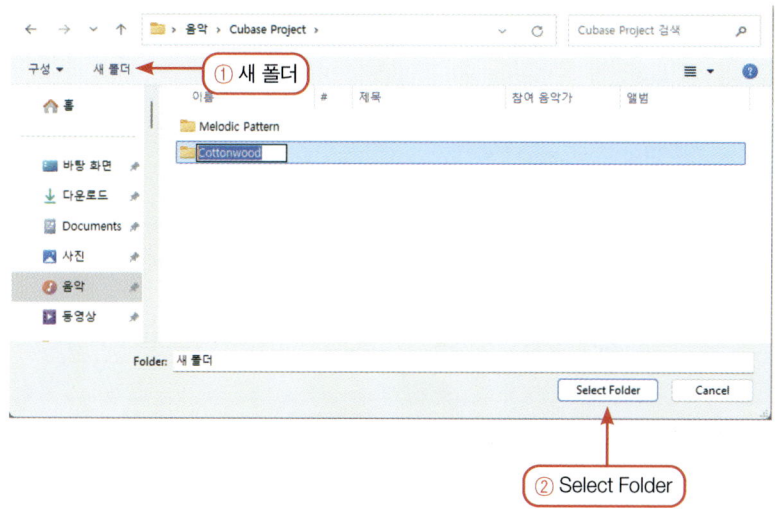

② Select Folder

03 앞의 과정은 프로젝트를 저장할 폴더 위치를 설정한 것일 뿐, 실제로 프로젝트가 저장 된 것은 아닙니다. 프로젝트를 실제로 저장하려면, File 메뉴의 Save를 선택합니다.

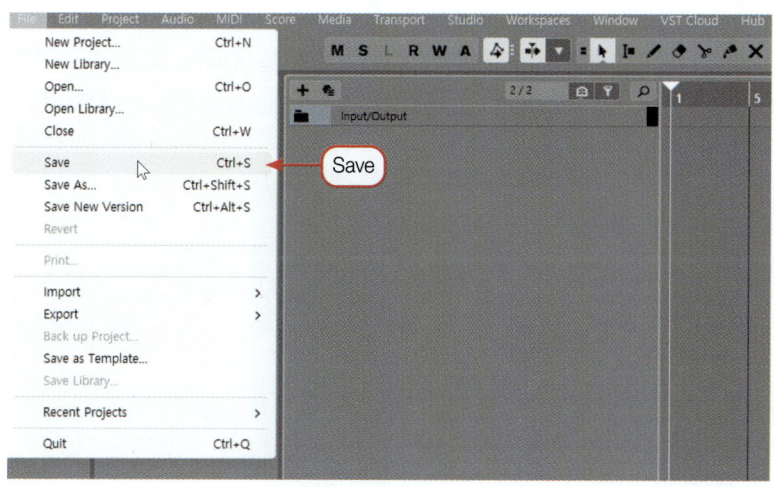

04 앞에서 지정한 폴더 위치가 열리면, File Name을 입력하여 프로젝트를 저장합니다. 보통 프로젝트 이름은 폴더 이름과 동일하게 곡 제목으로 입력하지만, 이름 끝에 Recording, Vocal, Mix, Master 등과 같이 작업 단계별 구분을 하면 편리합니다. 실제 작업을 진행할 때 단계별로 프로젝트를 나누어 관리하면, 매우 효율적입니다.

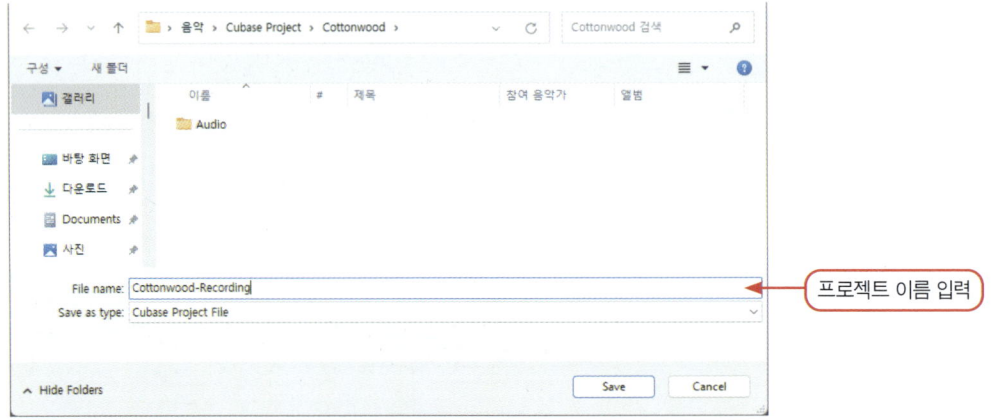

프로젝트 이름 입력

02 오디오 인터페이스 설정 확인하기

05 녹음과 편집을 제대로 하려면, 오디오 인터페이스가 올바르게 설정되어 있어야 합니다. 특히, 입력되는 소리가 늦게 들리는 현상인 레이턴시가 발생하면, 녹음이나 편집 작업이 어려워집니다. 이를 확인하고 설정하려면, Studio메뉴의 Studio Setup을 선택합니다.

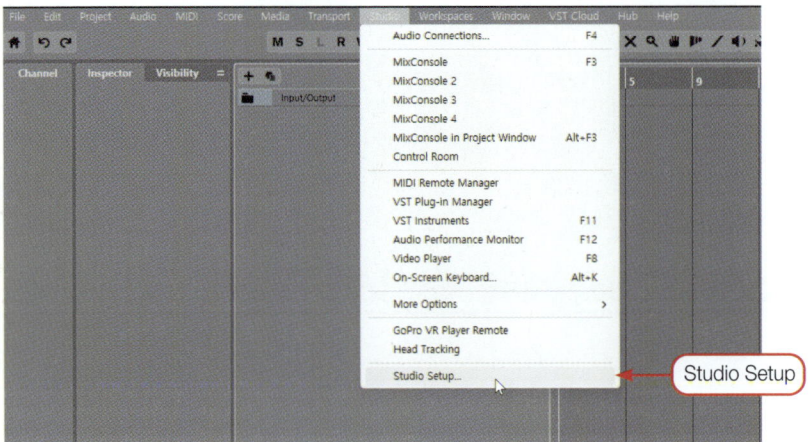

Studio Setup

06 레이턴시는 입력된 소리가 오디오 인터페이스를 거쳐 컴퓨터에서 처리된 뒤 다시 출력되기까지 걸리는 전체 지연 시간을 의미합니다. 이 지연이 길면 녹음 시 모니터링이 불편해지고, 반대로 지나치게 짧게 설정하면 컴퓨터가 실시간 처리를 감당하지 못해 소리가 끊기거나 프로젝트가 멈추는 문제가 발생할 수 있습니다.

일반적으로 전체 레이턴시가 약 30ms 이하이면 대부분의 작업에서 충분하지만, 10~20ms 정도에서도 불편함을 느끼는 민감한 사람이라면 10ms 이하로 설정해야 할 수도 있습니다. 현재 설정된 레이턴시는 Audio System 아래 ① 오디오 인터페이스 이름을 선택하면 보이는 ② Input Latency와 Output Latency의 합으로 확인할 수 있습니다.

레이턴시 값은 ③ Control Panel을 클릭해 열리는 오디오 인터페이스 설정 창에서 버퍼 사이즈(Buffer Size)를 조절하여 변경할 수 있습니다. 버퍼 사이즈가 작을수록 레이턴시는 줄어들지만 시스템 부하가 커지므로, 무조건 낮추는 것은 권장되지 않습니다. 먼저 전체 레이턴시를 30ms 이하로 설정한 뒤, 작업 중에 여전히 지연이 불편하게 느껴진다면 버퍼 사이즈를 한 단계씩 줄여 최적의 값을 찾아가는 방식을 추천합니다. 단, 원하는 레이턴시 설정에서도 소리 끊김이나 프로젝트 멈춤 현상이 지속된다면, 컴퓨터 성능이 사용자 작업을 안정적으로 처리하기에 부족한 것이므로 시스템 업그레이드를 고려할 필요가 있습니다.

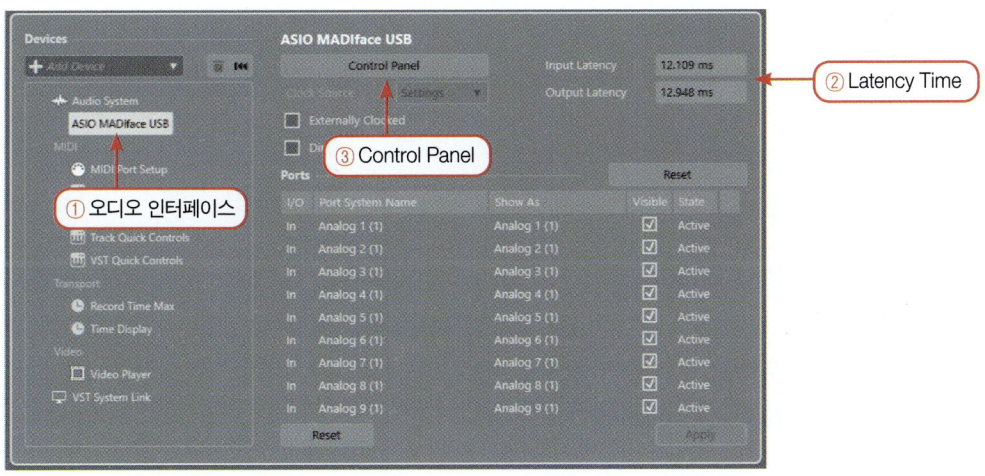

TIP Audio System 아래에 표시되는 오디오 인터페이스 이름과 Control Panel을 클릭했을 때 열리는 설정 창은 사용 중인 제품에 따라 다르게 표시됩니다.

07 이제 다시 ① Audio System 화면으로 돌아가서, Advanced Option 탭을 열어봅니다. 여기에서는 큐베이스가 오디오를 어떻게 처리할지 관련된 중요한 고급 옵션들이 있습니다. 먼저 Processing Precision을 64 bit float로 설정합니다.

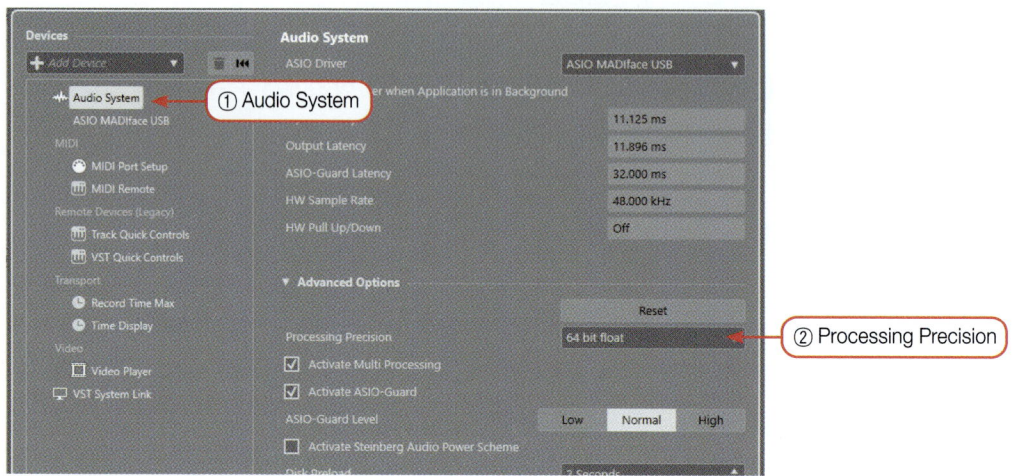

Processing Precision을 64-bit float로 변경하는 이유

Processing Precision(처리 정밀도)을 64-bit float로 설정하는 것은 프로젝트의 최종 음질을 바꾸기 위한 것이 아니라, 큐베이스가 내부에서 소리를 계산하고 섞을 때 사용하는 수치 정밀도를 높여 더 정확한 연산을 수행하도록 만드는 것입니다. 즉, 파일 자체의 품질이 좋아지는 것은 아니지만, 믹싱 과정에서 생길 수 있는 미세한 계산 오차를 줄이는 역할을 합니다.

32-bit float와 64-bit float의 차이

기본값인 32-bit float는 빠르고 메모리 사용량이 적어 대부분 상황에서 충분하지만, 정밀도 면에서는 64-bit float 보다 낮습니다. 반면 64-bit float는 훨씬 높은 정밀도로 내부 연산을 처리하기 때문에, 여러 트랙을 합치거나 플러그인을 많이 사용하는 복잡한 작업 환경에서 오차 누적을 줄이고 더 정확한 계산을 제공합니다.

정밀도가 왜 중요한가?

소리를 섞는 과정은 수많은 계산으로 이루어져 있는데, 이 과정에서 발생하는 아주 작은 반올림 오차도 여러 단계를 거치면 누적될 수 있습니다. 64-bit float는 이러한 오차를 최소화해 작은 변화나 세부적인 음색 차이를 더욱 정확하게 표현할 수 있게 해주기 때문에, 특히 대규모 프로젝트에서 이점이 큽니다.

64-bit float이 도움이 되는 상황

프로젝트에 트랙이 많거나 서브그룹, 버스, 플러그인 체인이 복잡해질수록 내부 계산량이 급격히 증가합니다. 이런 상황에서는 64-bit float로 설정했을 때 미세한 왜곡이나 연산 오류를 줄일 수 있어 더 안정적인 믹싱 환경을 제공합니다. 플러그인을 여러 개 연속으로 사용할 때에도 내부 정밀도가 높은 편이 더 유리합니다.

64-bit가 음질을 올려주는 것은 아니다

중요한 점은 64-bit float가 원본 오디오의 품질을 향상시키는 기능은 아니라는 것입니다. 녹음 자체가 좋지 않거나 플러그인 설정이 적절하지 않다면 그 문제까지 해결해주는 것은 아닙니다. 64-bit는 단지 계산 과정에서 발생하는 왜곡 가능성을 줄여 더 정확한 믹스 결과를 얻도록 돕는 기능이라고 이해하면 됩니다.

CPU 사용량 증가와 주의점

64-bit float는 더 많은 계산 자원을 사용하기 때문에 CPU 사용률이 높아지고 시스템에 부담이 증가할 수 있습니다. 소규모 프로젝트에서는 큰 차이가 없고 오히려 퍼포먼스를 낮출 수 있으므로, 프로젝트 규모나 시스템 성능에 따라 필요 여부를 판단하는 것이 좋습니다.

권장 사용 방식

작은 프로젝트에서는 32-bit float만으로도 충분하지만, 트랙이 많고 플러그인을 많이 사용하는 프로젝트라면 64-bit float로 설정하는 것이 안정적입니다. 만약 CPU 사용량이 너무 높아 결정하기 어렵다면 두 모드를 번갈아 적용하여 렌더링 결과를 비교해보는 것도 좋습니다.

Studio Setup 창을 닫기 전에 Activate Multi Processing과 Activate ASIO-Guard 옵션이 체크되어 있지 않다면 각각 체크합니다.

Activate Multi Processing

Multiprocessing은 큐베이스가 컴퓨터 CPU의 여러 코어를 동시에 사용하도록 해주는 기능입니다. CPU가 한 개만 사용되면 모든 계산을 순서대로 처리해야 하기 때문에 프로젝트가 느려질 수 있습니다. 반대로 여러 코어를 사용하면 계산을 나눠 동시에 처리할 수 있어 속도가 빨라지고, 더 많은 플러그인을 사용할 수 있습니다.

한 사람이 모든 일을 혼자 처리하는 것보다 여러 사람이 일을 나눠 동시에 처리하는 것과 같습니다. 큐베이스에서는 여러 트랙, 버스, 플러그인 계산을 동시에 처리한다고 생각하면 이해하기 쉽습니다. 이 기능은 트랙이 많거나 플러그인을 많이 사용하는 프로젝트, 실시간 모니터링 또는 녹음 중 끊김을 줄이고 싶은 경우에 특히 유용합니다. 대부분의 경우 무조건 켜두는 것이 좋습니다.

Activate ASIO-Guard

ASIO Guard는 큐베이스가 오디오 재생을 미리 계산하고 준비하도록 해주는 안정화 기능입니다. 갑작스러운 CPU 부하가 발생해도 소리가 끊기거나 프로젝트가 멈추는 현상을 줄여줍니다. 큐베이스가 미리 일을 준비해두어 갑자기 바빠져도 끊기지 않도록 도와주는 안전장치라고 할 수 있습니다.

설정 옵션은 Low, Normal, High가 있습니다.
- Low: 안정성 낮음, CPU 부담 적음, 지연 최소
- Normal: 대부분 사용자에게 적합, 안정성과 효율 균형
- High: 안정성 최고, CPU 사용량 증가

일반 프로젝트에서는 Normal을 추천하며, CPU가 빠르고 프로젝트가 매우 복잡하면 High를 선택할 수 있습니다. CPU가 느리고 단순한 프로젝트라면 Low를 사용해도 무방합니다.

03 프로젝트 설정 확인하기

08 큐베이스에서 새 프로젝트를 만들고 나면, 녹음할 오디오 품질을 결정하는 샘플레이트(Sample Rate) 와 비트 깊이(Bit Depth)를 반드시 설정해야 합니다. 이미 오디오를 녹음한 후에는 이 값을 변경해도 기존 녹음에 적용되지 않기 때문에 의미가 없습니다. Project 메뉴의 Project Setup을 선택합니다.

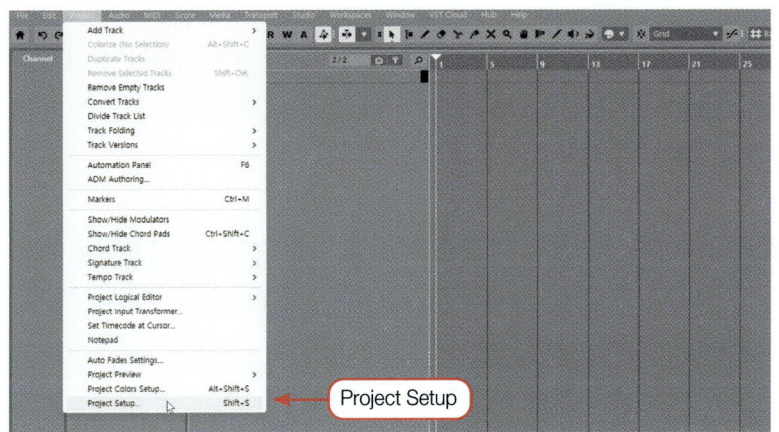

09 Record File Format 항목에서 샘플레이트와 비트 깊이를 설정합니다. 일반적으로 음악 작업에서는 Sample Rate 48 kHz와 Bit Depth 24-bit를 사용하며, 필요에 따라 32-bit float를 선택할 수도 있습니다.

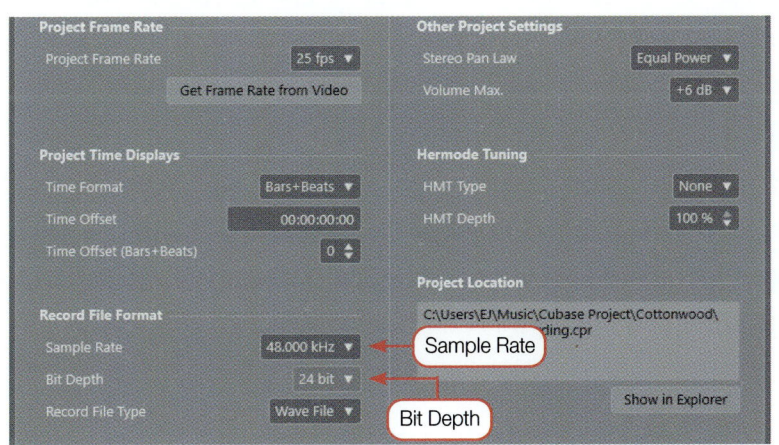

샘플레이트(Sample Rate)

샘플레이트는 디지털 오디오에서 소리를 얼마나 자주 측정(샘플링)할지를 나타내는 값입니다. 컴퓨터는 아날로그 신호, 즉 실제 연주나 목소리를 숫자로 변환하여 저장하는데, 샘플레이트가 높을수록 1초 동안 더 많은 데이터를 기록하게 됩니다. 다시 말해, 1초 동안 얼마나 자주 소리를 측정할지를 결정하는 것이 샘플레이트입니다.

예를 들어, 샘플레이트가 44.1kHz라면, 1초 동안 44,100번 소리를 측정한다는 의미입니다. 샘플링 횟수가 많을수록 실제 소리와 디지털로 기록된 소리 간의 차이가 줄어들어, 소리가 자연스럽고 디테일하게 재생됩니다. 반대로 샘플링 횟수가 적으면 소리가 거칠게 들리거나, 특히 고음 영역에서 왜곡이 발생할 수 있습니다.

샘플레이트를 높이면 소리를 더 정밀하게 기록할 수 있지만, 파일 용량이 커지고 컴퓨터 처리 부담이 증가하는 단점도 있습니다. 따라서 프로젝트의 목적과 사용 환경에 맞는 샘플레이트를 선택하는 것이 중요합니다.

음악 작업에서는 전통적으로 44.1kHz가 표준으로 사용되어 왔습니다. 44.1kHz는 CD 음질 기준으로, 대부분의 음악 제작 환경에서 충분히 좋은 품질을 제공합니다. 실제로 일반적인 스튜디오 녹음이나 믹싱 작업에서도 44.1kHz면 대부분의 소리를 문제없이 담을 수 있습니다. 최근 디지털 음원의 제작 환경에서는 48kHz가 점점 더 일반적으로 사용되고 있습니다. 이는 영상, 스트리밍, 게임 등 다양한 플랫폼과 호환성을 고려할 때 사실상 표준으로 자리 잡았기 때문입니다. 48kHz로 작업하면 음악을 영상과 함께 사용할 때 싱크 문제를 최소화할 수 있고, 최신 음원 포맷과도 호환성이 좋습니다.

한편, 영화 사운드트랙이나 고품질 오디오 제작에서는 96 kHz가 거의 표준으로 사용됩니다. 96 kHz는 매우 높은 샘플링으로 소리를 극도로 정밀하게 기록할 수 있어, 오케스트라 녹음, 영화 사운드트랙, 고해상도 음원 제작 등에서 필수적입니다. 일반 음악 작업에서는 44.1 kHz 또는 48 kHz로도 충분하며, 작업 목적과 플랫폼에 따라 적절한 샘플레이트를 선택하면 이후 변환이나 호환성 문제를 최소화할 수 있습니다.

비트 깊이(Bit Depth)

비트 깊이는 디지털 오디오에서 녹음 데이터를 얼마나 세밀하게 기록할지를 결정하는 값입니다. 샘플레이트가 1초 동안 소리를 얼마나 자주 측정할지를 결정한다면, 비트 깊이는 각 측정값을 얼마나 정밀하게 숫자로 기록할지를 결정한다고 볼 수 있습니다.

비트 깊이가 높으면 소리의 다이내믹 범위(Dynamic Range)가 넓어집니다. 다이내믹 범위란 아주 조용한 소리부터 큰 소리까지 얼마나 세밀하게 표현할 수 있는지를 나타내는 개념입니다. 비트 깊이가 낮으면 조용한 소리는 묻히고, 큰 소리는 찌그러져 왜곡될 수 있습니다. 반대로 비트 깊이가 높으면 작은 소리와 큰 소리를 모두 원래 소리에 가깝게 기록할 수 있습니다.

음악 작업에서는 16-bit도 기본적인 녹음과 재생에는 충분하며, 과거 CD 음질도 16-bit 기준으로 제작되었습니다. 하지만 최근 대부분의 스튜디오와 상업용 녹음 환경에서는 24-bit를 표준으로 사용합니다. 24-bit는 16-bit보다 훨씬 넓은 다이내믹 범위를 제공하여, 녹음 중 볼륨이 크게 변하거나 순간적으로 신호가 커져도 소리가 깨지거나 클리핑(찌그러짐)될 위험을 줄여 줍니다.

큐베이스는 32-bit float와 64-bit float를 지원합니다. 여기서 float(부동소수점)는 컴퓨터가 소리를 계산할 때 매우 넓은 범위와 높은 정밀도로 처리할 수 있도록 하는 방식입니다. 32-bit float로 녹음하면, 볼륨을 크게 조절하거나 믹싱을 반복해도 소리가 깨질 위험이 거의 없습니다. 64-bit float는 이론상 더 높은 정밀도를 제공하지만, 파일 용량과 컴퓨터 처리 부담이 크므로 일반 음악 작업에서는 거의 사용되지 않습니다.

한편, 정수형 32-bit 녹음을 실제로 사용하려면 오디오 인터페이스가 32-bit 입력을 지원해야 합니다. 대부분의 인터페이스는 24-bit 까지만 입력을 제공하므로, 실무에서는 24-bit 또는 32-bit Float로 프로젝트를 설정하여 녹음하는 것이 가장 안정적이고 효율적입니다.

적절한 비트 깊이를 설정하면 녹음, 편집, 믹싱 과정에서 소리 손실이나 왜곡 없이 안정적인 작업 환경을 유지할 수 있습니다. 프로젝트를 시작할 때 이 원리를 이해하고 설정하면, 이후 작업 과정에서 불필요한 변환이나 품질 저하 문제를 최소화할 수 있습니다.

오디오 레코딩을 위한
입력 설정

오디오를 녹음할 때 가장 중요하게 신경 써야 할 것 중 하나가 바로 입력 레벨(Input Level)입니다. 입력 레벨이란 악기나 마이크에서 나오는 소리가 오디오 인터페이스를 거쳐 컴퓨터로 들어올 때, 그 소리를 얼마나 크게 받아들이는지를 정하는 값입니다. 이 설정이 잘못되면 녹음 품질이 크게 나빠질 수 있습니다.

01 녹음 레벨 설정하기

 빈 프로젝트의 트랙 리스트에서 마우스 오른쪽 버튼을 눌러 Add Audio Track 메뉴를 선택하면 새로운 오디오 트랙이 생성됩니다.

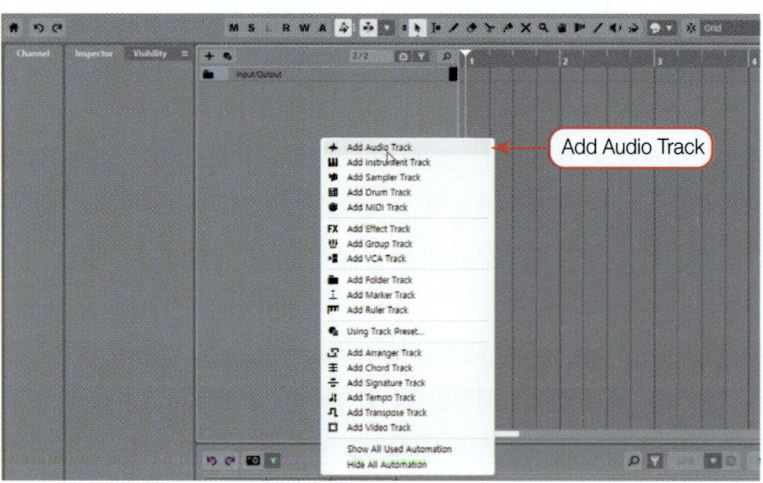

02 Add Track 창이 열리면 Audio Inputs 항목에서 녹음할 소스가 연결되어 있는 오디오 인터페이스의 입력 단자를 선택합니다. 마이크나 기타처럼 하나의 채널로 들어오는 소리는 Mono를 선택하고, 신디사이저처럼 좌우 두 채널로 출력되는 소리는 Stereo 포트를 선택하면 됩니다.

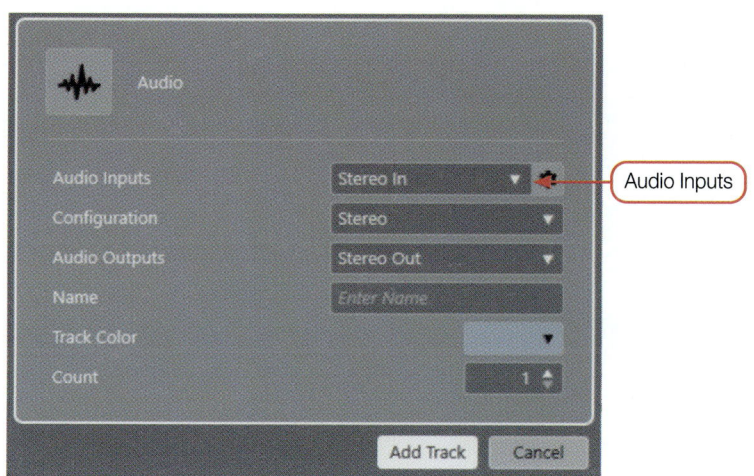

03 로우 존의 MixConsole 탭을 선택하면 레벨을 확인할 수 있는 믹스 콘솔이 열립니다. 녹음 레벨은 가급적 크게 설정하는 것이 좋지만, 클리핑 경고를 나타내는 빨간색 표시가 뜨면 안 됩니다. 클리핑은 소리가 너무 커서 신호가 찌그러지고 있다는 뜻입니다.

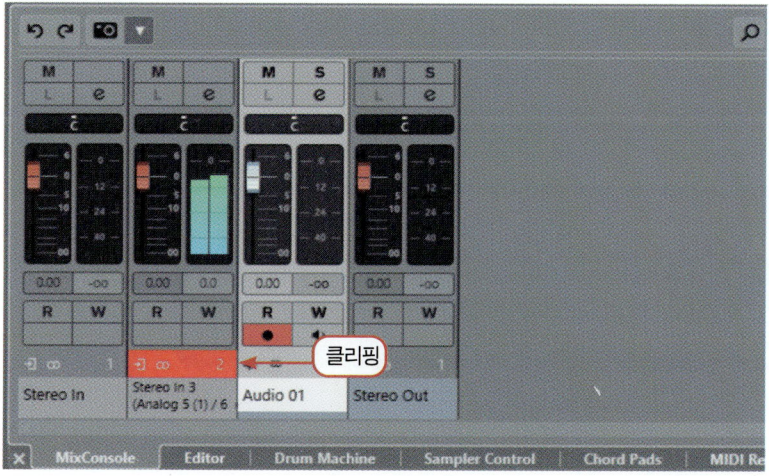

249

04 결국 입력 레벨은 보컬이나 연주자가 가장 크게 소리를 낼 때도 클리핑이 발생하지 않는 범위 안에서 설정해야 합니다. 그러나 실제 녹음 상황에서는 예상하지 못한 변수로 인해 순간적으로 소리가 더 커질 수 있습니다. 이러한 상황에 대비하기 위해 약간의 여유를 두는 것이 필요하며, 이를 헤드룸(Headroom)이라고 합니다. 일반적으로 녹음 시에는 -3dB에서 -6dB 정도의 헤드룸을 확보하는 것이 권장됩니다.

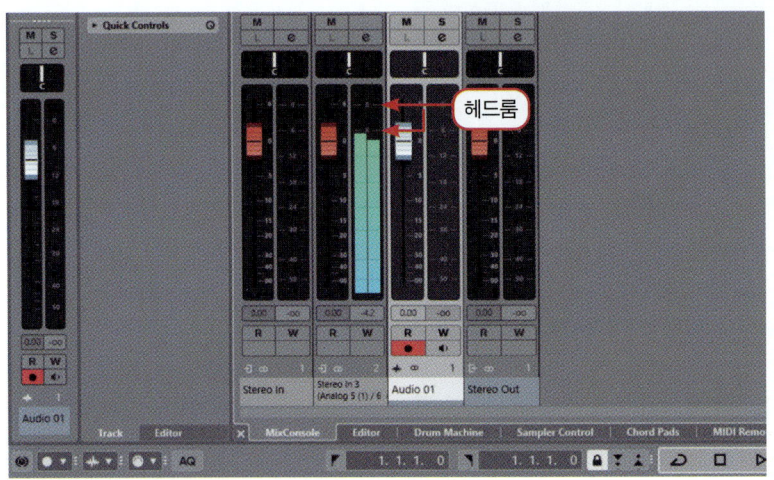

05 녹음 레벨은 오디오 인터페이스에 있는 입력 게인 노브를 돌려 조정합니다. 제품에 따라 각 입력 포트마다 개별적으로 게인을 조절할 수 있는 노브가 있는 경우도 있고, 하나의 노브로 여러 입력 포트를 제어하는 방식도 있으며, 별도의 소프트웨어를 통해 조정하는 제품도 있습니다. 이는 제품마다 다르므로, 정확한 사용법은 해당 오디오 인터페이스의 설명서를 참고하는 것이 좋습니다. 또한 대부분의 오디오 인터페이스에는 클리핑 발생 여부를 알려주는 LED 표시등이 있으므로, 입력 레벨을 조절할 때 이를 확인해도 됩니다.

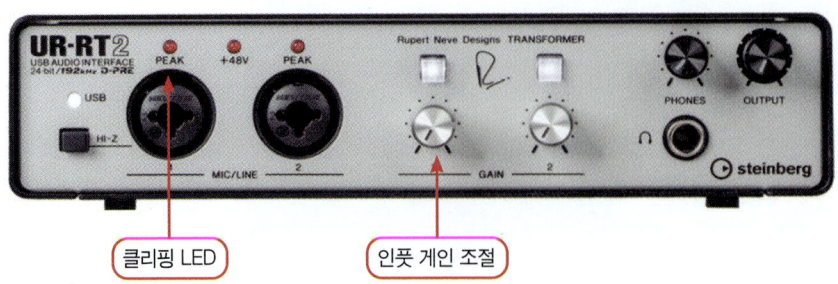

02 레코딩 모니터

06 집에서 마이크 녹음을 할 때는 모니터 스피커를 끄거나 볼륨을 줄이고 헤드폰을 사용해야 합니다. 이는 스피커에서 나온 소리가 다시 마이크로 들어가면 피드백이 발생해 녹음 소리가 깨지거나 전체적으로 엉망이 될 수 있기 때문입니다. 헤드폰은 오디오 인터페이스에 있는 헤드폰 단자에 연결해 사용하면 됩니다.

헤드폰 연결

07 음악 작업에서 보컬까지 혼자서 모두 진행하는 싱어송라이터라면 큰 문제가 없지만, 친구와 함께 녹음을 진행하는 경우에는 두 개 이상의 헤드폰을 동시에 사용해야 합니다. 이럴 때는 여러 대의 헤드폰을 한 번에 연결할 수 있는 헤드폰 앰프(분배기)가 필요합니다. 헤드폰 앰프는 제품에 따라 오디오 인터페이스의 라인 아웃(Line Out)에 연결해 사용하는 방식도 있으므로, 구입 시에는 연결 방식과 지원 기능을 미리 확인하는 것이 좋습니다.

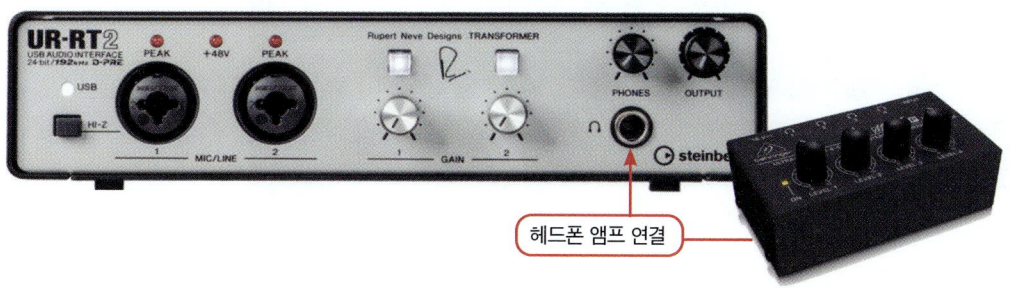

헤드폰 앰프 연결

08 녹음할 때 소리를 들으면서 작업하는 방법에는 크게 두 가지가 있습니다. 다이렉트 모니터링(Direct Monitoring) 과 소프트웨어 모니터링(Software Monitoring) 입니다. 실습을 위해 채널 스트립 패널의 인서트(Insert) 항목에서 Reverb를 선택합니다.

09 그림에 표시된 리버브는 REVelation입니다. 프리셋 목록에서 보컬에 가장 많이 사용되는 Plate Reverb를 선택합니다.

10 트랙의 모니터 버튼을 활성화하면 리버브가 적용된 소리를 들을 수 있습니다. 이것이 소프트웨어 모니터링 방식입니다. 입력된 소리를 오디오 인터페이스를 통해 컴퓨터로 보내고, 큐베이스에서 이펙트 처리를 한 뒤 다시 출력하는 방식입니다. 이 방식의 가장 큰 장점은 녹음 중에도 이펙트가 적용된 소리를 그대로 들을 수 있다는 점입니다.

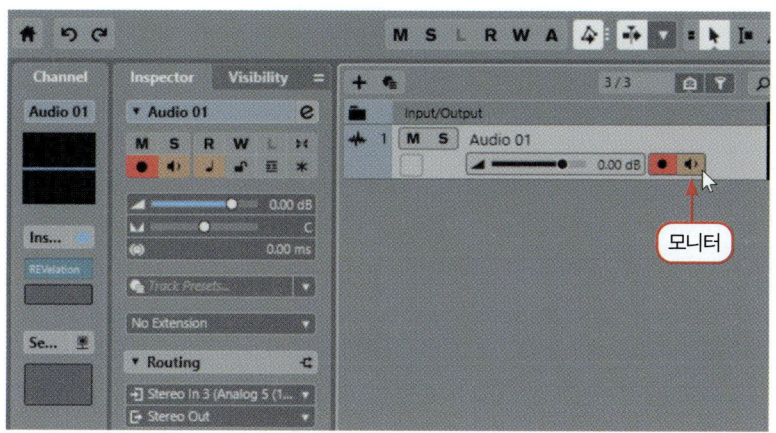

모니터

11 반면 소프트웨어 모니터링의 가장 큰 단점은 컴퓨터 성능에 따라 레이턴시가 발생할 수 있다는 점입니다. 이는 소리가 컴퓨터로 들어가 처리된 뒤 다시 출력되기까지 시간이 걸리면서, 연주한 순간보다 약간 늦게 들리는 현상을 말합니다. 이러한 문제를 해결할 수 있는 방법이 다이렉트 모니터링입니다. 이를 설정하기 위해 상단 메뉴에서 Studio 메뉴의 Studio Setup을 선택합니다.

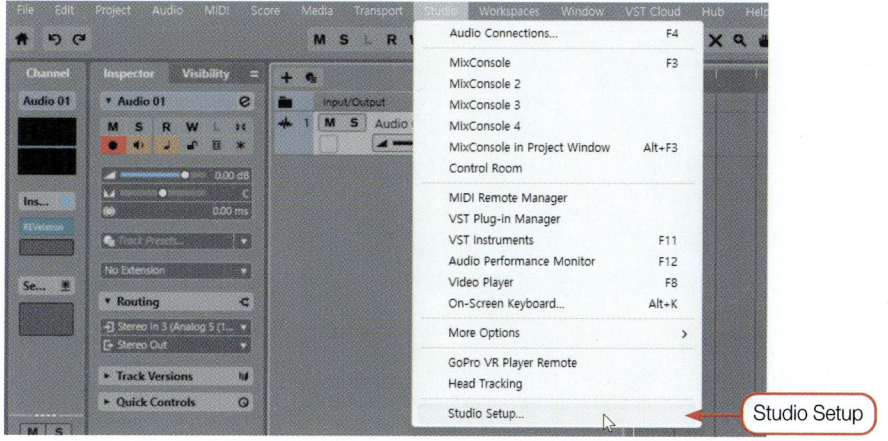

Studio Setup

12 Audio System 아래쪽에 있는 오디오 인터페이스 페이지에서 Direct Monitoring 옵션을 체크하면 다이렉트 모니터링을 사용할 수 있습니다. 다이렉트 모니터링은 마이크나 악기에서 입력된 소리를 컴퓨터를 거치지 않고 오디오 인터페이스가 직접 헤드폰이나 스피커로 보내주는 방식으로, 레이턴시가 거의 없는 것이 특징입니다.

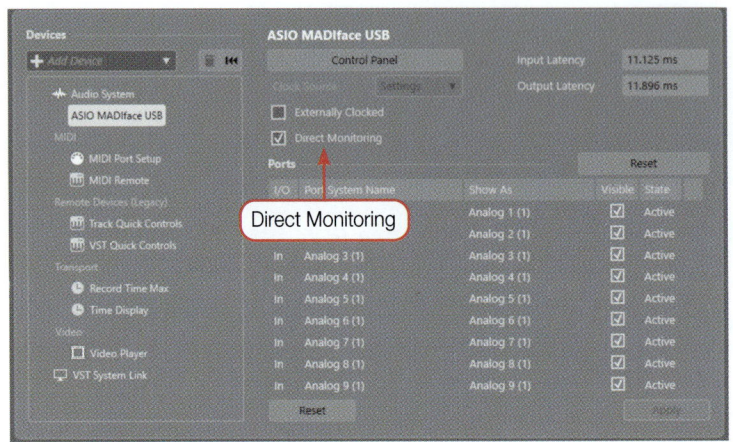

13 하지만 다이렉트 모니터링에는 단점도 있습니다. 이 방식은 소리가 큐베이스로 들어가기 전에 바로 출력되기 때문에, 트랙에 삽입한 이펙트가 적용된 소리를 들으면서 녹음할 수 없다는 점입니다. 이러한 경우에는 오디오 인터페이스에서 제공하는 DSP Effects를 사용합니다. 사용 방법은 제품마다 다르므로, 해당 제품의 설명서를 참조합니다.

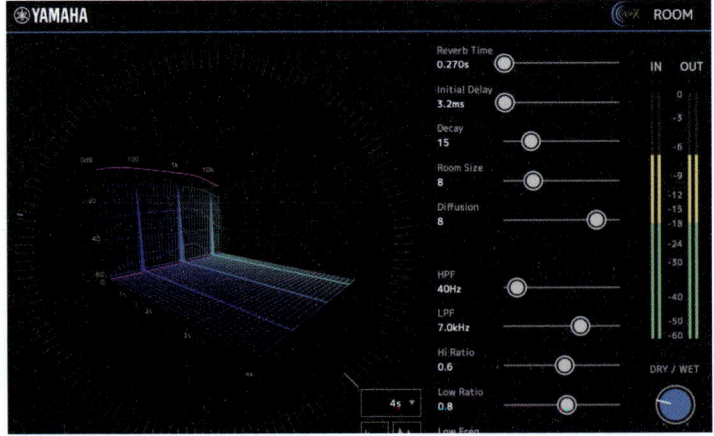

▲ YAMAHA UR-C의 DSP-Effects

03 입력 설정

14 큐베이스는 오디오 트랙을 만들 때 오디오 인터페이스의 입력(Audio Input)을 선택할 수 있습니다. 이때 선택한 입력은 해당 트랙에 고정되며, 트랙이 만들어진 이후에는 Input Routing에서 다른 입력으로 변경할 수 없습니다.

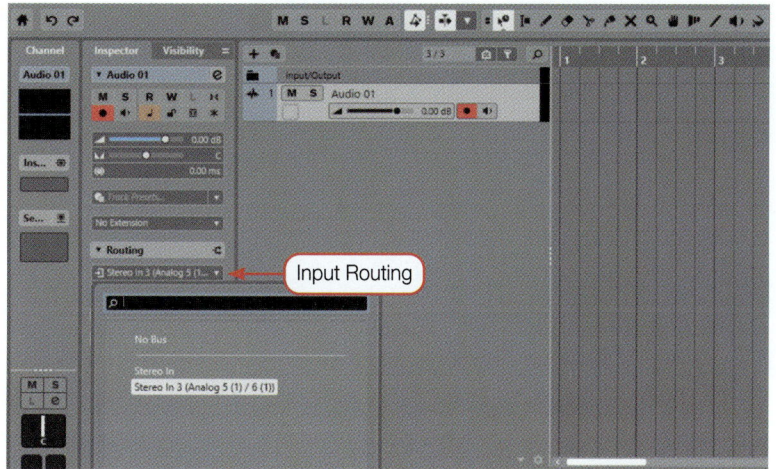

Input Routing

15 하지만 실제로 작업을 하다 보면 마이크나 악기를 다른 입력 포트에 연결해야 하는 경우가 자주 발생합니다. 이런 상황에 대비하려면, 입력 포트를 미리 설정해 두는 것이 필요합니다. Studio 메뉴의 Audio Connections를 선택하거나, 키보드의 F4 키를 누릅니다.

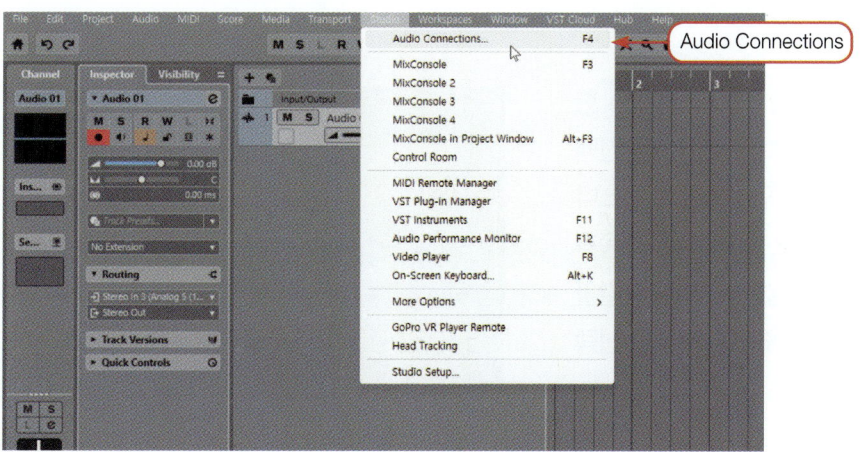

Audio Connections

16 Input 뿐만 아니라 Outputs, Control Room 등 다양한 오디오 환경을 설정할 수 있는 Audio Connections 창이 열립니다. Inputs은 기본적으로 1-2번 Stereo In 포트가 설정되어 있으며, Add Bus 버튼을 클릭하면 새로운 오디오 입력 포트를 추가할 수 있습니다.

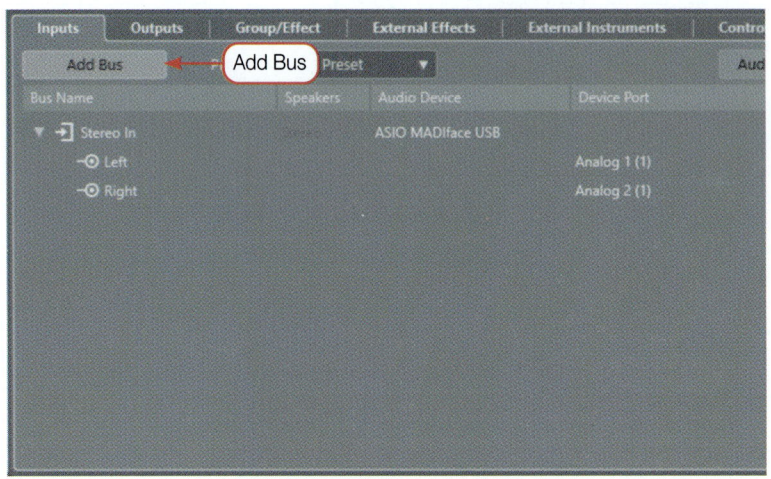

17 새로운 입력 포트를 추가하면, 해당 입력 포트에 연결된 장치를 쉽게 구분할 수 있도록 이름(Name)과 구성(Configuration)을 선택하는 창이 열립니다. 오디오 인터페이스에 연결된 장치가 항상 고정되어 있다면 Name 항목에 Mic, Guitar처럼 장치 이름을 입력하는 것이 좋고, 연결하는 장치가 자주 바뀌는 경우에는 포트 번호를 이름으로 사용하는 것이 더 알아보기 쉽습니다. 입력 포트의 이름은 나중에 언제든지 변경할 수 있으므로 부담 없이 설정해도 됩니다.

여기서 중요한 설정은 Configuration 항목에서 Mono 또는 Stereo 구성을 선택하는 것입니다. 어떤 구성을 선택하느냐에 따라 이후 오디오 트랙에서 사용할 수 있는 입력 방식이 결정되므로, 연결할 장치의 특성에 맞게 올바른 구성을 선택합니다.

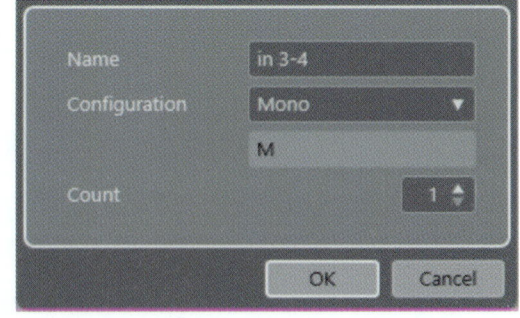

18 생성된 입력 포트의 이름은 언제든지 Bus Name 항목을 더블 클릭하여 변경할 수 있으며, 실제로 사용할 오디오 인터페이스의 입력 단자는 Device Port 목록에서 선택합니다. Mono 포트와 Stereo 포트는 같은 입력 단자를 사용하더라도 중복으로 생성할 수 있기 때문에, 사용 중인 오디오 인터페이스의 입력 포트 수에 맞게 Mono와 Stereo 입력을 모두 미리 만들어 두면 작업할 때 매우 편리합니다.

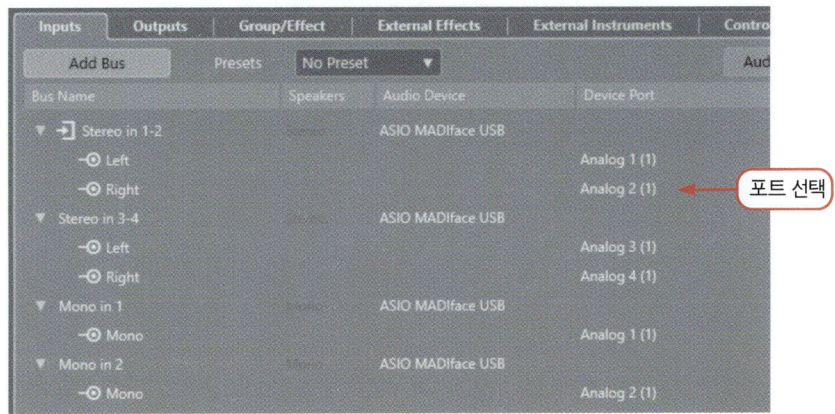

19 인스펙터 패널의 Input Routing 항목을 보면, Audio Connections에서 설정한 입력 (Input) 목록이 나열되어 있는 것을 확인할 수 있습니다. 이렇게 미리 입력 포트를 설정해 두면, 오디오 트랙을 생성한 후에도 Input Routing에서 입력을 변경할 수 있어 작업 중 입력 포트를 바꿔야 하는 상황에도 유연하게 대응할 수 있습니다.

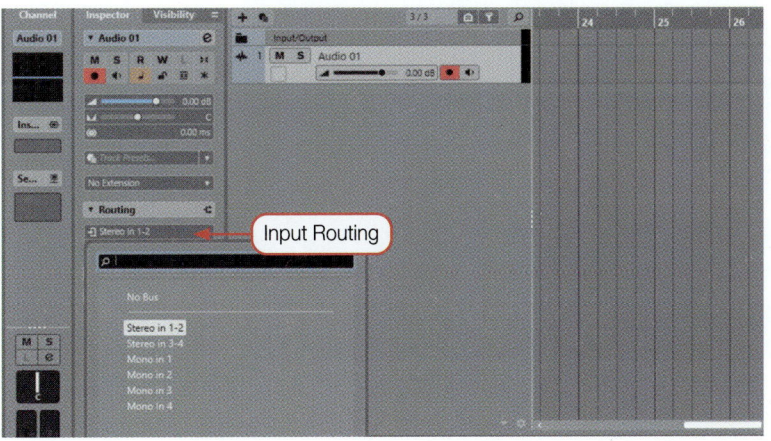

오디오 레코딩 모드,
테이크 관리 실무

오디오 레코딩 작업에서는 녹음 방식에 대한 이해가 작업의 효율과 결과물의 완성도에 큰 영향을 미칩니다. 연주를 여러 번 반복하며 최적의 테이크를 선택해야 하는 경우도 있고, 기존 녹음을 덮어쓰거나 이전 녹음을 이어서 진행해야 하는 상황도 발생합니다. 이러한 다양한 작업 환경에 효과적으로 대응하기 위해서는 각 레코딩 모드의 특징과 활용 목적을 정확히 이해하는 것이 중요합니다.

01 Keep Histroy

01 오디오를 녹음할 때 사용되는 기본 녹음 모드는 Keep History입니다. 이 모드는 사용자가 녹음한 모든 이력을 삭제하지 않고 유지하는 방식으로, 같은 위치에서 녹음을 여러 번 반복하더라도 이전에 녹음한 내용이 자동으로 지워지지 않고 모두 보존됩니다. 프로젝트에 설정된 레코딩 모드는 오디오 레코딩 모드 버튼을 클릭하여 확인할 수 있습니다.

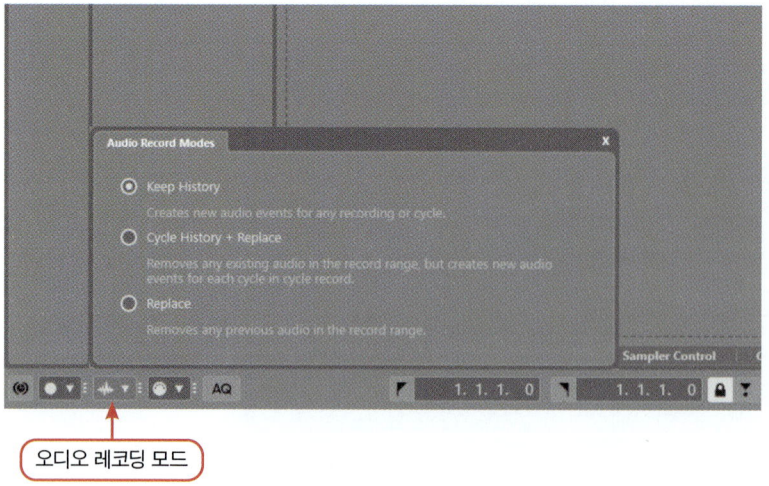

오디오 레코딩 모드

02 일반적으로 팝 연주자들은 메트로놈보다는 드럼 리듬에 맞추어 연주하는 것을 선호합니다. 이러한 이유로 녹음을 진행하기 전에 드럼 연주를 대신할 수 있는 악기 트랙을 먼저 준비하는 것이 효과적입니다. 트랙 리스트에서 마우스 오른쪽 버튼을 클릭하여 단축 메뉴를 연 뒤, Add Instrument Track을 선택합니다.

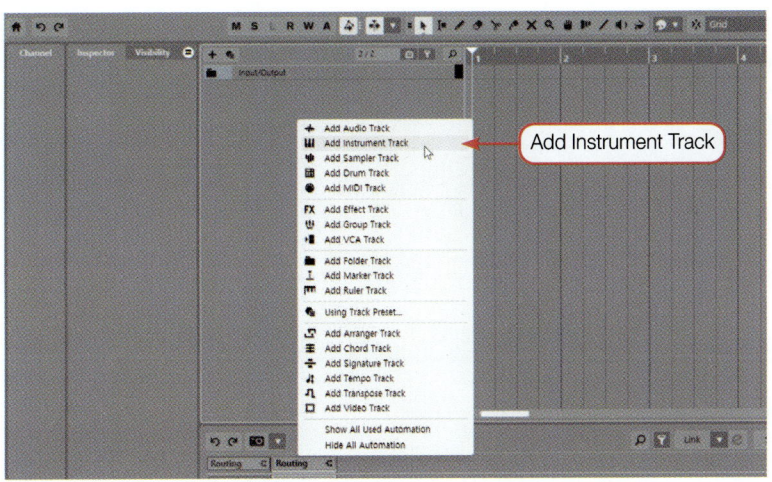

03 Add Track 창이 열리면 Instrument 항목에서 Groove Agent SE를 선택하여 트랙을 생성합니다.

04 Groove Agent SE에서 드럼 키트를 불러온 후 ① Player 탭을 선택하면, 곡의 섹션별로 구성된 패드를 확인할 수 있습니다. Verse나 Chorus와 같이 자신의 연주에 생동감을 더해 줄 수 있는 리듬을 선택합니다. 그리고 ② Follow Transport 옵션을 활성화하여 프로젝트 재생과 함께 드럼 패턴이 자동으로 재생되도록 설정합니다.

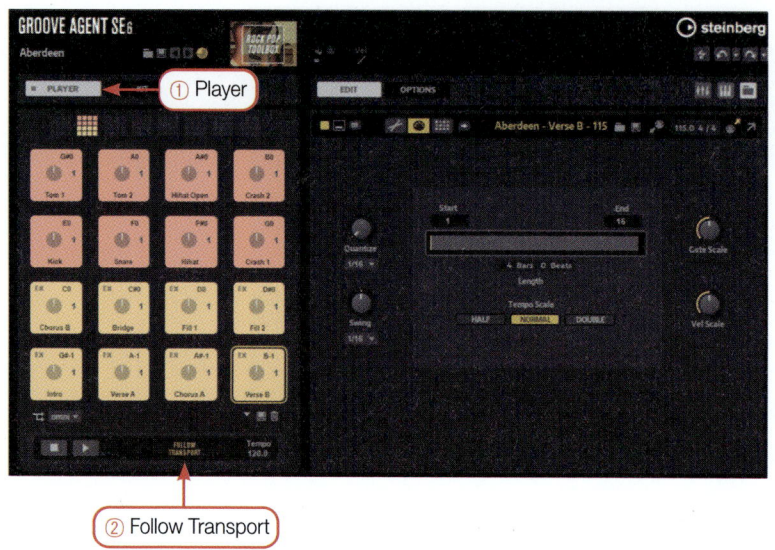

05 오디오 녹음을 진행할 때는 연주 전에 박자를 느낄 수 있는 예비박이 반드시 필요합니다. 이것 역시 카운트-인 대신 드럼 연주를 활용하기 위해 프로젝트의 시작 마디를 0마디로 설정할 수 있습니다. Project 메뉴에서 Project Setup을 선택합니다.

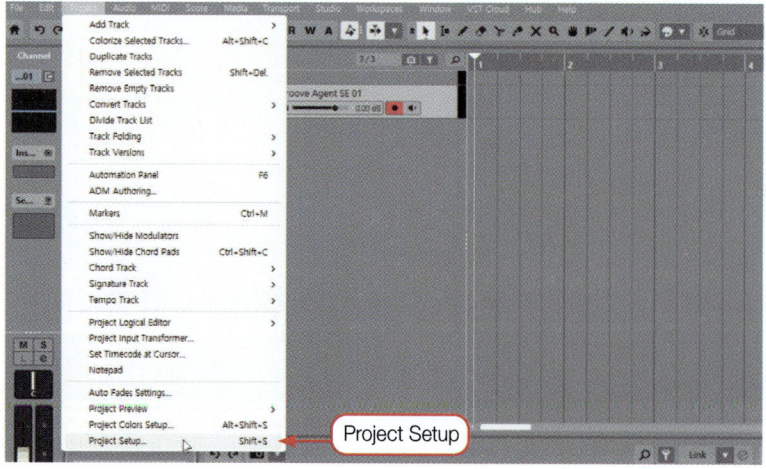

06 Project Time Displays 영역의 Time Offset 항목에서 예비박으로 사용할 마디 수를 설정할 수 있습니다. 이 값을 1로 설정하면 프로젝트의 시작 마디가 0마디로 표시되며, 2 이상으로 설정할 경우 시작 마디는 -1, -2와 같이 음수 마디부터 표시됩니다.

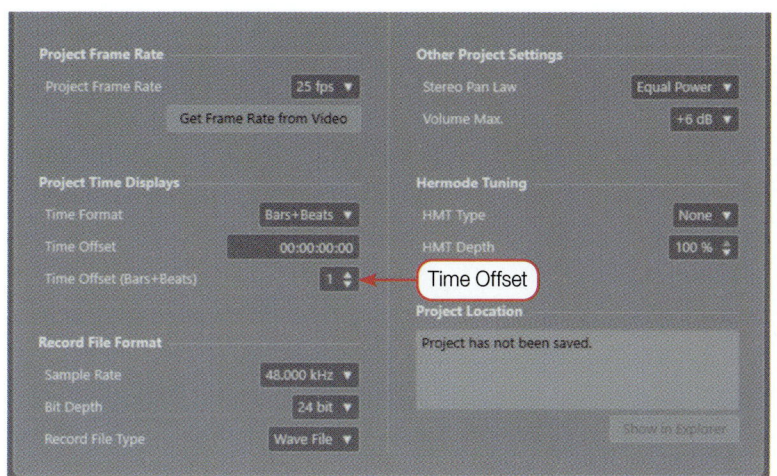

07 녹음을 진행하면 생성되는 오디오 이벤트는 트랙 이름과 색상을 기준으로 생성됩니다. 따라서 녹음을 시작하기 전에 트랙 ① 이름 항목을 더블 클릭하여 이름을 변경하고, Alt 키를 누른 상태로 ② 색상 항목을 클릭하여 트랙 색상을 미리 설정합니다.

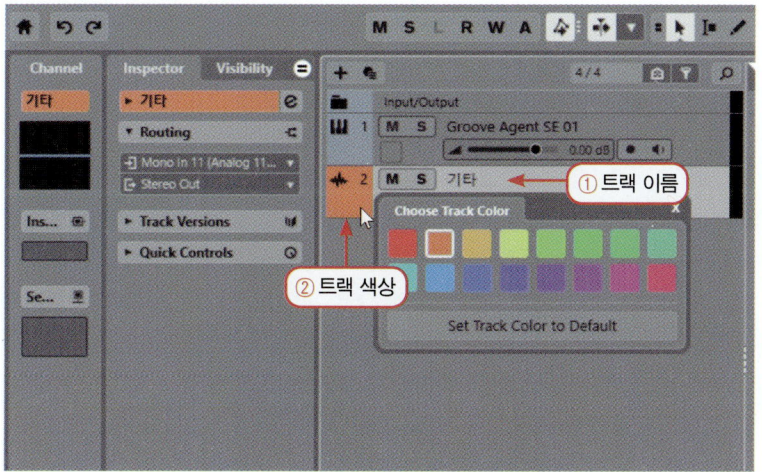

08 녹음을 시작하기 전에 반드시 악기의 튜닝 상태를 점검해야 합니다. 큐베이스에서는 외부 튜너를 사용하지 않더라도 플러그인을 이용해 간편하게 튜닝을 확인할 수 있습니다. Insert 슬롯에서 Tools 카테고리의 Tuner 플러그인을 선택합니다.

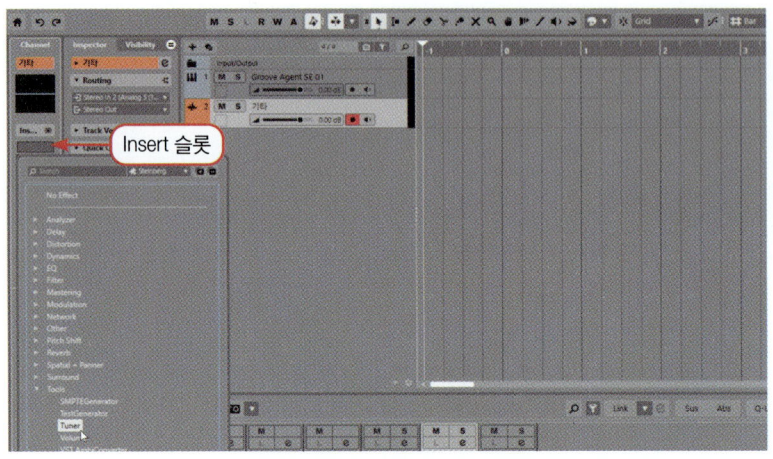

09 트랙의 모니터 버튼을 활성화한 뒤 악기의 튜닝 상태를 점검합니다. 튜닝 확인이 끝나고, 녹음 시 별도의 플러그인을 사용하지 않는 경우에는 레이턴시 방지를 위해 모니터를 비활성화하는 것이 좋습니다. 그리고 악기를 가장 크게 연주했을 때도 입력 레벨이 -3dB에서 -6dB 정도의 헤드룸을 유지하도록 입력 볼륨을 조절합니다. 모든 준비가 완료되면 프로젝트의 템포를 설정합니다.

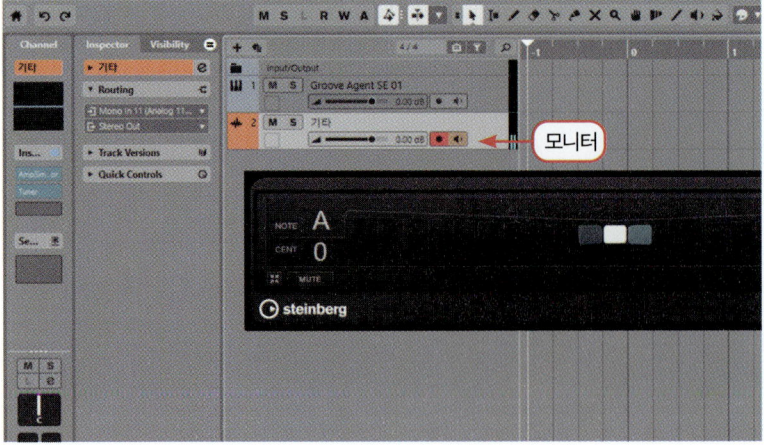

10 키보드 숫자 패드의 별표(*) 키를 눌러 녹음을 시작합니다. 녹음을 중지하려면 0번 키를 누릅니다. 다시 녹음을 시도할 경우에는 0번 키를 눌러 녹음을 시작했던 위치로 이동한 뒤, 기존 이벤트를 유지한 상태에서 그 위로 다시 녹음할 수 있습니다. 이때 이벤트에는 녹음한 테이크 번호가 표시되어, 여러 번 시도한 녹음을 쉽게 구분할 수 있습니다.

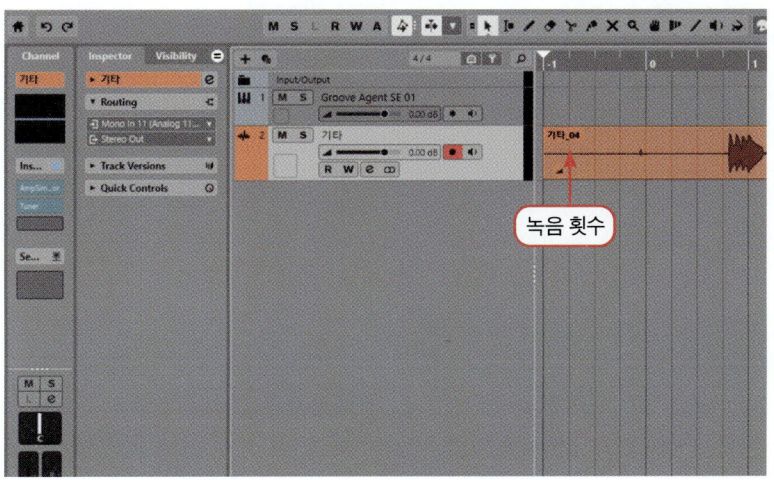

11 Delete 키로 이벤트를 삭제하거나 Ctrl+Z 키로 녹음을 취소하지 않은 경우, 녹음한 여러 이벤트 중에서 마음에 드는 테이크를 최종적으로 선택할 수 있습니다. 트랙 리스트 하단에 위치한 톱니 모양의 트랙 컨트롤 버튼을 클릭합니다.

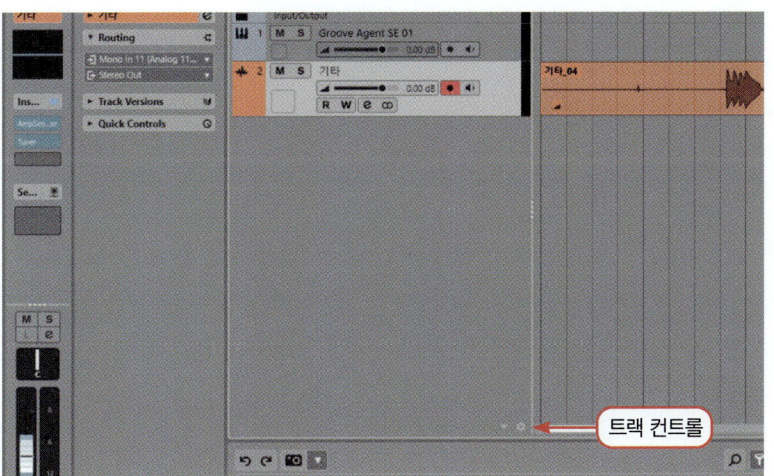

12 트랙 컨트롤을 구성할 수 있는 창이 열립니다. 왼쪽의 Hidden Controls 목록에서 Lane Display Type 항목을 선택한 뒤 Add 버튼을 클릭하여 오른쪽의 Visible Controls 목록에 추가합니다.

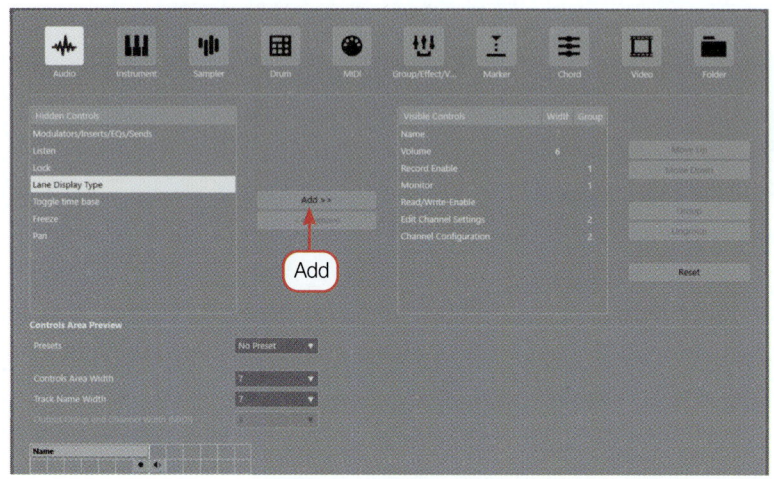

13 트랙에 추가된 ① 레인 버튼을 클릭하면 반복 녹음된 이벤트들을 확인할 수 있습니다. 이 상태에서 ② 컴핑 도구를 사용하면 여러 테이크 중에서 가장 마음에 드는 연주를 선택할 수 있습니다.

02 Replace / Re-record

01 오디오 레코딩 모드에서 Replace를 선택하면, 기존 이벤트 위에 새로운 녹음을 덮어 쓰는 방식으로 녹음이 이루어집니다. 이 모드는 기존 연주 중 마음에 들지 않는 구간을 다시 녹음하여 수정할 때 주로 사용됩니다.

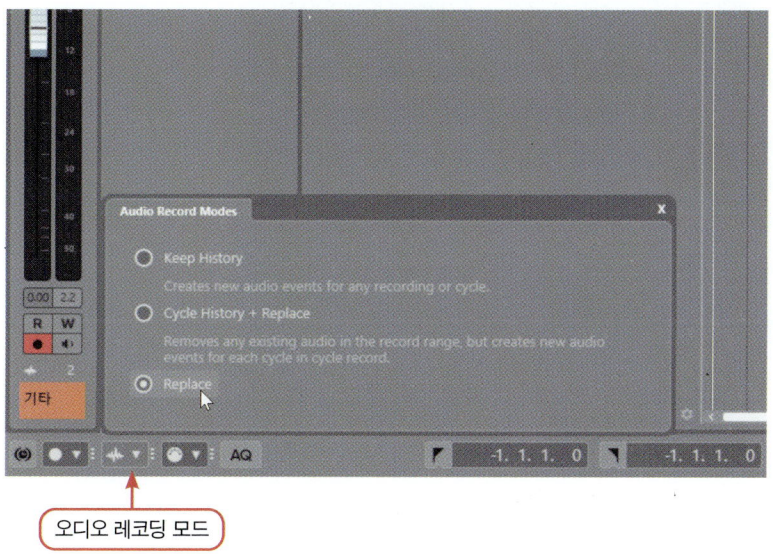

오디오 레코딩 모드

02 기존 이벤트 위에서 녹음을 시도하면 새로운 이벤트로 교체되어 해당 구간이 수정되는 것을 확인할 수 있습니다.

새로 녹음

03 다만, 큐베이스는 비파괴 편집 방식을 사용하기 때문에 기존 이벤트가 실제로 삭제되는 것은 아닙니다. 이벤트의 아래쪽 모서리에 표시된 핸들을 드래그해 보면, 가려져 있던 기존 이벤트를 필요에 따라 언제든지 다시 복구할 수 있다는 것을 확인할 수 있습니다.

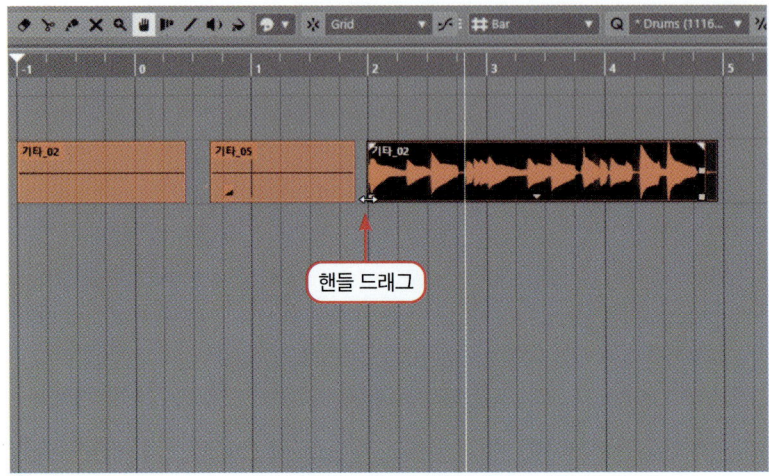

핸들 드래그

04 Replace 모드에서도 예외는 존재합니다. 곡의 처음부터 끝까지 전체 구간을 새로 녹음할 경우, 기존 이벤트는 유지되지 않아 더 이상 복구할 수 없습니다. 따라서 Replace 모드는 부분적인 구간을 수정할 때는 유용하지만, 전체 구간을 다시 녹음할 때에는 이러한 특성을 이해하고 사용해야 합니다.

새로 녹음한 이벤트로 교체

05 녹음을 수정하는 과정에서는 여러 차례 반복 녹음이 필요한 경우가 많습니다. 이때 레코딩 모드를 Re-record 모드로 변경하면 보다 효율적으로 작업할 수 있습니다.

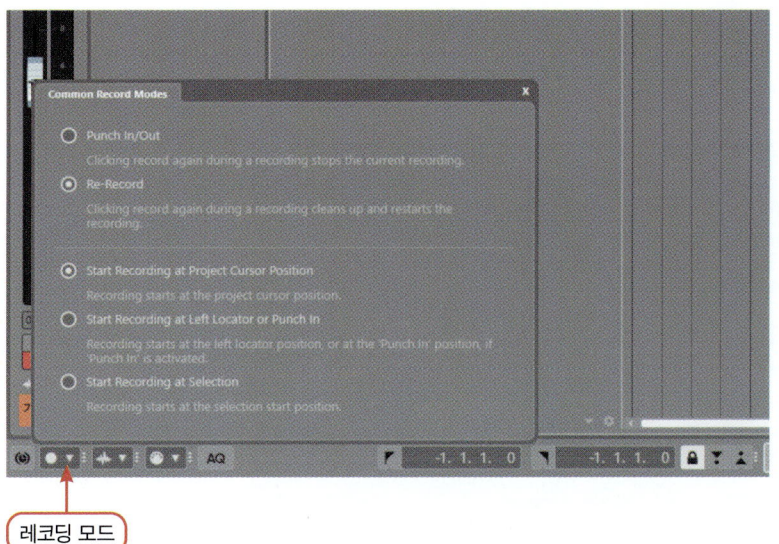

레코딩 모드

06 일반적인 녹음 방식에서는 연주를 실수할 때마다 녹음을 멈추고 되돌린 뒤 다시 녹음을 시작해야 합니다. 이러한 과정이 반복될수록 작업 흐름이 끊기고 연주자의 집중력도 떨어지게 됩니다. 반면 Re-record 모드를 사용하면 Stop 버튼을 누를 필요 없이 Record 버튼을 다시 누르는 것만으로 새로운 녹음이 즉시 시작됩니다. 이로 인해 빠른 반복 녹음이 가능해지며, 즉흥적인 연주나 아이디어 스케치에 특히 적합합니다.

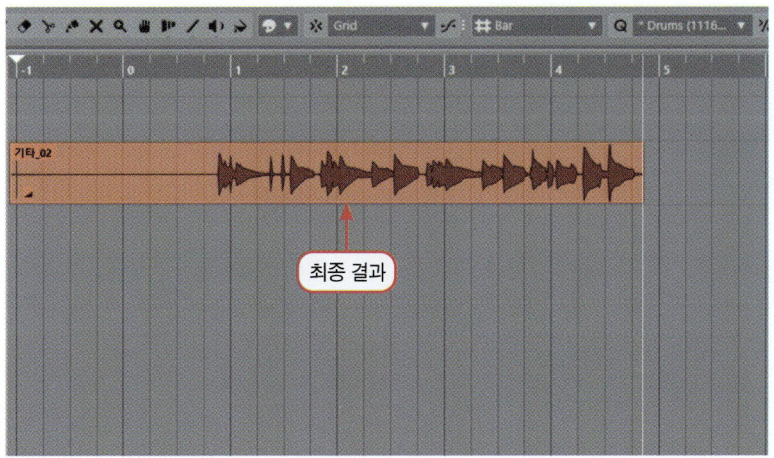

최종 결과

03 Pre-Roll / Post-Roll

01 한 곡을 처음부터 끝까지 한 번에 녹음을 마치는 경우도 있지만, 실제로는 여러 구간으로 나누어 녹음하는 경우가 더 많습니다. 이때 이전 녹음이 끝난 지점부터 바로 이어서 녹음을 시작하면, 연주의 흐름이나 느낌을 다시 잡기에는 다소 부족할 수 있습니다.

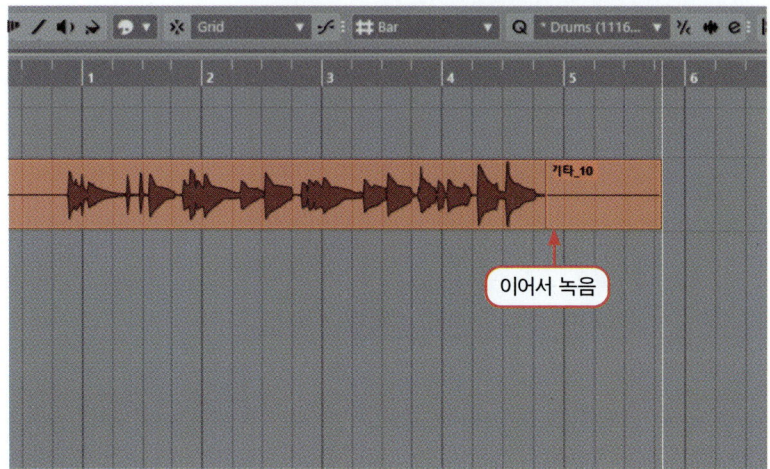

02 그래서 트랙을 하나 더 만들어 번갈아 가며 녹음하는 방식을 활용하기도 합니다. 트랙에서 마우스 오른쪽 버튼을 클릭하여 단축 메뉴를 연 뒤, Duplicate Track을 선택하면 기존 트랙이 그대로 복사됩니다.

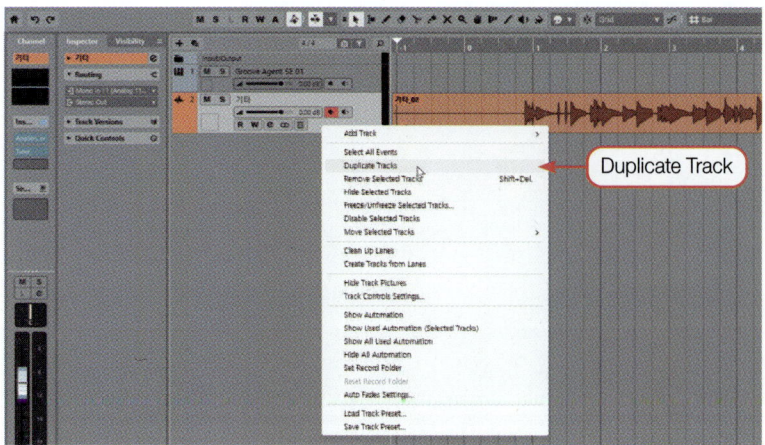

03 복사된 트랙에 포함된 기존 이벤트를 Delete 키를 눌러 삭제한 뒤, 해당 트랙에서 녹음을 진행하면 이전에 녹음된 소리를 들으면서 연주할 수 있습니다. 이로 인해 연주의 흐름과 느낌을 보다 자연스럽게 이어갈 수 있습니다.

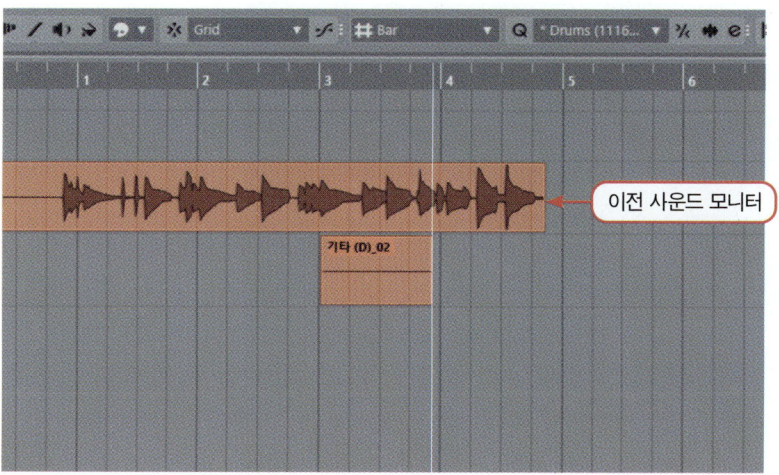

이전 사운드 모니터

04 이처럼 트랙을 복사하여 구간별로 나누어 녹음할 경우, 녹음이 모두 끝난 후에는 이를 하나의 트랙으로 정리하는 과정이 필요하다는 단점이 있습니다.

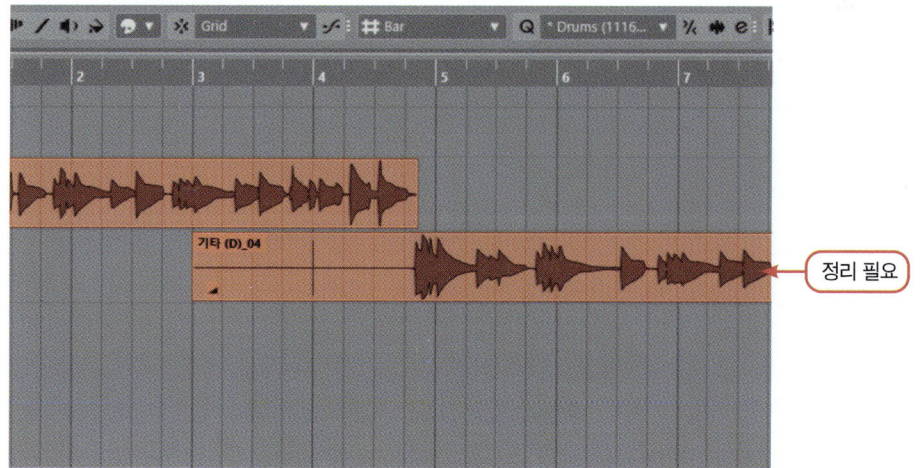

정리 필요

05 큐베이스는 하나의 트랙에서 사용자가 원하는 만큼 이전 사운드를 미리 들으면서, 원하는 시점부터 녹음을 시작할 수 있는 기능을 제공합니다. 트랜스포트 패널에서 마우스 오른쪽 버튼을 클릭하여 메뉴를 연 뒤, Pre-roll & Post-roll 항목을 체크합니다.

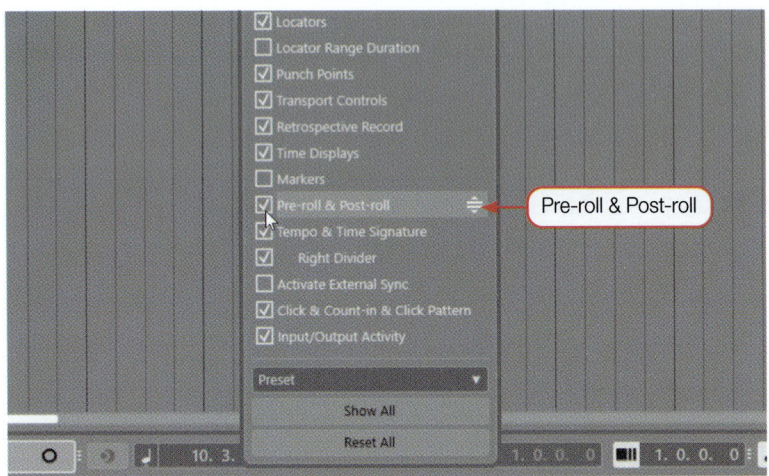

06 트랜스포트 패널에 표시된 ① Pre-roll과 ② Post-roll 버튼 오른쪽에 있는 점 세 개를 더블 클릭하거나 드래그하면, 프리롤과 포스트롤의 길이를 마디 단위로 설정할 수 있는 항목을 볼 수 있습니다.

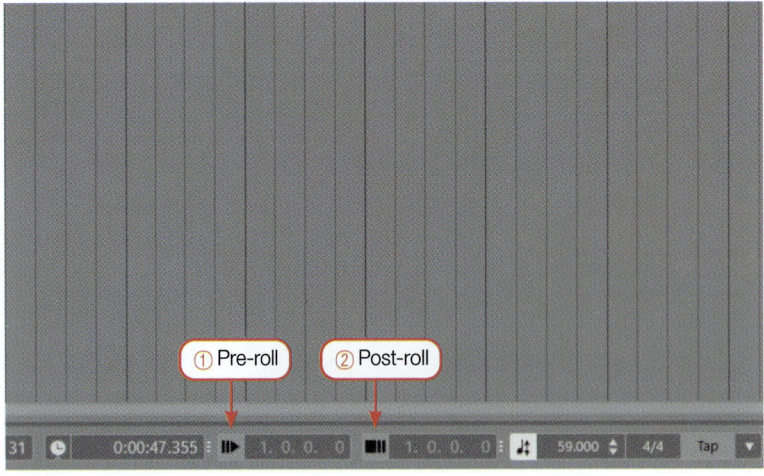

07 Pre-roll 버튼을 켜고 원하는 마디 수를 설정하면, 녹음을 시작할 때 설정된 마디 수만큼 이전 구간이 먼저 재생됩니다. 이를 통해 연주의 흐름을 자연스럽게 연결할 수 있으며, 트랙을 복사하여 사용하는 방법보다 훨씬 효율적으로 녹음 작업을 진행할 수 있습니다.

마디 수

08 Post-roll은 녹음이 종료된 후에도 지정한 길이만큼 재생이 계속되도록 하는 기능입니다. 다만, 이 기능은 Punch Out이 활성화된 상태에서만 정상적으로 작동하며, Preferences의 Record 페이지에서 Stop after Automatic Punch Out 옵션이 활성화되어 있어야 합니다.

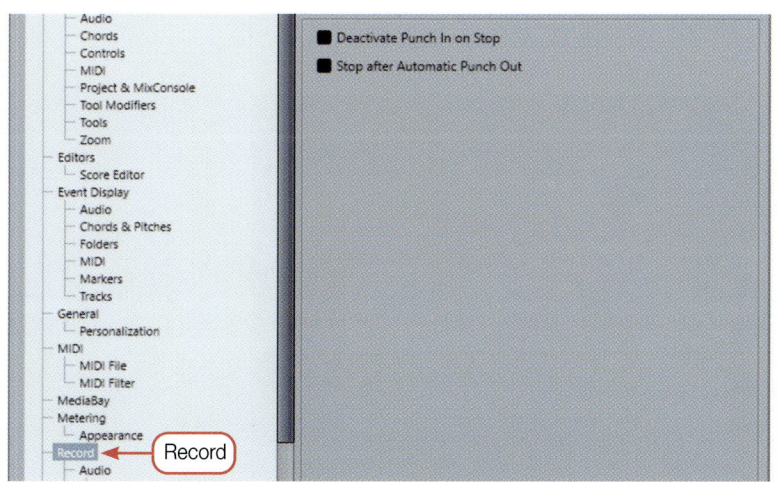

Record

04 Track Versions

01   음악 제작 과정에서는 동일한 악기 파트를 여러 차례 녹음해야 하는 경우가 빈번하게 발생합니다. 이때 기존 트랙을 뮤트 처리한 뒤 새로운 트랙을 생성하여 녹음하는 방식이 일반적으로 사용됩니다. 그러나 이러한 방식은 트랙 수가 많아질수록 관리가 어려워진다는 단점이 있습니다.

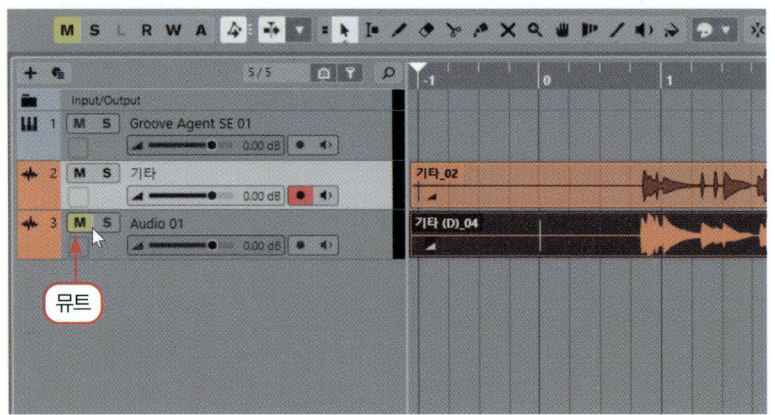

02   큐베이스는 이러한 문제를 해결하기 위해 트랙 버전이라는 기능을 제공합니다. 이 기능을 사용하면 하나의 트랙 안에 여러 개의 녹음 버전을 저장하고 관리할 수 있어, 프로젝트를 깔끔하게 유지하면서도 다양한 녹음 결과를 유연하게 활용할 수 있습니다. 트랙 이름 항목에 표시되는 열기 버튼을 클릭한 뒤 New Version을 선택합니다.

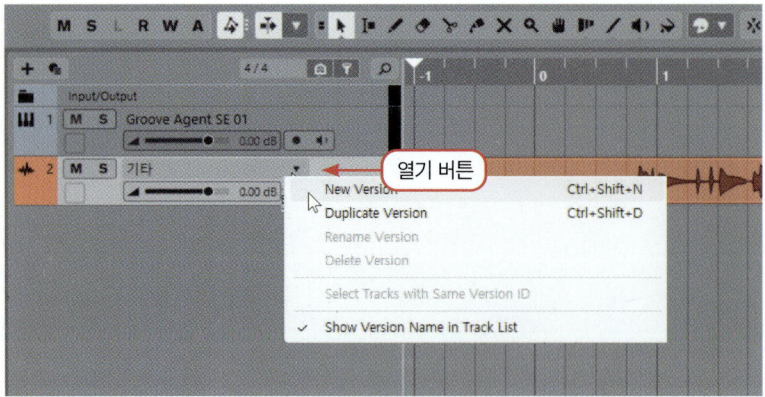

03 기존 녹음은 그대로 유지된 상태에서 새로운 V2 트랙이 생성되며, 사용자는 동일한 트랙 안에서 전혀 다른 연주를 추가로 녹음할 수 있습니다. 인스펙터의 Track Versions 영역에는 생성된 각 버전이 목록 형태로 표시되며, 이 중에서 원하는 버전을 선택하여 최종적으로 사용할 트랙을 결정할 수 있습니다.

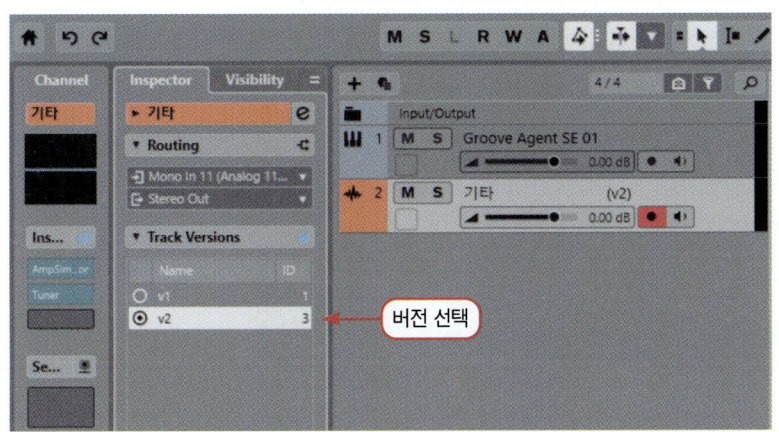

04 트랙 버전은 트랙 이름 항목에서 선택할 수 있으며, 재생 중에도 전환이 가능하기 때문에 여러 버전을 즉시 비교할 수 있습니다. 이를 통해 어떤 연주가 곡에 가장 적합한지를 직관적으로 판단할 수 있으며, 트랙 버전을 활용하면 모든 연주를 안전하게 보존하면서 서로 다른 연주 느낌, 사운드, 테이크를 체계적으로 비교할 수 있습니다.

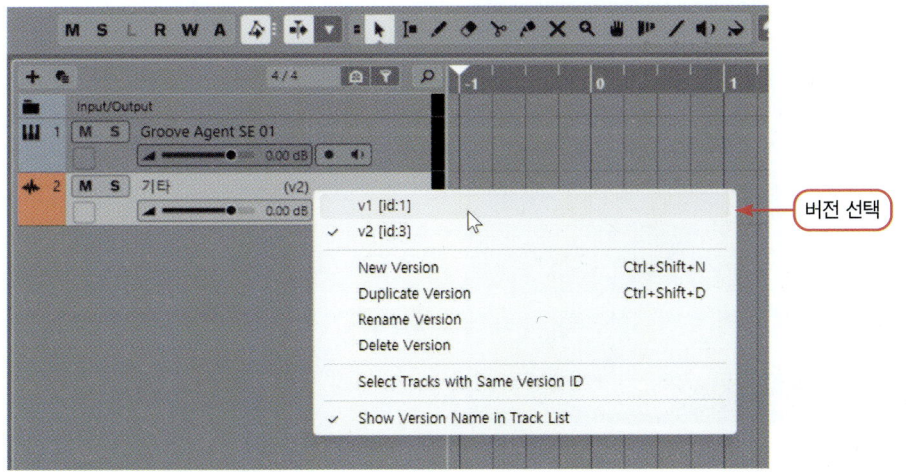

05 Multi Recording

01   혼자서 한 가지 악기만 녹음하는 경우에는 많은 입력 포트가 필요하지 않습니다. 그러나 친구들과 함께 여러 악기를 동시에 녹음해야 하는 상황에서는 오디오 인터페이스의 입력 포트 수가 중요합니다. 보컬, 기타, 베이스, 건반과 같이 여러 소스를 한 번에 녹음하려면 최소 4개에서 많게는 8개 이상의 입력 포트를 갖춘 오디오 인터페이스가 필요합니다.

모노 악기 8대 또는 스테레오 악기 4대
입력이 가능한 8in 오디오 인터페이스

02   오디오 트랙을 만들 때 Add Track 창의 Count 항목을 통해 생성할 트랙 수를 지정할 수 있습니다. 이때 Audio Connections 설정이 되어 있다면, 각 트랙의 입력 포트는 순서대로 자동으로 설정됩니다.

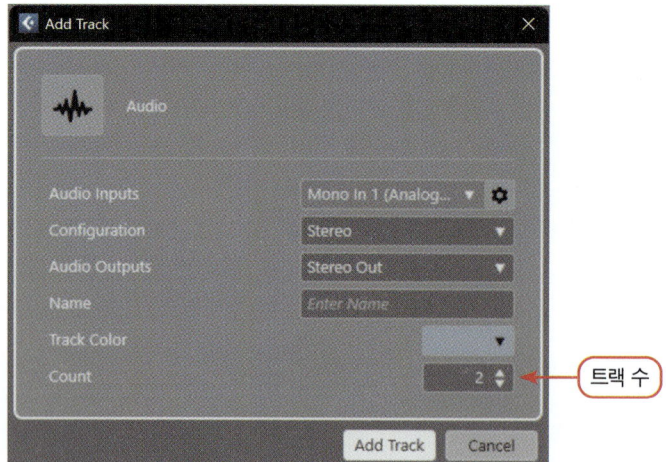

트랙 수

03 단일 트랙 녹음에서도 마찬가지이지만, 여러 트랙을 동시에 녹음할 때에는 트랙 이름과 색상, 필요에 따라 Track Picture 항목을 더블 클릭하여 악기 그림을 지정하여 트랙을 더욱 쉽게 구분할 수 있게 하는 것이 좋습니다. Track Picture Browser에서 User 탭을 선택하면 사용자 컴퓨터에 저장된 이미지 파일을 트랙 그림으로 사용할 수도 있습니다.

04 모든 준비가 완료되면 녹음할 트랙의 레코드 버튼을 활성화합니다. 그런 다음 녹음을 진행하면 여러 악기를 동시에 녹음할 수 있습니다.

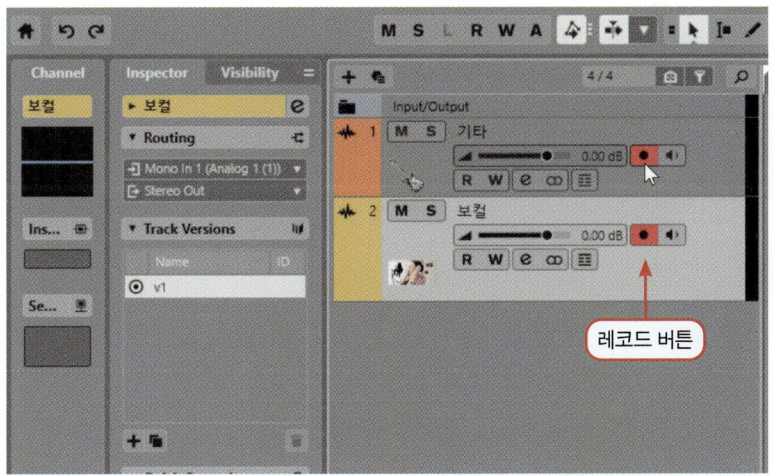

사이클 레코딩의 활용
컴핑과 펀치 레코딩

실제 녹음 작업에서는 한 번의 연주나 노래로 만족스러운 결과를 얻기 어려운 경우가 많습니다. 이러한 상황에서는 반복 녹음과 부분 녹음을 적절히 활용하여 가장 좋은 테이크를 선택하는 것이 중요합니다. Cycle Mode, Comping Lanes, Punch Recording을 활용하면 효율적으로 녹음을 진행하고 프로젝트의 완성도를 높일 수 있습니다.

01 Cycle Modes

01 　사이클 레코딩은 프로젝트 안에서 원하는 구간을 미리 정해 놓고, 그 구간을 계속 반복 재생하면서 자동으로 녹음하는 기능입니다. 반복할 범위는 화면 상단에 있는 ① 룰러 라인를 마우스로 드래그하여 지정할 수 있습니다. 이때 ② 스냅 기능이 활성화되어 있으면, ③ 그리드 타입에 지정된 마디(Bar) 단위로 딱 맞게 맞춰져서 설정됩니다.

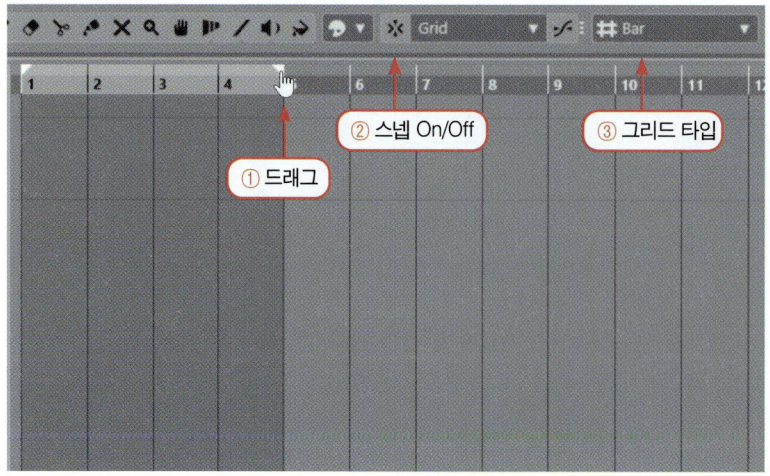

02 설정된 로케이터 범위는 ① 시작 점이나 ② 끝 점의 핸들을 드래그하여 길이를 늘리거나 줄일 수 있고, 가운데 부분을 드래그하여 위치를 이동시킬 수 있습니다. 또한 Ctrl 키를 누른 채 클릭하여 시작 점, Alt 키를 누른 채 클릭하여 끝 점을 설정할 수도 있습니다.

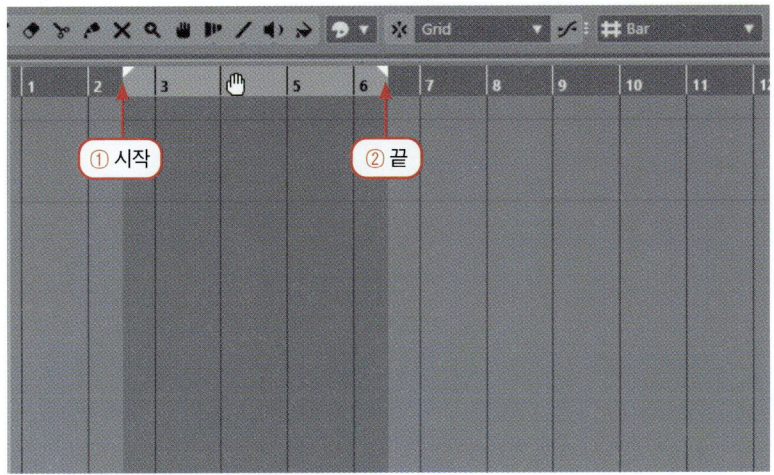

03 프로젝트의 이벤트를 선택한 뒤 키보드에서 P 키를 누르면, 해당 이벤트의 시작과 끝 길이에 맞춰 로케이터 구간을 자동으로 설정하는 방법도 있습니다. 이렇게 로케이터 구간을 설정한 후, 트랜스포트 패널의 사이클 버튼을 클릭하거나 키보드 숫자 패드의 슬래시 (/) 키를 누르면, 설정된 로케이터 구간이 반복 재생되는 사이클 기능이 활성화됩니다.

04 기본 ① 녹음 모드는 Punch In/Out으로 설정되어 있으며, ② 오디오 모드는 Keep History 상태입니다. 이 모드에서는 사이클이 한 번 반복될 때마다 이전에 녹음한 내용을 지우지 않고 모든 녹음이 그대로 저장됩니다.

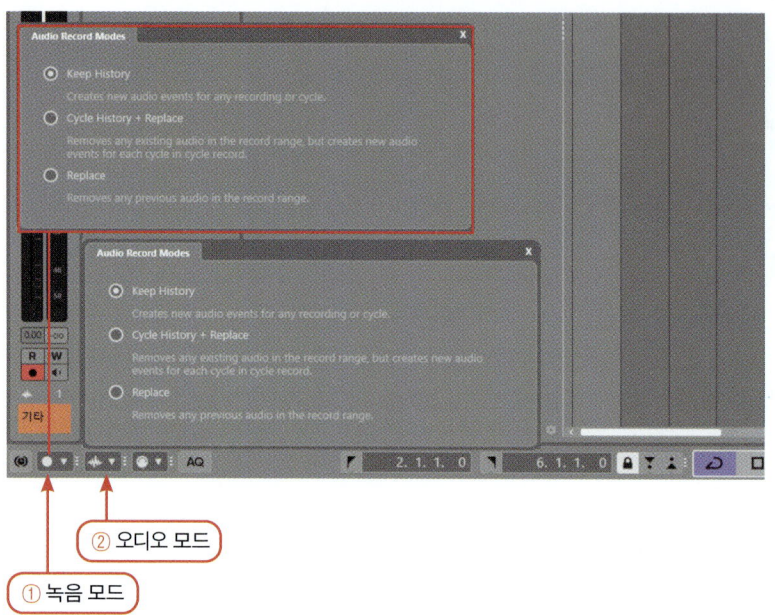

05 녹음 버튼을 누르면 설정한 구간이 재생되며 첫 번째 녹음이 이루어지고, 구간이 끝나면 자동으로 처음으로 돌아가며 두 번째 녹음이 시작됩니다. 연주가 마음에 들지 않더라도 멈출 필요 없이 그대로 두면 다음 사이클에서 새로운 테이크가 녹음되므로, 원하는 연주가 나왔을 때 정지 버튼을 누르면 됩니다.

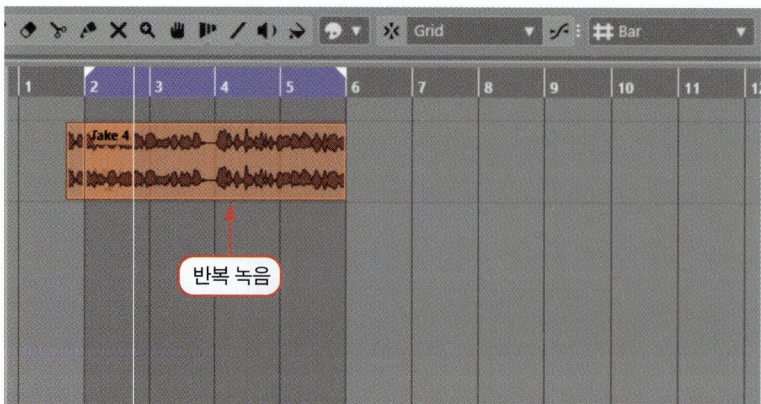

06 녹음이 끝난 뒤 레인을 열어보면, 사이클 레코딩으로 반복 녹음된 여러 개의 테이크를 확인할 수 있습니다. MIDI 트랙의 경우, 반복해서 녹음된 모든 이벤트가 동시에 재생되지만, 오디오 트랙에서는 가장 아래쪽에 마지막으로 녹음된 테이크만 재생됩니다.

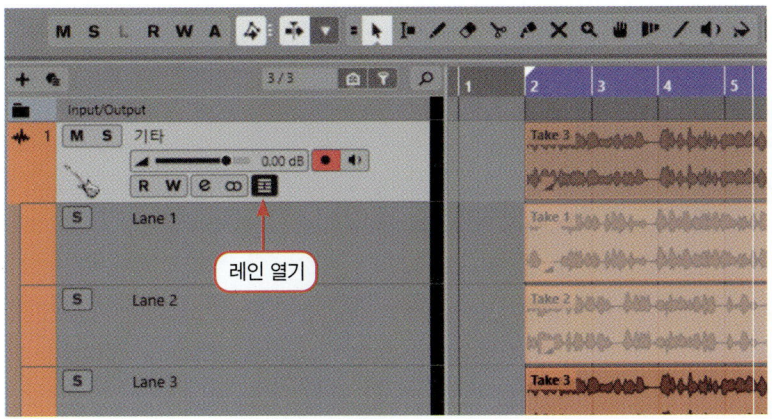

07 만약 이전에 녹음한 테이크들이 모두 필요 없고 새로 녹음한 내용만 남기고 싶다면, 오디오 모드를 Cycle History+Replace로 변경하면 됩니다. 이 모드에서는 새로운 사이클 녹음을 시작하는 순간, 기존에 쌓여 있던 모든 테이크가 자동으로 삭제되고 새로 녹음되는 테이크만 저장됩니다. 따라서 여러 번 시도했던 이전 녹음을 정리하고, 완전히 새로운 연주로 다시 녹음하고 싶을 때 이 모드를 사용하면 작업을 깔끔하게 유지할 수 있습니다.

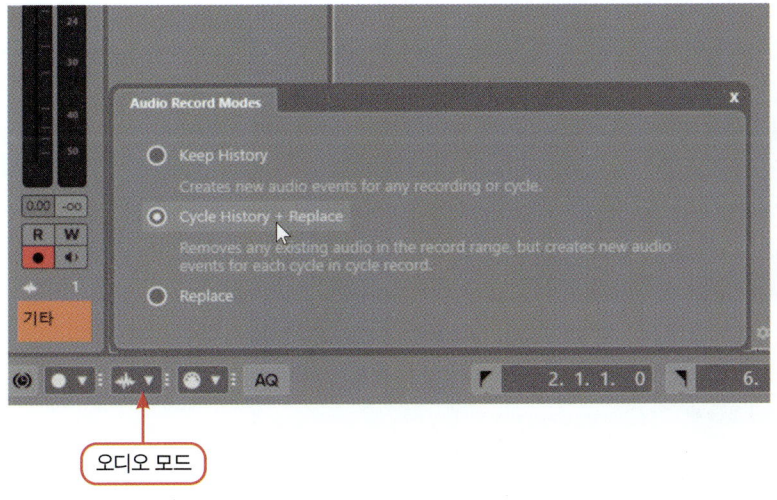

02 Comping Tool

01 레인에 기록된 여러 개의 테이크는 컴핑 툴을 사용해 마음에 드는 테이크를 선택할 수 있습니다. 컴핑 툴을 선택한 상태에서는 재생 중에도 원하는 테이크를 바로 선택할 수 있어, 음악을 들으면서 어떤 연주가 가장 좋은지 실시간으로 비교하고 결정할 수 있습니다.

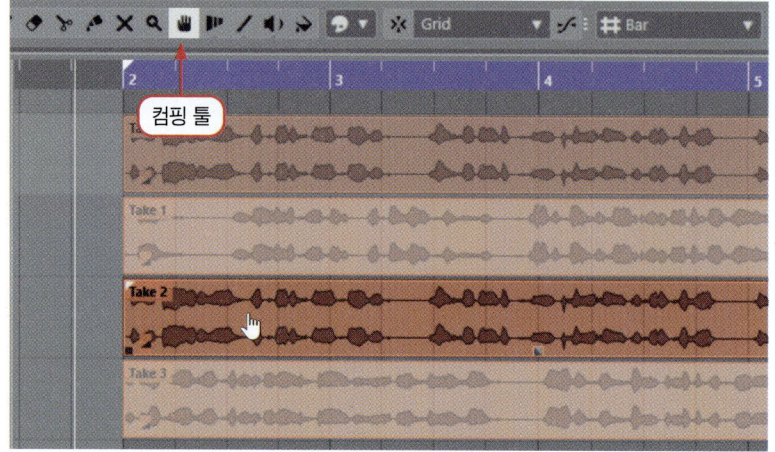

02 컴핑 툴을 사용해 각 테이크마다 마음에 드는 구간만 드래그로 선택할 수도 있습니다. 이렇게 하면 여러 번 반복해서 녹음한 연주 중에서 각 테이크의 가장 좋은 부분들만 골라 조합하여 하나의 완성된 테이크를 만들 수 있습니다.

03 Punch Recording

01 펀치 레코딩은 이미 녹음된 오디오 중에서 특정 부분만 다시 녹음해 그 구간을 새 연주로 교체하는 기능입니다. 이 기능을 사용하면 전체를 다시 녹음하지 않고도 실수했거나 마음에 들지 않는 부분만 빠르고 깔끔하게 수정할 수 있습니다. 펀치 레코딩을 시작하기 위해서는 다시 녹음하고 싶은 구간을 먼저 로케이터로 지정합니다.

02 트랜스포트 패널에서 ① 펀치 인(Punch In) 버튼을 켜면, 로케이터의 시작 위치에 도달했을 때 자동으로 녹음이 시작되며, ② 펀치 아웃(Punch Out) 버튼을 켜면 로케이터의 끝 위치에서 녹음이 자동으로 종료됩니다. 이때 주의할 점은, 펀치 레코딩에서는 녹음 버튼이 아니라 재생 버튼을 누른다는 것입니다. 재생을 시작하면 설정된 펀치 구간에 맞춰 녹음 시작과 종료가 자동으로 이루어집니다.

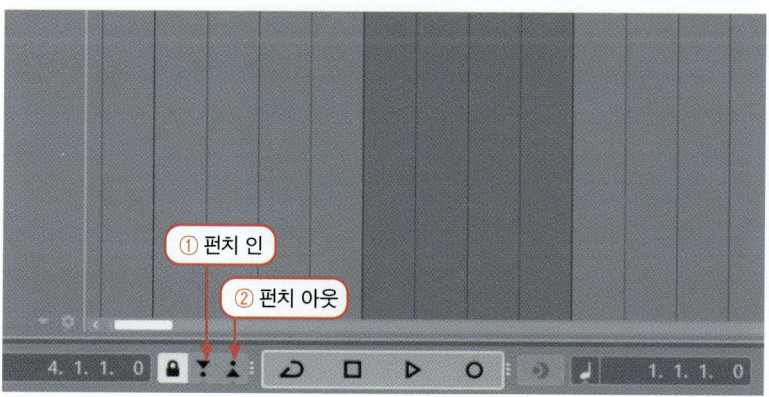

03 펀치 레코딩은 사이클 모드와 함께 사용할 수도 있습니다. 이 경우, 지정한 펀치 구간이 반복 재생되면서 여러 번 녹음할 수 있고, 그중에서 마음에 드는 테이크를 선택할 수 있습니다. 사이클 모드에서는 반복되는 과정 중에 연주를 준비할 수 있는 여유 구간이 필요하기 때문에, 로케이터와 펀치 구간을 서로 다르게 설정하는 방식을 사용합니다. 이를 위해 펀치 인/아웃 설정 창에 있는 좌물쇠 모양의 Lock 버튼을 해제합니다.

04 Lock 버튼을 해제하면, 룰러 라인에 로케이터와는 별도로 펀치 녹음 범위를 지정할 수 있는 빨간색 핸들이 표시됩니다. 이 핸들을 드래그하면 펀치 인(Punch In)과 펀치 아웃(Punch Out) 위치를 직접 설정할 수 있습니다.

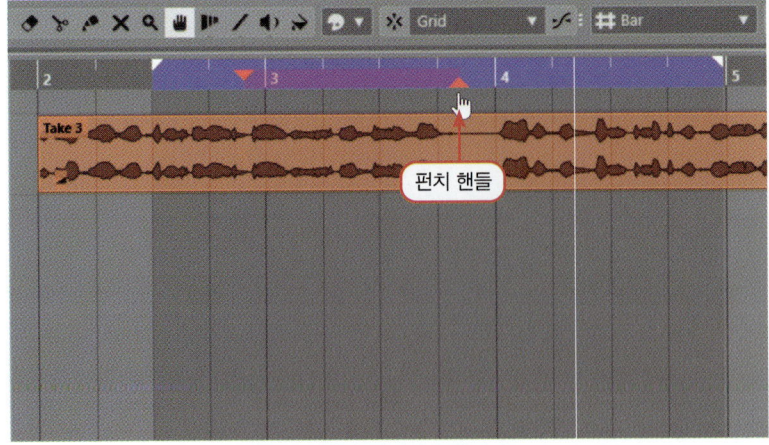

05 이제 사이클 구간을 펀치 구간보다 조금 더 넓게 설정한 뒤, 재생 버튼을 누르면 사이 클 구간이 반복 재생되면서, 그중 펀치 구간에 들어왔을 때만 녹음이 이루어지는 것 을 확인할 수 있습니다. 이 방식은 연주를 준비할 시간을 확보하면서도, 필요한 부분만 정확 하게 다시 녹음할 수 있어 매우 유용합니다.

펀치 구간에서만 녹음이 이루어진다

06 녹음이 끝난 후에는 반드시 펀치 인과 펀치 아웃 기능을 꺼야 합니다. 이 기능은 각각 키보드의 I 키와 O 키로 켜고 끌 수 있습니다. 필요하다면 Shift+I 키를 눌러 펀치 컨트 롤 창을 열수 있으며, 펀치 인과 펀치 아웃 위치를 숫자로 직접 입력할 수도 있습니다.

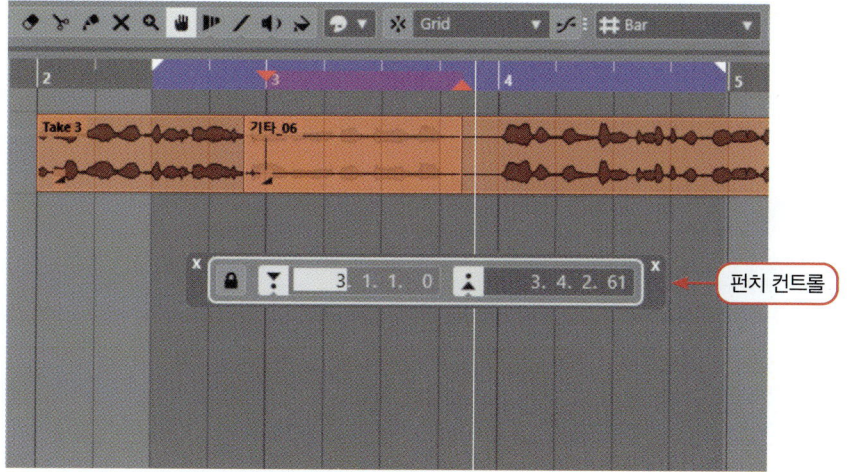

펀치 컨트롤

녹음을 완성으로 바꾸는
편집의 기술

음악 제작에서 녹음은 단지 시작에 불과합니다. 한 번의 녹음으로 완벽한 연주를 얻는 것은 거의 불가능합니다. 녹음된 소리 조각 하나하나는 그 자체로 의미가 있지만, 편집을 통해 세심하게 다듬고 연결하면 훨씬 더 자연스럽고 풍부한 음악 작품으로 살아납니다. 편집을 거친 연주는 단순한 녹음 파일을 넘어, 청중에게 감동을 전달할 수 있는 완전한 음악으로 탄생하게 됩니다.

01 이벤트와 핸들

프로젝트에 입력된 MIDI와 오디오 데이터는 이벤트(Event) 또는 파트(Part)라고 불리는 작은 조각의 형태로 생성되며, 사용자는 이러한 이벤트를 이동하거나 편집하여 음악을 구성할 수 있습니다. 모든 이벤트의 테두리에는 편집을 위한 작은 조절 지점들이 표시되어 있으며, 이를 핸들(Handle)이라고 부릅니다.

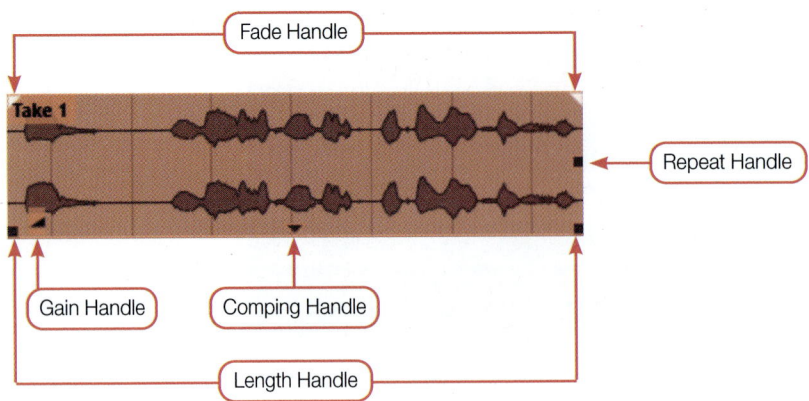

● Length Handle: 이벤트의 왼쪽과 오른쪽 하단 모서리에 위치한 Length Handle은 이벤트의 시작과 끝 길이를 조정하는 데 사용됩니다. 오디오 이벤트의 경우, 실제로 녹음되어 있는 데이터의 길이를 초과하여 확장할 수는 없습니다.

● Repeat Handle: 이벤트의 오른쪽 끝에 위치한 Repeat Handle은 동일한 이벤트를 연속으로 반복하는 기능을 제공합니다. 이벤트를 복사할 때는 Alt 키를 누른 상태로 드래그하거나 Ctrl+C와 Ctrl+V 단축키를 사용할 수 있습니다.

● Comping Handle: 오디오 이벤트의 하단 중앙에 위치한 Comping Handle은 여러 번 녹음된 테이크 중에서 어떤 테이크를 사용할지 선택하는 역할을 합니다. Remove Overlaps는 사용하지 않는 테이크를 제거하여 화면을 보다 깔끔하게 정리합니다.

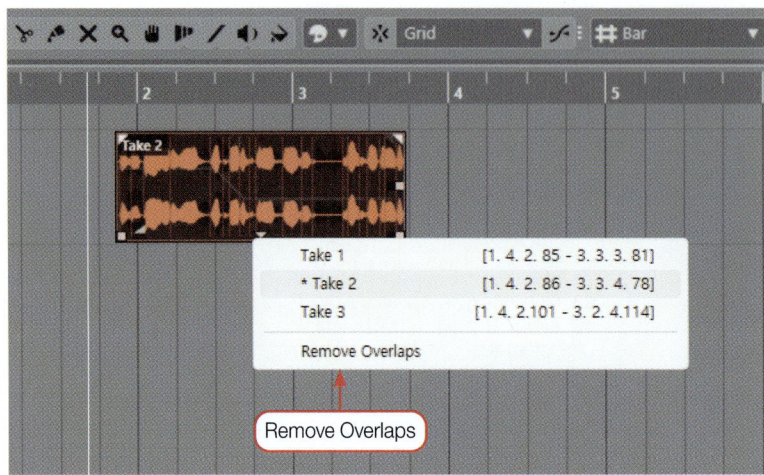

● Fade Handle: 오디오 이벤트의 왼쪽과 오른쪽 상단 모서리에 위치한 Fade Handle은 이벤트 안쪽으로 드래그하여 페이드 인과 페이드 아웃 효과를 만드는 데 사용됩니다. 이벤트의 시작 부분에는 소리가 서서히 커지는 페이드 인이 적용되며, 끝 부분에는 소리가 점점 작아지는 페이드 아웃이 적용됩니다.

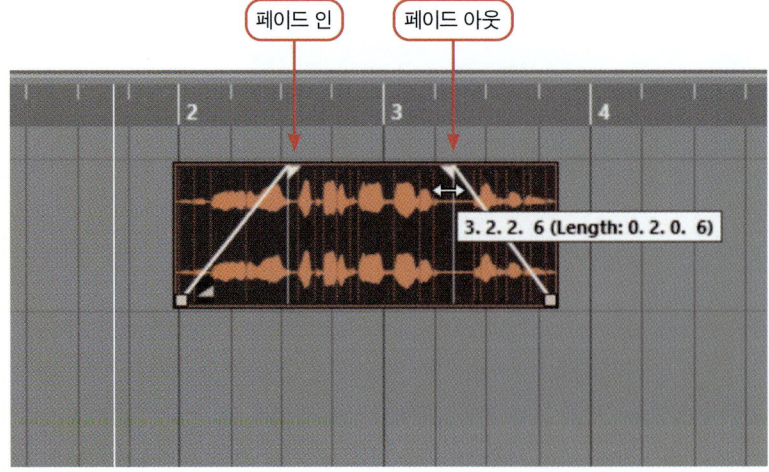

● Gain Handle: 오디오 이벤트의 게인 핸들을 클릭하면 슬라이더가 표시되며, 위아래로 드래그하여 오디오 소리의 크기를 세밀하게 조절할 수 있습니다. 이를 활용하면 특정 구간의 소리를 강조하거나 줄일 수 있으며, 페이드와 함께 사용하면 자연스러운 볼륨 변화를 만들어 믹스 밸런스를 보다 정교하게 조정할 수 있습니다.

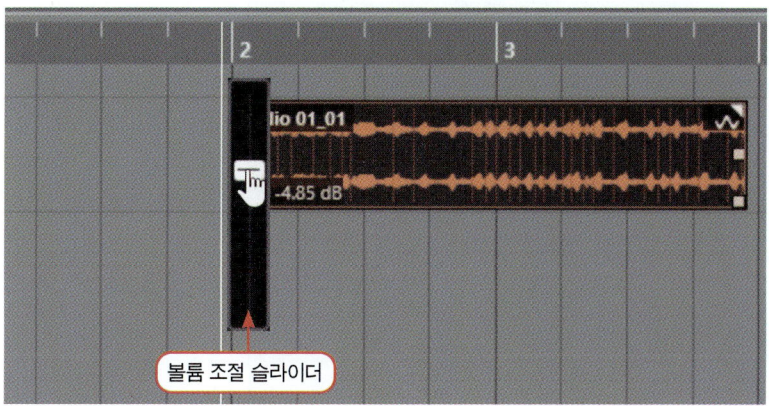

02 이벤트 편집 도구

이벤트를 편집할 수 있는 도구들은 상단 ① 도구 바에 모여 있습니다. 이곳에서 필요한 도구를 직접 선택할 수도 있으며, 프로젝트 창에서 마우스 ② 오른쪽 버튼을 클릭하거나 키보드의 1~9 숫자 키를 사용하여 도구를 선택할 수도 있습니다.

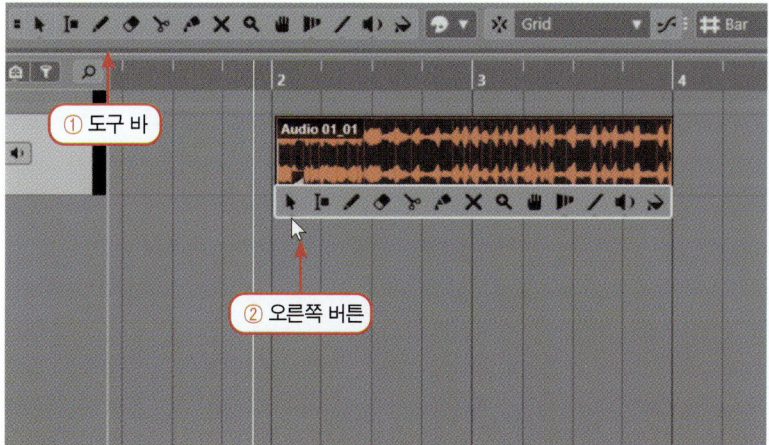

Object Selection, Time Warp, Line, Play 도구 아래에는 작은 홈 표시가 있으며, 이는 해당 도구에 여러 가지 작동 모드가 존재함을 의미합니다. 해당 도구를 마우스로 클릭하면 도구의 작동 방식을 변경할 수 있는 모드 선택 메뉴가 열립니다.

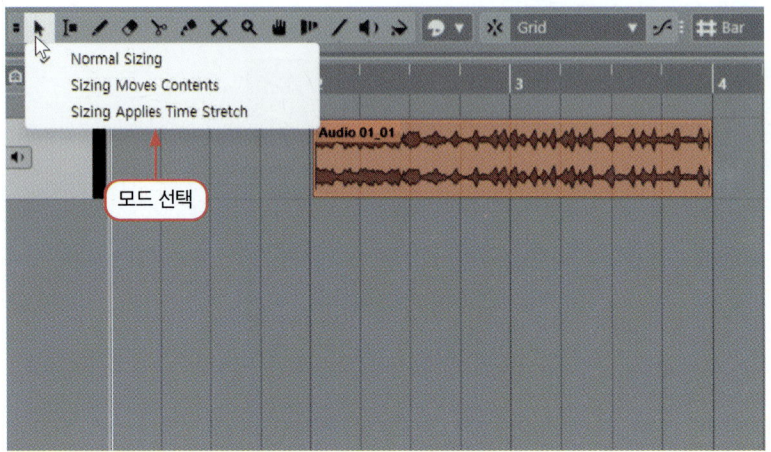

Object Tools - Normal Sizing

화살표 도구의 기본 모드는 Normal Sizing입니다. 이벤트 핸들을 사용할 수 있으며, 이벤트를 선택해 드래그하여 이동하거나 Alt 키를 누른 상태로 드래그해 복사하는 등의 편집 작업을 수행할 수 있습니다. 또한 선택한 이벤트는 Ctrl+X 키로 잘라내거나 Ctrl+C 키로 복사한 뒤, 재생 헤드가 위치한 지점에 Ctrl+V 키를 사용해 붙여 넣을 수 있습니다.

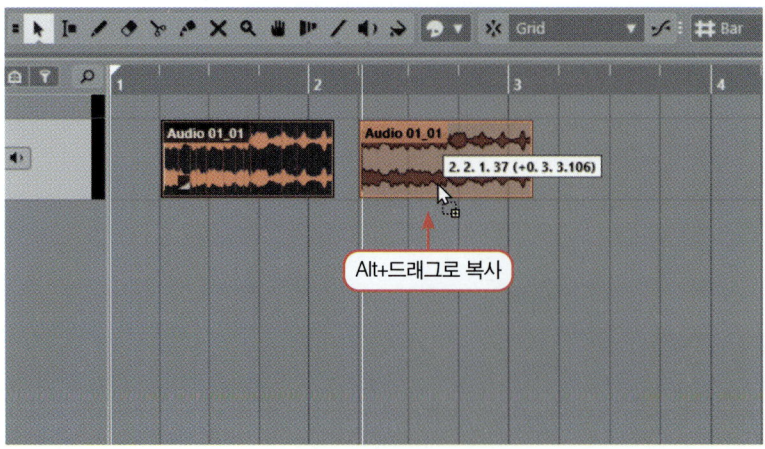

이벤트의 길이나 위치를 조정할 때 마디나 박자 위치를 정확히 맞추고 싶다면 ① 스냅(Snap) 버튼을 On으로 설정합니다. 기본 ② 스냅 타입은 그리드(Grid)이며, 오른쪽의 ③ 그리드 타입에서 선택한 단위에 따라 동작합니다. Grid Type에는 마디(Bar), 박자(Beat), 퀀타이즈(Use Quantize), 그리고 화면 확대 비율에 따라 자동으로 적용되는 Adapt to Zoom이 있습니다. Use Quantize는 ④ 퀀타이즈 프리셋에서 지정한 값이 적용됩니다.

Object Tools - Sizing Moves Contents

이벤트의 길이를 조정할 때는 오디오 데이터가 함께 이동되도록 합니다. 기본 모드인 Normal Sizing에서 이벤트의 시작 지점을 5초 위치로 줄이면, 이벤트의 길이만 변경되고 오디오 내용은 이동하지 않으므로 재생되는 소리는 원본 오디오의 5초 지점부터 시작됩니다. 반면 Sizing Moves Contents 모드에서는 이벤트의 시작 지점을 5초 위치로 줄일 경우 오디오 데이터도 함께 이동하여, 이벤트의 시작 지점인 5초 위치에서 오디오의 처음부터 재생됩니다.

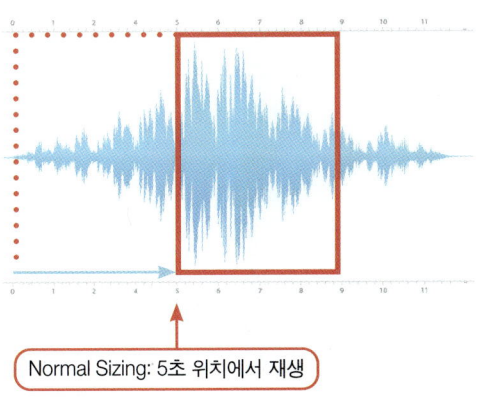

Normal Sizing: 5초 위치에서 재생

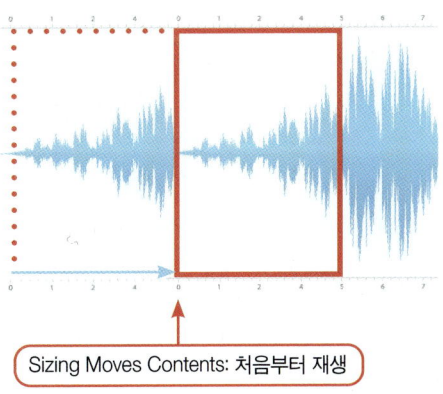

Sizing Moves Contents: 처음부터 재생

Object Tools - Sizing Applies Time Stretch

이벤트의 길이를 조정할 때 실제 오디오 데이터의 길이도 함께 변경되도록 합니다. 즉, 오디오의 재생 속도가 조정됩니다. 이 모드로 편집된 경우, 오른쪽 상단에 물결 모양의 오디오 워프 (Audio Warp) 아이콘이 표시됩니다.

Range Tools

레인지 도구는 이벤트의 특정 구간을 선택할 때 사용됩니다. 선택한 구간은 드래그하여 이동하거나 복사할 수 있으며, Delete 키를 눌러 삭제할 수도 있습니다. 또한 선택된 범위의 상단 중앙에는 Gain Handle이 표시되어 이벤트의 게인 값을 조정할 수 있습니다. 이 도구는 곡의 일부 구간만을 세밀하게 편집할 때 매우 유용합니다.

Combine Tools

화살표 도구와 레인지 도구는 프로젝트 작업에서 가장 자주 사용되는 도구입니다. 큐베이스에서는 이 두 도구를 동시에 사용할 수 있도록 Combine Selection Tools 기능을 제공합니다. 이 기능을 활성화하면 마우스를 이벤트의 상단에 위치했을 때는 레인지 도구로 동작하고, 이벤트의 하단에 위치했을 때는 화살표 도구로 동작합니다.

Draw Tools

연필 도구는 오디오 이벤트의 게인을 조정할 때 사용됩니다. 클릭하면 해당 위치에 Gain Handle이 생성되며, 이를 드래그하여 게인 값을 조절할 수 있습니다. MIDI 이벤트의 경우에는 드래그하여 빈 파트를 생성하는 용도로도 사용할 수 있지만, 오브젝트 선택 도구에서 Alt 키를 눌러 동일한 작업을 수행할 수 있으므로, MIDI 파트 생성을 위해 드로우 도구를 사용하는 경우는 많지 않습니다.

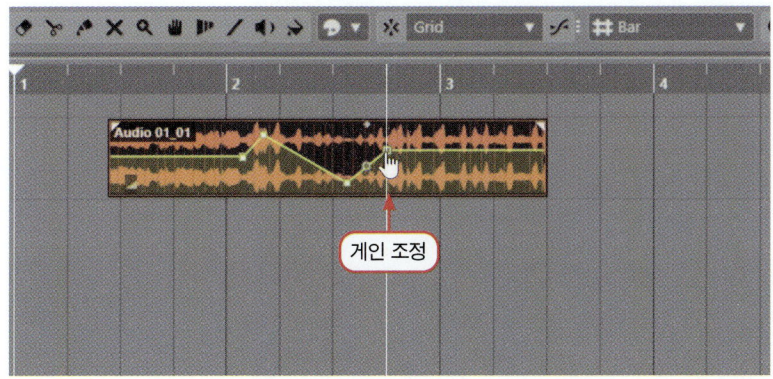

◆ Erase Tools

지우개 도구는 이벤트를 삭제하는 역할을 합니다. 다만 오브젝트 선택 도구나 범위 선택 도구로 이벤트를 선택한 뒤 Delete 키를 사용해 동일한 작업을 수행할 수 있으므로, 지우개 도구를 사용하는 경우는 많지 않습니다.

이벤트 삭제

✂ Split Tools

가위 도구는 하나의 이벤트를 여러 개의 이벤트로 나누는 데 사용됩니다. 이벤트의 특정 위치를 클릭하면 해당 지점에서 이벤트가 분리되며, 분리된 후에는 필요 없는 부분을 완전히 삭제할 수 있습니다. 다만 오브젝트 선택 도구에서 Alt 키를 누르면 가위 도구와 동일한 기능을 사용할 수 있으므로, 가위 도구를 직접 사용하는 경우는 많지 않습니다.

이벤트를 자른다

Glue Tools

풀 도구는 분할된 여러 이벤트를 하나의 이벤트로 합치는 역할을 합니다. 특정 이벤트를 클릭하면 해당 이벤트와 그 오른쪽에 인접한 이벤트들이 하나의 연속된 이벤트로 결합됩니다. 클릭을 반복할수록 더 많은 이벤트가 하나로 합쳐지며, 서로 떨어져 있는 이벤트의 경우에는 Ctrl 키를 누른 상태로 선택한 뒤 파트로 결합할 수 있습니다.

두 이벤트를 하나로 합친다

Mute Tools

뮤트 도구는 이벤트를 삭제하지 않고 재생만 비활성화하는 도구입니다. 이 도구를 사용하면 이벤트는 화면에 그대로 유지되지만 소리는 재생되지 않습니다. 나중에 다시 사용할 가능성이 있는 부분을 보존하면서도, 현재 작업이나 믹스에서는 제외하고 싶을 때 매우 효과적으로 활용할 수 있습니다.

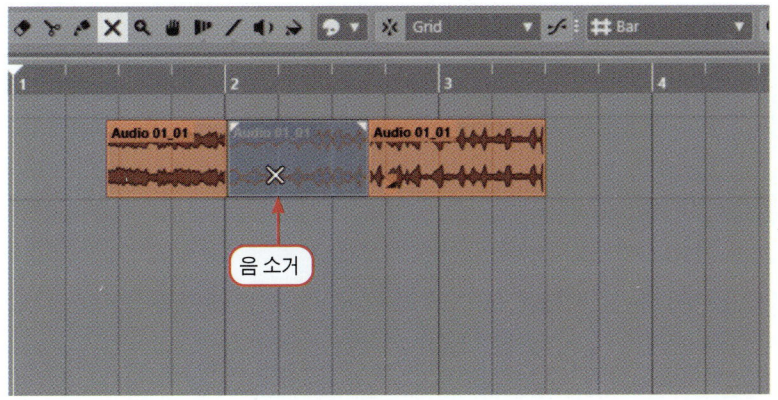

음 소거

Zoom Tools

줌 도구는 이벤트 화면을 확대하거나 축소하는 데 사용됩니다. 특정 구간을 드래그하면 해당 범위만 화면에 크게 표시되며, 더블 클릭하면 다시 전체 화면으로 돌아옵니다. 실제 작업에서는 G와 H 키를 사용한 가로 줌, 그리고 Shift 키를 누른 상태에서 G와 H 키를 사용하는 세로 줌 기능이 더 자주 활용됩니다. 파형 자체를 확대하고 싶은 경우에는 화면 오른쪽에 위치한 줌 슬라이더를 이용합니다.

줌 슬라이더

Comp Tools

컴핑 도구는 여러 번 녹음한 테이크들 중에서 가장 좋은 부분만을 골라 하나의 완성된 연주, 흔히 말하는 '매직 테이크(Magic Take)' 를 만들어 내는 편집 도구입니다. 전체 테이크 중 하나만을 선택하는 경우에는 화살표 도구를 사용해 이벤트 중앙에 표시되는 컴핑 핸들을 선택하는 것 만으로도 충분하지만, 연주의 특정 구간만을 골라 여러 테이크를 조합하고자 할 때는 컴핑 도구를 사용하는 것이 더욱 효과적입니다.

부분 선택

Time Warp - Warp Grid

타임 워프는 음악의 박자 기준과 실제 시간 기준을 서로 맞추기 위해 사용하는 편집 도구입니다. 기본 모드는 Warp Grid로 박자 그리드만을 조정하고 이벤트의 실제 위치는 그대로 유지됩니다. 이를 통해 연주의 흐름에 맞게 템포를 변경할 수 있으며, Musical Time Base로 설정된 트랙의 절대적인 시간 위치 또한 변하지 않습니다. 이때 상단 룰러에는 템포 이벤트가 깃발 모양으로 표시되어 현재 템포 변화를 한눈에 확인할 수 있습니다.

Time Warp - Warp Grid (musical events follow)

Warp Grid(musical events follow) 모드는 박자 그리드를 움직일 때, Musical Time Base로 설정된 이벤트들도 함께 이동하는 방식입니다. 템포 변경과 동시에 음악 이벤트가 자연스럽게 따라오기 때문에, 곡 전체의 템포 구조를 수정하거나 곡의 흐름을 바꾸고자 할 때 유용하게 사용할 수 있습니다.

Time Warp - Free Warp

Free Warp 모드는 오디오 이벤트 자체를 직접 변형하는 방식입니다. 이 모드에서는 이벤트 내부에 워프 마커(Warp Marker)를 생성하여, 특정 지점의 타이밍을 늘리거나 줄이는 세밀한 편집이 가능합니다. 드럼의 한 박자나 보컬의 특정 음처럼 연주의 일부만 정확하게 보정하고 싶을 때 적합합니다. 편집이 완료된 후에는, 수정된 내용을 현재 이벤트에 그대로 적용할지(Continue), 새로운 이벤트로 생성할지(New Version)를 선택할 수 있습니다.

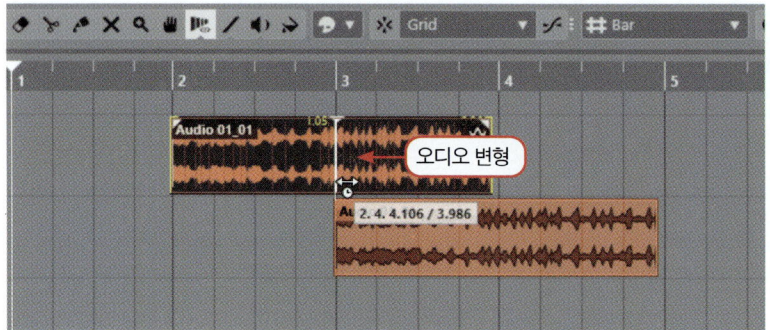

Line Tools

라인 도구는 프로젝트의 오토메이션 트랙이나 키 에디터, 드럼 에디터에서 컨트롤러 데이터를 그리듯이 입력하고 편집할 수 있는 도구입니다. 벨로시티, 모듈레이션, 익스프레션과 같은 MIDI 컨트롤러 값을 마우스로 직접 그려 넣을 수 있어, 연주의 뉘앙스와 움직임을 보다 세밀하게 표현할 수 있습니다. 라인 도구는 Parabola, Sine, Triangle, Square 등 다양한 그리기 모드를 제공하여, 단순한 변화부터 반복적인 파형 표현까지 폭넓게 활용할 수 있습니다.

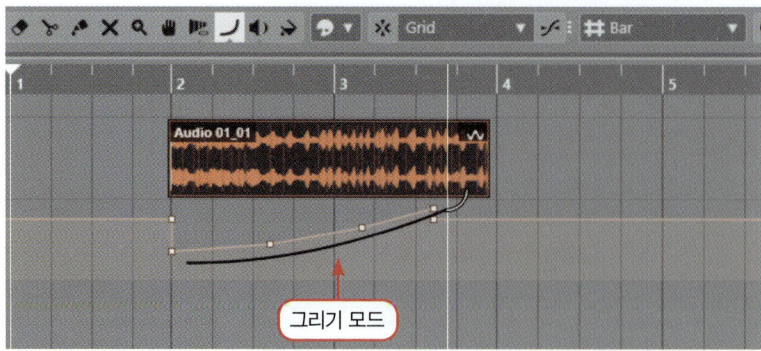

◀) Play Tools

플레이 도구는 이벤트를 클릭하는 즉시 해당 소리를 재생하는 도구로, 뮤트된 이벤트의 소리도 확인할 수 있습니다. 재생 위치를 빠르게 점검하거나 특정 이벤트의 내용을 확인할 때 유용합니다. 모드를 스크럽(Scrub)으로 변경하면 마우스를 좌우로 드래그하며 테이프 릴을 되감거나 돌리듯 소리를 들을 수 있어, 특정 소리가 정확히 어느 지점에서 발생하는지 찾아야 할 때 매우 효과적입니다.

↪ Color Tools

컬러 도구는 이벤트의 색상을 변경하는 데 사용됩니다. 오른쪽에 위치한 컬러 팔레트를 이용해 원하는 색상을 선택한 뒤, 이벤트를 클릭하면 해당 색상이 바로 적용됩니다. 이러한 방식으로 곡의 구조나 중요한 구간을 색상으로 구분해 두면, 프로젝트 창에서 원하는 부분을 훨씬 빠르고 직관적으로 찾을 수 있습니다.

S E C T I O N

6.

정밀한 소리의 조각,
샘플 에디터

샘플 에디터는 녹음하거나 불러온 오디오 이벤트를 가장 세밀하게 제어할 수 있는 현미경과 같습니다. 단순한 편집의 차원을 넘어, 오디오의 타이밍을 결정하는 히트포인트 (Hitpoints) 설정이나 정교한 음정 수정을 가능하게 하는 베리아이오(VariAudio) 등 큐베이스 오디오 편집의 정수가 모두 이곳에 담겨 있습니다. 따라서 큐베이스 내에서 오디오 소스를 자유자재로 다루기 위해서는 반드시 거쳐야 할 필수적인 관문이기도 합니다.

01 템포 맞추기

01 큐베이스의 Loop & Sample이나 외부 오디오 파일을 프로젝트로 가져오면, 파일의 메타데이터나 파형 분석을 통해 예상 템포와 마디 수가 자동 검출됩니다. 이 정보는 오디오 이벤트를 더블 클릭하여 열리는 샘플 에디터(Sample Editor)에서 즉시 확인하고 수정할 수 있습니다.

더블 클릭

02 샘플 에디터 인스펙터의 Definition 섹션에는 분석된 마디 수(Bars)와 템포(Tempo)가 표시되며, 분석이 어긋난 경우 사용자가 직접 수정할 수 있습니다. 프로젝트의 템포를 오디오에 맞추려면 측정된 Tempo 값을 프로젝트 템포로 적용하고, 반대로 오디오를 프로젝트 템포에 맞추려면 Musical Mode 옵션을 활성화합니다.

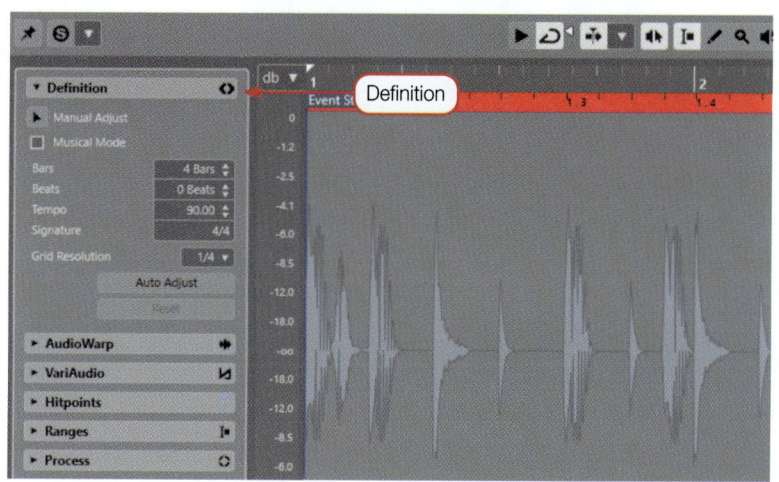

03 큐베이스는 오디오의 트랜지언트(Transient)를 분석하여 마디와 템포를 산출합니다. 비트가 명확한 소스는 거의 완벽하게 분석되지만, 리듬이 모호한 경우에는 Manual Adjust 옵션을 활성화하여 Beat Position을 사용자가 직접 정교하게 수정할 수 있습니다.

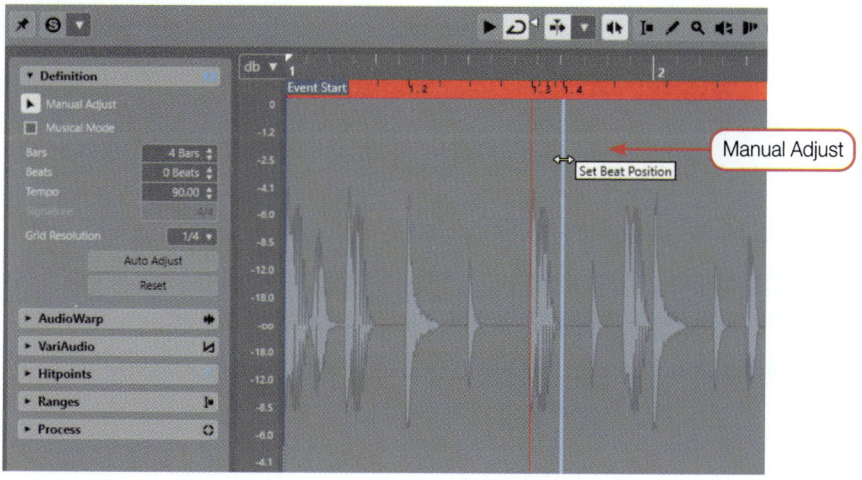

04 리믹스 작업을 위해 템포가 일정하지 않은 옛날 곡을 가져온 경우에 템포를 추출하는 방법도 있습니다. Project 메뉴의 Tempo Track에서 Tempo Detection을 선택합니다.

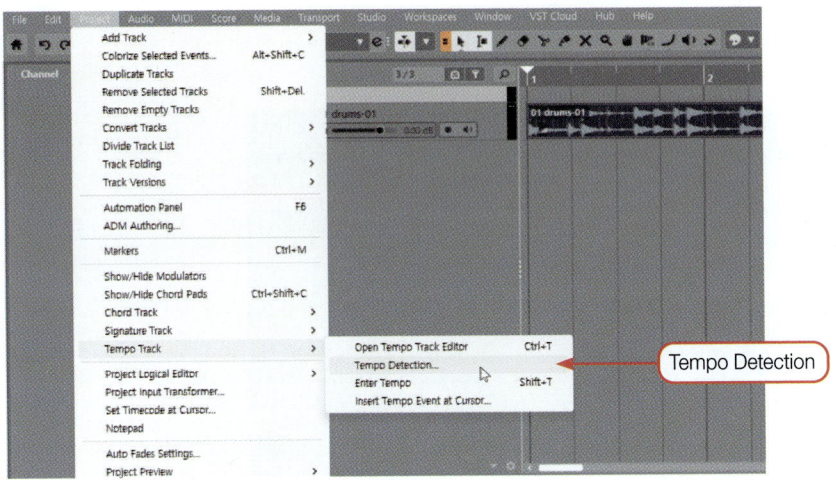

05 Analyze 버튼을 클릭하면, 템포 분석이 시작되며, 템포 트랙이 생성됩니다.

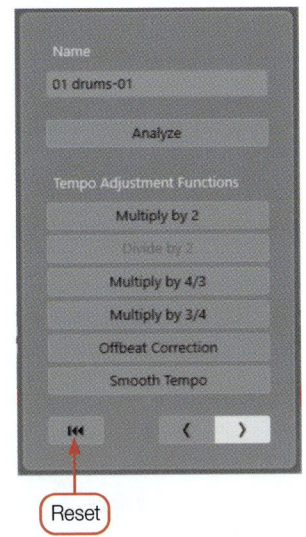

● Multiply by 2 / Divide by 2: 템포가 실제보다 2배 빠르거나 절반으로 잘못 감지된 경우, 이를 즉시 바로잡습니다.

● Multiply by 4/3 & 3/4: 셋잇단음표나 부점이 포함된 곡에서 3박자와 4박자의 관계를 잘못 감지했을 때 사용합니다.

● Offbeat Correction: 못갖춘마디를 첫 박으로 착각했을 때, 위치를 이동시켜 박자 궤도를 수정합니다.

● Smooth Tempo: 분석 결과에 불필요하게 튀는 구간이 있을 때, 이를 무시하고 일정한 흐름으로 재분석하여 템포 라인을 부드럽게 다듬습니다.

● Reset: 분석된 모든 템포와 박자 데이터를 삭제하고 초기 상태로 되돌립니다.

● Direction of reanalysis buttons: 템포 곡선을 수동으로 수정한 지점을 기준으로, 어느 방향(왼쪽-시작 / 오른쪽-끝)으로 재분석을 진행할지 결정합니다.

06 템포가 정확하지 않은 마디는 Warp Grid 도구를 이용해 그리드 자체를 이동시켜 박자에 일치시킬 수 있습니다. 반면, Free Warp 모드를 사용하면 그리드는 유지한 채 오디오 파형을 고무줄처럼 늘리거나 줄여서 정해진 템포에 강제로 맞출 수도 있습니다.

07 더욱 정밀한 박자 교정이 필요할 때는 샘플 에디터의 AudioWarp에서 Free Warp를 활용합니다. 이때의 핵심 요령은 수정하려는 지점의 이전과 다음 박자에 미리 워프 마커를 찍어 고정시키는 것입니다. 이 안전장치가 있어야만 특정 구간을 늘리거나 줄일 때 다른 부분의 박자가 연쇄적으로 밀리는 현상을 방지할 수 있습니다."

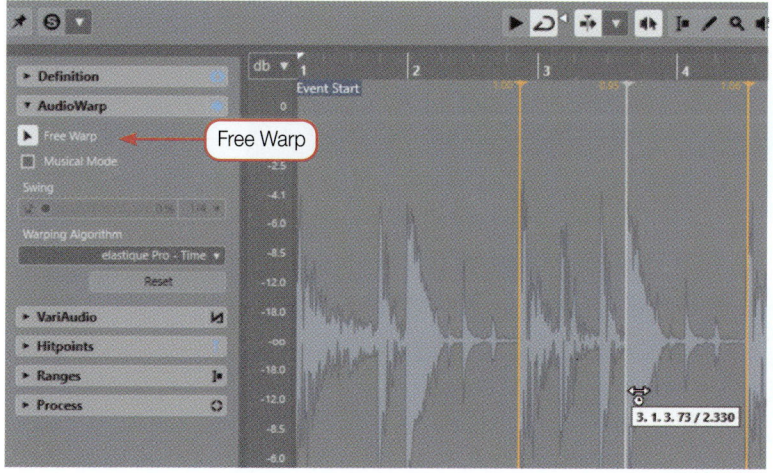

02 음정 맞추기

01 VariAudio는 보컬의 음정과 박자를 자유롭게 교정하거나, 댄스 음악에서 자주 쓰이는 기계적인 쉐어(Cher) 효과를 연출할 수 있는 샘플 에디터의 꽃입니다. Edit VariAudio를 실행하면 오디오 파형이 음악적으로 분석되어, 마치 미디 데이터처럼 직관적인 세그먼트(Segment) 형태로 표시됩니다.

02 세그먼트 주변에 나타나는 음정, 박자, 포먼트 조절용 핸들은 Smart Controls 메뉴에서 표시 방법을 선택할 수 있습니다. 화면을 깔끔하게 유지하며 핵심 기능만 쓰려면 Default를, 모든 세부 파라미터를 마우스 클릭 한 번으로 제어하고 싶다면 All을 선택하여 작업 효율을 극대화할 수 있습니다.

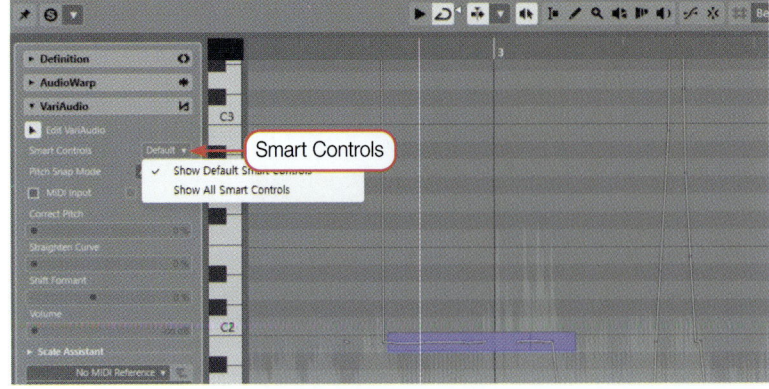

03 Default 모드에서는 작업 시 가장 빈번하게 사용하는 기능들이 우선적으로 표시됩니다. 박자와 길이를 정밀하게 조절하는 Warp Start/End, 음정 보정을 위한 Straighten Curve와 Pitch, 그리고 분절된 노트를 잇는 Glue 라인이 그 주인공입니다. 반면, All 모드를 선택하면 포먼트(Formant)와 볼륨 등 모든 미세 조정용 핸들이 화면에 활성화됩니다

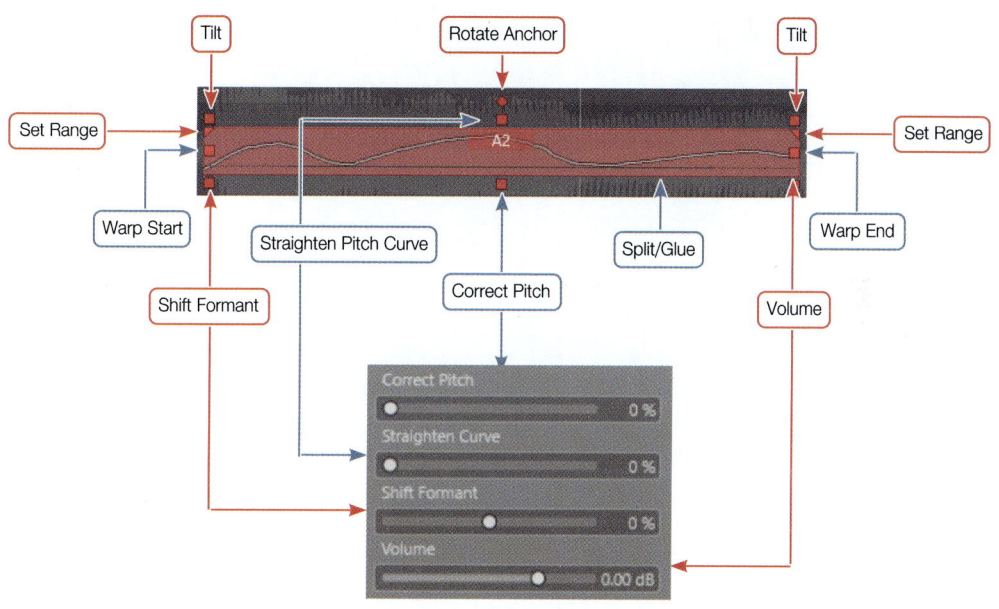

● Tilt: 피치 커브의 기울기를 조정합니다. Alt 키를 누른 채 드래그하면 Rotate Anchor를 중심으로 시소처럼 기울어집니다.

● Rotate Anchor: 피치 회전의 중심축입니다. 드래그하여 위치를 설정할 수 있습니다.

● Straighten Pitch Curve: 요동치는 피치 커브를 직선으로 펴서 음정을 안정화합니다.

● Set Range: Straighten Pitch Curve가 적용될 범위를 지정합니다.

● Warp Start/End: 오디오의 시작점과 길이를 조정합니다. Alt 키를 누르고 드래그하면 주변 이벤트에 영향을 주지 않고 해당 세그먼트의 길이만 독립적으로 조정됩니다.

● Volume: 개별 세그먼트의 볼륨을 즉각적으로 조절합니다.

● Split/Glue: 세그먼트를 자르거나 붙입니다. 중앙의 실선을 클릭하면 자르기(Split), 경계선의 점선을 클릭하면 붙이기(Glue)가 실행됩니다.

● Correct Pitch: 음정을 정확한 음계 위치로 정밀하게 이동시킵니다.

● Shift Formant: 음정은 유지한 채 목소리의 톤만 변형시켜 음색을 바꿉니다.

04 VariAudio의 기본적인 음정 수정은 세그먼트를 위/아래로 드래그하여 조정하는 방식으로 이루어집니다. 이때 적용되는 피치 스냅 모드(Pitch Snap Mode)는 Absolute와 Relative 두 가지가 있습니다.

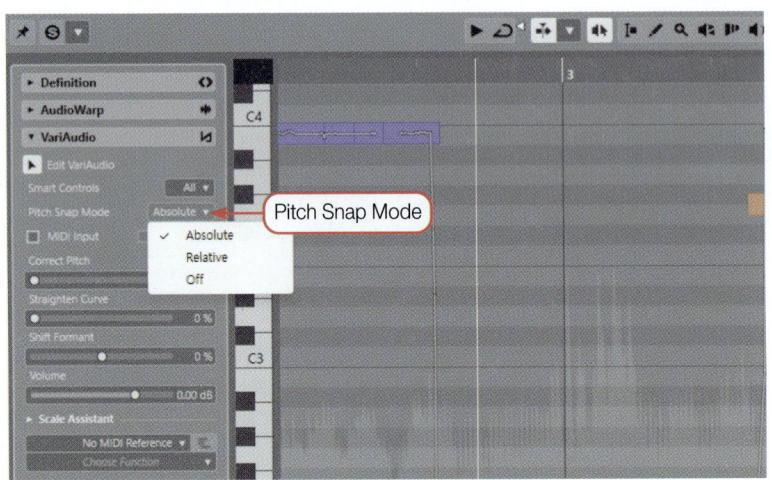

05 Absolute 모드는 세그먼트가 목표 음정의 정확한 센터값에 즉시 배치되어 음정 불안을 완벽하게 해결하고 싶을 때 사용합니다. 반면, Relative 모드는 원래 소리가 가지고 있던 미세한 음정 편차를 그대로 유지한 채 반음 단위로 이동시키므로, 보컬 고유의 자연스러운 뉘앙스를 살리고 싶을 때 효과적입니다. 만약 스냅 기능을 일시적으로 해제하고 미세하게 수동 조정하고 싶다면, Shift 키를 누른 채 드래그하여 Off 상태로 조절할 수 있습니다.

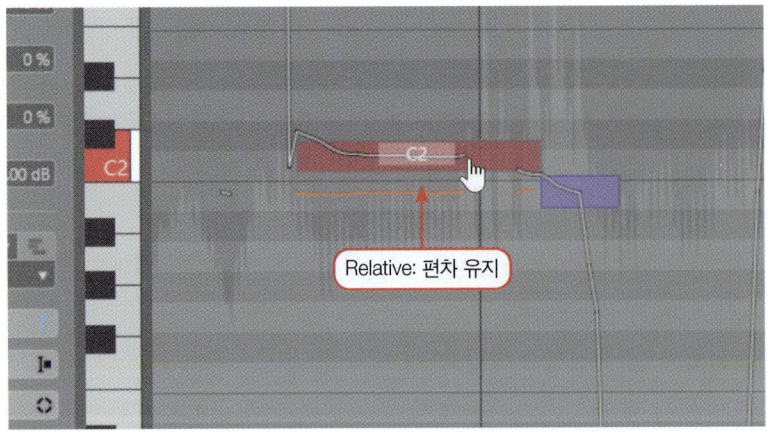

06 마우스 드래그 방식 외에도 MIDI Input 기능을 활성화하면 마스터 건반을 사용해 음정을 직관적으로 교정할 수 있습니다. 특정 세그먼트를 선택한 상태에서 건반을 누르면 해당 음으로 즉시 이동하며, 키보드의 오른쪽 방향키를 눌러 다음 세그먼트로 빠르게 넘어갈 수 있습니다. Step 옵션을 체크하면 건반을 입력할 때마다 자동으로 다음 노구가 선택되므로, 마치 악보를 입력하듯 리드미컬하고 신속한 보컬 튜닝이 가능해집니다.

07 음정과 박자를 수정할 때, MIDI Reference 기능을 활용하면 더욱 정확하고 수월한 작업이 가능합니다. 항목에서 참조할 MIDI 트랙을 선택하면 VariAudio 화면에 해당 미디 노트들이 배경으로 표시됩니다. 이를 가이드 삼아 보컬 세그먼트를 배치하면, 반주나 멜로디 라인과의 조화를 실시간으로 확인하며 정밀하게 교정할 수 있습니다.

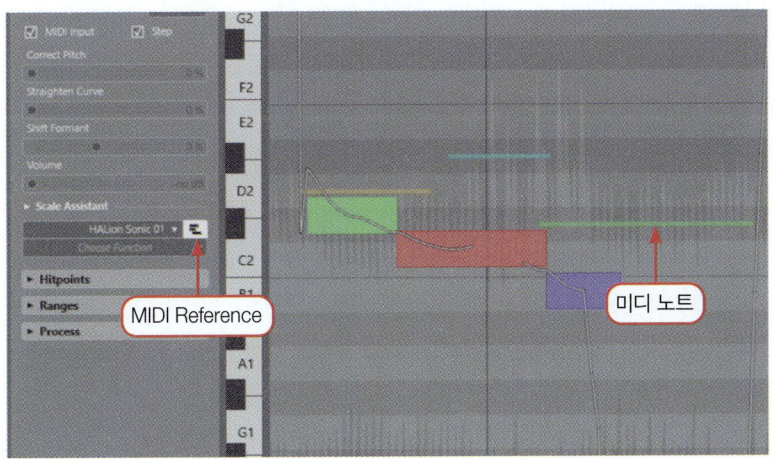

08 MIDI Reference 아래 Functions 항목에서 Extract MIDI를 선택하면, 데이터를 미디 이벤트로 즉시 추출할 수 있습니다. 이렇게 생성된 미디 데이터는 VSTi 활용한 더블링 트랙 제작이나 신시사이저를 이용한 독특한 질감의 보컬 레이어링 등 다양한 방식으로 활용

이 가능합니다. 특히 미세한 피치 변화와 볼륨 다이내믹까지 미디 정보로 추출할 수 있어, 오디오 소스가 가진 생동감을 미디 환경에서도 재현할 수 있습니다.

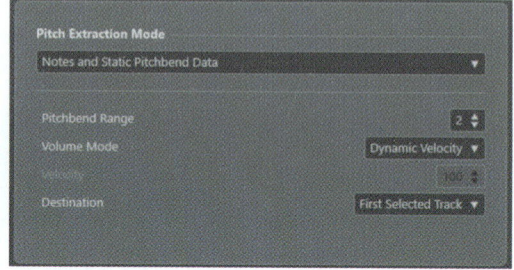

1. Pitch Extraction Mode: 음정 변화를 MIDI 노트와 피치 벤드 정보로 변환하는 방식 선택.
● Just Notes and No Pitchbend Data: 미세한 음정 변화를 제외하고 정확한 음계(Note) 정보만 추출합니다.
● Notes and Static Pitchbend Data: 음정과 함께 정적인 피치 벤드 데이터를 포함합니다.
● Notes and Continuous Pitchbend Data: 보컬의 미세한 떨림과 굴곡을 연속적인 피치 커브 데이터로 정교하게 추출합니다.
● Notes and NoteExp Pitchbend Curve: 피치 커브를 MIDI CC가 아닌 노트 익스프레션 정보로 추출하여 개별 노트 단위의 정밀 제어를 가능하게 합니다.
● Notes and NoteExp VST 3 Tuning Curve: VST3 표준에 최적화된 튜닝 정보로 피치 커브를 추출합니다.
● Pitchbend Range: 피치 벤드 데이터를 생성할 때 적용될 반음 단위의 범위를 설정합니다.

2. Volume Mode: 볼륨 변화를 MIDI 데이터로 변환하는 방식 선택합니다.
● Fixed Velocity: 실제 값과 상관없이 Velocity에서 지정한 고정 값으로 추출합니다.
● Dynamic Velocity: 오디오의 볼륨 변화를 분석하여 MIDI 벨로시티 값에 반영합니다.
● Volume Controller Curve: 볼륨 변화를 MIDI Controller 항목에서 선택한 제어 정보로 변환합니다. 기본값은 메인 볼륨(Main Volume)입니다.
● NoteExp Volume Controller Curve: 선택한 정보를 노트 익스프레션 형태로 추출하여 개별 노트별 볼륨 제어를 지원합니다.
● NoteExp VST 3 Volume Curve: 볼륨을 VST3 규격의 튜닝 정보 커브로 추출합니다.

3. Destination: 변환된 MIDI 데이터를 프로젝트 내 어디에 배치할지 결정합니다.

● First Selected Track: 현재 선택되어 있는 미디 트랙에 즉시 데이터를 추출합니다.

● New MIDI Track: 추출과 동시에 새로운 미디 트랙을 생성하여 데이터를 배치합니다.

● Project Clipboard: 데이터를 클립보드에 복사합니다.

09 Functions 내 두 번째 메뉴인 Flatten Realtime Processing은 실시간으로 연산되던 음정 보정 결과를 오디오 파일에 완전히 병합(Render)하는 기능을 수행합니다. 이 과정을 거치면 CPU의 실시간 연산 부담이 획기적으로 줄어들어 시스템 자원을 절약할 수 있으며, 특히 트랙 수가 많은 대규모 프로젝트의 안정성을 높이는 데 매우 효과적입니다. 한편, 편집 과정에서 언제든 처음 상태로 되돌리고 싶을 때는 Reset 메뉴를 활용합니다. Reset 메뉴를 통해 개별적으로 조정한 피치(Pitch), 포먼트(Formant), 볼륨(Volume), 그리고 타이밍 수정을 위한 워프(Warp) 정보 등을 선택적으로 초기화할 수 있어, 보다 유연하고 반복적인 사운드 디자인이 가능해집니다.

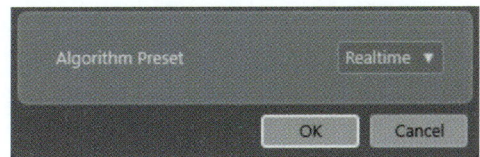

10 보컬 트랙에 풍성한 하모니를 더하고 싶다면 Audio 메뉴의 Generate Harmony Voices 기능을 활용합니다. 이 기능을 실행하면 나타나는 설정 창의 Number of Voices 항목에서 생성할 성부의 수를 지정할 수 있습니다. 기본값은 소프라노(Soprano), 알토(Alto), 테너(Tenor)의 3성부이며, 베이스(Bass)를 포함한 4성부까지 확장이 가능합니다. 이때 Reduce Vibrato Strength 옵션은 새롭게 생성되는 화음 성부들의 비브라토 강도를 줄여주는 핵심적인 역할을 합니다. 이 비율을 적절히 조절하여 메인 보컬의 비브라토와 화음 파트가 서로 충돌하지 않게 제어하면, 한결 깔끔하고 정돈된 합창 효과를 얻을 수 있습니다.

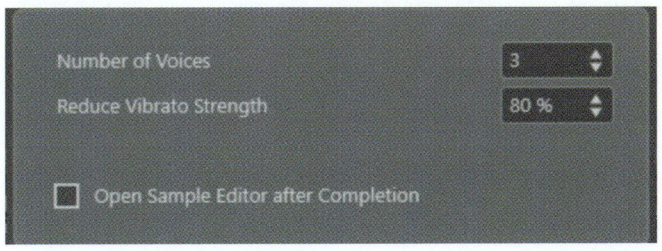

04
PART

믹싱과 마스터링

트랙 편집이 끝났다면, 이제 사운드의 완성도를 높일 믹싱과 마스터링 단계입니다. 본 파트에서는 Cubase의 내장 도구를 활용해 평범한 믹스를 프로 수준으로 다듬는 핵심 노하우를 다룹니다. MixConsole 활용법부터 레벨, 팬, EQ, 오토메이션 등 필수 믹싱 기술은 물론, 프로젝트를 체계적으로 정비하는 실무 팁을 배웁니다. 또한 라우드니스 미터와 멀티밴드 컴프레서 등 전문 툴을 사용해 최종 사운드를 정교하게 완성하는 법을 학습합니다. 이 과정을 통해 여러분의 음악에 완벽한 마무리를 더해 보기 바랍니다.

믹싱의 기본
레벨, 패닝, EQ

믹싱은 소리를 앞뒤, 좌우, 위아래로 배치해 하나의 공간감을 만들어 가는 작업이므로, 가능하다면 헤드폰보다는 스피커 환경에서 진행하는 것이 좋습니다. 스피커를 사용하면 실제 공간에서 소리가 어떻게 퍼지고 어우러지는지를 보다 자연스럽게 판단할 수 있기 때문입니다. 이러한 3차원 공간감을 만드는 기본 요소에는 레벨(Level), 패닝(Pan), EQ(Equalizer)가 있습니다.

01 레벨(Level) - 소리의 앞뒤 거리

음악 작업을 처음 시작하는 초보자는 보통 레벨을 소리의 크기, 즉 볼륨으로만 생각합니다. 그래서 믹싱을 할 때도w "어느 소리가 더 크게 들리게 할 것인가" 에만 집중하는 경우가 많습니다. 하지만 믹싱에서 레벨은 단순한 볼륨 조절이 아니라, 소리가 듣는 사람에게 얼마나 가깝거나 멀게 느껴지는지를 결정하는 역할을 합니다.

레벨이 높아지면 소리는 마치 바로 앞에서 연주되고 있는 것처럼 또렷하고 선명하게 들립니다. 반대로 레벨을 낮추면 소리는 뒤쪽으로 물러나며, 공간의 배경에 자연스럽게 섞이는 느낌을 줍니다. 이 원리를 이해하면, 음악 속에서 어떤 소리를 중심에 두고, 어떤 소리를 보조 역할로 배치할지 명확해집니다.

믹싱에서는 모든 트랙을 크게 만드는 것이 좋은 결과로 이어지지 않습니다. 오히려 모든 소리가 크게 들리면 서로 겹쳐서 답답하고 정리가 되지 않은 인상을 줍니다. 따라서 중요한 소리는 앞쪽에 배치하고, 분위기를 만들어 주는 소리는 뒤쪽으로 물러나게 레벨을 조절하는 것이 핵심입니다.

예를 들어 보컬이나 주요 멜로디 악기는 레벨을 높여 앞쪽에 배치하고, 패드나 스트링과 같은 배경 사운드는 레벨을 낮춰 뒤쪽에 두면 전체 믹스가 훨씬 안정적이고 균형 있게 들립니다. 이처럼 레벨 조절은 믹싱의 출발점이자, 음악의 공간감을 만드는 가장 기본적인 작업이라고 할 수 있습니다.

레벨 - 소리의 앞뒤 거리

▲ 레벨로 거리감을 조절한다

● 초보자가 자주 하는 레벨 실수

초보자가 가장 많이 하는 실수는 모든 트랙의 레벨을 크게 설정하는 것입니다. 소리가 작게 들리면 문제가 있는 것처럼 느껴져, 하나씩 볼륨을 올리다 보면 전체 믹스가 과도하게 커지고 답답해집니다. 하지만 믹싱에서는 모든 소리가 크게 들릴 필요는 없습니다. 오히려 중요한 소리와 그렇지 않은 소리를 구분해 주는 것이 더 중요합니다.

또 다른 실수는 솔로(Solo) 상태에서만 레벨을 조절하는 것입니다. 혼자 들을 때는 적당하게 느껴져도, 전체 트랙과 함께 들으면 소리가 튀거나 묻히는 경우가 많습니다. 레벨 조절은 반드시 전체 믹스를 들으면서 진행해야 하며, 다른 트랙과의 관계 속에서 판단해야 합니다.

마지막으로, 시각적인 미터에만 의존하는 것도 흔한 실수입니다. 미터는 참고용일 뿐이며, 최종 판단은 항상 귀로 해야 합니다. 같은 수치라도 악기와 소리에 따라 느껴지는 크기는 다를 수 있다는 점을 기억해야 합니다.

● 레벨 잡는 기본 순서

믹싱을 시작할 때는 아무 순서로나 레벨을 잡기보다, 기본적인 기준이 되는 트랙부터 정리하는 것이 좋습니다. 가장 먼저 드럼의 레벨을 설정합니다. 드럼은 곡의 리듬과 에너지를 담당하므로, 전체 믹스의 기준점이 됩니다.

다음으로 베이스의 레벨을 맞춥니다. 베이스는 드럼과 함께 리듬과 저음을 책임지는 악기이기 때문에, 두 트랙이 자연스럽게 어울리도록 조절하는 것이 중요합니다. 이 단계에서는 저음이 과하지 않게, 하지만 존재감은 분명하게 느껴지도록 신경 씁니다.

그 다음에 보컬 레벨을 설정합니다. 보컬은 대부분의 음악에서 가장 중요한 요소이므로, 드럼과 베이스 위에 자연스럽게 올라오도록 배치합니다. 이 순서로 레벨을 잡으면, 이후에 기타나 신스 같은 다른 악기들의 위치를 정하기가 훨씬 수월해집니다.

● 헤드폰과 스피커에서 느껴지는 레벨 차이

헤드폰과 스피커는 소리를 전달하는 방식이 다르기 때문에, 같은 믹스라도 다르게 느껴질 수 있습니다. 헤드폰은 소리가 귀에 직접 전달되기 때문에 세부적인 소리는 잘 들리지만, 실제 공간감이나 앞뒤 거리를 판단하기는 어렵습니다. 이로 인해 레벨을 과하게 설정하는 경우가 많습니다.

반면 스피커는 공기를 통해 소리가 전달되기 때문에, 소리의 균형과 공간감을 파악하는 데 유리합니다. 특히 레벨 차이가 자연스러운지, 어떤 소리가 앞에 튀어나오는지 판단하기가 쉽습니다. 그래서 가능하다면 레벨 조절은 스피커 환경에서 진행하고, 헤드폰은 세부적인 노이즈나 디테일을 확인하는 용도로 사용하는 것이 좋습니다.

두 환경을 번갈아 사용하면서 확인하면, 보다 안정적인 레벨 밸런스를 만들 수 있습니다.

● 실전에서 꼭 기억할 레벨 팁

레벨은 한 번에 완벽하게 맞추려고 하지 말고, 곡 전체를 들으면서 조금씩 조정하는 것이 좋습니다. 또한 작업 중간중간 볼륨을 낮춰 작은 소리로 들어보면, 어떤 트랙이 과하게 튀는지 쉽게 알 수 있습니다. 무엇보다 중요한 것은 이 소리가 크냐, 작냐가 아니라 이 소리가 지금 위치에 잘 어울리느냐를 기준으로 판단하는 것입니다. 이 기준을 이해하는 순간, 레벨 조절이 훨씬 쉬워질 것입니다.

02 패닝(Pan) - 소리의 좌우 위치

패닝(Pan)은 소리가 왼쪽과 오른쪽 중 어디에서 들릴지를 결정하는 기능입니다. 우리가 일상 생활에서 소리를 들을 때도 소리가 나는 위치에 따라 왼쪽 귀나 오른쪽 귀에 더 크게 들리듯 이, 패닝은 이러한 사람의 청각 원리를 음악에 그대로 적용한 것입니다.

패닝이 중앙에 있을 때는 소리가 양쪽 귀에서 동일하게 들리며, 마치 눈앞 정면에서 소리가 나는 것처럼 느껴집니다. 반대로 패닝을 왼쪽이나 오른쪽으로 이동시키면, 소리는 해당 방향에서 들리는 것처럼 인식됩니다. 이 때문에 패닝은 소리의 위치감을 만드는 가장 직관적인 도구라고 할 수 있습니다.

믹싱에서 패닝은 단순히 소리를 옮기는 기능이 아니라, 여러 트랙을 좌우 공간에 나누어 정리하는 역할을 합니다. 모든 악기가 중앙에 모여 있으면 서로 겹쳐서 답답하고 혼란스럽게 들리기 쉽습니다. 하지만 패닝을 활용해 각 악기를 좌우로 나누어 배치하면, 마치 무대 위에서 연주자들이 각자의 자리에 서 있는 것처럼 소리가 정돈되어 들립니다.

이처럼 패닝은 레벨과 함께 사용되어 소리를 좌우로 정리하고, 전체 믹스에 넓고 자연스러운 스테레오 공간을 만들어 줍니다. 패닝의 개념을 이해하고 적절히 활용하면, 믹스가 한곳에 뭉쳐 들리는 문제를 해결하고 훨씬 시원하고 또렷한 사운드를 만들 수 있습니다.

▲ 패닝으로 소리의 좌우 위치를 조절한다

● 패닝은 왜 중앙부터 생각해야 할까

패닝을 시작할 때 초보자는 "어디로 보내야 할까" 부터 고민하는 경우가 많습니다. 하지만 패닝을 잡을 때 가장 먼저 정해야 할 기준은 중앙입니다. 중앙은 믹스의 중심이 되는 자리이며, 곡 전체의 균형을 잡아주는 기준점이기 때문입니다.

보컬, 베이스, 킥 드럼처럼 곡을 이끌어 가는 핵심 소리는 중앙에 배치했을 때 가장 안정적으로 들립니다. 이러한 소리들이 좌우로 치우치면 곡의 중심이 흔들리고, 듣는 사람에게 어색하거나 불안한 인상을 줄 수 있습니다.

따라서 패닝은 먼저 중앙에 남아 있어야 할 소리를 정한 뒤, 그 주변을 정리하는 방식으로 접근하는 것이 좋습니다. 이 기준이 잡히면 이후 패닝 작업이 훨씬 수월해집니다.

● 좌우를 나눌 때 기준이 되는 소리들

중앙에 둘 소리가 정해졌다면, 그다음 단계는 좌우 공간을 어떻게 나눌지 결정하는 것입니다. 이때 기준이 되는 것은 역할이 비슷하거나 서로 겹치기 쉬운 소리들입니다.

예를 들어 기타와 건반처럼 비슷한 영역에서 연주되는 악기가 있다면, 한쪽은 왼쪽으로, 다른 한쪽은 오른쪽으로 살짝 나누어 배치하는 것이 좋습니다. 이렇게 하면 두 소리가 서로를 방해하지 않고 각각의 존재가 더 분명하게 드러납니다.

드럼의 경우에도 하이햇이나 탐과 같은 요소를 약간씩 좌우로 배치하면, 실제 드럼 세트를 바라보고 있는 듯한 자연스러운 공간감을 만들 수 있습니다. 반면 베이스나 킥처럼 저음을 담당하는 소리는 중앙에 두어야 좌우 균형이 무너지지 않습니다.

● 패닝을 잡는 기본 순서

패닝은 레벨을 어느 정도 정리한 후에 진행하는 것이 좋습니다. 먼저 곡의 중심이 되는 소리를 중앙에 배치합니다. 일반적으로 보컬, 킥 드럼, 스네어, 베이스는 중앙에 두는 것이 기본 원칙입니다.

그다음 기타, 건반, 스트링과 같은 반주 악기를 좌우로 나누어 배치합니다. 이때 한쪽으로만 몰리지 않도록 좌우의 균형을 함께 고려해야 합니다. 비슷한 역할을 하는 악기들이 있다면, 서로 반대 방향으로 살짝 나누어 주는 것만으로도 믹스가 훨씬 넓어집니다.

마지막으로 전체 믹스를 다시 들으며 특정 방향이 유난히 무겁게 느껴지지는 않는지 확인합니다. 패닝은 한 트랙만 보고 결정하는 것이 아니라, 전체 흐름 속에서 균형을 맞추는 과정입니다.

● 패닝 실전 배치 예시
보컬이 중심이 되는 곡이라면, 보컬은 중앙에 두고 기타를 왼쪽과 오른쪽으로 살짝 나누어 배치합니다. 한 대의 기타만 있는 경우에도 약간의 패닝을 주면 보컬과의 충돌을 줄일 수 있습니다.

건반이나 신스 패드처럼 공간을 채우는 역할의 사운드는 좌우로 넓게 배치하면 곡이 더 풍성하게 들립니다. 반면 베이스나 킥처럼 저음을 담당하는 악기는 중앙에 두는 것이 저역의 안정감을 유지하는 데 도움이 됩니다.

이처럼 패닝은 소리를 눈에 띄게 움직이기 위한 기능이 아니라, 각 악기가 서로의 자리를 침범하지 않도록 정리하는 도구입니다.

● 패닝에서 초보자가 가장 많이 하는 실수
초보자는 모든 소리를 중앙에 두거나, 반대로 효과를 주기 위해 극단적으로 왼쪽이나 오른쪽으로만 배치하는 경우가 많습니다. 모든 트랙이 중앙에 모이면 소리가 겹쳐 답답하게 들리고, 극단적인 패닝은 스테레오 밸런스를 무너뜨릴 수 있습니다.

또 다른 흔한 실수는 패닝을 단독으로 해결책처럼 사용하는 것입니다. 레벨이나 EQ 조절 없이 패닝만으로 공간을 만들려고 하면, 소리는 분리되는 것처럼 들릴 수 있으나 전체 믹스의 균형은 오히려 흐트러질 수 있습니다.

● 헤드폰과 스피커에서 패닝이 다르게 들리는 이유

헤드폰은 왼쪽 소리가 왼쪽 귀로만, 오른쪽 소리가 오른쪽 귀로만 전달되기 때문에 패닝이 매우 분명하고 과장되어 들립니다. 이로 인해 헤드폰에서 잘 들리던 패닝이 스피커에서는 어색하게 느껴질 수 있습니다.

반면 스피커로 들을 때는 양쪽 소리가 서로의 귀로도 함께 전달되며, 실제 공간에서 음악을 듣는 것과 비슷한 방식으로 인식됩니다. 그래서 스피커 기준으로 자연스럽게 잡힌 패닝은 다양한 재생 환경에서도 비교적 안정적으로 들리는 경우가 많습니다.

따라서 패닝 작업은 가능하다면 스피커와 헤드폰을 번갈아 사용하며 확인하는 것이 좋으며, 최종 판단은 스피커 기준으로 하는 것이 안전합니다.

03 EQ(Equalizer) - 소리의 위아래 높이

EQ는 소리의 음색을 조절하는 도구로, 특정 주파수 대역을 키우거나 줄이는 기능을 합니다. 쉽게 말해, EQ는 소리의 저음, 중음, 고음의 균형을 조절하는 장치입니다. 볼륨이 소리의 크기를 조절한다면, EQ는 소리의 색깔과 질감을 조절한다고 생각하면 이해하기 쉽습니다.

사람은 소리를 들을 때 단순히 크기만 느끼는 것이 아니라, 소리가 밝은지 어두운지, 묵직한지 가벼운지, 부드러운지 날카로운지도 함께 인식합니다. 이러한 느낌의 차이는 소리 안에 포함된 주파수 성분에 의해 결정됩니다. EQ는 바로 이 주파수 성분을 조절해, 소리의 성격을 바꾸고 듣는 위치감을 조정해 줍니다.

믹싱에서 EQ는 흔히 소리의 위아래 높이감으로 비유됩니다. 저음이 많아지면 소리는 아래쪽, 즉 바닥에 가까운 느낌을 주며 무게감이 생깁니다. 중음은 소리를 중심에 위치시켜, 악기의 존재감을 분명하게 만들어 줍니다. 반대로 고음이 많아지면 소리는 위로 떠오르는 듯한 느낌을 주어, 밝고 시원하게 들립니다. 이 때문에 EQ는 레벨과 패닝만으로 해결되지 않는 공간 문제를 보완하는 중요한 역할을 합니다.

여러 트랙이 함께 연주될 때, 각 악기는 서로 다른 주파수 영역을 차지합니다. 하지만 이 영역이 겹치면 소리가 탁해지고 각 악기의 구분이 어려워집니다. EQ를 사용하면 각 트랙이 필요한 주파수 영역을 확보할 수 있어, 서로 방해하지 않고 또렷하게 들리게 됩니다. 이처럼 EQ는 단순히 소리를 더 좋게 만드는 도구가 아니라, 믹스 안에서 각 소리가 위치와 역할을 찾도록 도와주는 정리 도구라고 할 수 있습니다.

EQ - 소리의 높낮이 조절

▲ EQ로 소리의 높낮이를 조절한다

● EQ에서 초보자가 가장 많이 하는 착각

EQ를 처음 접한 초보자는 EQ를 소리를 더 좋게 만드는 마법 같은 도구로 생각하는 경우가 많습니다. 그래서 소리가 마음에 들지 않으면 특정 대역을 무작정 올리거나, 눈에 보이는 그래프 모양을 예쁘게 만드는 데 집중하기도 합니다. 하지만 이러한 방식은 오히려 소리를 더 탁하게 만들거나, 전체 믹스의 균형을 무너뜨릴 수 있습니다.

또 다른 흔한 착각은 EQ를 한 트랙만 기준으로 판단하는 것입니다. 솔로로 들을 때는 좋아 보이던 EQ 설정이, 다른 트랙들과 함께 재생되면 오히려 충돌을 일으키는 경우도 많습니다. EQ는 항상 전체 믹스 안에서 어떤 역할을 하는지를 기준으로 사용해야 합니다.

EQ의 목적은 특정 소리를 돋보이게 만드는 것이 아니라, 각 소리가 서로 방해하지 않도록 자리를 만들어 주는 것이라는 점을 기억하는 것이 중요합니다.

● EQ를 잡기 전에 먼저 생각해야 할 것

EQ를 사용하기 전에 가장 먼저 해야 할 일은 무엇을 바꾸고 싶은가를 분명히 하는 것입니다. 소리가 탁한지, 너무 날카로운지, 아니면 다른 악기와 겹쳐 들리는지를 먼저 귀로 확인해야 합니다. 이유를 모른 채 EQ를 조작하면, 설정은 늘어나지만 문제는 해결되지 않습니다.

또한 EQ는 레벨과 패닝이 어느 정도 정리된 후에 사용하는 것이 좋습니다. 레벨이나 패닝 문제를 EQ로 해결하려고 하면, 필요 이상으로 과한 보정이 들어갈 수 있습니다. 먼저 소리의 위치와 크기를 정리한 뒤, EQ로 세부적인 음색을 다듬는 것이 바람직한 순서입니다.

마지막으로 EQ는 올리는 도구라기보다는 줄이는 도구로 생각하면 훨씬 사용하기 쉬워집니다. 필요 없는 주파수를 줄여 공간을 확보하면, 다른 소리들이 자연스럽게 살아나는 경우가 많습니다.

● EQ를 사용할 때의 기본적인 접근 방법

EQ를 사용할 때는 한 번에 크게 조절하기보다는, 작은 변화부터 천천히 적용하는 것이 좋습니다. 특정 대역을 살짝 올리거나 줄이면서, 소리가 어떻게 변하는지 귀로 확인합니다. 이때 시각적인 그래프보다 실제로 들리는 소리에 집중하는 것이 중요합니다.

또한 EQ는 항상 단독으로 듣는 것보다, 다른 트랙들과 함께 재생하며 확인해야 합니다. 솔로 상태에서 좋아 보이는 설정이, 전체 믹스에서는 과도하게 느껴질 수 있기 때문입니다.

이처럼 EQ는 감각과 판단을 함께 요구하는 도구입니다. 처음에는 어렵게 느껴질 수 있지만, 반복해서 사용하다 보면 어떤 대역이 어떤 느낌을 만드는지 자연스럽게 익숙해지게 됩니다.

● EQ에서 초보자가 꼭 피해야 할 설정

EQ를 처음 사용할 때 가장 흔한 실수는 특정 주파수를 과도하게 올리는 것입니다. 소리가 부족하다고 느껴질 때마다 고음이나 저음을 계속 올리다 보면, 처음에는 화려하게 들릴 수 있지만 전체 믹스에서는 쉽게 피곤하고 거친 소리가 됩니다.

또 다른 실수는 모든 트랙에 비슷한 EQ 설정을 적용하는 것입니다. 각 악기는 역할과 주파수 영역이 다르기 때문에, 하나의 기준을 모든 트랙에 그대로 적용하면 오히려 소리들이 서로 충돌하게 됩니다.

그래프의 모양만 보고 EQ를 조절하는 것도 초보자가 자주 하는 실수입니다. 눈으로 보기 좋은 곡선이 반드시 좋은 소리를 만들어 주는 것은 아닙니다. EQ는 항상 귀로 판단해야 하며, 시각적인 요소는 참고용으로만 활용하는 것이 좋습니다.

● EQ를 잡는 기본 순서

EQ는 레벨과 패닝이 어느 정도 정리된 후에 진행하는 것이 좋습니다. 먼저 불필요하게 겹치는 저음이나 탁한 느낌을 줄여, 소리의 기본 윤곽을 정리합니다. 이 단계에서는 "무엇을 더할까" 보다 "무엇을 줄일까" 를 먼저 생각하는 것이 핵심입니다.

그다음 각 악기의 역할을 고려해 필요한 주파수 영역을 살짝 강조합니다. 이때도 과도한 부스트보다는, 최소한의 조정으로 소리가 살아나는 지점을 찾는 것이 중요합니다.

마지막으로 전체 믹스를 들으며 EQ 변화가 곡의 분위기와 잘 어울리는지 확인합니다. EQ는 한 트랙만 듣고 결정하는 것이 아니라, 항상 전체 흐름 속에서 판단해야 합니다.

●EQ 실전 예시

보컬의 경우, 너무 많은 저음은 소리를 탁하게 만들 수 있으므로 불필요한 저역을 정리하면 말소리가 더 또렷해집니다. 필요한 경우에는 중음대역을 살짝 살려, 보컬이 믹스 안에서 자연스럽게 앞으로 나오도록 합니다.

기타나 건반과 같은 반주 악기는 보컬과 겹치는 영역을 줄여 주면, 전체 믹스가 훨씬 깔끔해집니다. 소리를 크게 만드는 대신, 주파수 공간을 비워 주는 것이 핵심입니다.

드럼에서는 킥과 베이스가 서로 충돌하지 않도록 EQ로 역할을 나누는 것이 중요합니다. 각각이 중심이 되는 주파수 영역을 다르게 설정하면, 저음이 더 단단하고 명확하게 들립니다.

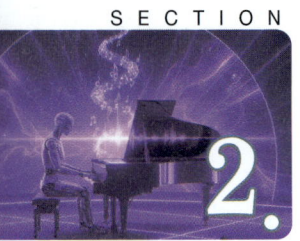

믹싱을 위한
준비 및 설정

믹싱은 플러그인을 사용해 소리를 다루기 전에, 먼저 작업할 환경을 준비하는 것에서 시작됩니다. 프로젝트가 정리되지 않았거나 기본 설정이 되어 있지 않으면, 작업이 진행될수록 혼란스러워지기 쉽습니다. 작업 환경과 설정을 미리 정돈해 두면, 믹싱 과정이 훨씬 수월하게 느껴집니다. 이러한 준비는 작업 시간을 줄여 주고, 안정적으로 믹싱을 이어 갈 수 있도록 도와줍니다.

01 Audio Performance

01 믹싱 단계에서는 여러 트랙을 동시에 재생하고, EQ·컴프레서·리버브 같은 다양한 이펙트를 사용하게 됩니다. 이 과정은 CPU에 큰 부담을 주기 때문에, 버퍼 사이즈가 너무 낮으면 소리가 제시간에 처리되지 않아 팝 노이즈, 클릭 소리, 드롭아웃이 발생하기 쉽습니다. 큐베이스는 이러한 상태를 확인할 수 있는 모니터를 제공합니다. Studio 메뉴에서 Audio Performance Monitor를 선택하거나 F12 키를 누릅니다.

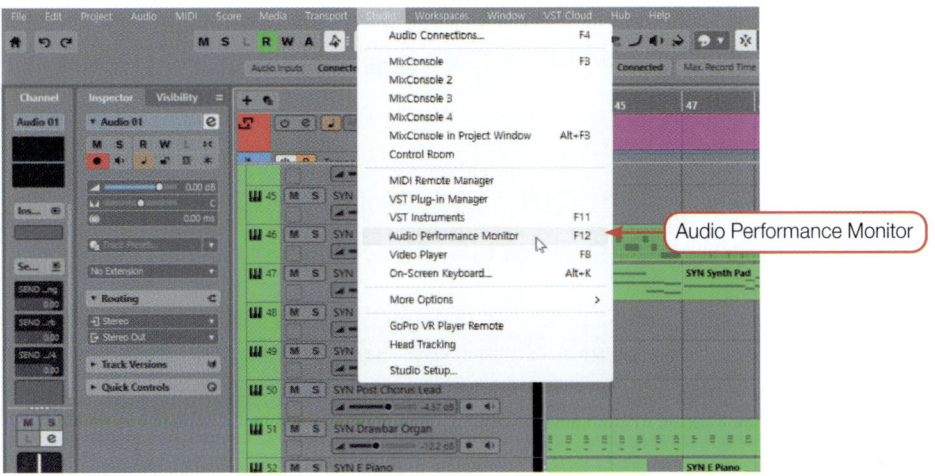

02 Real Time, ASIO-Guard, Peak, Disk Cache의 네 가지 항목으로 구성되어 있습니다. 프로젝트를 재생하면서 이 미터들의 움직임을 함께 확인하는 것이 중요합니다. 일반적으로 특정 항목이 지속적으로 50% 이상을 유지하거나, 갑자기 크게 치솟는 경우에는 현재 설정이 작업에 비해 부담이 크다는 신호로 볼 수 있습니다. 이런 상황이 반복된다면 버퍼 사이즈 조정, 트랙이나 이펙트 정리, 또는 시스템 업그레이드를 고려하는 것이 좋습니다.

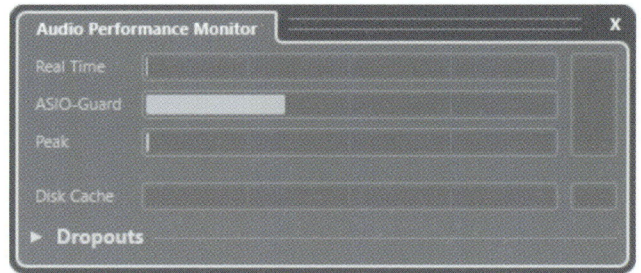

Real Time - 실시간 오디오 처리 부하

Real Time은 지금 이 순간에 실시간으로 처리되고 있는 오디오의 평균 부하를 보여줍니다. 녹음 중이거나 모니터링이 켜진 트랙, 실시간으로 반응해야 하는 이펙트들이 여기에 포함됩니다. 이 수치가 높아지면 컴퓨터가 소리를 제시간에 처리하지 못할 위험이 커지고, 재생 중 끊김이나 불안정한 반응이 나타날 수 있습니다.

해결 방법

● 버퍼 사이즈를 올린다
● 불필요한 모니터링을 끈다
● 실시간으로 꼭 필요하지 않은 이펙트를 끈다
● 녹음이 끝난 트랙은 모니터/레코드 비활성화

ASIO-Guard - 사전 처리된 오디오 부하

ASIO-Guard는 실시간 처리가 필요 없는 트랙들을 미리 계산(프리프로세싱)한 부하를 보여줍니다. 큐베이스가 미리 준비해 둘 수 있는 소리를 백그라운드에서 처리하는 영역이라고 생각하면 됩니다. ASIO-Guard 수치가 높다는 것은 프로젝트가 무겁다는 뜻이지만, 이 항목은 비교적 여유 있게 작동하므로 Real Time이나 Peak보다 덜 위험합니다.

해결 방법

- Studio Setup에서 ASIO-Guard 활성화
- ASIO-Guard Level을 High로 설정
- 실시간이 필요 없는 트랙은 최대한 ASIO-Guard가 적용되도록 유지

Peak - 순간적인 최대 부하 (드롭아웃 위험 신호)

Peak는 오디오 엔진의 순간 최대 처리 부하를 보여주는 항목으로 가장 직접적으로 드롭아웃 발생 여부와 연결됩니다. 이 수치가 급격히 치솟거나 100%에 가까워지면, 팝 노이즈, 클릭, 재생 중단 같은 문제가 바로 발생할 수 있습니다.

해결 방법

- 버퍼 사이즈 증가
- 동시에 재생되는 트랙 수 줄이기
- 무거운 이펙트(리버브, 리미터 등) 비활성화 또는 Freeze
- Peak가 튀는 구간의 트랙을 Dropout 정보에서 확인

Disk Cache - 디스크 읽기/쓰기 부하

Disk Cache는 CPU 연산이 아닌, 저장 장치(SSD)에서 오디오 데이터를 실시간으로 읽어오는 속도를 나타냅니다. 고해상도 오디오 트랙이 많거나 대용량 샘플 라이브러리를 사용할 때 이 수치가 상승하며, 한계를 넘어서면 재생 중 오디오가 끊기거나 멈추는 현상이 발생합니다.

해결 방법

- 사용하지 않는 트랙은 Disable Selected Tracks로 설정
- Freeze Track으로 악기를 오디오화하여 실시간 스트리밍 부하 감소
- 가급적 모든 프로젝트와 샘플 라이브러리를 NVMe SSD에 배치
- 대용량 샘플 사용 시 가상 악기 내 Preload Size 등 대역폭 설정 확인

03 오른쪽에 있는 ① Overload 표시등이 빨간색으로 켜졌다면, 이미 드롭아웃이 발생했 거나 오디오 엔진이 처리 한계를 넘었다는 의미입니다. 이는 단순히 시스템이 무거운 상태가 아니라, 실제로 재생 안정성이 무너진 시점이라고 볼 수 있습니다. 이때 ② Dropouts 를 클릭해 섹션을 열면, 문제가 발생한 순간의 Real Time, ASIO-Guard, Peak, Disk Cache 수치를 확인할 수 있습니다. 이를 통해 버퍼 사이즈 조정이 필요한지, 사용 중인 이펙트를 정 리해야 하는지, 또는 시스템 업그레이드를 고려해야 하는지를 판단할 수 있습니다.

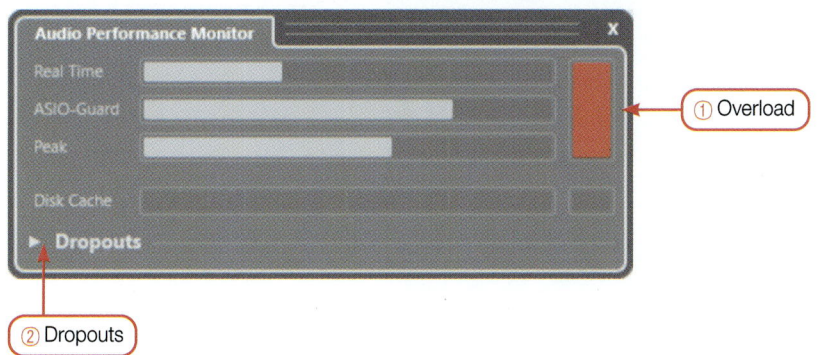

04 디스플레이 창에서 ① 파란색 그래프는 Real Time 처리 부하, ② 주황색 그래프는 ASIO-Guard 처리 부하, ③ 빨간색 세로선은 실제로 드롭아웃(Dropouts)이 발생한 지점을 의미합니다. 그래프 위에 마우스를 올리면 해당 시점의 정확한 수치가 표시되므로, 어 느 순간에 시스템이 한계를 넘었는지를 구체적으로 확인할 수 있습니다.

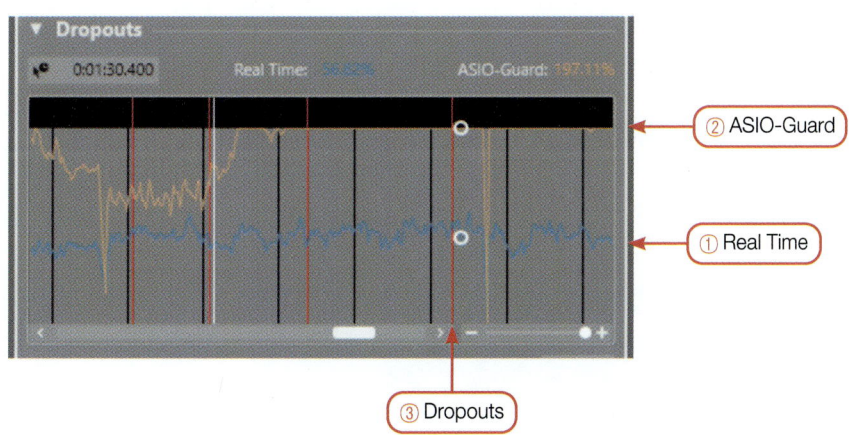

05 Dropout 목록에서는 발생한 드롭아웃을 순서대로 확인할 수 있도록 ① Previous/Next 버튼을 제공합니다. ② Locate 버튼을 클릭하면 재생 헤드가 문제가 발생한 정확한 위치로 이동해, 시스템 부하가 급증한 구간을 바로 확인할 수 있습니다. 또한 이 영역에는 ASIO Buffer, ASIO-Guard, Freeze 버튼이 함께 제공되어, 설정을 조정하거나 트랙을 Freeze하여 즉각적으로 재생 안정성을 확보할 수 있습니다.

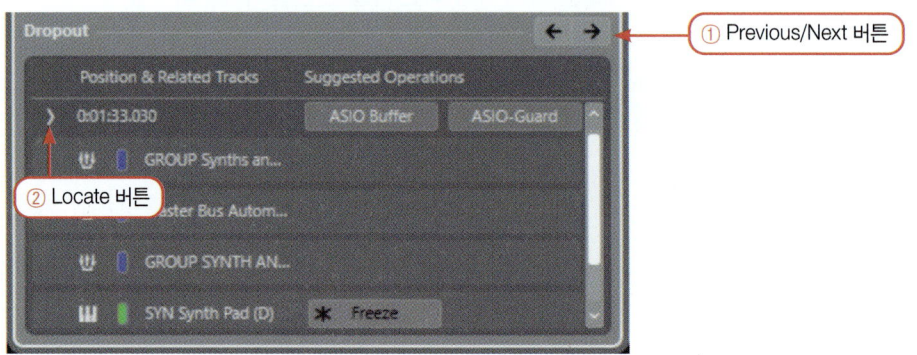

06 녹음 단계에서는 연주와 모니터링의 레이턴시가 매우 중요하기 때문에, 버퍼 사이즈를 낮게 설정하는 것이 좋습니다. 버퍼 사이즈가 낮을수록 오디오 신호의 지연이 줄어들어 연주자가 느끼는 반응 속도가 빨라집니다. 반면, 믹싱 단계에서는 실시간 입력이 거의 없으므로 버퍼 사이즈를 낮게 유지할 필요가 없으며, 오히려 안정적인 재생을 위해 버퍼를 조금 높게 설정할 수 있습니다. 만약 Real-Time 오버로드 경고가 발생하면, ASIO Buffer 버튼을 클릭하여 버퍼 사이즈를 증가시켜 CPU 부하를 줄일 수 있습니다. 다만, 버퍼 사이즈를 과도하게 높이면 재생 반응이 눈에 띄게 늦어지는 문제가 발생할 수 있으므로, Output Latency 값을 확인하며 작업에 불편함이 없는 범위에서 조절하는 것이 좋습니다.

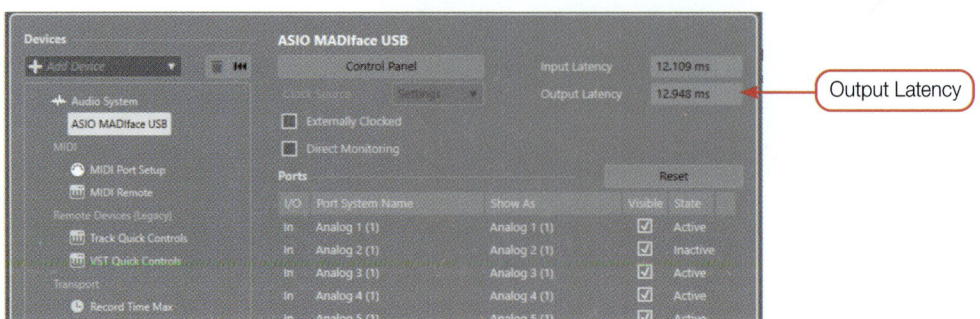

07 ASIO-Guard에서 오버로드가 발생하면, ASIO-Guard 버튼을 클릭하여 Level을 High 로 설정할 수 있습니다. 이렇게 설정하면 컴퓨터가 오디오를 미리 계산하도록 하여 CPU 부하를 분산시키고 시스템 여유를 확보할 수 있습니다.

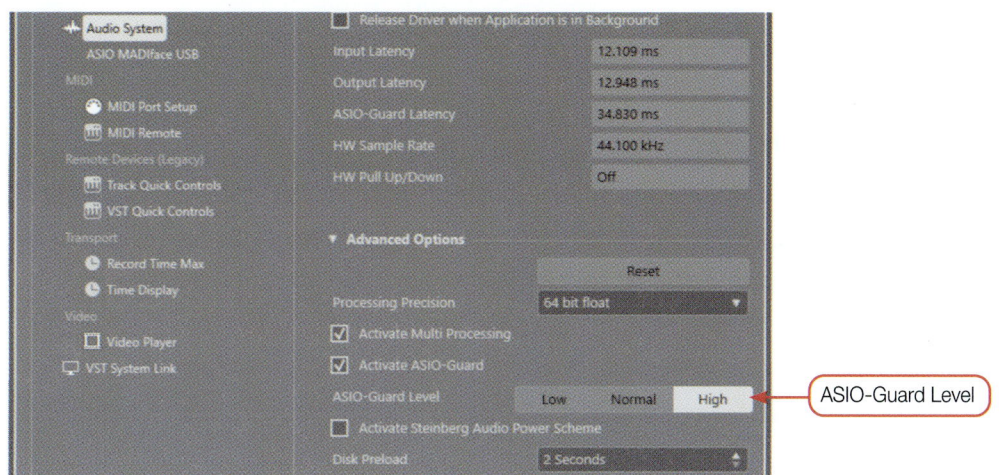

08 Freeze는 가상악기의 오디오를 미리 렌더링하여 CPU 사용을 줄이는 기능입니다. 실 시간으로 악기를 연주하지 않고, 렌더링된 오디오를 재생하기 때문에, 프로젝트가 복 잡하거나 트랙이 많아도 컴퓨터 부담을 크게 줄일 수 있습니다.

● Tail Size

Freeze 시에도 소리가 자연스럽게 끝나도록 Release 시간을 설정하는 기능입니다. 설정한 시 간만큼 잔향까지 포함하여 오디오가 렌더링되므로, 피아노나 신디사이저처럼 음을 뗄 때 잔 향이 자연스럽게 사라지는 소리를 그대로 유지할 수 있습니다.

● Include Inserts for Instrument Tracks

인스트루먼트 채널에 걸린 인서트 효과까지 Freeze할지 결정합니다. 활성화하면 효과까지 포함하여 오디오로 렌더링되므로, 나중에 재생 시 CPU 부담 없이 그대로 소리를 들을 수 있습니다. 반대로 비활성화하면 인서트는 제외되므로, Freeze 후에도 자유롭게 효과를 수정할 수 있습니다. 볼륨, 팬, EQ는 이 옵션과 관계없이 언제든 조절 가능합니다.

● Unload Instruments When Frozen

Freeze 후 가상악기를 RAM에서 제거하여 메모리를 확보할 수 있습니다. 이를 통해 다른 트랙이나 가상악기를 원활하게 사용할 수 있으며, 시스템 성능을 높이는 데 도움을 줍니다. 단, 다시 Freeze를 해제하면 악기를 다시 로드해야 하므로 약간의 시간이 걸릴 수 있습니다.

Q2   Freeze된 트랙은 인스펙터(Inspector) 창에서 쉽게 확인할 수 있습니다. 만약 해당 트랙을 편집해야 하는 경우, 인스펙터 창의 Freeze 버튼을 클릭하여 Freeze를 해제할 수 있습니다. Freeze를 해제하면, 가상악기와 인서트 효과를 다시 실시간으로 조정할 수 있으므로, 녹음이나 편집 작업을 자유롭게 진행할 수 있습니다.

10 프리즈를 해제하면, 가상악기 트랙에서 어떤 동작이 일어날지 세부적으로 설정할 수 있는 창이 열립니다. 이 창에서는 두 가지 주요 옵션을 선택할 수 있습니다.

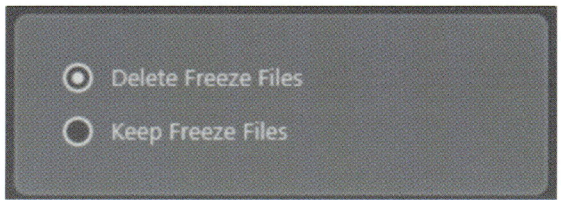

● Delete Freeze Files

프리즈된 오디오 파일을 프로젝트에서 완전히 삭제합니다. 이렇게 하면 디스크 공간을 확보할 수 있다는 장점이 있습니다. 다만, 삭제한 파일은 다시 Freeze를 적용하려면 새로 렌더링해야 한다는 단점이 있습니다.

● Keep Freeze Files

프리즈 파일을 프로젝트의 Freeze 폴더에 그대로 유지할 수 있습니다. 이렇게 하면 나중에 Freeze를 다시 적용하거나 파일을 확인할 때 재사용할 수 있다는 장점이 있습니다.

11 도구 바에서 마우스 오른쪽 버튼을 클릭하여 Setup Toolbar를 열고, ① Audio Performance Meter를 체크하면, ② 도구 바에서 바로 오디오 성능을 모니터링할 수 있습니다. 또한 이를 클릭하여 Audio Performance 패널을 열 수 있습니다.

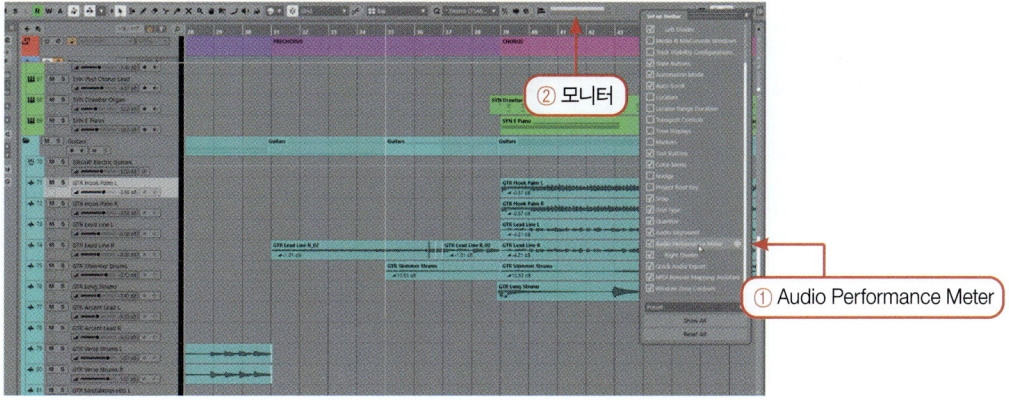

02 채널 신호 흐름

01 믹싱에서 발생하는 대부분의 문제를 정확히 파악하기 위해서는 신호 흐름을 이해하는 것이 필수적입니다. 신호 흐름을 알면 이펙트의 순서가 소리에 어떤 영향을 주는지 명확하게 이해할 수 있습니다. 같은 EQ와 컴프레서라도 어떤 것이 먼저 위치하느냐에 따라 소리는 완전히 달라지며, 이를 상황에 맞게 의도적으로 선택할 수 있게 됩니다. 트랙 인스펙터에서 Edit 버튼을 클릭하여 채널 설정 창을 엽니다.

02 Channel Settings 창은 하나의 채널에서 발생하는 모든 오디오 신호 처리 과정을 관리하는 공간입니다. 화면상 신호 흐름은 왼쪽에서 오른쪽으로 보이지만, 실제 오디오 신호의 출발점은 ① Equalizer 탭의 ② Pre 섹션입니다. 이곳에는 High Cut/Low Cut 필터와 입력 게인(Gain)이 있으며, 기본적으로 꺼져 있지만, 채널로 들어온 신호가 가장 먼저 처리되는 시작 지점이라는 점을 알아두는 것이 중요합니다.

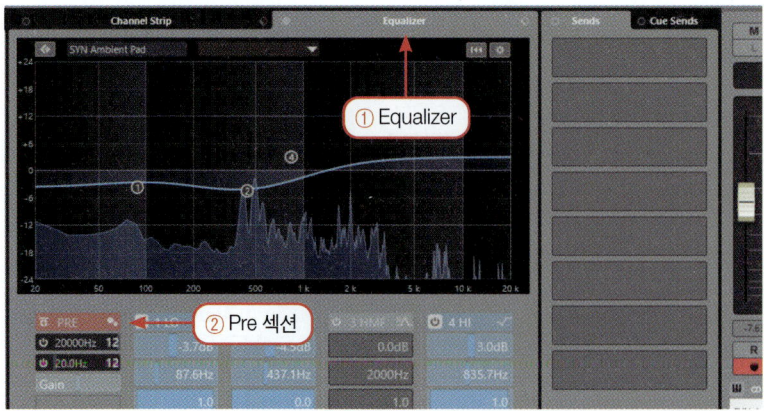

03 Pre 섹션을 통과한 신호는 Inserts 슬롯을 위에서 아래 방향으로 차례대로 흐릅니다. 각 슬롯에 삽입된 이펙트는 위에 있는 것부터 먼저 처리되며, 신호는 마지막 슬롯까지 순서대로 전달됩니다. 이때 이펙트의 배치 순서가 바뀌면 처리 결과가 달라지기 때문에 소리도 크게 달라집니다.

04 Insert 슬롯 중간에는 초록색 선이 하나 표시되어 있는데, 이 선은 드래그하여 위치를 자유롭게 변경할 수 있습니다. 이 선을 기준으로 위쪽은 Pre Fader, 아래쪽은 Post Fader 영역으로 나뉩니다. Pre Fader는 페이더 위치와 상관없이 항상 동일한 양으로 적용되며, Post Fader는 페이더를 올리거나 내리면 이펙트의 양도 함께 변합니다.

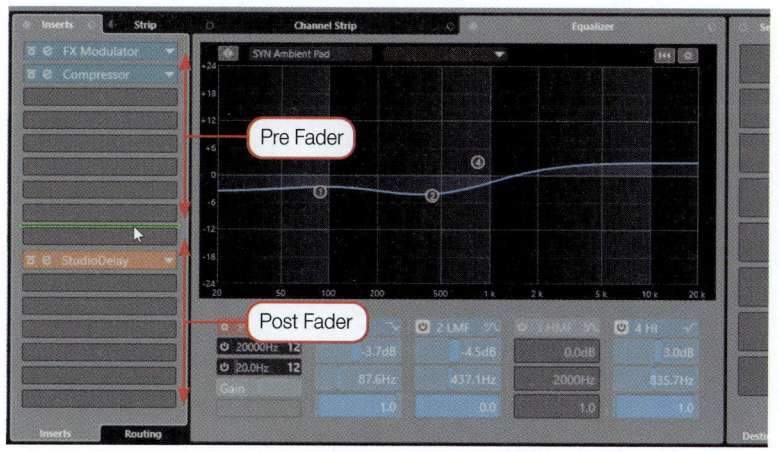

05 Insert 다음에는 ① Channel Strip으로 신호가 흐릅니다. Channel Strip에는 Gate, Compressor, EQ, Saturation, Limiter가 포함되어 있으며, 각 장치는 드래그하여 처리 순서를 자유롭게 변경할 수 있습니다. 사용하고 싶은 장치는 ② Select Module에서 선택하여 활성화할 수 있습니다.

06 Move 버튼을 클릭하면 Channel Strip을 Insert 앞에 배치할 수 있습니다. Channel Strip은 큐베이스 내부 처리로 최적화되어 있어 CPU 부담이 적고 반응 속도가 빠릅니다. 따라서 녹음 단계나 빠른 믹싱 작업에서 무거운 플러그인 대신 Channel Strip을 먼저 사용하면, 작업 효율과 시스템 안정성을 동시에 높일 수 있습니다.

07 트랙의 소리는 Channel Strip까지의 모든 처리를 거친 뒤, Send 지점에서 한 번 갈라집니다. Send는 페이더보다 앞에 위치해 있어, 볼륨 조절 이전의 소리를 기준으로 동작합니다. 즉, 원본 소리를 그대로 복사해 리버브나 딜레이 같은 이펙트를 추가하는 방식이며, 이를 통해 여러 트랙이 하나의 이펙트를 효율적으로 함께 사용할 수 있습니다.

08 채널의 최종 출력은 페이더 섹션을 거쳐 Stereo Out 채널로 전송됩니다. Post-Fader 인서트를 사용하는 경우에는, 페이더로 조절된 신호에 이펙트가 적용된 후 Stereo Out으로 전송됩니다. Post-Fader 인서트는 페이더 조절 결과를 그대로 받아 처리하기 때문에, 일반적인 믹싱에서는 거의 사용되지 않습니다. 대신 방송용 리미터나 최종 출력의 안전을 확보하기 위한 마지막 보호 장치처럼, 특수한 목적이 있을 때만 사용합니다.

03 트랙 프리셋

01 믹싱 작업에서는 트랙 이름을 명확하게 지정하고 색상을 구분하는 것이 기본이며, 같은 계열의 악기들을 폴더 트랙으로 묶어 정리하는 것 또한 중요한 관리 방법입니다. 폴더로 정리할 트랙들을 Shift 키를 누른 상태에서 선택한 뒤, 마우스 오른쪽 버튼을 클릭하여 단축 메뉴를 열고 Move Selected Tracks의 To New Folder를 선택하면, 선택한 트랙들이 새로운 폴더 트랙 안으로 정리됩니다.

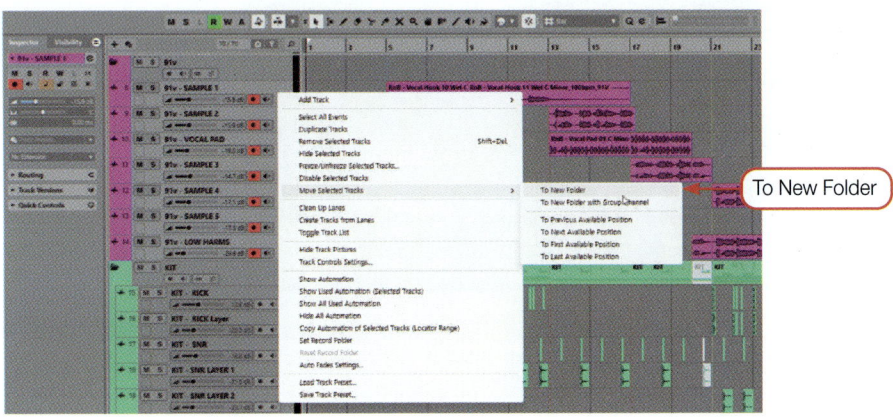

02 생성된 폴더 트랙 역시 ① 이름 항목을 더블 클릭하여 구분하기 쉬운 이름을 입력합니다. 또한 Alt 키를 누른 상태에서 인스펙터의 ② 이름 항목을 클릭하면, 해당 트랙의 색상을 설정할 수 있습니다.

03 여러 트랙을 하나의 트랙에서 함께 컨트롤할 수 있는 그룹 트랙을 활용하는 것 역시 믹싱 작업을 효율적으로 진행하는 방법 중 하나입니다. 그룹으로 묶을 트랙들을 선택한 뒤 마우스 오른쪽 버튼을 클릭하여 단축 메뉴를 열고, Add Group Track to Selected Tracks을 선택하면, 선택한 트랙들의 출력 신호가 새로 생성된 그룹 트랙으로 전송됩니다.

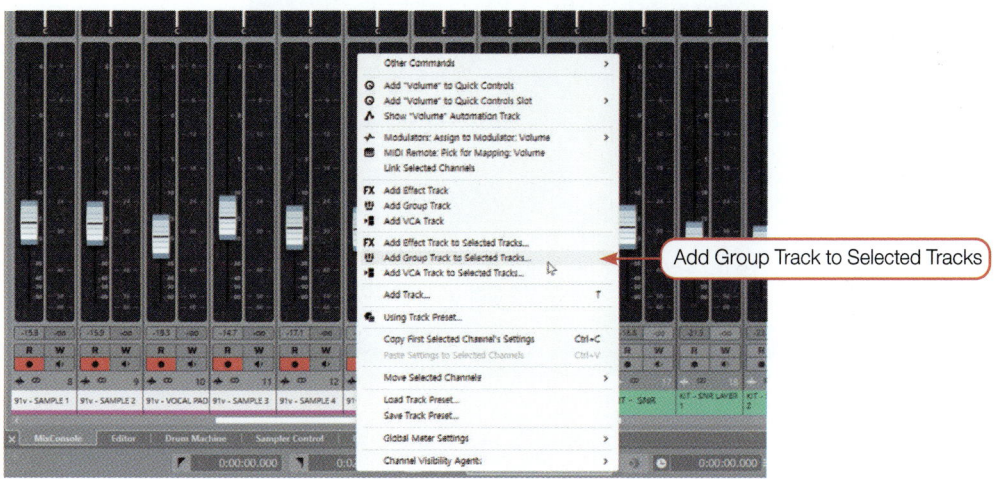

04 그룹 트랙의 설정을 위한 창이 열리면, Name 항목에 구분하기 쉬운 이름을 입력한 후 Add Track 버튼을 클릭합니다. 그러면 그룹 트랙이 생성되고, 선택한 트랙들의 신호가 해당 그룹 트랙으로 라우팅됩니다.

05 파란색 볼륨 페이더를 가진 그룹 트랙이 생성되며, 이 그룹 트랙을 통해 솔로, 뮤트, 인서트 이펙트 등 라우팅된 모든 트랙을 한 번에 컨트롤할 수 있게 됩니다.

06 믹싱은 오랜 경험이 필요한 작업이기 때문에 초보자가 쉽게 접근하기에는 다소 어려움이 있습니다. 그러나 큐베이스에서 제공하는 트랙 프리셋을 활용하면 보다 빠르고 효율적으로 믹싱을 학습할 수 있습니다. 트랙에서 마우스 오른쪽 버튼을 클릭하여 단축 메뉴를 열고, Load Track Preset을 선택합니다.

07 악기 및 장르별 카테고리를 선택하면, 오른쪽에 해당 악기에 최적화된 다양한 프리셋들이 표시됩니다. 리스트에서 자신이 만들고자 하는 사운드에 적합한 프리셋을 선택한 뒤 Channel Settings 창을 열어보면, 어떤 이펙트들이 어떤 값으로 적용되어 있는지 확인할 수 있습니다. 이러한 과정을 통해 믹싱을 학습하고 사운드를 디자인하는 데 큰 도움을 받을 수 있습니다.

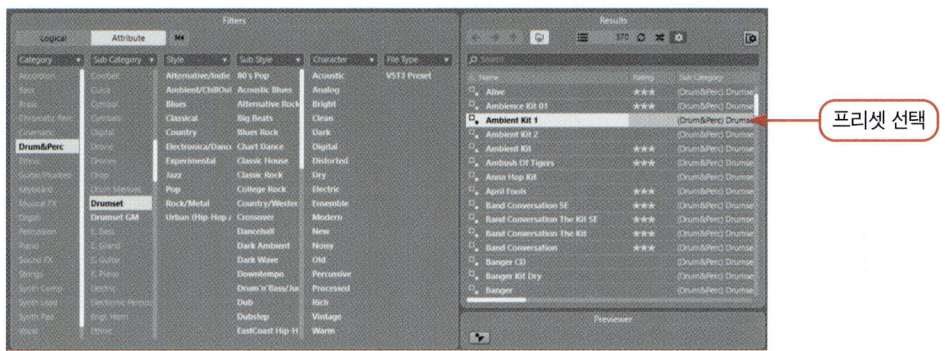

프리셋 선택

08 큐베이스에서 제공하는 프리셋을 소스가 다른 모든 개인 작업자에게 그대로 적용하기에는 한계가 있습니다. 그러나 이펙트의 값을 조금씩 조정해 나가다 보면 자신만의 사운드를 만들어 갈 수 있으며, 이렇게 완성된 설정을 단축 메뉴의 Save Track Preset을 통해 저장해 두면 이후 비슷한 소스를 다룰 때 더욱 쉽고 빠르게 작업을 진행할 수 있습니다.

Save Track Preset

믹싱의 첫걸음,
믹스 콘솔 이해하기

믹싱은 사운드의 전체적인 균형과 공간감을 만들어내는 작업입니다. 그 시작은 사운드를 조절하는 도구와 구조에 익숙해지는 데 있습니다. 큐베이스의 믹스 콘솔은 트랙의 볼륨과 이펙트, 신호 흐름을 한눈에 관리할 수 있는 믹싱의 핵심 공간입니다. 처음에는 복잡해 보일 수 있지만, 기본적인 구조와 각 영역의 역할만 이해하면 훨씬 직관적으로 사용할 수 있습니다.

01 믹스 콘솔 열기

녹음 스튜디오의 상징적인 장비로 여겨져 온 믹서, 혹은 콘솔이라 불리는 장치를 큐베이스에서 소프트웨어적으로 구현한 것이 믹스 콘솔입니다. 일반적으로 소규모 장비나 라이브 현장에서 여러 신호를 통합하는 장치는 믹서라고 부르며, 수십 개 이상의 채널과 정교한 EQ 및 복잡한 라우팅 시스템을 갖춘 대형 장비는 콘솔이라고 칭해 왔습니다. 그러나 현대의 오디오 장비가 디지털화되고 소형화되면서 두 장치 간의 기능적 차이가 줄어들었고, 그 결과 믹서와 콘솔이라는 명칭은 혼용되어 사용되고 있습니다.

큐베이스의 믹스 콘솔은 로우 존과 4개의 독립창으로 제공됩니다. 로우 존 믹스 콘솔은 ① MixConsole 탭을 선택하거나 Alt+F3 키를 눌러 열거나 닫을 수 있습니다. 로우 존 믹스 콘솔은 기본적으로 페이더 섹션이 표시되며, 상단 ② 프로젝트 경계선을 위로 드래그하여 라우팅, 인서트, 센드 등의 랙 섹션을 추가로 표시할 수 있습니다. 또한 ③ 랙 경계선을 드래그하여 각 영역의 크기를 조절할 수 있습니다.

② 프로젝트 경계선

③ 랙 경계선

① MixConsole

큐베이스는 최대 4개의 독립된 믹스 콘솔 창을 제공하며, 이 중 첫 번째 믹스 콘솔 창은 도구 바의 분리 버튼을 클릭하거나 F3 키를 눌러 열 수 있습니다.

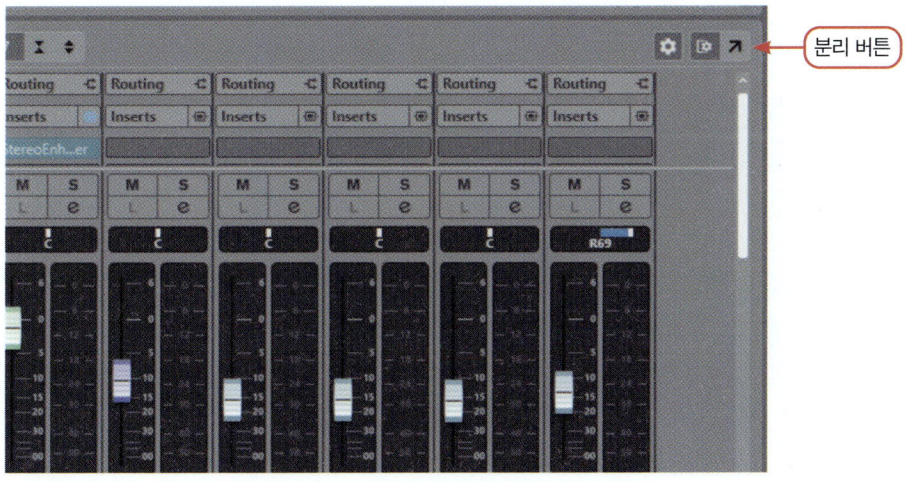

분리 버튼

F3 키로 열 수 있는 믹스 콘솔은 큐베이스에서 제공하는 믹스 콘솔 중 첫 번째 믹스 콘솔입니다. 나머지 2, 3, 4번 믹스 콘솔은 기본적으로 단축키가 지정되어 있지 않기 때문에 Studio 메뉴에서 선택하여 열어야 합니다. 필요하다면 Edit 메뉴의 Key Commands를 이용해 각 믹스 콘솔에 원하는 단축키를 직접 설정할 수도 있습니다.

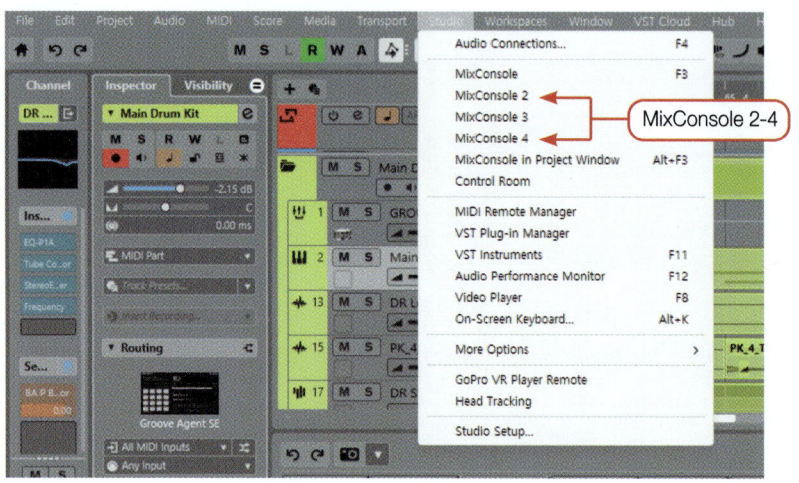

독립 창으로 열리는 믹스 콘솔에서는 Left Zone에는 채널 선택, 표시 여부 등을 관리하는 탭, Right Zone에 Meter와 Control Room을 표시할 수 있습니다. 독립 창은 각 채널의 랙을 한 화면에서 조작할 수 있어 믹싱 작업을 보다 효율적으로 진행할 수 있습니다.

02 믹스 콘솔 인스펙터

● Visibility - Channel

Left Zone에 표시되는 Visibility는 체크 여부에 따라 믹스 콘솔 창에 표시할 트랙을 선택하는 역할을 합니다. 로우 존 믹스 콘솔은 프로젝트 창의 상태를 바로 반영하여 빠르게 작업할 수 있도록 해 주며, 4개의 독립 믹스 콘솔 창은 오디오, MIDI, VCA 트랙 등으로 나누어 각각 다른 창에서 작업하는 등 작업을 분산해 효율적으로 진행할 수 있게 해 줍니다.

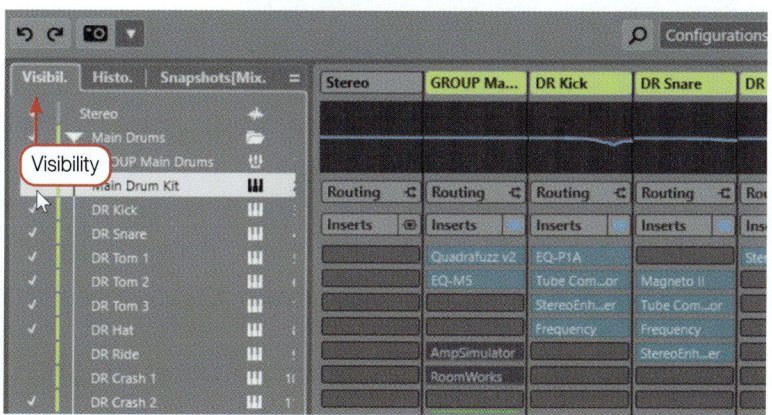

프로젝트 창과 로우 존 믹스 콘솔은 트랙의 Visibility 상태가 즉시 서로 반영됩니다. 반면 독립 믹스 콘솔 창은 Sync 버튼을 클릭해 동기화할 믹스 콘솔을 선택할 수 있습니다. Sync Track/Channel Type Filters는 믹스 콘솔의 채널 타입 필터를 동기화합니다.

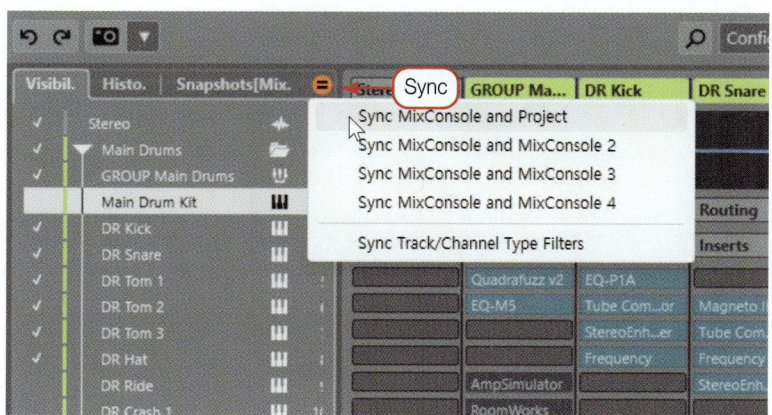

● Visibility - Zone

Visibility의 Zones 탭을 선택하면 믹스 콘솔을 왼쪽, 가운데, 오른쪽의 세 영역으로 나누어 트랙을 배치할 수 있습니다. 트랙을 드래그하여 원하는 위치로 이동할 수 있으며, 믹스 콘솔에서 채널을 좌우로 드래그해 변경하는 것도 가능합니다.

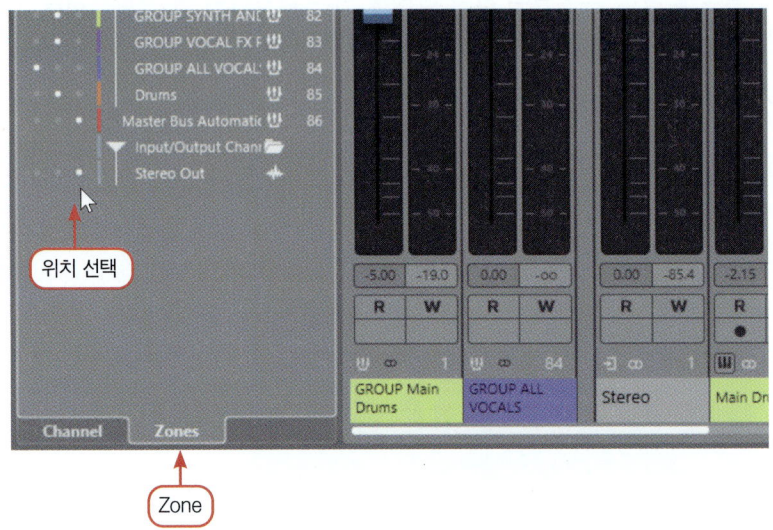

● History

History 탭은 믹스 콘솔에서 수행한 모든 작업을 기록하며, 목록에서 클릭하거나 드래그하여 이전 상태로 되돌리거나 다시 실행할 수 있습니다. 또한 툴바에 있는 Undo 및 Redo 버튼을 사용하면 작업을 한 단계씩 취소하거나 다시 실행할 수 있습니다.

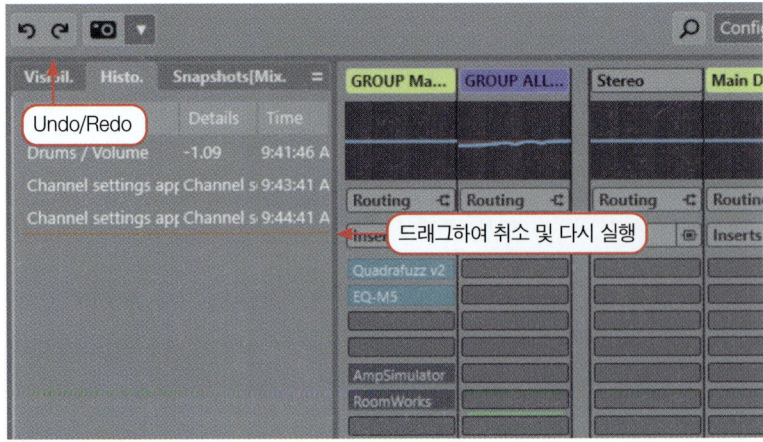

카메라 모양의 스냅샷 버튼을 클릭하면 현재 믹서 설정을 저장할 수 있으며, 메뉴를 열고 Recall Snapshot을 선택해 저장된 스냅샷을 불러올 수 있습니다. Update는 변경된 설정으로 선택한 스냅샷을 덮어쓰며, Delete는 삭제합니다. MixConsole Snapshot Recall Settings는 스냅샷을 불러올 때 적용할 설정의 종류를 선택할 수 있는 창을 엽니다.

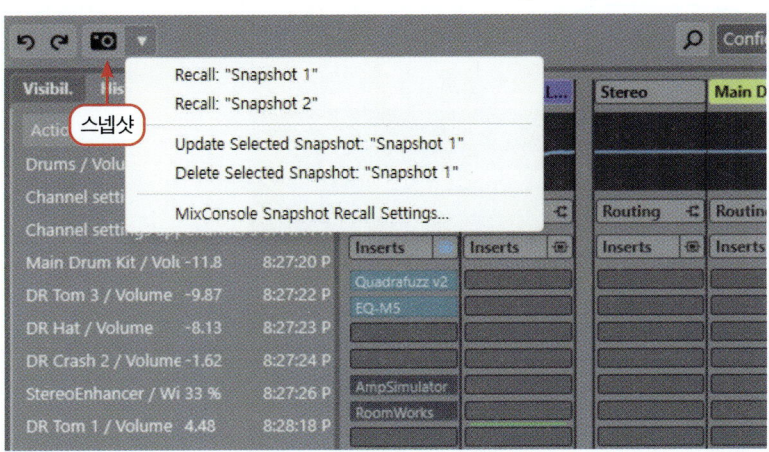

● Snapshots

Snapshots 탭에는 저장된 스냅샷이 목록으로 표시되며, 하단의 Notes 항목에 각 스냅샷에 대한 메모를 입력할 수 있습니다. 여러 믹스 조정 상태를 비교하거나 가장 마음에 드는 상태로 빠르게 돌아가고 싶을 때 유용합니다.

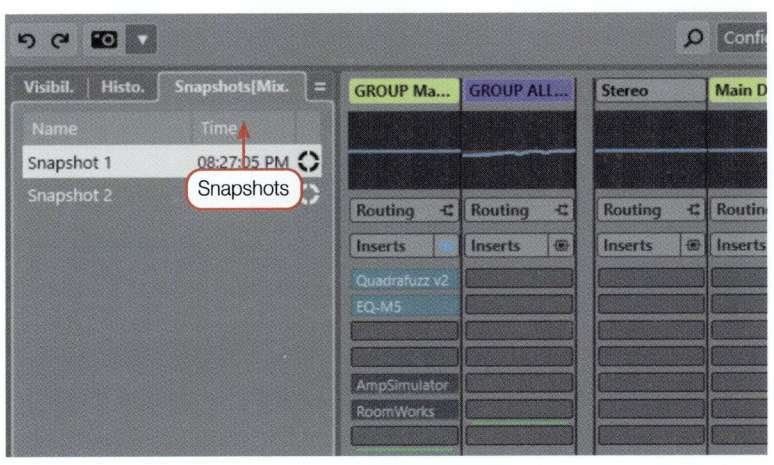

03 믹스 콘솔 도구

● Find Track

돋보기 모양의 Find Track 도구는 이름을 입력하여 원하는 트랙을 즉시 찾아내는 역할을 합니다. 많은 트랙이 사용되는 프로젝트에서 믹싱 작업을 할 때 유용합니다. 단, 트랙 생성 단계부터 본인만의 명확한 이름을 붙이는 습관이 선행되어야 합니다.

● Channel Visibility Configurations

현재 화면에 표시된 채널 구성을 프리셋으로 저장하고 관리할 수 있는 서브 메뉴가 열립니다.

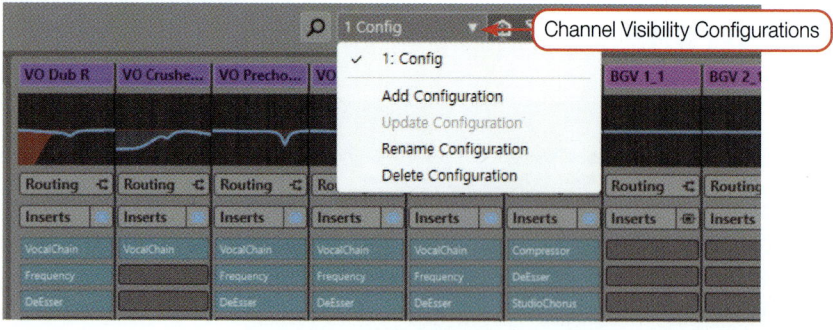

- Add: 현재의 채널 표시 상태를 프리셋으로 추가합니다.
- Update: 프리셋의 변경 사항을 덮어쓰기하여 저장합니다.
- Rename: 저장된 프리셋의 이름을 변경합니다.
- Delete: 생성한 프리셋을 목록에서 삭제합니다.

● Channel Visibility Agents

선택한 채널만 화면에 남기고 나머지는 숨기는 등, 가시성을 정교하게 제어하는 도구입니다. 예를 들어, Violin 1 채널을 선택한 상태에서 Ctrl 키를 누른 채 Viola 채널을 클릭하면 두 채널이 동시에 선택됩니다. (연속된 여러 채널을 선택할 때는 Shift 키를 사용합니다.) 이 상태에서 Channel Visibility Agents에서 Show Only Selected Channels를 선택하면, Violin 1과 Viola 두 채널만 믹스 콘솔에 표시할 수 있습니다.

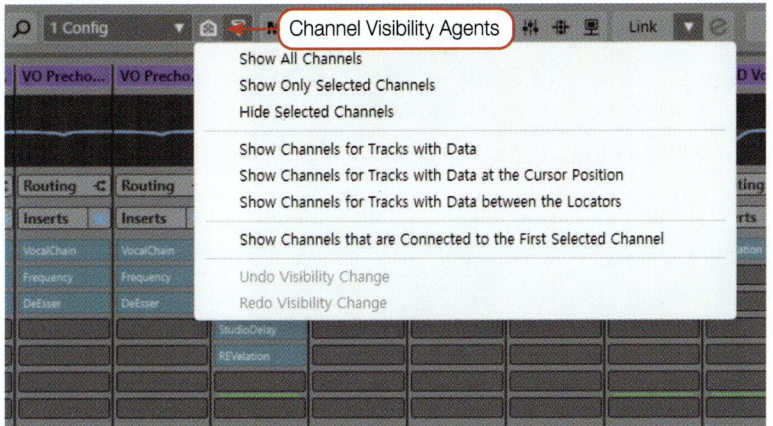

- Show All Channels: 숨겨진 채널을 포함하여 프로젝트의 모든 채널을 다시 표시합니다.

- Show Only Selected Channels: 선택한 채널만 화면에 남기고 나머지는 모두 숨깁니다.

- Hide Selected Channels: 선택한 채널만 화면에서 숨깁니다.

- Show Channels for Track with Data: 프로젝트 전체에서 오디오나 미디 데이터가 존재하는 트랙의 채널만 표시합니다.

- Show Channels for Tracks with Data at the Cursor Position: 송 포지션 라인이 위치한 지점에 데이터가 있는 트랙들만 표시합니다.

- Show Channels for Tracks with Data between the Locators: 로케이터 범위 안에 데이터가 포함된 트랙들만 표시합니다.

- Show Channels that are connected to the First Selected Channel: 선택한 채널과 신호가 연결된 모든 채널(예: 연결된 그룹 채널이나 FX 채널 등)을 찾아 함께 표시합니다.

- Undo Visibility Change: 채널 표시 상태를 변경하기 이전 단계로 되돌립니다.

- Redo Visibility Change: 취소했던 표시 상태 변경을 다시 실행합니다.

● Filter Channel Type

믹스 콘솔에 표시할 트랙의 종류를 선택합니다. 버튼을 클릭하면 믹스 콘솔에서 다룰 수 있는
모든 트랙 타입이 목록으로 나타나며, 각 항목의 체크 여부에 따라 특정 타입의 트랙만 보이
게 하거나 숨길 수 있습니다. 악기 트랙이나 그룹 트랙 등 특정 종류만 모아서 확인해야 하는
복잡한 프로젝트에서 매우 유용합니다.

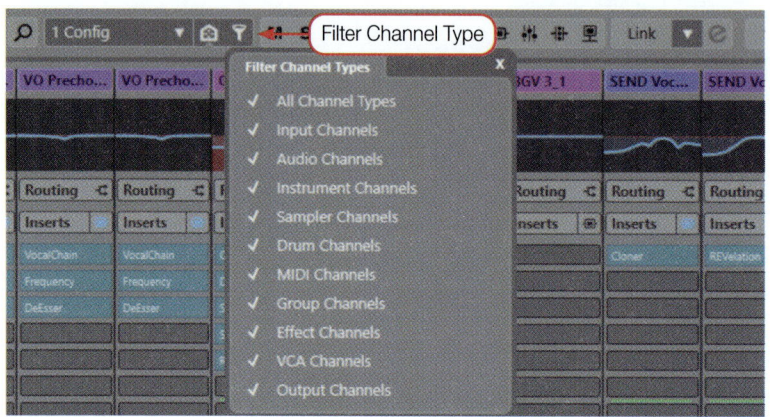

● Deactivate

각각의 Deactivate 버튼은 하나 이상의 채널에서 해당 기능이 활성화될 경우 고유의 색상으
로 점등되어 현재 상태를 즉시 알려줍니다. 이 버튼들은 일괄 초기화 기능을 수행하므로, 수
많은 트랙에 복잡하게 설정된 뮤트나 솔로 상태를 클릭 한 번으로 간편하게 해제할 수 있어
작업 효율을 높여줍니다.

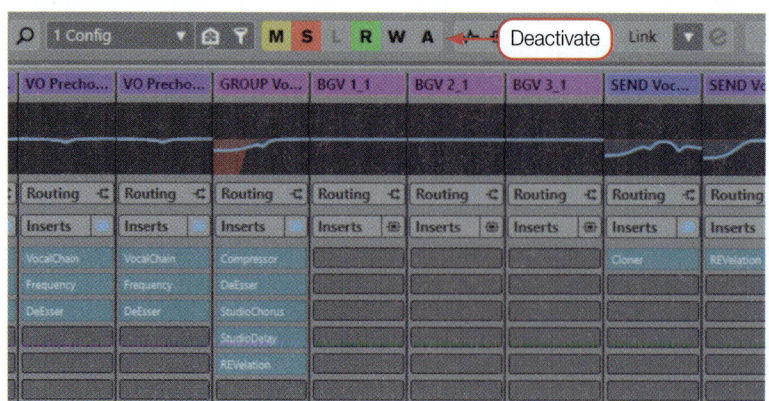

● Bypass

Inserts, EQ, Channel Strip, Sends 버튼은 프로젝트 내 모든 트랙에 적용된 해당 기능들을 일괄적으로 비활성화합니다. 이를 통해 개별 효과들을 적용하기 전과 후의 사운드를 전체적으로 비교하며, 믹싱의 방향성을 객관적으로 점검할 수 있도록 돕습니다.

● Link

Link 버튼은 두 개 이상의 채널을 하나의 그룹으로 묶어 동시에 제어할 수 있게 돕는 도구입니다. 버튼을 클릭하면 볼륨, 팬, EQ 등 어떤 항목들을 함께 움직이게 할지 세부적으로 선택할 수 있는 Link Group Settings 창이 열립니다. 이를 통해 사용자는 필요한 파라미터만 골라 효율적으로 채널들을 동기화할 수 있습니다.

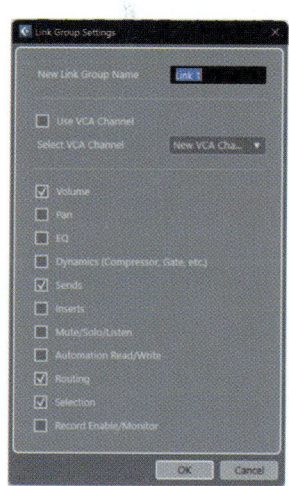

연결된 채널들은 M/S 버튼 상단에 링크 이름이 표시되며, 이후 사용자가 지정한 파라미터들이 동기화되어 함께 움직이는 것을 확인할 수 있습니다. 프로젝트 내에 두 개 이상의 링크 그룹을 생성했을 경우, Link 버튼 우측의 메뉴를 통해 원하는 그룹을 선택할 수 있으며, Edit 버튼을 클릭하면 기존에 설정했던 파라미터 종류를 언제든지 수정할 수 있습니다.

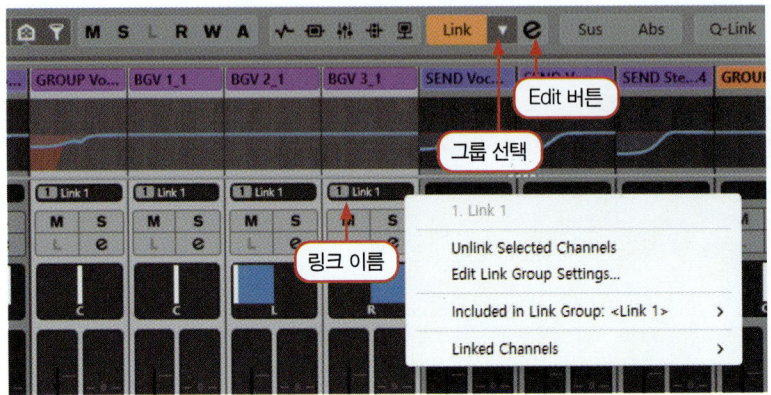

● Sus/Abs

링크로 묶인 채널들을 상황에 따라 유연하게 제어할 수 있는 보조 기능입니다.

- Sus: 링크 그룹 내에서 특정 파라미터만 독립적으로 조절하고 싶을 때 사용하며, 버튼을 활성화하거나 Alt 키를 누른 상태에서 조작하면 링크 설정을 일시적으로 무시할 수 있습니다.

- Abs: 서로 다른 위치에 있던 파라미터 값들이 조작하는 순간 모두 동일한 수치로 일치되어 움직입니다. 이를 통해 여러 채널의 레벨이나 설정을 하나로 통일해야 할 때 작업 시간을 크게 단축할 수 있습니다.

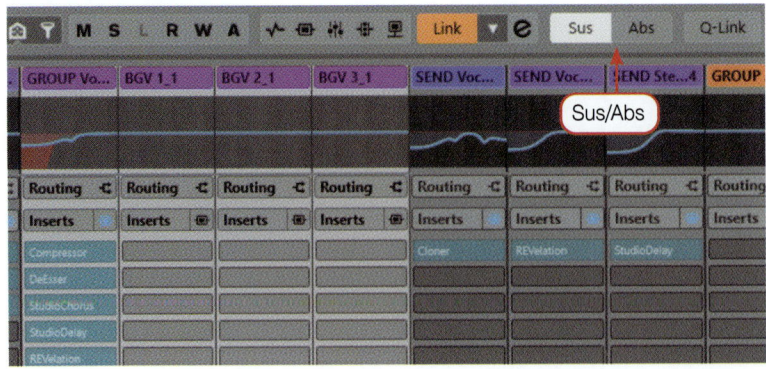

● Q-Link

선택한 채널들을 별도의 그룹 설정 없이 즉석에서 임시로 연결하는 기능입니다. 연결하려는 채널들을 먼저 선택한 뒤 Q-Link 버튼을 활성화하거나, Alt+Shift 키를 누른 상태에서 파라미터를 조작하면 선택된 채널들이 동시에 움직입니다. 이 기능은 버튼을 다시 꺼서 비활성화할 때까지만 유지되므로, 믹싱 과정에서 여러 채널의 값을 잠시 동안만 함께 조절해야 할 때 매우 효율적입니다.

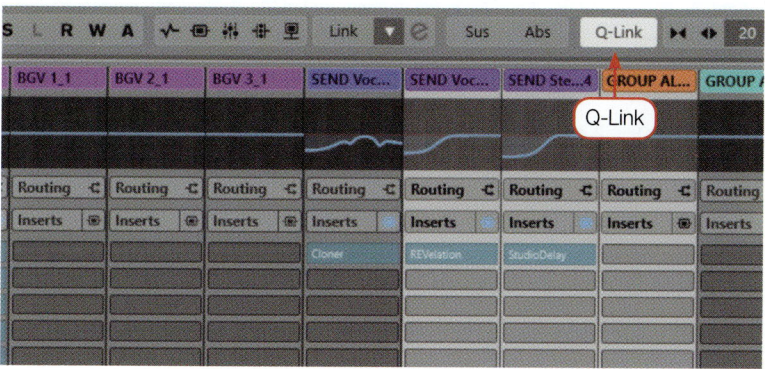

● Zoom

믹스 콘솔 화면의 가로 너비와 세로 높이를 자유롭게 조절하는 도구입니다. 숫자 입력란에 수치를 직접 기입하여 한 화면에 표시될 채널 수를 지정할 수 있지만, 일반적으로는 단축키를 더 많이 활용합니다. 가로 확대 및 축소는 G와 H 키를 사용하며, 세로 크기는 Shift 키를 누른 상태에서 G와 H 키를 눌러 간편하게 조절할 수 있습니다.

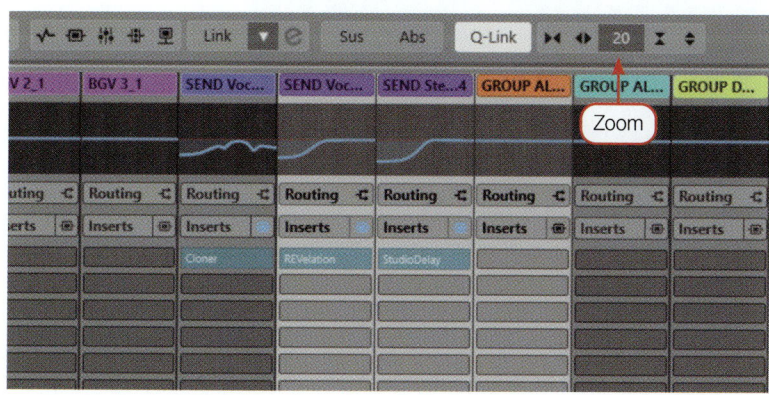

04 채널 랙과 페이더 섹션

믹스 콘솔 상단에는 Routing, Inserts, EQ, Strip, Sends 등의 랙이 세로로 배열되어 있습니다. 큐베이스의 오디오 신호는 이 순서에 따라 위에서 아래로 흐릅니다. 기본적으로 각 랙은 비활성화된 상태이며, 트랙의 소리를 볼륨 페이더로 전달하는 통로 역할을 합니다.

특정 랙을 동작시키면 파란색 LED가 점등되어 해당 단계에서 사운드 프로세싱이 이루어지고 있음을 알려줍니다. 예를 들어, Inserts 랙에 플러그인을 걸면 변형된 소리가 출력되며, 여기에 EQ 랙까지 작동시키면 앞서 변형된 소리가 다시 한번 필터링을 거쳐 볼륨 페이더로 전달됩니다. 최종적으로 모든 채널의 신호는 스테레오 아웃(Stereo Out)과 같은 마스터 채널로 모여 동일한 경로를 거쳐 출력됩니다.

랙의 파란색 LED 버튼을 클릭하면 노란색으로 변하며 해당 랙의 기능이 일시적으로 정지되는데, 이를 Bypass라고 합니다. 이 기능은 랙 적용 전후의 사운드를 객관적으로 비교할 때 매우 유용하게 사용됩니다.

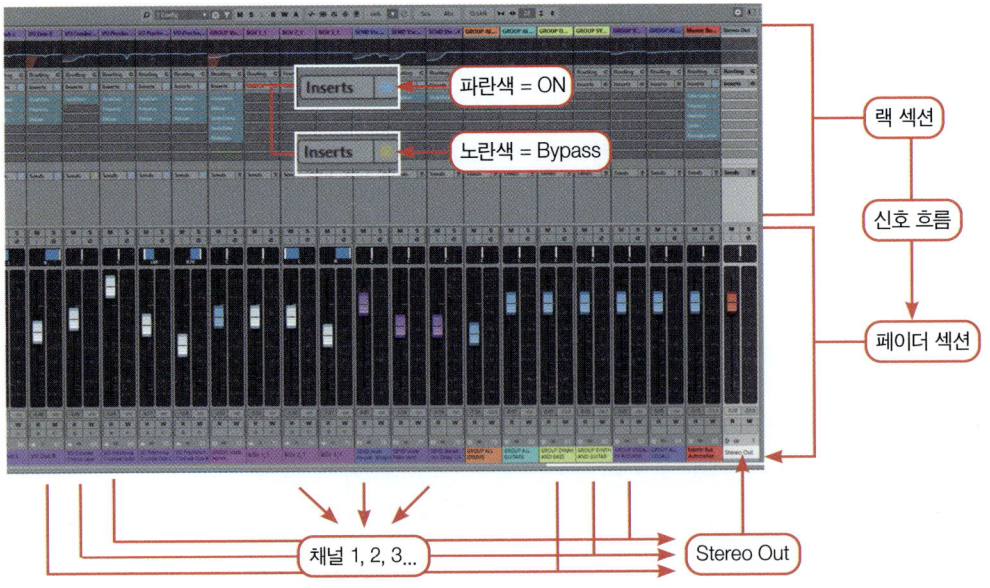

큐베이스는 Routing, Inserts, Sends와 같이 기본적으로 표시되는 항목 외에도 사용자의 작업 편의를 위한 다양한 랙을 제공합니다. 믹스 콘솔 오른쪽 상단 모서리에 위치한 Setup 버튼을 클릭하면, 화면에 표시할 랙의 종류를 선택하거나 불필요한 항목을 가릴 수 있는 메뉴가 열립니다. 이를 통해 자신의 작업 스타일에 꼭 필요한 기능들만 골라 믹스 콘솔 화면을 최적화하고 더욱 효율적으로 구성할 수 있습니다.

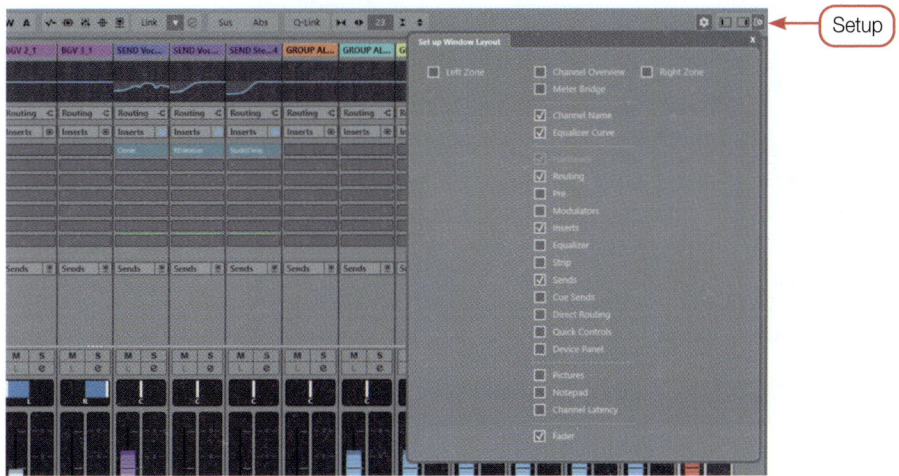

● Channel Overview

믹스 콘솔 최상단에 위치하며, 전체 채널의 상태를 한눈에 파악할 수 있는 요약 섹션입니다. 수많은 트랙을 사용하는 대규모 프로젝트에서 각 채널의 대략적인 볼륨 레벨을 실시간으로 체크할 때 매우 유용합니다.

● Meter Bridge

각 채널의 레벨 미터를 상단에 모아 표시하는 섹션입니다. 페이더 섹션에 표시되는 미터와 비슷해 보이지만, 마우스 오른쪽 버튼을 클릭하여 열리는 단축 메뉴를 통해 훨씬 정밀한 모니터링 옵션을 제공합니다.

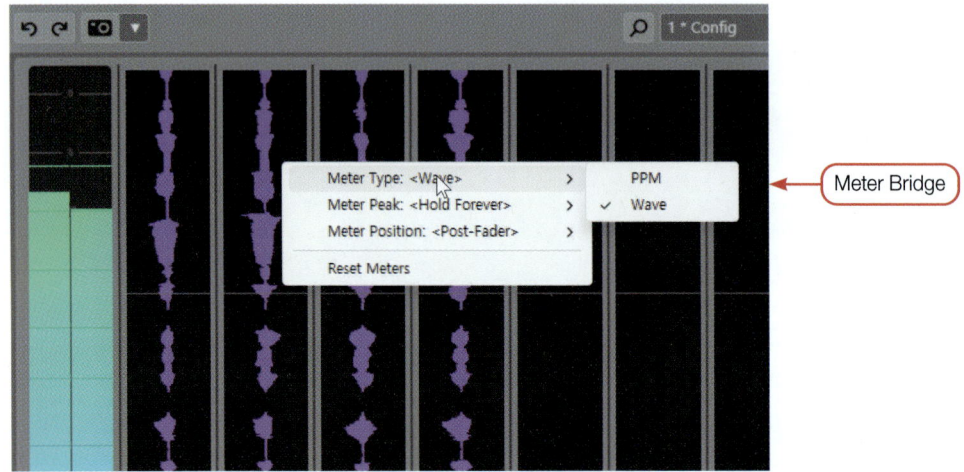

- **Meter Type:** 기본 미터 외에 Wave를 선택하면 오디오 신호가 흐르는 파형 형태로 표시되어, 소리의 다이내믹과 진행 상황을 직관적으로 파악할 수 있습니다.

- **Meter Peak:** 가장 큰 소리가 발생한 지점을 어떻게 표시할지 결정합니다.
  Hold Peaks: 신호의 최대치(Peak) 지점을 잠시 유지하여 보여줍니다.
  Hold Forever: 피크 라인이 초기화 전까지 계속 머물게 하여, 작업 중 한 번이라도 피크가 발생했는지 확인하기 좋습니다. (이 설정은 페이더 섹션 미터에도 동시 적용됩니다.)

- **Meter Position:** 신호 흐름 중 어느 지점의 소리 크기를 측정할지 선택합니다.
  Input: 페이더나 이펙트의 영향을 받지 않는, 원본 이벤트 자체의 입력 크기를 확인합니다.
  Post-Fader: 페이더 조절 후의 레벨을 체크합니다. (단, 팬 설정은 제외된 순수 레벨 기준)
  Reset Meters: 표시된 모든 레벨 미터와 피크 기록을 초기화합니다.

● Channel Name

기본적으로 페이더 섹션의 맨 아래쪽에 표시되어 현재 조작 중인 트랙을 즉시 식별할 수 있게 돕습니다. Setup 옵션에서 Channel Name을 체크한 경우에는 랙 최상단에서도 확인할 수 있으며, 더블 클릭하여 변경할 수 있습니다.

● Equalizer Curve

해당 채널에 적용된 EQ의 설정 상태를 직관적인 시각 그래프로 제공합니다. 모든 트랙의 세부 창을 열지 않고도 전체적인 주파수 분포와 증감 상태를 한눈에 모니터링할 수 있으며, 클릭하여 주파수 포인트를 제어할 수 있는 인터페이스를 제공하므로, 작업자는 믹싱의 흐름을 방해받지 않고도 실시간으로 사운드 톤을 정교하고 빠르게 보정할 수 있습니다.

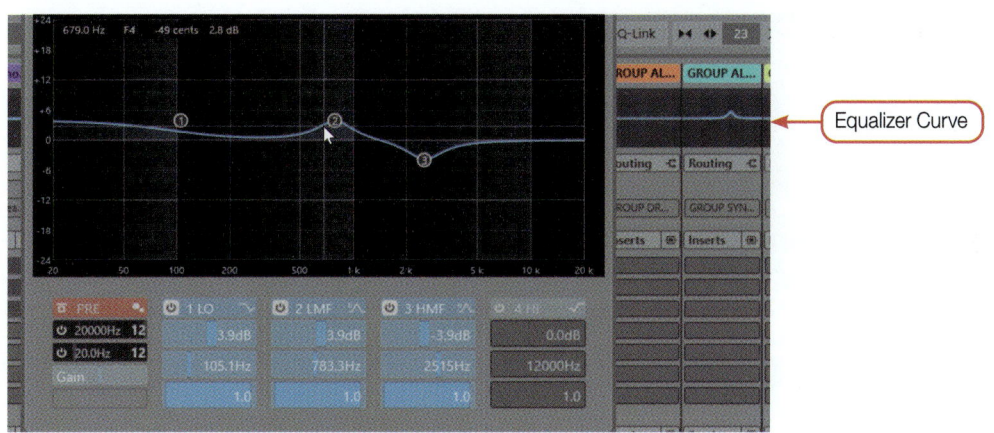

● Routing

각 채널의 입력과 출력 경로를 결정합니다. 프로젝트 내에 생성된 Group이나 FX 출력 외에 마이크나 스피커가 연결되는 물리적인 입/출력 포트는 사전에 Audio Connections 설정이 완료되어 있어야 합니다.

● Pre

불필요한 저역대나 고역대를 차단하는 Filter, 입력 레벨을 최적화하는 Gain, 그리고 소리의 위상을 반전시키는 Phase 기능을 포함합니다. 일반적으로 채널 설정 창의 EQ 섹션에서 세부 설정을 수행하지만, 믹스 콘솔 상에서는 각 기능의 적용 여부를 한눈에 확인하고 즉각적으로 제어하는 용도로 매우 유용합니다.

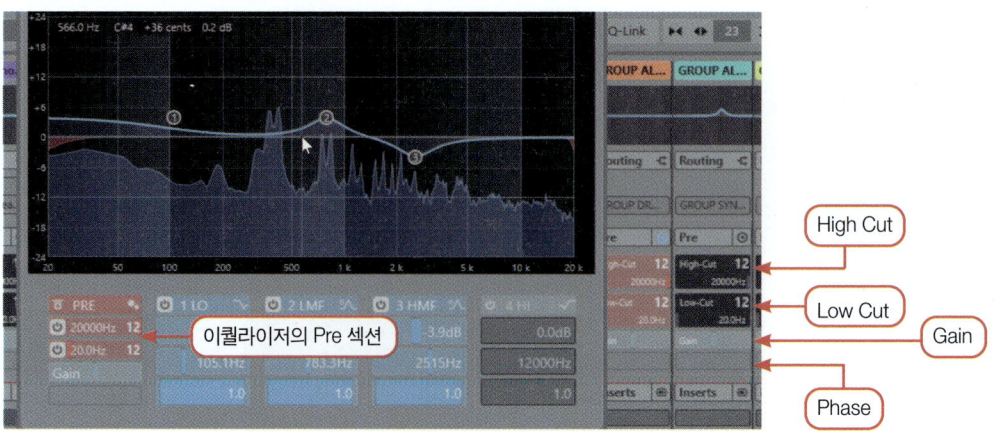

● Modulators

사운드에 주기적인 변화나 역동적인 움직임을 더하는 기능을 제공합니다. LFO나 Envelope Follower 등의 모듈을 활용하여 채널의 다양한 파라미터를 자동으로 제어할 수 있습니다. 예를 들어 볼륨, 팬, 혹은 특정 이펙터의 노브를 설정한 파동에 따라 실시간으로 움직이게 함으로써 사운드에 리듬감을 부여하거나 독특한 질감을 형성할 수 있습니다. 복잡한 오토메이션을 일일이 그리지 않고도 생동감 있는 사운드 디자인이 가능하다는 점이 가장 큰 특징입니다.

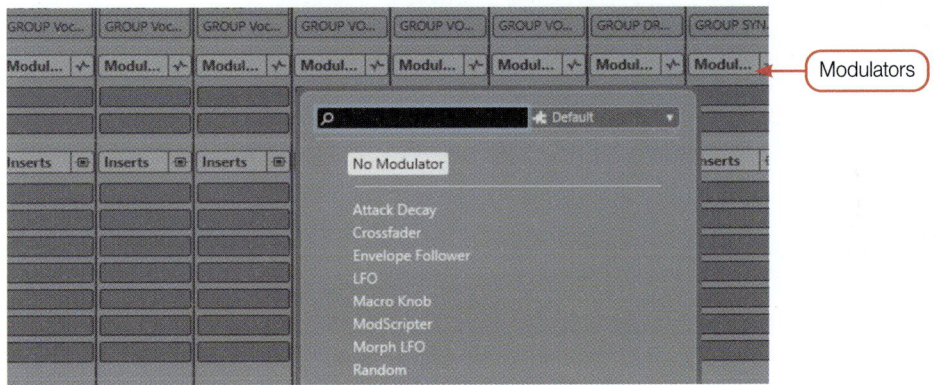

● Insert

해당 채널에 VST Effects를 직접 적용하여 소리를 가공하는 섹션입니다. 등록된 이펙트 이름 위에 마우스를 올리면 왼쪽에 Bypass 버튼이 나타나는데, 이를 통해 효과 적용 전후의 사운드를 실시간으로 비교 모니터링할 수 있습니다. 또한 Edit(e) 버튼을 클릭하면 해당 이펙트의 상세 설정 패널이 열려 파라미터를 정교하게 조정할 수 있습니다.

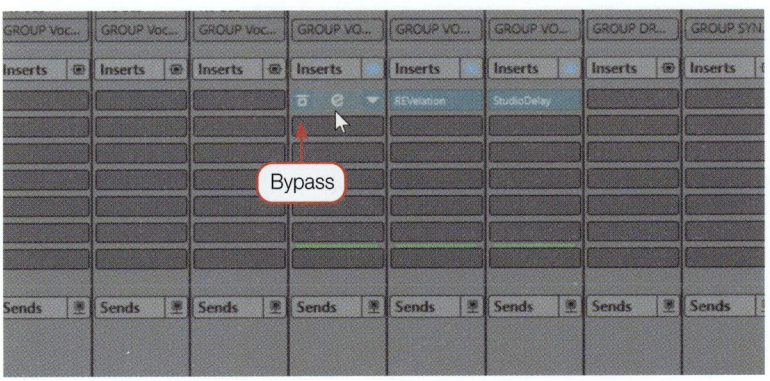

● Equalizers

채널 EQ의 조정 값을 정확한 수치로 확인하고 제어할 수 있는 랙입니다. 총 4개의 밴드로 구성되어 있으며, Band Type 메뉴를 통해 필터 타입을 자유롭게 결정할 수 있습니다. 상단의 그래프 영역을 클릭하면 상세 설정을 시각적으로 확인하고 조절할 수 있는 Equalizers Curve 창이 열립니다.

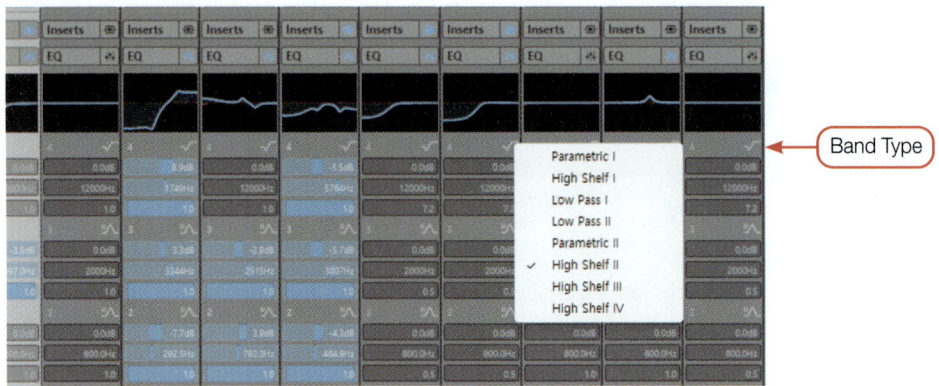

● Strip

아날로그 하드웨어 믹스 콘솔의 워크플로우를 그대로 재현한 섹션입니다. 믹싱에 필수적인 Gate, Compressor, EQ, Tools, Saturation, Limiter 총 6가지 모듈을 갖추고 있어, 외부 플러그인을 별도로 로딩하지 않고도 채널의 기본적인 음색과 다이내믹을 완성할 수 있습니다. 각 모듈은 채널 설정 창에서 신호의 흐름에 따라 자유롭게 순서를 변경할 수 있으며, 하드웨어 특유의 질감과 직관적인 조작감을 제공하여 더욱 빠르고 유기적인 믹싱 환경을 구축합니다.

● Sends

채널당 최대 8개의 FX 채널이나 외부 출력을 연결할 수 있는 섹션입니다. 각 슬롯의 포지션 버튼을 클릭하여 신호 전송 시점을 Pre-Fader(파란색) 또는 Post-Fader(주황색)로 자유롭게 전환할 수 있습니다. 원본 소리를 직접 가공하는 Inserts와 달리, 원본 신호는 그대로 유지한 채 필요한 양의 신호만 효과 장치로 분기하여 보내기 때문에 리버브나 딜레이 등의 공간계 이펙트를 여러 채널에 공유하며 효율적으로 믹싱할 수 있습니다.

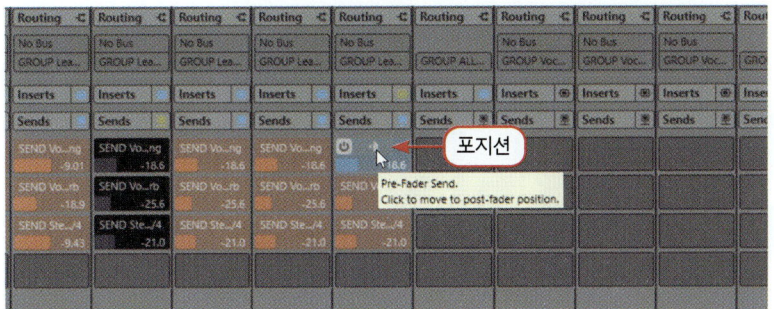

● Cue Sends

두 명 이상의 연주자를 동시에 녹음하려면 여러 개의 헤드폰을 연결할 수 있는 헤드폰 앰프와 멀티 아웃풋을 지원하는 오디오 인터페이스가 필수적입니다. 과거에는 고가의 큐 박스 시스템을 구축해야 했지만, 이제는 큐베이스의 Control Room 기능을 통해 하드웨어 콘솔 및 패치 시스템을 소프트웨어적으로 완벽히 대체할 수 있습니다.

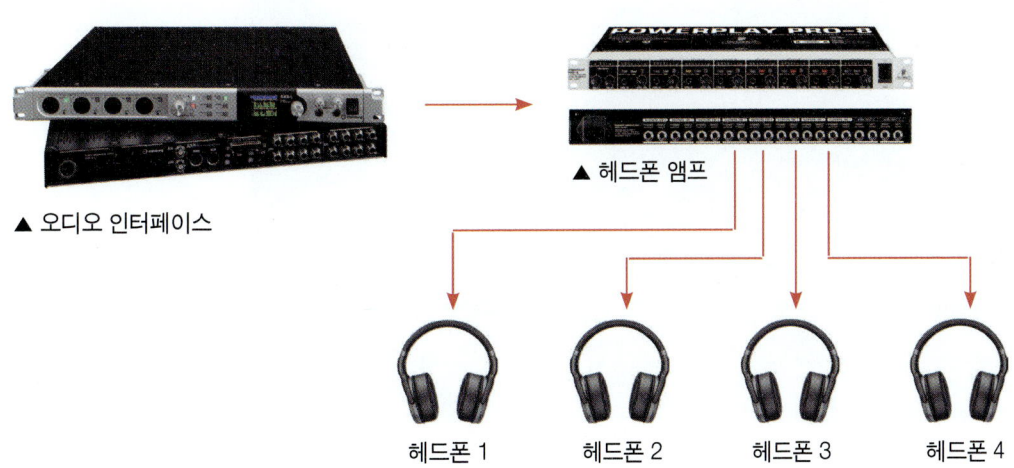

▲ 오디오 인터페이스

▲ 헤드폰 앰프

헤드폰 1   헤드폰 2   헤드폰 3   헤드폰 4

Cue Sends를 사용하려면 먼저 컨트롤 룸 설정이 선행되어야 합니다. F4 키를 눌러 Audio Connections 창을 연 뒤, Control Room 탭에서 ① Enable 버튼을 클릭하여 기능을 활성화합니다. 이어서 ② Add Channel 버튼을 눌러 Add Cue를 추가하고, ③ Device Port 칼럼에서 연주자의 헤드폰 앰프가 연결된 오디오 인터페이스의 출력 포트를 정확히 지정해 줍니다.

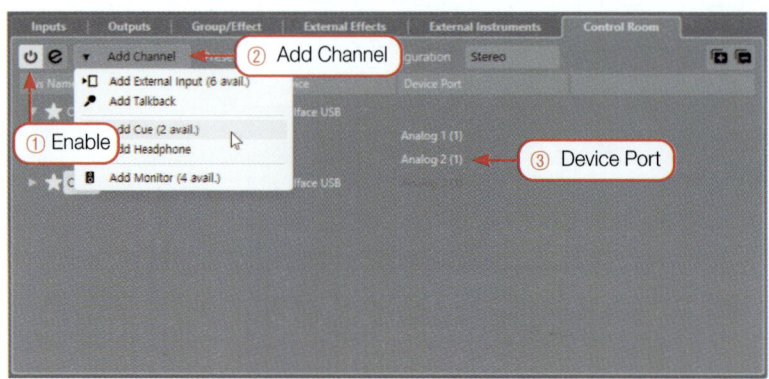

설정을 마치면, 믹스 콘솔의 Cue Sends 랙에 생성한 채널이 표시됩니다. On 버튼을 클릭하면 해당 채널의 사운드가 연주자에게 전송되기 시작하며, 전송되는 레벨과 팬 값은 마우스 드래그나 휠을 사용하여 연주자의 요구에 맞춰 실시간으로 세밀하게 조정할 수 있습니다. 이를 통해 메인 믹스와는 독립적으로 연주자에게 최적화된 모니터링 환경을 제공할 수 있습니다.

● Direct Routing

채널의 오디오 출력 경로를 빠르고 유연하게 변경할 수 있는 랙입니다. 총 8개의 아웃풋 슬롯을 등록할 수 있으며, 마우스 클릭만으로 신호가 나가는 방향을 즉시 전환할 수 있습니다. 특히 Shift 키를 누른 상태로 슬롯을 선택하면 2개 이상의 출력 경로를 동시에 활성화하는 Summing 모드가 가능하여 동일한 신호를 여러 Bus나 출력단으로 동시에 보내야 하는 복잡한 라우팅 상황에서 매우 효율적입니다.

Direct Routing

● Quick Controls

채널에 흩어져 있는 수많은 파라미터 중 가장 자주 사용하는 항목들을 최대 8개까지 모아 한 곳에서 제어하는 섹션입니다. 인서트 이펙트의 특정 노브, EQ 값, 센드 레벨 등을 할당하여 플러그인 창을 일일이 열지 않고도 믹스 콘솔 내에서 즉각적으로 조절할 수 있습니다. 특히 외부 미디 컨트롤러와 연결하면 하드웨어 장비를 조작하듯 직관적인 핸들링이 가능해져 믹싱 효율과 작업 속도를 획기적으로 높여줍니다.

Quick Controls

● Device Panel

컴퓨터 외부의 하드웨어 신디사이저나 이펙트 프로세서를 큐베이스 내부에서 직접 제어할 수 있도록 설계된 인터페이스 섹션입니다. 사용자가 미리 정의한 XML 기기 설정 파일을 통해 외부 장비의 프리셋 변경, Filter Cutoff, Resonance 등 주요 파라미터를 믹스 콘솔 내에서 노브나 슬라이더 형태로 직관적으로 조작할 수 있습니다. 마치 가상 악기를 다루듯 외부 하드웨어를 유기적으로 통합하여 관리할 수 있다는 점이 가장 큰 특징입니다.

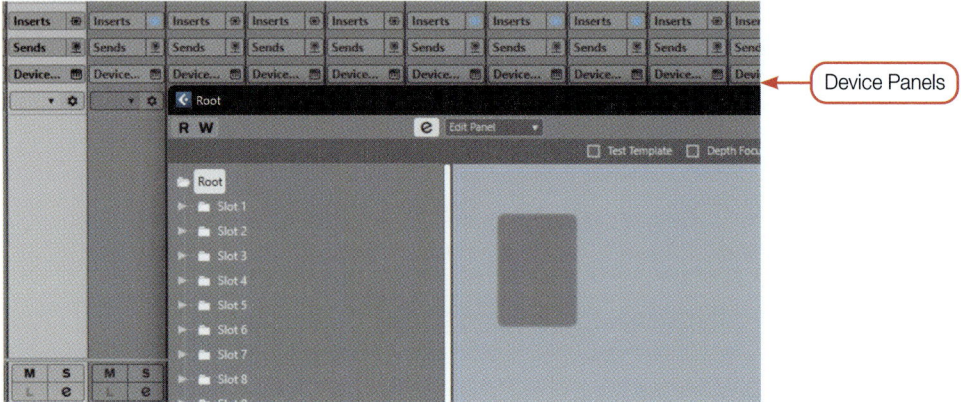

● Pictures

트랙의 정보를 시각적인 이미지로 표시하여 직관적인 구분을 돕는 섹션입니다. 보컬이나 특정 악기 연주자의 사진, 혹은 해당 악기를 상징하는 아이콘을 등록해두면 수많은 채널 사이에서도 원하는 트랙을 훨씬 빠르게 찾을 수 있습니다.

● Notepad

트랙에 관련된 상세한 정보나 작업 진행 상황을 텍스트로 기록하는 랙입니다. 녹음 당시의 마이크 설정, 악기 세팅 값, 혹은 차후 믹싱 단계에서 반영해야 할 수정 사항 등을 메모해 두면 작업의 연속성을 유지하는 데 큰 도움이 됩니다. 특히 다수의 트랙을 다루는 복잡한 프로젝트에서 각 채널의 특이사항을 기록해 두는 습관은 협업이나 사후 믹싱 작업 시 오류를 줄이고 효율을 높이는 핵심적인 역할을 합니다.

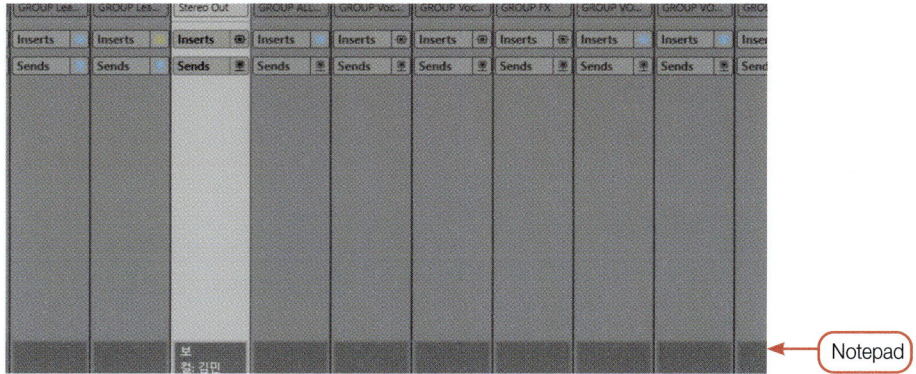

● Channel Latency

트랙에 로딩된 플러그인들로 인해 발생하는 레이턴시 정보를 실시간으로 표시합니다. 항목을 클릭하면 현재 채널에 사용된 어떤 이펙트가 얼마만큼의 지연 시간을 발생시키는지 상세 정보를 보여주는 창이 열립니다. 큐베이스의 자동 레이턴시 보정(Delay Compensation) 기능이 작동하더라도 개별 채널의 지연 시간을 직접 모니터링함으로써 오디오 시스템의 부하를 관리하고 더욱 정밀한 타이밍 제어를 할 수 있도록 돕습니다.

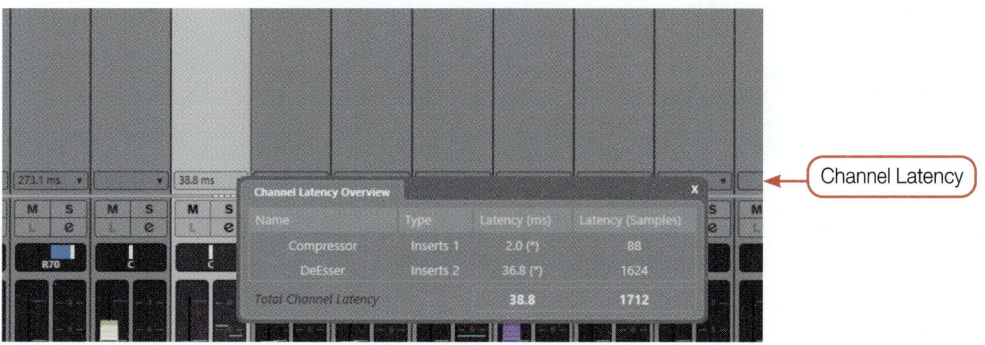

● 페이더 섹션

믹스 콘솔의 핵심인 페이더 섹션은 트랙의 볼륨과 정위를 조절하는 볼륨 및 팬 슬라이더를 중심으로 채널을 완벽하게 제어할 수 있는 다양한 파라미터로 구성되어 있습니다. 소리를 끄거나 해당 트랙만 듣는 Mute/Solo, 특정 채널만 모니터링하는 Listen, 상세 설정을 위한 채널 설정 창 열기(e)를 비롯하여 믹싱 과정을 자동화하는 Read/Write(R/W), 녹음 대기 및 실시간 입력을 확인하는 Record Enable/Monitor 버튼 등이 집약되어 있습니다.

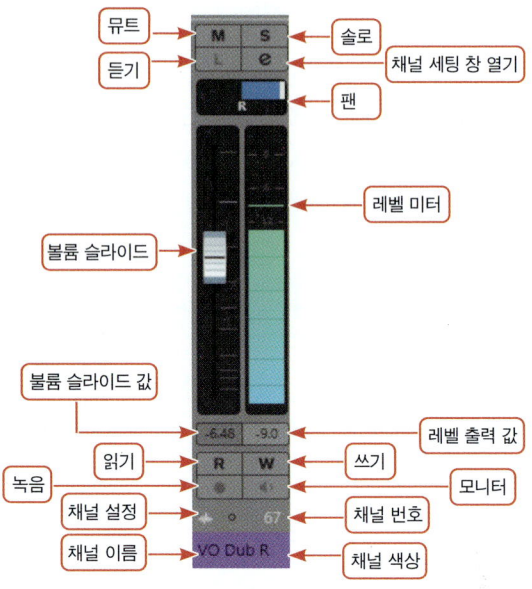

Mute/Solo: 채널의 소리를 차단하거나 해당 채널만 집중적으로 모니터링할 때 사용하는 기능입니다. 각 채널의 M(Mute)과 S(Solo) 버튼으로 설정하며, 솔로 버튼 조작 시 Ctrl 키를 누른 채 클릭하면 활성화되어 있던 다른 모든 채널의 솔로 상태를 즉시 해제하고 해당 트랙만 단독으로 들을 수 있습니다. 또한 Alt 키를 누른 채 클릭하면 버튼이 D(Solo Defeat) 상태로 전환됩니다. 여기서 Defeat는 다른 트랙을 솔로로 선택하더라도 음소거되지 않고 항상 소리가 출력되도록 고정됩니다.

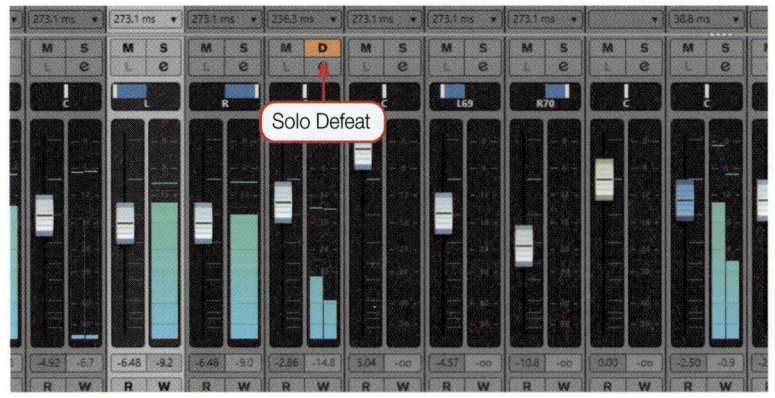

Listen/Edit: L(Listen) 버튼은 프로젝트 전체의 신호 흐름에 영향을 주지 않으면서 해당 채널만 독립적으로 모니터링할 때 사용하며, 이 기능은 Control Room이 활성화된 경우에만 정상적으로 작동합니다. 메인 믹스를 유지하면서 작업자만 특정 소리를 골라 들을 수 있어 정밀한 모니터링에 매우 유용합니다. 이와 함께 배치된 e(Edit) 버튼은 해당 트랙의 이펙트, EQ, 전송 레벨 등 모든 파라미터를 한곳에 모아 보여주는 채널 설정 창을 즉시 호출하여 더욱 정교하고 신속한 사운드 메이킹을 돕습니다.

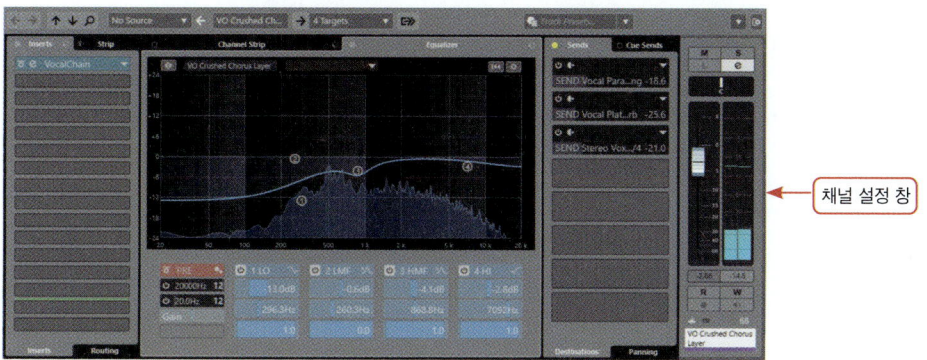

채널 설정 창

Pan/Volume: 팬(Pan)은 사운드의 정위와 재생 방향을 결정합니다. 단순히 소리를 이동시키는 것이 아니라, 설정한 반대 방향의 신호를 줄여 상대적인 위치를 만드는 원리입니다. 특히 좌우 신호가 다른 스테레오 채널에서는 단순히 소리를 한쪽으로 몰기보다 Stereo Combined Panner 모드(팬에서 우클릭 후 선택)를 활용하여 스테레오 이미지의 범위를 정교하게 조정하는 것이 효과적입니다. 볼륨 슬라이더는 각 채널의 음량을 조절하며, 우측의 레벨 미터를 통해 실시간 출력 변화를 확인할 수 있습니다.

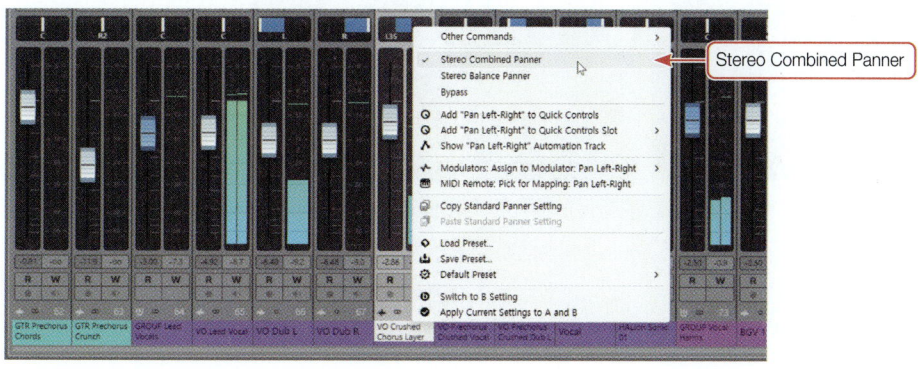

Stereo Combined Panner

Automation: 채널에서 일어나는 모든 파라미터의 움직임을 실시간으로 기록하고 재생하는 기능입니다. W(Write) 버튼을 활성화하면 볼륨 페이더의 움직임, 팬의 이동, 이펙트 값의 변화 등을 프로젝트 타임라인에 따라 정밀하게 기록할 수 있으며, 기록된 데이터는 R(Read) 버튼을 통해 작업자가 조작한 그대로 자동 재현됩니다.

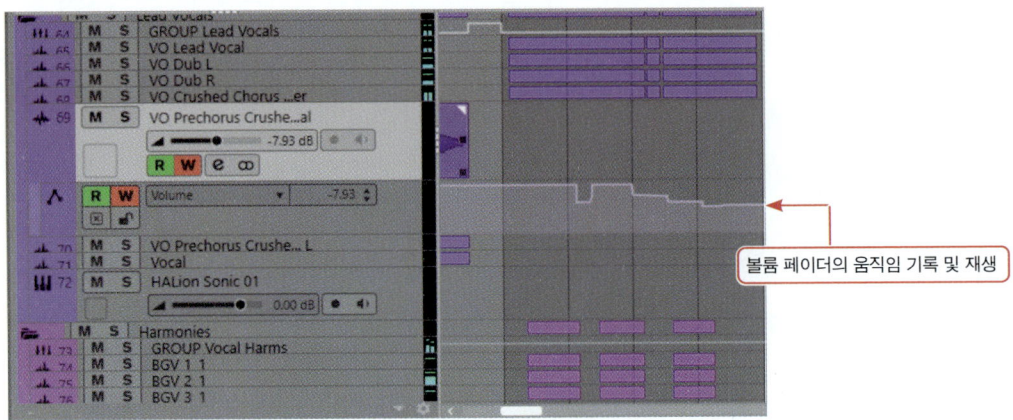

볼륨 페이더의 움직임 기록 및 재생

Record/Monitor: 입력되는 사운드를 실시간으로 확인하는 모니터 버튼과 해당 채널을 녹음 대기 상태로 전환하는 레코드 버튼이 제공됩니다. 모니터 버튼을 활성화하여 입력 신호의 크기와 질감을 실시간으로 체크할 수 있으며, 레코드 버튼을 통해 정확한 타이밍에 녹음을 실행함으로써 효율적인 레코딩 워크플로우를 유지할 수 있습니다.

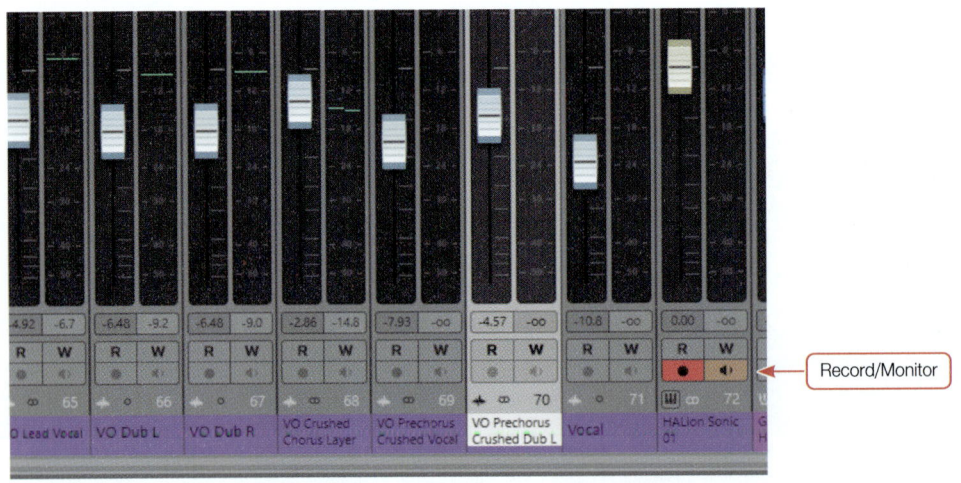

Record/Monitor

Track Number: 왼쪽의 아이콘은 해당 트랙이 오디오, 미디, 인스트루먼트 등 어떤 유형인지 직관적으로 보여주며, 오른쪽의 번호는 프로젝트 내에서의 트랙 위치를 표시하여 수많은 트랙 사이에서 길잡이 역할을 합니다. 또한 가운데 위치한 Configuration 버튼을 클릭하면 채널의 출력을 모노와 스테레오 사이에서 자유롭게 전환할 수 있습니다.

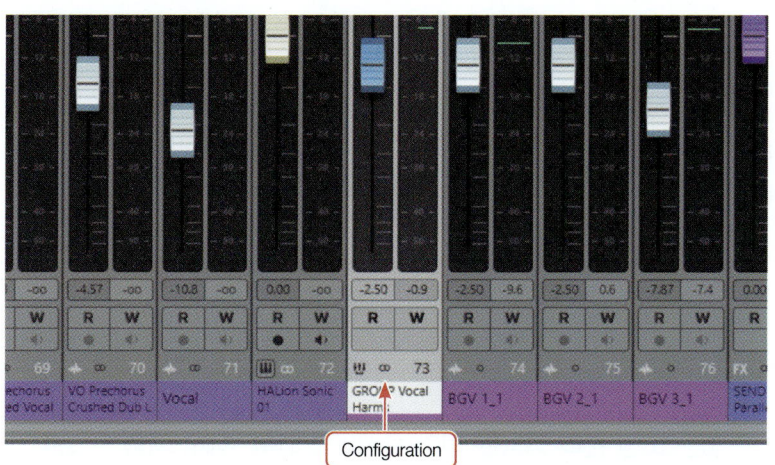

Configuration

Track Name: 이름(Name) 항목을 통해 각 채널의 역할을 명확히 정의할 수 있으며, 이름 항목 오른쪽에 표시되는 Select Color 버튼을 클릭하면 다양한 색상을 선택할 수 있는 팔레트가 열립니다. 이를 통해 드럼, 베이스, 보컬 등 악기 군별로 고유한 색상을 지정하면 수많은 트랙이 섞여 있는 복잡한 프로젝트에서도 원하는 채널을 시각적으로 즉각 식별할 수 있어 작업의 가독성과 효율성이 크게 향상됩니다.

Select Color

상상을 현실로
AI 스템 분리의 세계

음악 제작은 이제 단순한 녹음과 편집을 넘어, 상상을 현실로 바꾸는 창의적 실험의 무대로 확장되고 있습니다. AI 스템 분리 기능은 마치 완성된 음악 속 숨겨진 레이어를 꺼내 자유롭게 재배치할 수 있는 마법 같은 도구입니다. 보컬, 드럼, 베이스 등을 손쉽게 분리하여 즉시 리믹스하거나 재편집할 수 있으며, 이를 통해 상상만 가능했던 아이디어를 곧바로 실현할 수 있습니다. 특히 입문자들이 실제 음원을 가지고 믹싱 연습을 시작하기에 가장 완벽한 환경을 제공합니다.

AR에서 보컬을 분리할 수 있는 스템 분리 기능은 이미 큐베이스 11버전에서 처음 도입된 기술입니다. 기본 기능만으로도 보컬 분리가 가능했으며, 여기에 SpectraLayer Pro를 추가하면 드럼, 베이스, 기타, 피아노, 섹소폰, 브라스 등 다양한 악기를 개별적으로 분리할 수 있었습니다. 그러나 추가 비용이 필요했기 때문에 많은 사용자들의 관심을 받지는 못했습니다.

대중의 관심이 본격적으로 집중된 시점은 애플이 Logic Pro 11을 발표하며 보컬, 드럼, 베이스를 분리할 수 있는 스템 분리 기능을 소개하면서부터였습니다. 이후 11.2버전에서는 기타까지 분리 가능하도록 기능이 확장되며, 스템 분리 기술의 중요성이 더욱 부각되었습니다. 또한 EDM과 힙합 씬에서 널리 사용되는 Ableton Live도 12.3버전부터 스템 분리 기능을 지원하면서 주요 3대 DAW 프로그램 모두가 이 기능을 기본적으로 갖추게 되었습니다.

큐베이스는 스템 분리 기술을 가장 먼저 도입했음에도 추가 비용이 필요해 충분히 활용되지 못했습니다. 그러나 큐베이스 15버전에서는 스템 분리 기능이 기본 기능으로 통합되어, 이제 모든 사용자가 별도의 비용 없이 활용할 수 있게 되었습니다. 특히 SpectraLayer의 강력한 엔진을 기반으로 하여 타사 대비 월등한 품질의 결과물을 제공하기 때문에 음악 제작 과정에서 무수한 창작 아이디어를 실현할 수 있는 가능성을 열어주게 될 것입니다.

01 프로젝트에 오디오 파일을 드래그해서 가져온 뒤, Audio 메뉴에서 Separate Stems 를 선택합니다.

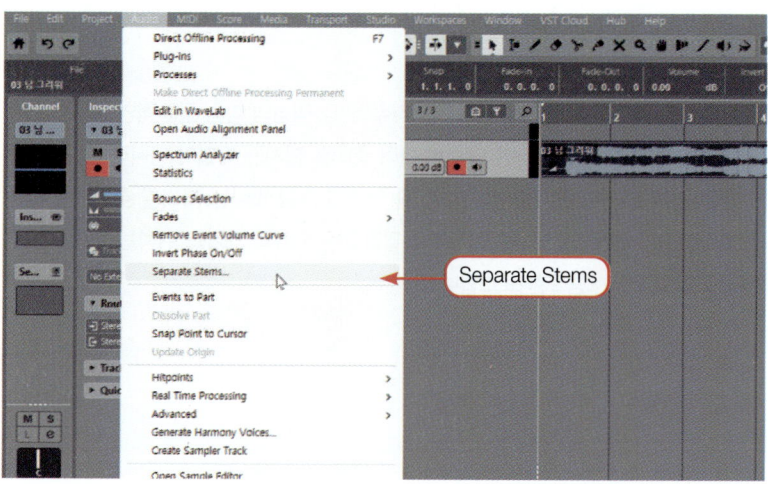

02 보컬, 드럼, 베이스, 기타 악기 항목을 체크한 뒤 Separate Selected Stems 버튼을 클릭하면 4개의 트랙으로 분리할 수 있습니다. 분리된 보컬을 뮤트하여 커버 영상을 만들거나, 드럼과 베이스를 뮤트해 리믹스 버전을 제작하는 등 활용 범위는 매우 다양합니다.

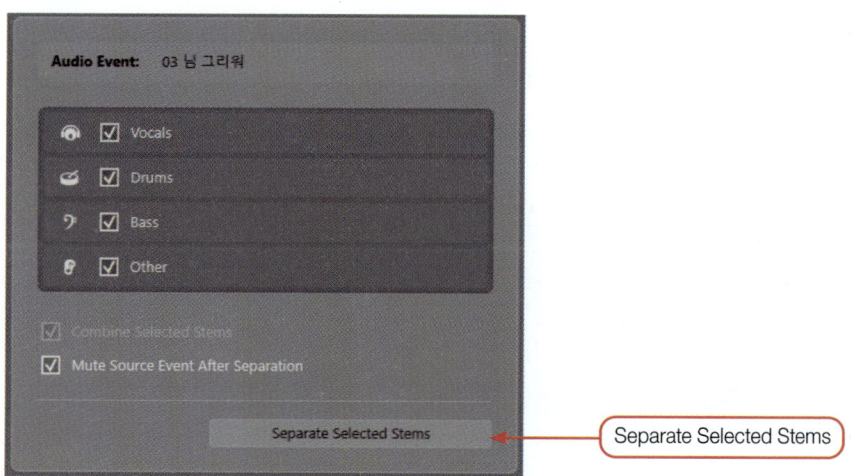

TIP
- Combine Selected Stems: 체크한 여러 악기를 하나의 오디오 트랙으로 병합하여 분리합니다.
- Mute Source Event After Separation: 원본 오디오 이벤트를 분리 후 자동으로 뮤트합니다.

믹싱의 시작,
볼륨과 팬

모든 화려한 이펙트와 복잡한 플러그인을 다루기 전, 믹싱의 가장 근본적인 도구인 볼륨과 팬에 집중해야 합니다. 믹싱은 단순히 여러 소리를 합치는 작업이 아니라, 텅 빈 스테레오 공간 안에 가상의 무대를 설계하고 각 악기에 가장 빛나는 자리를 찾아주는 공간 설계의 과정이기 때문입니다. 이 단계에서 결정되는 소리의 크기와 위치는 최종 결과물의 완성도를 결정짓는 중요한 요소입니다.

01 볼륨 조정하기

01 볼륨은 단순한 소리의 크기를 넘어 거리를 조정하는 도구이며, 소리의 원근감을 결정짓는 핵심 요소입니다. 볼륨을 조정할 때 가장 주의해야 할 사항은 최종 출력인 Stereo Out에서 소리가 일그러지는 클리핑 현상이 발생하지 않아야 한다는 점입니다. 클리핑은 트랙 번호에 빨간색 경고등으로 표시되는데, 이는 디지털 신호의 한계를 넘어 소리가 왜곡되고 있음을 의미합니다.

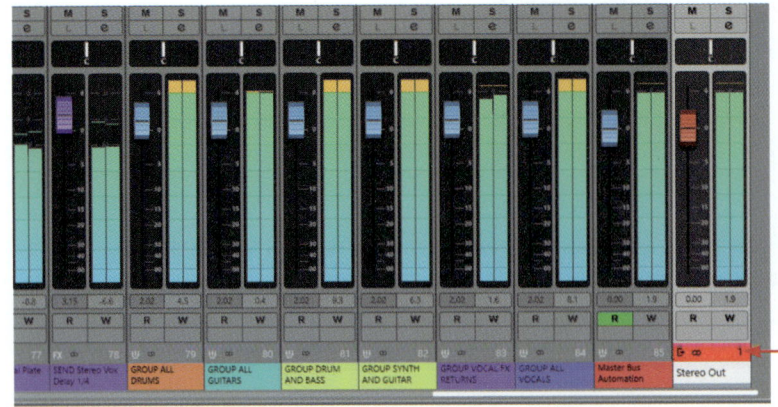

클리핑 표시

02 음악 작업을 진행하며 이미 볼륨을 일차적으로 조정한 가믹싱(Quick Mix) 상태일지라도, 작업자의 귀는 이미 그 소리에 익숙해져 냉정한 판단을 내리기 어려울 때가 많습니다. 따라서 본격적인 믹싱에 들어가기 전에는 하루쯤 휴식을 갖고, 처음부터 다시 시작하는 것이 좋습니다. 이를 위해 최종 출력인 Stereo Out 트랙을 제외한 모든 트랙을 Shift 키로 모두 선택한 다음, 볼륨 슬라이더를 내려 클린 슬레이트(Clean Slate) 상태를 만듭니다.

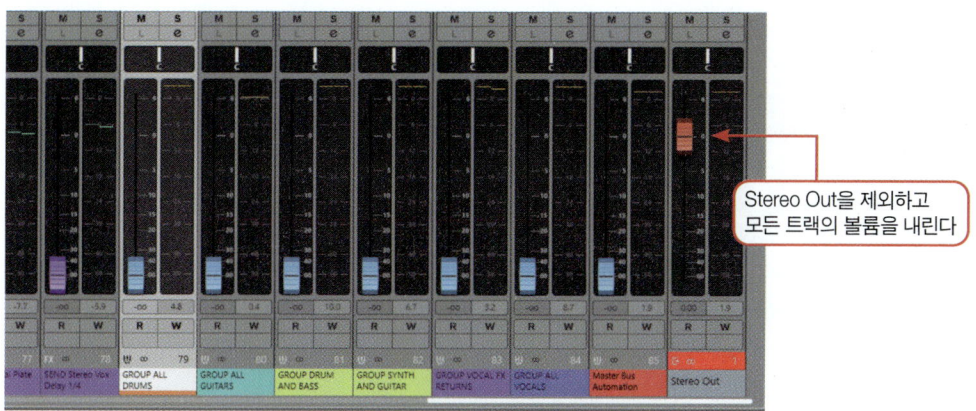

Stereo Out을 제외하고
모든 트랙의 볼륨을 내린다

03 볼륨 밸런싱은 가장 전면에 배치되는 메인 보컬이나 리드 악기로 시작할 수도 있지만, 곡의 중심축인 킥 드럼을 우선적으로 설정하는 경우가 많습니다. 킥 드럼의 볼륨을 대략 -15dB에서 -12dB 정도로 올립니다. 트랙 수가 많으면 -15dB, 적으면 -12dB 정도로 시작하는 것이 일반적입니다.

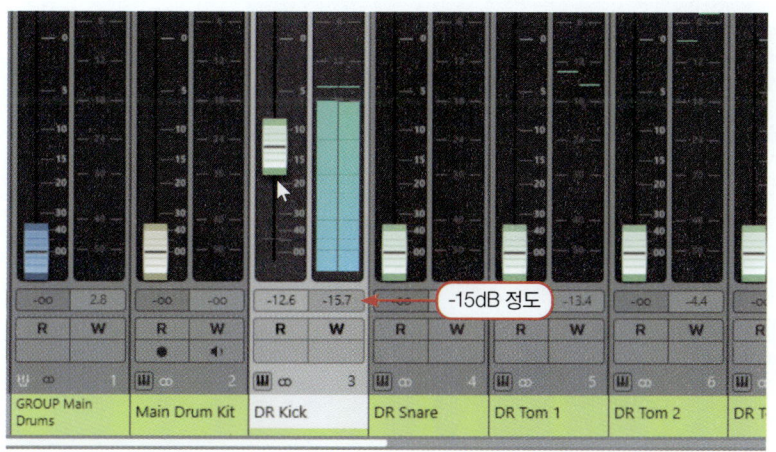

-15dB 정도

04 이제 기준이 된 킥 드럼을 중심으로 나머지 트랙의 볼륨을 하나씩 올리며 전체적인 밸런스를 맞춥니다. 이때 주의해야 할 점은 평소에 듣는 완제품 음악의 밸런스에 억지로 맞추지 않는 것입니다. 이미 마스터링까지 완료되어 음압이 한계치까지 높아진 기성 음악과 작업 중인 믹싱 상태를 단순 비교하는 실수를 피해야 합니다. 소리가 작게 느껴진다면 오디오 인터페이스의 메인 볼륨을 높여서 모니터링 환경을 조절하는 것이 올바른 방법입니다.

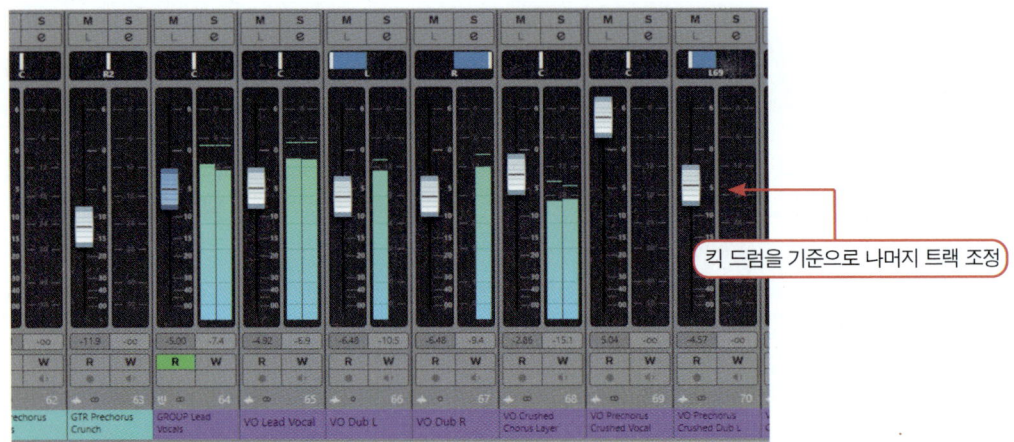

킥 드럼을 기준으로 나머지 트랙 조정

05 마지막으로 Shift 키를 이용하여 전체 트랙을 선택한 다음 도구 바의 Q-Link 버튼을 활성화합니다. 그리고 최종 출력인 Stereo Out 트랙의 피크 레벨이 대략 -6dB에서 -3dB 정도의 충분한 헤드룸을 유지하도록 전체적인 볼륨을 세밀하게 조정합니다.

02 그룹 및 링크

01 드럼이나 기타처럼 여러 개의 트랙을 사용하는 악기들은 하나의 그룹으로 묶어 관리
하는 것이 믹싱 효율을 높이는 비결입니다. 그룹으로 묶고자 하는 트랙들을 Shift 키를
이용해 선택하고, 마우스 오른쪽 버튼을 클릭하면 열리는 단축 메뉴에서 Add Group Track
to Selected Tracks을 선택합니다.

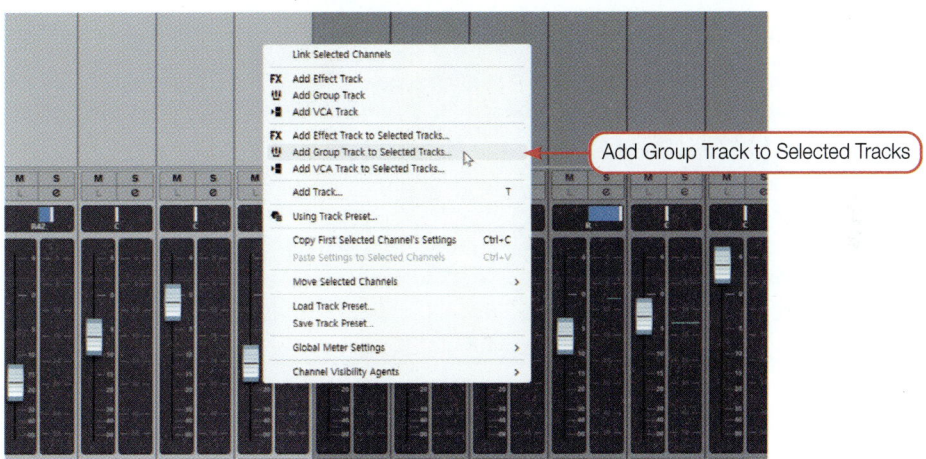

Add Group Track to Selected Tracks

02 그룹 트랙의 설정을 확인하고 이름을 입력할 수 있는 창이 열립니다. Name 항목에 드
럼, 기타 등 묶고자 하는 트랙의 악기 이름을 입력합니다.

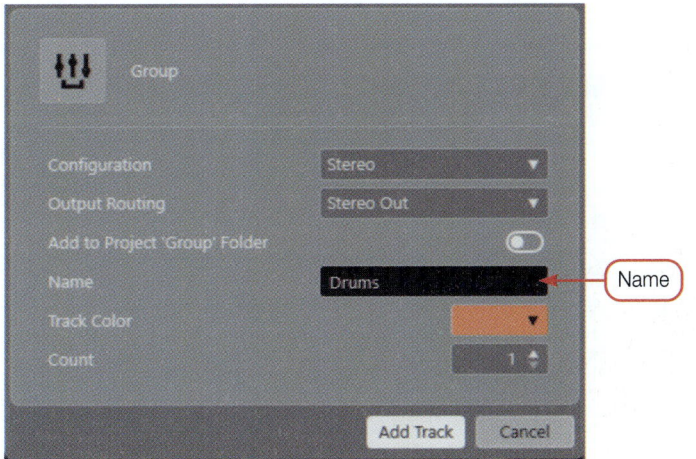

Name

03 같은 과정을 반복하여 드럼, 기타, 베이스, 보컬 등 주요 악기군별로 그룹 트랙을 만듭니다. 이후 각 그룹을 Solo로 설정해 내부 트랙 간의 세밀한 밸런스를 먼저 조정합니다. 수십 개의 개별 트랙을 일일이 만지는 대신, 소수의 그룹 페이더만으로 최종 마스터 트랙의 헤드룸을 제어하면 훨씬 빠르고 효율적인 볼륨 밸런스 작업이 가능해집니다.

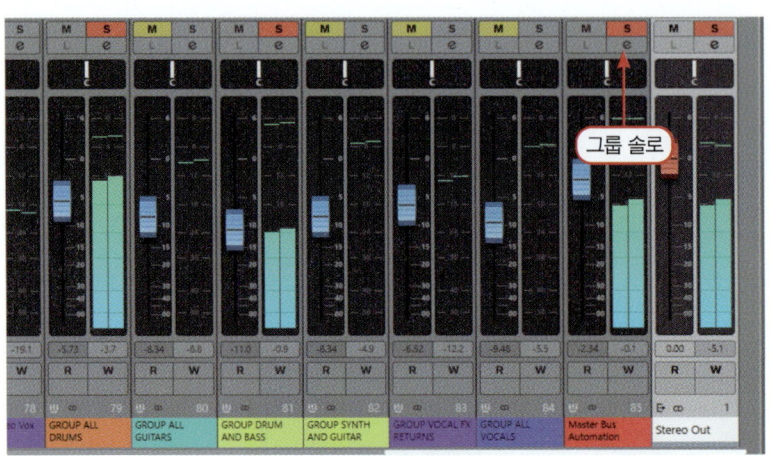

04 스테레오 기타나 백 보컬처럼 두 개 이상의 트랙에 동일한 설정을 적용해야 할 때는 링크 기능을 활용하는 것이 효율적입니다. 일시적으로 트랙들을 연결하여 제어하고 싶다면, Alt+Shift 키를 누른 상태로 조정합니다. 이 키를 누르고 있는 동안에는 Q-Link 기능이 즉시 활성화되어 선택된 모든 채널의 볼륨, 팬, EQ 등을 한꺼번에 조절할 수 있습니다.

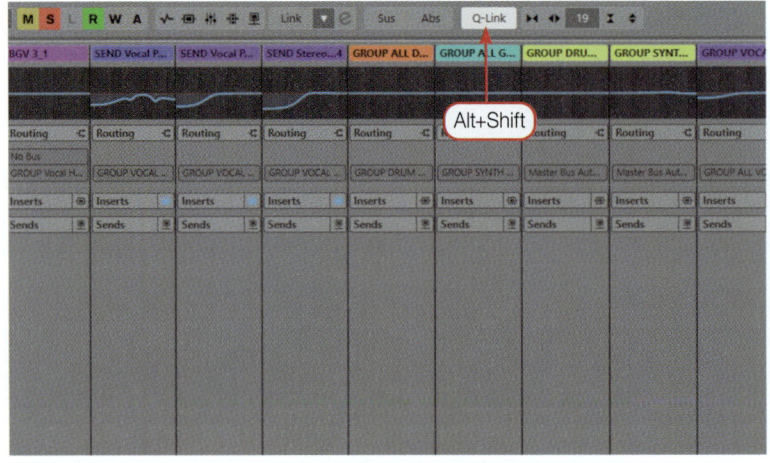

05 특정 채널들을 영구적으로 연결할 필요가 있을 때는, 마우스 오른쪽 버튼을 클릭하여 단축 메뉴를 열고 Link Selected Channels를 선택하거나 도구 바의 Link 버튼을 클릭합니다.

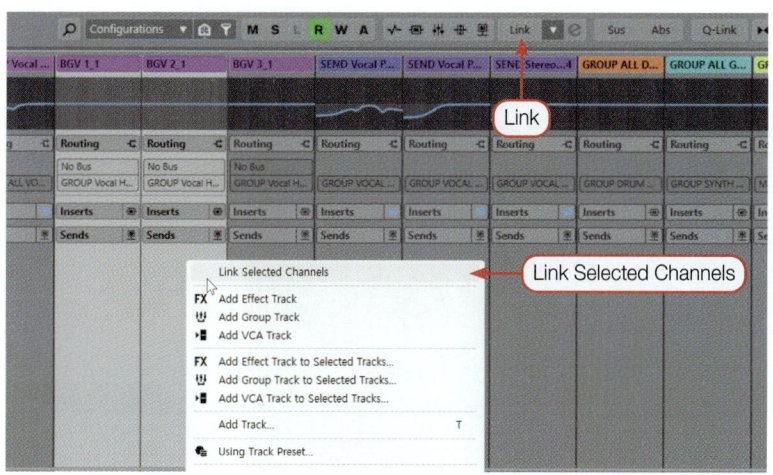

06 어떤 파라미터를 서로 연결할지 지정할 수 있는 설정 창이 열립니다. 각 옵션은 믹스 콘솔 구성에서 살펴본 내용과 동일하므로, 여기서는 Use VCA Fader 옵션을 체크하여 진행해 보겠습니다.

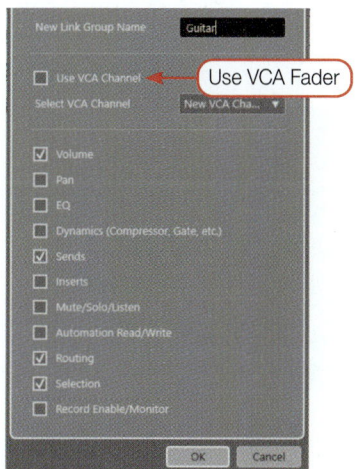

07 VCA 페이더가 생성되며, 이후 연결된 채널의 파라미터를 움직이면 링크된 모든 트랙이 동시에 제어되는 것을 확인할 수 있습니다. 만약 전체적인 링크 상태는 유지하면서 특정 채널만 개별적으로 정밀하게 조정해야 할 경우에는 Al 키를 누른 상태로 해당 파라미터를 움직이면 됩니다.

VCA 페이더

03 팬 조정하기

01 팬(Pan)은 파노라마(Panorama)의 줄임말로, 소리를 좌우로 배치해 입체적인 공간을 만드는 작업입니다. 믹스 콘솔의 Pan을 조정하기 전에 먼저 결정해야 할 사항은 어떤 관점(Perspective)으로 소리를 들려줄 것인지입니다.

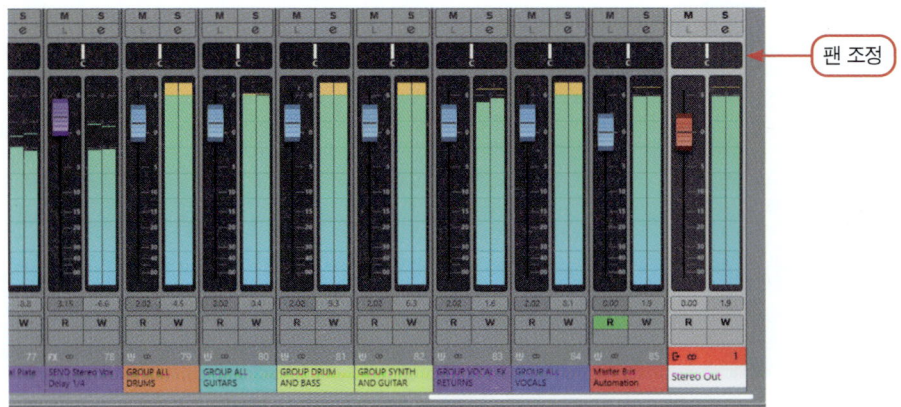

팬 조정

02 팬을 설정하는 방식에는 크게 두 가지가 있습니다. 첫 번째는 연주자 관점(Player Perspective)입니다. 이는 연주자가 악기를 직접 다룰 때 들리는 소리의 위치를 재현하는 방식입니다. 예를 들어, 드럼 세트 앞에 앉은 드러머의 시선에서 보면 하이햇(Hi-hat)은 왼쪽에서 연주되므로 소리 역시 왼쪽에서 들립니다.

연주자 입장의 하이햇 위치

03 두 번째는 청중 관점(Audience Perspective)입니다. 이때는 좌우가 반대가 되어 하이햇이 오른쪽에서 들리게 됩니다. 믹싱 시 이 두 관점이 혼합되면 공간의 통일성이 무너지므로, 반드시 하나의 일관된 관점을 선택해야 합니다. 특히 악기 연주가 가능한 사용자가 본인의 악기만 연주자 관점으로 두는 실수를 범하기 쉬우므로 각별한 주의가 필요합니다.

관객 입장의 하이햇 위치

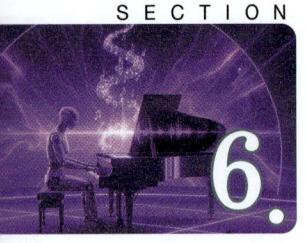
공간을 완성하는
이퀄라이저(EQ)

볼륨으로 앞뒤 거리를 조절하고 패닝으로 좌우 위치를 결정했다면, 이제 소리의 높낮이를 조정하여 입체적인 공간을 완성할 차례입니다. 이때 사용되는 장치가 바로 이퀄라이저(Equalizer, 이하 EQ)입니다. EQ를 단순히 잡음을 제거하거나 음색을 디자인하는 도구로만 보지 말고, 각 악기가 머무를 층(Layer)을 나누어 공간의 밀도를 완성하는 장치로 접근하는 것이 중요합니다.

01 EQ 타입

01 이퀄라이저는 Insert 슬롯의 EQ 목록에서 선택하여 로딩할 수 있습니다. 큐베이스는 전설적인 하드웨어인 Pultec을 복각한 EQ-P1A와 M5를 비롯해 다양한 플러그인을 제공합니다. 각 모델마다 특유의 질감은 다르지만, 기본적인 사용법은 비슷합니다. 여기서는 프로들이 즐겨 사용하는 Frequency 2를 선택하여 로딩합니다.

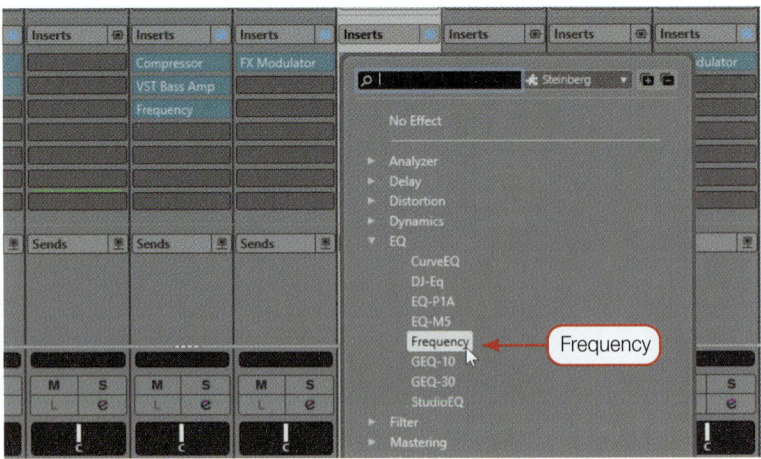

02 이퀄라이저는 크게 세 가지 타입으로 구분됩니다. 특정 주파수 대역을 증폭 또는 감쇄하는 피크(Peak) 타입, 특정 주파수 이상의 신호 혹은 이하의 신호 전체를 들어 올리거나 낮추는 쉘프(Shelf) 타입, 그리고 특정 주파수 이상의 신호나 이하의 신호를 차단하는 필터(Filter) 타입입니다. Frequency 2는 총 8개의 밴드를 제공하며, 각 밴드의 Type 항목에서 이 방식들을 자유롭게 선택하여 정교한 공간 설계를 진행할 수 있습니다.

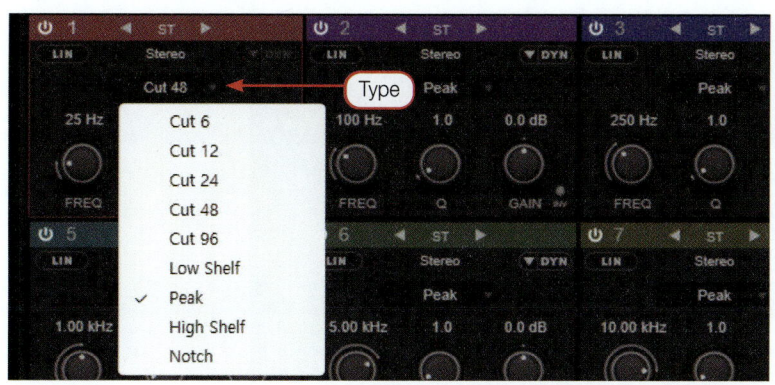

03 쉘프(Shelf) 타입은 사용자가 지정한 주파수 이하(Low Shelf) 또는 이상(High Shelf) 대역을 일괄적으로 증폭하거나 감쇄하는 역할을 합니다. 조정된 그래프의 모양이 마치 선반처럼 생겼다고 해서 붙여진 이름입니다. 그림은 Low Shelf으로 설정한 1번 밴의 Gain을 들어 올린 예시입니다. 이 경우 설정된 주파수(FREQ) 이하의 모든 저음역이 증가하며, 반대로 밴드를 내리면 해당 주파수 이하의 모든 저음이 감소하게 됩니다.

04 **피크(Peak) 타입은** FREQ에서 지정한 주파수 대역을 중심으로 증폭하거나 감쇠하는 역할을 합니다. 조정된 그래프의 모양이 산봉우리처럼 생겨 붙여진 이름이며, 종의 형태를 닮았다고 해서 벨(Bell) 타입이라고도 부릅니다. 그림은 Peak 타입으로 설정된 4번 밴드를 들어 올린 예시로, FREQ는 480Hz입니다. 이 경우 480Hz 대역의 음이 강조되어 선명해지며, 반대로 밴드를 내리면 해당 대역의 소리가 줄어들게 됩니다.

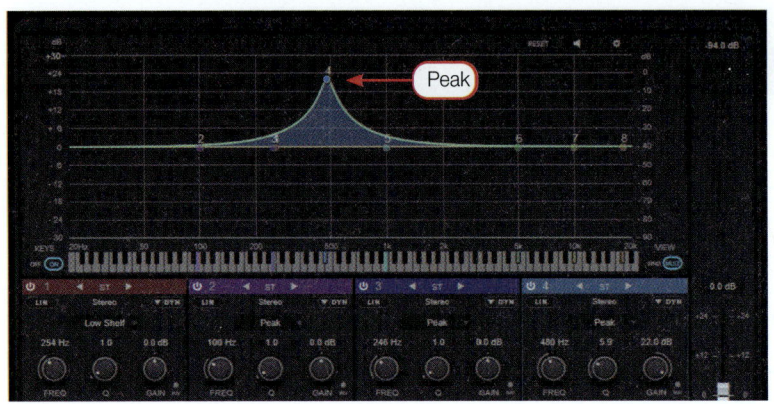

05 **필터(Filter) 타입은** Freq 주파수 이하 또는 이상의 소리를 차단하는 역할을 합니다. 불필요한 성분을 걸러내는 공기 청정기나 정수기의 필터와 같은 의미입니다. 장치에 따라 차단한다는 의미의 컷 필터(Cut Filter), 또는 필요한 대역만 통과시킨다는 의미로 패스 필터(Pass Filter)라고도 부릅니다. 그림은 8번 밴드에서 Cut 타입을 적용한 예시로, Freq 주파수 이상의 고역대가 차단되는 모습입니다.

02 EQ 파라미터

01 이퀄라이저를 컨트롤하는 파라미터는 장치마다 조금씩 차이가 있지만, 핵심 구성은 다음의 세 가지로 요약됩니다.

1. 프리퀀시(Freq): 변화를 주고 싶은 타깃 주파수 지점을 결정합니다.
2. 게인(Gain): 선택한 주파수를 얼마나 증폭하거나 감쇠할지를 결정합니다.
3. 큐 팩터(Q): 대역폭이라고도 하며, 주파수의 영향 범위를 결정합니다. 값이 작으면 넓은 범위를 부드럽게 조절하고, 반대로 값이 크면 좁은 범위를 날카롭고 정밀하게 조절하게 됩니다.

Frequency 2에서 제공하는 Inv(Invert Gain) 버튼은 설정된 게인 값을 즉시 역으로 전환하는 기능을 합니다. 예를 들어, 특정 주파수를 크게 증폭하여 불필요한 잡음이나 공진을 찾아낸 뒤, Inv 버튼을 한 번만 누르면 그만큼 정밀하게 값을 깎아낼 수 있어 매우 효율적인 작업이 가능합니다.

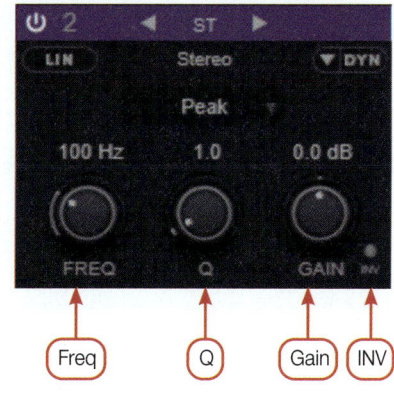

02 Freq, Gain, Q는 디스플레이의 밴드 포인트를 드래그하여 직관적으로 조정할 수 있습니다. 좌우로 드래그하면 Freq, 위아래로 드래그하면 Gain 값이 조절되며, 마우스 휠을 돌리면 Q 값이 설정됩니다. 입문자들이 EQ를 다룰 때 가장 어려워하는 부분 중 하나가 Hz로 표기되는 주파수 값인데, 큐베이스의 Frequency 2는 하단에 해당 주파수가 어떤 음정에 해당하는지 건반 형태로 표시해 주기 때문에 입문자도 쉽게 접근할 수 있습니다.

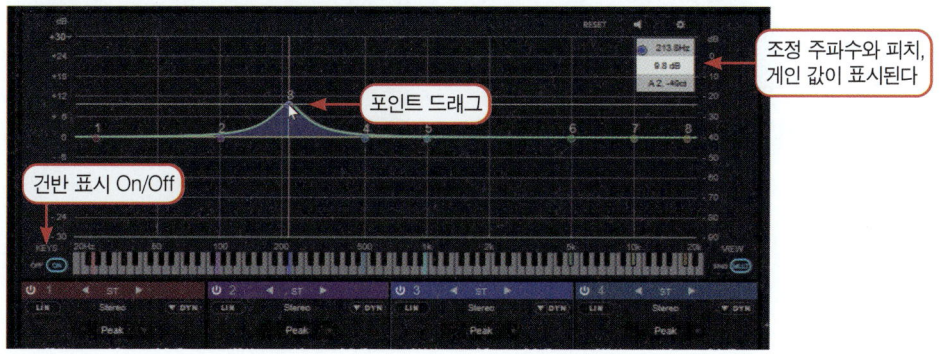

포인트 드래그

조정 주파수와 피치, 게인 값이 표시된다

건반 표시 On/Off

03 컷 필터(Cut Filter) 타입은 설정 주파수 이하 또는 이상의 대역을 완전히 차단하는 특성상, 주로 양 끝단인 1번과 8번 밴드에서 사용되며, 1번 밴드에서 설정하면 저음역을 깎아내는 로우 컷(Low Cut)으로, 8번 밴드에서 설정하면 고음역을 차단하는 하이 컷(High Cut)으로 동작합니다. 이때 차단되는 양을 결정하는 슬로프(Slope)는 6, 12, 24, 48, 96 중에서 선택할 수 있습니다. 이는 한 옥타브 범위당 감쇠되는 양(dB)을 나타내며, 수치가 클수록 칼로 자르듯 급격하고 날카롭게 소리를 차단하게 됩니다.

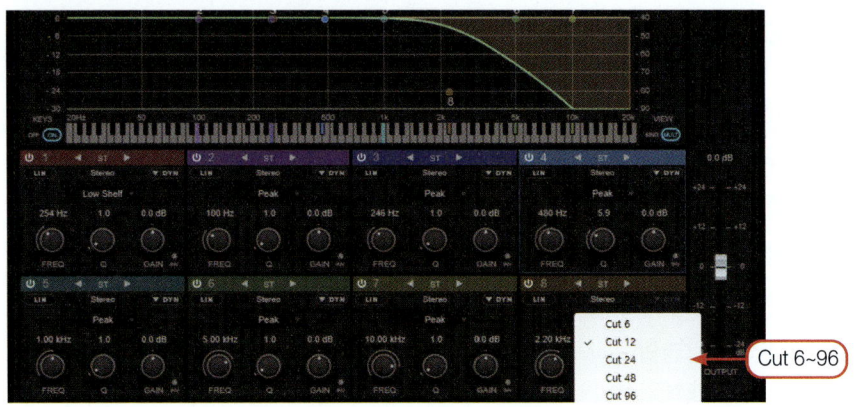

04 각 밴드 번호 왼쪽에는 해당 밴드를 활성화하거나 비활성화할 수 있는 전원 버튼이 배치되어 있으며, 오른쪽의 화살표 버튼을 클릭하면 프로세싱 모드를 변경할 수 있습니다. 기본 설정인 스테레오(Stereo) 모드뿐만 아니라, 왼쪽과 오른쪽을 각각 제어하는 L/R (Left/Right) 모드, 그리고 사운드의 중앙과 외곽 성분을 분리하여 조절할 수 있는 M/S(Mid/Side) 모드를 지원합니다. 이 기능을 활용하면 스테레오 이미지의 균형을 맞추거나, 보컬이 있는 중앙 (Mid)은 그대로 두고 주변부(Side)의 악기 소리만 조절하는 등 정교한 믹싱 작업이 가능합니다.

05 일반적인 EQ는 조절 시 미세한 위상 변화가 생겨 소리가 미묘하게 변하게 하거나 명료도를 떨어뜨릴 수 있습니다. 이를 방지하기 위해 Frequency 2는 위상의 왜곡 없이 깨끗하고 투명한 사운드 보정을 가능케 하는 리니어 페이즈(Linear Phase) 모드를 제공합니다. 특히 M/S 프로세싱 모드를 사용할 때는 이 기능을 활성화하는 것이 권장됩니다. 다만, 컴퓨터 자원을 더 많이 사용하며 약간의 레이턴시가 발생할 수 있다는 점을 고려하여 상황에 맞게 선택해야 합니다.

06 큐베이스의 Freqencey 2는 리니어 페이즈는 물론, 다이내믹(Dynamic) 모드까지 지원합니다. 이는 EQ가 동작하지 않다가 입력 신호가 특정 크기(Threshold)를 넘었을 때만 설정한 값만큼 작동하는 방식입니다. 덕분에 필요한 순간에만 소리를 제어하여 원본 소스의 변형을 최소화할 수 있습니다.

- Threshold: 설정한 값보다 큰 소리가 들어올 때만 EQ가 작동하기 시작합니다.
- Ratio: 입력 신호가 임계값을 넘었을 때, 얼마나 강하게 EQ를 적용할지 결정합니다.
- Attack/Release: EQ가 얼마나 빨리 반응하고(Attack), 신호가 줄어든 뒤 얼마나 천천히 원래 상태로 돌아올지(Release) 조절합니다.
- Soft: EQ의 작동이 시작되는 경계 지점을 부드럽게 처리하여, 설정한 Gain 값까지 소리가 훨씬 자연스럽고 매끄럽게 변화하도록 합니다.

07 밴드 번호가 표시되는 바를 더블 클릭하거나 View 모드를 Single로 선택하면 해당 밴드의 모든 파라미터를 한 화면에 상세히 표시할 수 있으며, Dynamic 섹션에는 EQ가 어느 지점부터 작동을 시작할지 결정하는 Start 노브가 활성화됩니다. 또한, 이 화면을 통해 외부 신호에 반응하여 EQ를 조작하는 사이드체인(Side-Chain) 기능을 활성화하고 세부적인 파라미터를 설정할 수 있습니다.

08 사이드체인(Side-Chain)은 현재 트랙의 EQ가 다른 트랙의 소리에 반응하여 실시간으로 움직이게 만드는 기술입니다. 오직 Single View에서만 사용할 수 있으며, Input 섹션에서 어떤 트랙의 소리에 맞추어 움직이게 할 것인지를 선택할 수 있습니다.

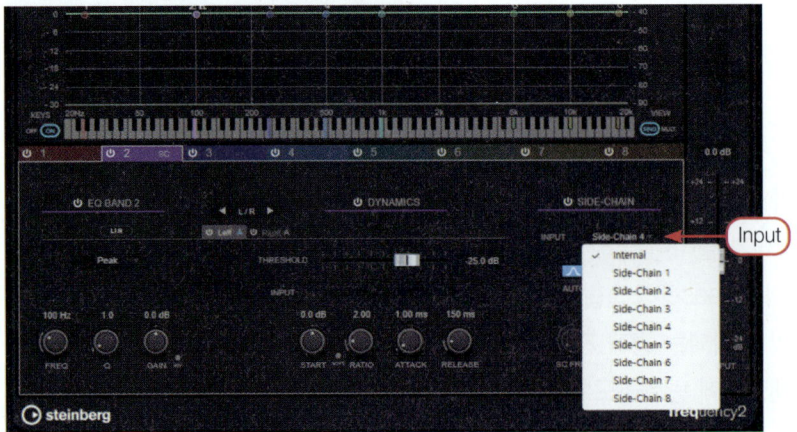

09 Input 신호는 현재 트랙의 소리 크기에 따라 동작되도록 하는 Internal, 외부 신호를 최대 8개까지 지정할 수 있는 Side-Chain 1부터 8까지입니다. 이를 사용하려면 플러그인 상단의 Side-Chain 버튼이 활성화되어 있어야 하며, 이를 통해 현재 트랙 스스로 반응할지 혹은 다른 악기의 신호에 맞춰 움직일지를 결정하게 됩니다.

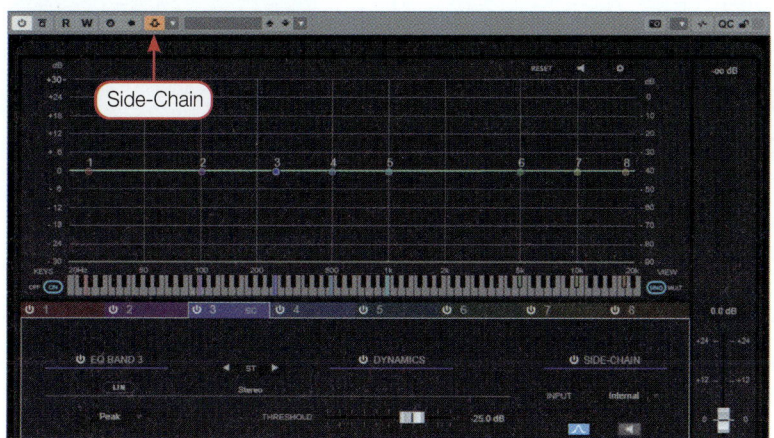

10 Side-Chain 기능이 활성화되면, 다른 트랙의 Sends 슬롯에서 SC In 1~8까지 선택할 수 있는 목적지가 나타납니다. 예를 들어, Frequency 2가 적용된 베이스 트랙(현재 트랙)이 킥 트랙(다른 트랙)의 신호를 받아 그 리듬에 맞춰 EQ가 실시간으로 동작되도록 설정할 수 있는 것입니다.

11 ● **Auto:** 버튼을 켜면 EQ 밴드에 설정된 주파수 값을 그대로 사용하여 사이드체인 신호를 감지합니다. 버튼을 끄면 SC Freq와 SC Q를 조절해 감지할 소리의 범위를 내 마음대로 정할 수 있습니다. (예: 베이스 트랙이지만 킥 드럼의 아주 낮은 저역대 신호에만 반응하게 하고 싶을 때 유용합니다.)

● **Listen:** 현재 EQ가 어떤 소리를 기준으로 작동하고 있는지 그 감지용 신호(Side-Chain Signal)만 솔로로 들어볼 수 있습니다. 내가 원하는 소리에만 EQ가 반응하고 있는지 귀로 직접 확인할 수 있어 정확한 타겟팅을 위해 필수적인 기능입니다.

12 디스플레이 상단에는 모든 설정을 초기화하는 Reset 버튼과 조절 중인 주파수 대역의 소리만 독립적으로 들려주는 Auto Listen for Filters 버튼이 있습니다. 만약 EQ 설정이 의도와 다르게 흘러가 처음부터 다시 시작하고 싶다면, Alt 키를 누른 채로 Reset 버튼을 클릭하여 모든 파라미터 값을 초기화할 수 있습니다.

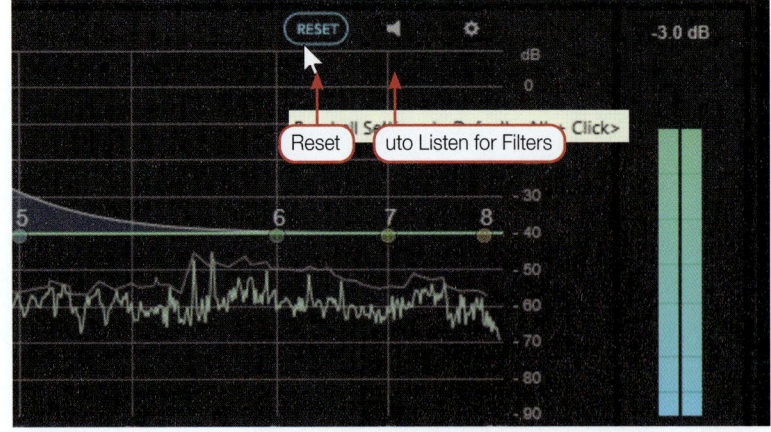

13   Auto Listen for Filters 버튼 우측의 Global Settings 아이콘을 클릭하면, 소리의 에너지 분포와 EQ 커브의 표시 방식을 세부적으로 설정할 수 있는 옵션 창이 열립니다.

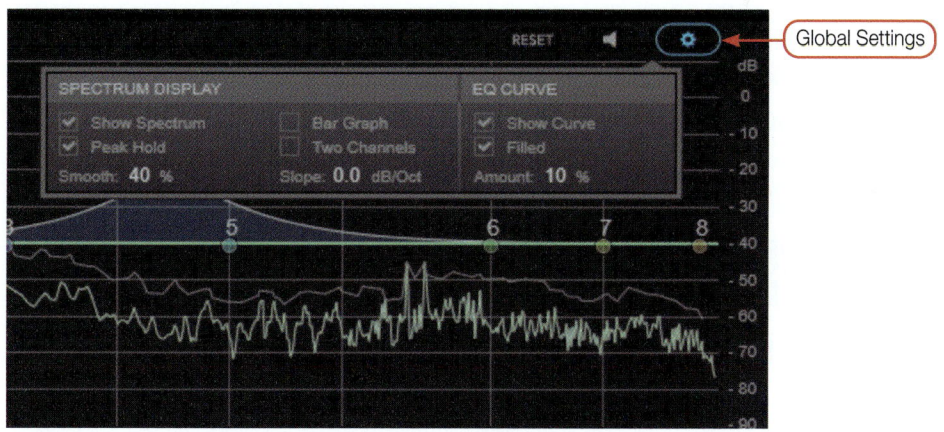

Global Settings

Spectrum Display: 오디오 파형(스펙트럼)이 시각적으로 어떻게 구현될지 결정합니다.

● **Show Spectrum:** 스펙트럼 표시 여부를 설정합니다.

● **Peak Hold:** 주파수별 최대 음량 지점을 잠시 유지하여 보여주므로, 튀어 오르는 구간을 파악하기 좋습니다.

● **Smooth:** 파형의 움직임 강도를 조절합니다. 수치가 낮을수록 소리 변화에 민감하고 빠르게 반응합니다.

● **Bar Graph:** 파형을 곡선이 아닌 60개의 수직 막대(Bar) 형태로 표시합니다. 대역별 에너지를 분절해서 분석하고 싶을 때 유용합니다.

● **Two Channels:** 좌(L)/우(R) 채널의 파형을 분리하여 표시합니다. 스테레오 이미지의 균형을 확인할 때 필수적입니다.

● **Slope:** 1kHz를 축으로 스펙트럼의 기울기를 조정하여 시각적인 모니터링 밸런스를 보정합니다.

EQ Curve: 사용자가 조절한 EQ 라인의 가시성을 설정합니다.

● **Show Curve:** 설정된 EQ 보정 곡선을 화면에 표시하거나 숨깁니다.

● **Filled:** EQ 곡선의 하단 영역을 색상으로 채워 가독성을 높입니다.

● **Amount:** 채우기 색상의 투명도(10~80%)를 조절합니다.

03 EQ 조정

EQ는 크게 서지컬(Surgical)과 토널(Tonal)이라는 두 가지 용도로 구분하여 사용합니다. 입문자에게는 소리의 높낮이와 음색의 질감을 디자인하는 토널 용도가 다소 어려울 수 있으므로, 처음에는 잡음, 공진음, 간섭음 등 음악의 명료도를 해치는 원치 않는 소리를 찾아 제거하는 서지컬 용도로 시작하여 귀를 훈련하는 것이 바람직합니다.

01 　서지컬 이큐잉의 핵심은 문제의 주파수를 정확히 포착하는 것입니다. 작업 요령은 의외로 과감해야 합니다. 먼저 특정 밴드의 포인트를 잡고 게인(Gain)을 10dB 이상 높게 올린 뒤, 마우스 휠을 돌려 대역폭(Q)을 최대한 좁게 설정합니다. 그리고 포인트를 좌우로 천천히 이동시키며 소리를 스캔하다 보면, 유독 귀를 찌르거나 불쾌하게 웅웅거리는 공진음이 극대화되는 지점을 쉽게 찾을 수 있습니다.

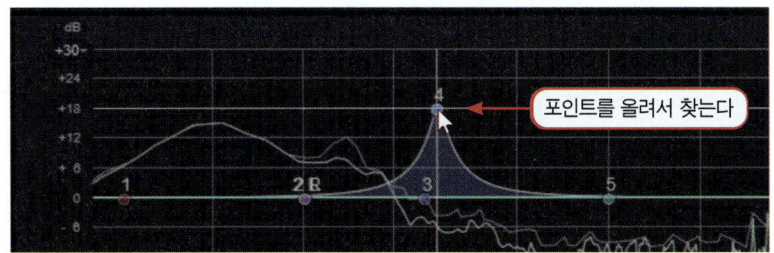

02 　문제의 지점을 찾았다면, 이제 높게 올렸던 포인트를 반대로 내리고, 마우스 휠을 돌려 범위를 설정합니다. 이때 주의할 점은 포인트를 과도하게 높이는 과정에서 출력 레벨이 0dB을 넘어서는 클리핑(Clipping)이 발생할 수 있다는 것입니다. 소리가 깨져서 들리면 정확한 모니터링이 어렵기 때문에, 전체 출력(Output Gain)을 잠시 줄여 안정적인 레벨을 유지하며 작업하는 것이 바람직합니다.

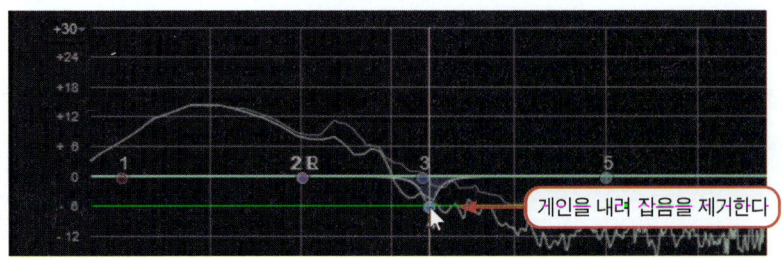

본격적인 이큐잉에 착수하기 전, 반드시 거쳐야 할 필수 과정이 있습니다. 바로 원본 소리의 성향을 편견 없이 파악하는 충분한 모니터링입니다. 많은 입문자가 노브를 돌리는 데 급급하지만, 실제 믹싱의 성패는 손이 아닌 귀에서 결정됩니다. 현재 저음이 뭉쳐 답답한지, 혹은 고음이 부족해 생동감이 없는지 등 소리의 상태를 객관적으로 진단하는 시간이 선행되어야 합니다. 문제를 명확히 정의하지 못한 채 성급하게 조작하는 것은 원인 모를 통증에 무분별한 처방을 내리는 것과 같습니다.

① 500Hz 이하: 사운드의 파워와 무게감(The Body)

이 대역은 소리의 물리적인 크기와 무게감을 결정하는 기초 공사와 같습니다. 에너지가 과다하면 소리가 둔탁하고 답답한(Muddy) 느낌을 주며, 다른 악기를 가리는 마스킹 현상을 일으킵니다. 특히 200~400Hz가 과하면 상자 안에서 울리는 듯한 'Boxy' 한 소리가 나고, 반대로 부족하면 소리가 가볍고 얇게(Thin) 느껴져 곡 전체의 에너지가 상실됩니다. 따라서 사운드가 답답하다면 선명해질 때까지 조금씩 줄이고(Cut), 빈약하다면 두터운 질감이 느껴질 때까지 완만하게 올려(Boost) 조정합니다.

② 1~4kHz 대역: 소리의 두께와 명료도 (The Presence)

사람의 귀가 가장 민감하게 반응하며 소리의 존재감과 명료도를 결정하는 핵심 구간입니다. 과도하게 강조되면 소리가 공격적으로 쏘는 듯한(Harsh) 느낌을 주어 귀를 금세 피로하게 만들고, 3kHz 부근이 과하면 소리가 왜곡되거나 금속성 잡음이 섞일 수 있습니다. 반대로 부족하면 소리가 멀게(Distant) 느껴지며 중심이 비어 있는 인상을 줍니다. 소리가 멀게 느껴진다면 왜곡되지 않는 범위 내에서 보강하고, 지나치게 시끄럽거나 코맹맹이 소리(Nasal)가 난다면 부드러운 질감이 찾아올 때까지 감쇄하는 것이 효과적입니다.

③ 6kHz 이상: 사운드의 밝기와 선명도 (The Air)

소리의 해상도와 세련된 공기감(Air)을 담당하는 대역입니다. 에너지가 너무 크면 보컬의 치찰음이나 악기의 기계적 노이즈가 도드라져 귀에 통증을 유발하고 믹싱의 질을 떨어뜨릴 수 있습니다. 반면 부족하면 소리가 둔하고 어둡게(Dull) 들리며, 커튼 뒤에서 노래하는 듯한 답답함을 줍니다. 소리가 귀를 자극한다면 하이컷이나 쉘빙 EQ로 부드럽게 줄여주되, 선명도가 떨어진다면 화사한 질감이 살아날 때까지 올려 조정합니다. 특히 10kHz 이상의 미세한 조정은 곡의 고급스러운 분위기를 결정짓는 결정적인 요소가 됩니다.

SECTION 7.

파워 사운드를 만드는
컴프레서의 마법

음악이나 트랙에서 가장 작은 소리부터 가장 큰 소리까지의 범위를 다이내믹 레인지 (Dynamic Range)라고 합니다. 이러한 다이내믹 레인지를 조정하는 대표적인 장치가 컴프레서(Compressor)입니다. 앞에서 레벨은 소리의 깊이를 결정하는 중요한 요소라고 설명했습니다. 그러나 단순한 볼륨 조절만으로는 소리의 깊이를 완전히 표현하기 어렵습니다. 이러한 이유로 음악 믹싱 작업에서는 다이내믹을 조절해 소리의 균형과 밀도를 정리하는 컴프레서가 EQ와 함께 필수적인 도구로 사용됩니다.

01 컴프레서의 이해

컴프레서는 큰 소리를 줄여주는 장치입니다. 큰 소리를 줄이는 이유는 전체 볼륨을 높이기 위해서입니다. 컴프레서는 방송국에서 전송 신호의 레벨을 제한하기 위한 목적으로 개발되었으며, 녹음 과정에서는 갑작스럽게 발생할 수 있는 피크를 방지하기 위해 사용되었습니다. 하지만 음악 유통 환경이 온라인 중심으로 바뀌면서 현재는 전체 볼륨을 높이기 위한 수단으로도 널리 사용되고 있습니다. 디지털 사운드의 최대 볼륨은 0dB입니다. 사용자가 만든 음악에서 레벨이 가장 작은 부분이 -15dB이고, 가장 큰 부분이 -3dB이라면 전체 다이내믹 레인지는 12dB이며, 볼륨은 최대 약 3dB 정도 올릴 수 있습니다. 이때 단순히 전체 볼륨을 올리면 작은 소리도 함께 커지기 때문에 다이내믹의 변화는 발생하지 않습니다.

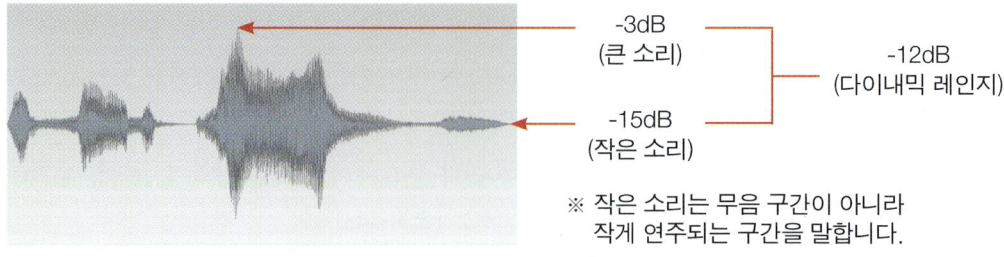

-3dB
(큰 소리)

-15dB
(작은 소리)

-12dB
(다이내믹 레인지)

※ 작은 소리는 무음 구간이 아니라
  작게 연주되는 구간을 말합니다.

3dB 정도의 여유밖에 없는 음악을 6dB 정도 올려야 한다면 어떻게 해야 할까요? 바로 컴프레서를 이용하는 것입니다. 컴프레서는 큰 소리를 줄여주는 장치이며, 사용자가 어느 정도 이상의 소리를 얼마만큼 줄일 것인지 지정할 수 있습니다.

예를 들어 -9dB보다 큰 소리를 절반(2:1)으로 줄이도록 설정했다면, 가장 큰 소리인 -3dB은 -9dB을 기준으로 절반에 해당하는 -6dB로 줄어들게 됩니다. 이렇게 되면 전체 음악의 볼륨을 약 6dB 정도 올릴 수 있게 됩니다. 이때 가장 작은 소리는 -15dB이고 가장 큰 소리는 -6dB로 줄어들었으므로, 전체 다이내믹 레인지는 9dB로 줄어들게 됩니다.

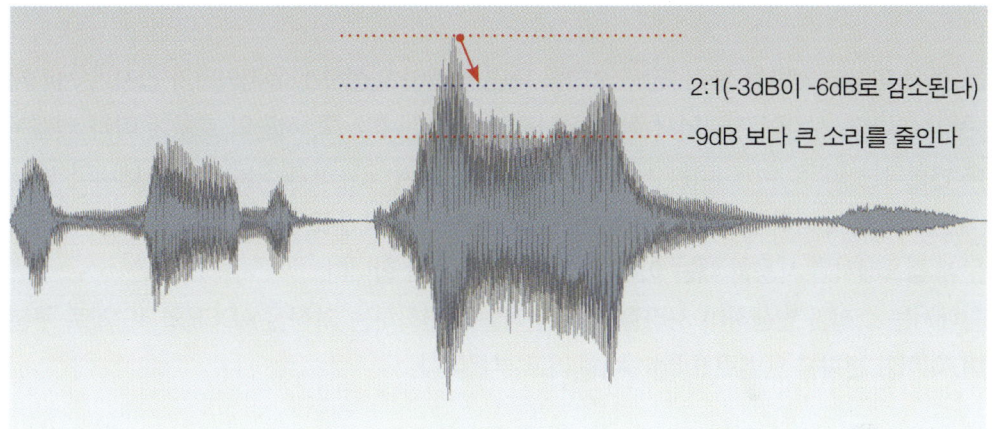

같은 볼륨이라면 다이내믹 레인지가 좁은 음악이 더 크고 강하게 들리기 때문에 발표되자마자 다른 음악과 비교되는 온라인 음악 시장에서는 다이내믹 레인지를 최대한 줄이려는 경향이 있습니다. "레벨 전쟁" 이나 "다이내믹 전쟁" 이라는 말도 이러한 상황에서 생겨난 것이며, 일부 음악 평론가들은 이를 감동이 없는 음악이라고 비판하기도 합니다.

다이내믹 범위가 좁으면 곡의 긴장감이나 포텐을 만들어내기 어려운 것은 사실입니다. 그래서 클래식이나 재즈 음악은 온라인 환경에서도 8~15dB 정도의 다이내믹 범위를 유지하는 곡들이 많지만, 팝 음악은 6~10dB 범위가 일반적이며, 댄스 음악이나 힙합의 경우에는 이보다 더 좁은 다이내믹을 가진 곡들도 많습니다. 시대적 흐름에 따른 선택이라고 볼 수 있으며, 상업음악에서 이러한 레벨 전쟁은 당분간 계속될 것으로 예상되기 때문에 컴프레서를 제대로 다루기 위한 학습은 매우 중요합니다.

02 엔벨로프

컴프레서를 잘 다룬다는 것은 어떤 의미일까요?

그냥 원하는 만큼 레벨을 올리면 되는 것 아닐까 하는 의문이 생길 수도 있습니다.

입문자는 위와 같은 생각을 할 수 있습니다. 컴프레서는 단순히 큰 소리를 줄여 전체 볼륨을 올릴 수 있는 여유 공간을 확보하는 장치이기도 합니다. 하지만 소리를 강제로 줄이는 과정에서 오디오 파형이 변한다는 문제가 발생합니다. 오디오 파형은 곧 소리이기 때문에 파형이 변한다는 것은 결국 소리가 변한다는 의미입니다. 심한 경우에는 사운드가 찌그러지는 왜곡이 발생하기도 합니다.

예를 들어 피아노 건반을 눌러 "땅~" 소리를 내면 레벨이 일정하게 유지되다가 갑자기 사라지는 것이 아니라, 시간이 지나면서 점점 작아지며 사라집니다. 즉, 시간의 흐름에 따라 레벨이 계속 변한다는 의미이며, 이러한 레벨의 변화가 바로 악기 고유의 특징을 만들어 냅니다. 반대로 시간의 흐름에 따라 변하는 레벨을 인위적으로 바꾸면 악기 고유의 특징이 사라질 수 있기 때문에 컴프레서를 사용할 때는 이러한 부분을 주의해야 합니다.

음향에서는 소리가 발생하여 사라질 때까지 레벨이 변화하는 과정을 ADSR의 4단계로 구분하며, 이러한 변화를 엔벨로프(Envelope)라고 부릅니다.

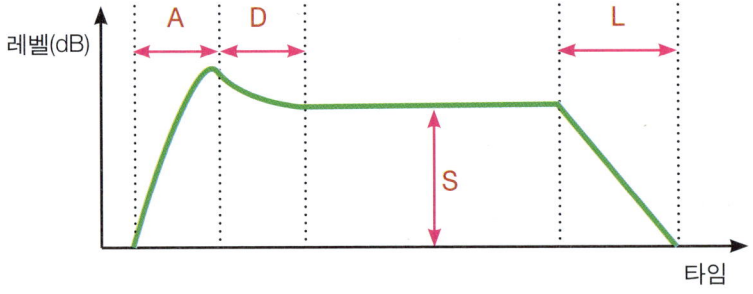

A : 어택(Attack) - 소리가 시작된 순간부터 가장 큰 레벨에 도달할 때까지의 시간을 말하며, 컴프레서를 다루는 데 있어 가장 중요한 개념입니다.

D : 디케이(Decay) - 아날로그 사운드는 처음에 크게 발생한 후 일정한 레벨을 유지하면서 사라지는 특징이 있습니다. 디케이는 가장 큰 레벨에 도달한 이후, 서스테인 단계에 들어가기 전까지 레벨이 감소하는 구간을 의미합니다.

S : 서스테인(Sustain) - 레벨이 일정하게 유지되는 구간을 말합니다. 대부분의 아날로그 신디사이저에서 음색을 디자인할 때 서스테인은 레벨로 조정하기 때문에 ADSR 중에서 유일하게 시간이 아닌 레벨로 구분되는 구간입니다. 일부 신디사이저에서는 서스테인 타임을 조절하는 기능이 있어 Sustain Time이라는 용어를 사용하기도 하지만, 일반적으로 서스테인이라고 하면 Sustain Level을 의미합니다.

D : 디케이(Decay) - 건반을 놓은 이후 소리가 완전히 사라질 때까지의 시간을 말합니다. 즉, 서스테인 상태에서 소리가 점차 감소하여 사라지는 구간을 의미하며, 컴프레서를 이해하고 다루는 데 있어 어택과 함께 중요한 개념입니다.

03 주요 파라미터

큐베이스에서 제공하는 다이내믹(Dynamics) 플러그인은 무려 20가지에 달하지만, 다이내믹 레인지를 압축해 사운드의 밀도와 파워를 높여주는 핵심 컴프레서는 Black Valve, Compressor, Tube Compressor, VintageCompressor, VoxComp, VSTDynamics 정도입니다. 이 장치들은 외형은 다르지만 기본적인 파라미터 구성과 작동 원리는 모두 비슷합니다. 따라서 가장 표준적인 Compressor를 선택하여 로딩한 뒤, 컴프레서의 핵심 기능을 하나씩 살펴보겠습니다.

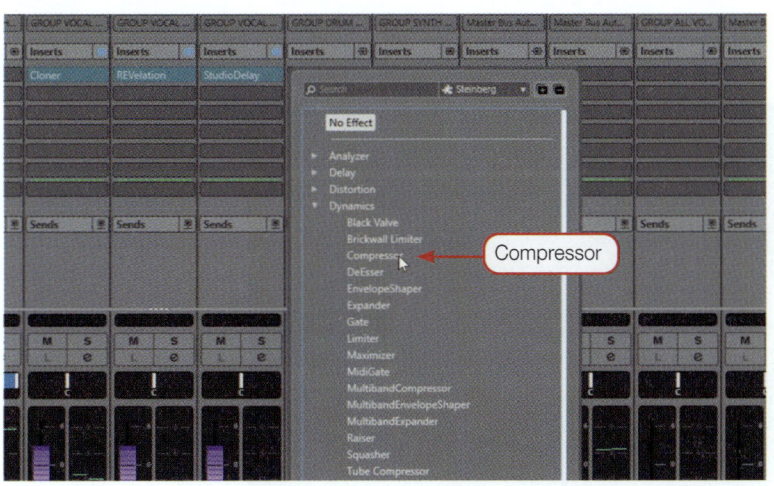

● 트레숄드(Threshold)

컴프레서는 큰 소리를 줄이는 장치라고 설명했습니다. 그렇다면 어느 정도 이상의 소리를 줄일 것인지 지정하는 기준이 필요하며, 이를 설정하는 파라미터가 Threshold입니다. 장치를 로딩하면 기본적으로 -20dB로 설정되어 있습니다. 즉, -20dB를 넘는 소리가 발생했을 때부터 컴프레서가 작동하여 레벨을 줄이기 시작한다는 의미입니다.

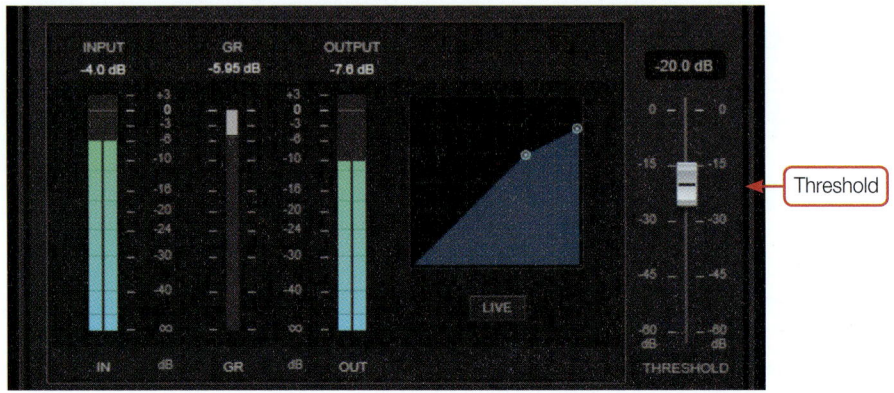

● 레시오(Ratio)

트레숄드를 이용해 어느 정도 레벨 이상의 소리를 줄일 것인지 결정했다면, 얼마나 줄일 것인지도 정해야 합니다. 이를 결정하는 파라미터가 Ratio 입니다. 값은 2:1, 3:1과 같은 비율로 표시되며, 기본 컴프레서는 최대 8:1까지 설정할 수 있습니다. 예를 들어 2:1은 절반, 3:1은 3분의 1로 줄이는 것을 의미합니다.

● 어택(Attack)

컴프레서는 트레숄드에서 설정한 레벨 이상의 신호가 감지되면, 레시오에서 설정한 비율에 따라 레벨을 줄입니다. 하지만 이 과정이 즉시 이루어지는 것은 아니며, 어택 파라미터에서 설정한 시간이 지난 후에 동작합니다. 앞에서 설명한 것처럼, 음색의 특징을 결정하는 엔벨로프 구간 중에서 가장 중요한 부분이 어택입니다. 만약 컴프레서가 신호를 감지하자마자 바로 동작하면 이 어택 파형이 변하게 됩니다.

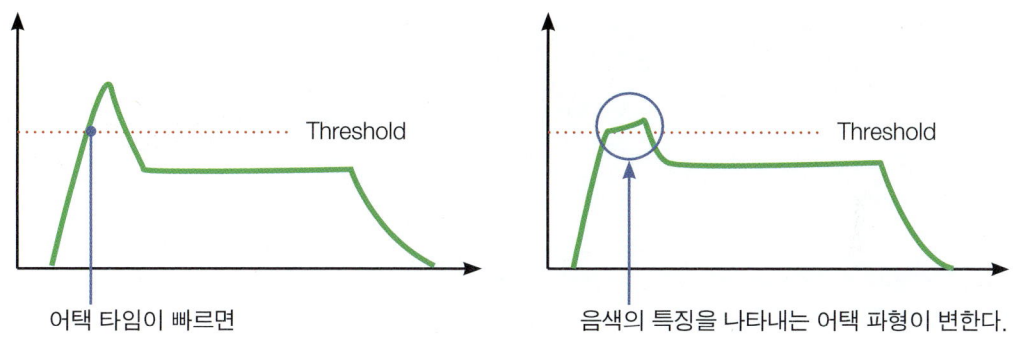

어택 타임이 빠르면   음색의 특징을 나타내는 어택 파형이 변한다.

일반적으로는 어택 구간이 지난 후에 컴프레서가 동작하도록 설정하며, 이 시간을 조정하는 것이 컴프레서의 어택 노브입니다. 다만 엔벨로프에서 레벨이 가장 큰 부분이 어택 구간이기 때문에 컴프레서의 어택 타임을 너무 길게 설정하면 컴프레서가 거의 동작하지 않거나 피크 문제가 발생하는 등 컴프레서를 사용하는 목적을 달성하지 못할 수 있으며, 오히려 사운드를 망치는 결과를 초래하기도 합니다. 이처럼 어택 설정은 실제로 컴프레서를 다루는 과정에서 가장 어려운 부분 중 하나이며, 많은 경험이 필요한 파라미터입니다. 따라서 입문자는 먼저 사운드의 변화를 충분히 들어보고 이해한 뒤에 천천히 접근하는 것이 좋습니다.

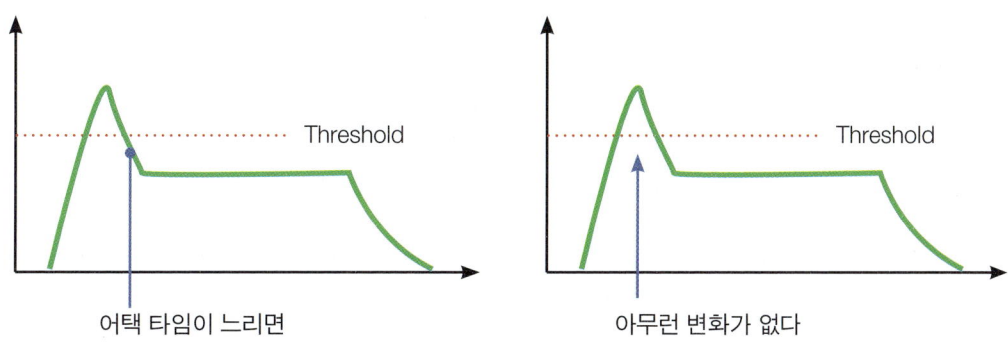

어택 타임이 느리면   아무런 변화가 없다

● 릴리즈(Release)

컴프레서는 Threshold에서 설정한 레벨 이상의 신호가 감지되면 Attack 타임이 지난 후 Ratio에서 설정한 비율만큼 레벨을 줄입니다. 이 상태가 계속되면 컴프레서가 적용된 이후의 사운드는 모두 볼륨이 낮아지게 됩니다. 그래서 컴프레서는 신호가 Threshold에서 설정한 레벨 이하로 떨어지면 동작을 멈추게 되는데, 이때 바로 멈추는 것이 아니라 어느 정도 시간이 지난 후에 멈추도록 설정할 수 있습니다. 이 시간을 조정하는 파라미터가 릴리즈 노브입니다.

Attack   Release   Auto

앞에서 어택 타임을 설명할 때 입문자의 이해를 돕기 위해 타임을 너무 늦게 설정하면 아무런 변화가 없는 것처럼 설명했습니다. 그러나 실제로는 Threshold에서 설정한 레벨이 감지되는 순간 컴프레서는 바로 동작합니다. 어택 타임은 신호가 Ratio에서 설정한 비율만큼 완전히 감소할 때까지 걸리는 속도를 결정하는 것입니다. 따라서 어택 타임 동안에도 신호는 점진적으로 감소하며, 파형 변화가 이미 발생하고 있는 상태라고 이해하는 것이 정확합니다.

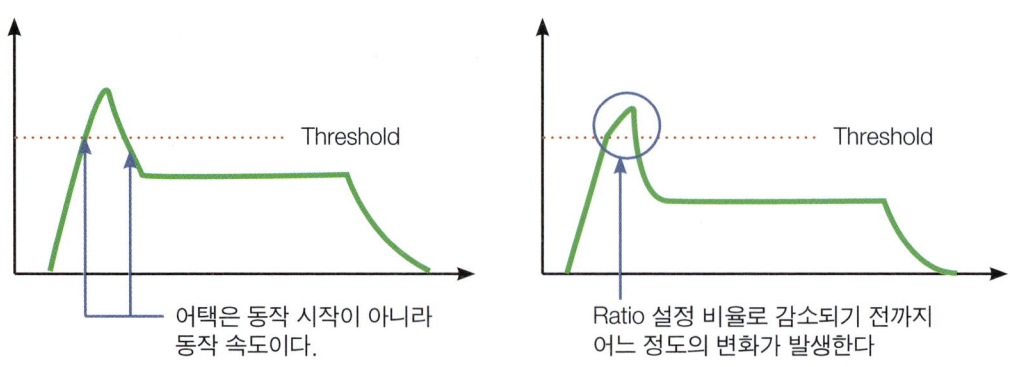

컴프레서의 동작을 멈추는 릴리즈 타임도 같은 원리로 작동합니다. 릴리즈 타임이 너무 빠르면 서스테인이나 릴리즈 구간에서 레벨이 갑자기 커지는 브리딩(Breathing) 현상이 발생할 수 있습니다. 물론 그림은 입문자의 이해를 돕기 위한 예시일 뿐이며, 실제로 파형이 그렇게 극단적으로 변하는 경우는 거의 없습니다. 대신 악기가 연주되는 프레이즈 중간의 잡음이나 가수의 호흡 소리가 갑자기 커지는 펌핑(Pumping) 현상과 비슷하지만, 호흡이 강조되는 느낌이 나타나기 때문에 브리딩 현상으로 구분합니다.

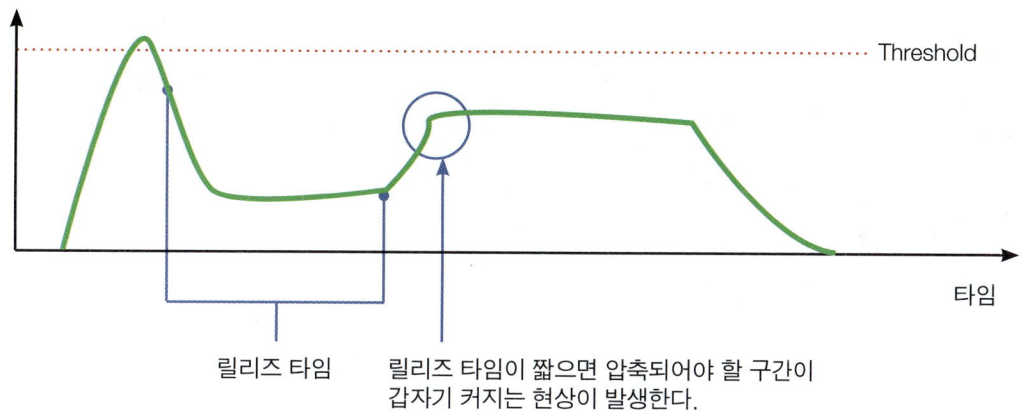

릴리즈 타임

릴리즈 타임이 짧으면 압축되어야 할 구간이
갑자기 커지는 현상이 발생한다.

반대로 릴리즈 타임이 너무 느리면 압축되지 말아야 할 다음 비트의 어택 구간까지 압축되면서 트랜지언트의 균형이 무너지는 펌핑(Pumping) 현상이 발생할 수 있습니다. 물론 릴리즈 타임이 지나치게 짧을 때에도 비슷한 현상이 나타날 수 있습니다. 결국 릴리즈 타임은 너무 빨라도 문제이고, 너무 느려도 문제가 될 수 있다는 의미입니다. 입문자는 노브 아래쪽에 있는 Auto(AR) 기능을 활용해 릴리즈 타임을 자동으로 설정하는 방법을 사용하는 것이 좋습니다.

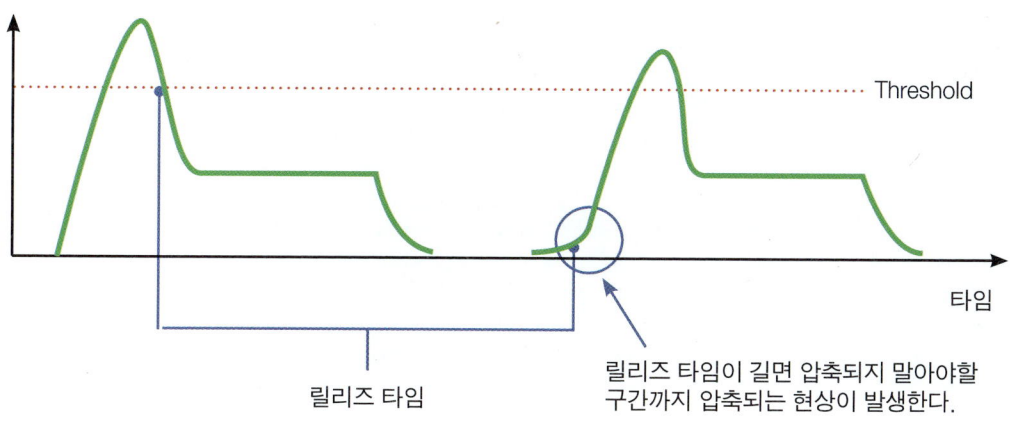

릴리즈 타임

릴리즈 타임이 길면 압축되지 말아야할
구간까지 압축되는 현상이 발생한다.

● 메이크 업(Make Up)

컴프레서는 큰 소리를 줄이는 장치이기 때문에 압축이 이루어지면 전체 레벨이 자연스럽게 감소하게 됩니다. 이러한 감소된 레벨을 보충하기 위해 출력 레벨을 올리는 파라미터가 Make Up 노브입니다. 또한 감소된 만큼 자동으로 레벨을 보정해 주는 기능이 Auto Gain(AM)입니다. Auto Gain은 최대 0dB 또는 -12dB까지 제한을 설정할 수 있으며, Off를 선택하면 Make Up 노브를 이용해 사용자가 직접 레벨을 수동으로 조정할 수 있습니다.

● 니(Knee)

Threshold 이상의 레벨이 줄어들 때의 반응을 조정하는 파라미터입니다. 흔히 꺾인다고 표현하는데, Soft Knee는 Threshold 이전부터 곡선 형태로 꺾이면서 비교적 부드럽게 압축이 이루어지고, Hard Knee는 Threshold 지점에서 빠르게 압축이 시작됩니다.

● 홀드(Hold)

고급 사양의 컴프레서는 Threshold를 넘겨 압축이 시작된 후, 그 압축 상태를 얼마나 더 유지할지 결정하는 Hold 타임 기능을 제공합니다. 이를 활용하면 배경음악 위에 나레이션이 깔리는 작업에서 홀드 시간을 길게 설정해 음악이 너무 자주 울렁거리지 않고 차분하게 가라앉아 있도록 유도할 수 있습니다. 반면, 시간을 짧게 설정하면 소리의 변화를 즉각적으로 체감해야 하는 역동적인 더킹(Ducking) 효과를 만드는 등 정교한 다이내믹 제어가 가능해집니다.

Hold

● 어낼러시스(Analysis)

컴프레서가 들어오는 신호를 어떻게 인식할지 결정하는 Analysis는 소리의 성격에 따라 조절하는 것이 핵심입니다. Peak(0%)는 순간적으로 튀어나오는 꼭대기 신호를 즉각 포착하므로 드럼이나 타악기처럼 타격감이 강한 소리에 적합합니다. 반면 RMS(100%)는 소리의 평균적인 에너지를 기준으로 작동하여 보컬이나 현악기처럼 부드럽게 이어지는 소리를 훨씬 음악적이고 자연스럽게 압축해 줍니다.

Analysis

● 드라이 믹스(Dry Mix)

컴프레서를 강하게 걸면 소리가 단단해지지만, 때로는 원래 소리가 가진 생동감이 사라져 답답하게 들릴 수 있습니다. 이때 Dry Mix 기능을 활용하면 압축된 소리(Wet)와 압축되지 않은 원본 소리(Dry)를 적절히 섞을 수 있습니다. 이를 통해 컴프레서 특유의 묵직한 타격감은 유지하면서도, 악기 본연의 섬세한 질감을 잃지 않는 이른바 Parallel Compression 효과를 손쉽게 구현할 수 있습니다.

● 라이브(Live)

컴프레서에는 신호를 미리 읽어 정밀하게 압축하는 룩-어헤드(Look-ahead) 기능이 있지만, 이 과정에서 미세한 지연 시간(Latency)이 발생합니다. Live 버튼을 활성화하면 이 기능을 꺼서 지연 시간 없이 즉각적으로 소리를 처리합니다. 정확한 분석이 필요한 믹싱 작업에서는 버튼을 꺼두는 것이 좋고, 실시간 반응이 중요한 녹음이나 공연 상황에서는 버튼을 켜서 지연 없는 쾌적한 환경을 만드는 것이 유리합니다.

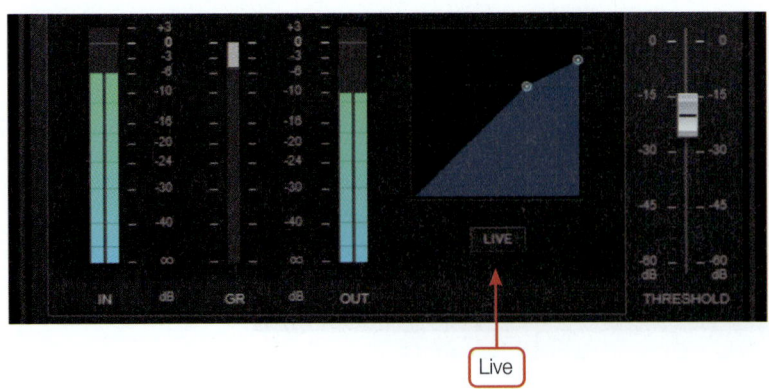

04 컴프레서 조정

01 컴프레서 설정에 정해진 법칙은 없지만, 사운드의 밀도를 극대화해 작은 스피커 환경에서도 압도적인 재생감을 얻고 싶다면 Attack과 Release 타임 설정이 무엇보다 중요합니다. 우선 강력한 압축을 위해 Ratio를 8:1로 높게 잡고, Attack은 느리게, Release는 AR를 끄고, 가장 빠르게 설정합니다.

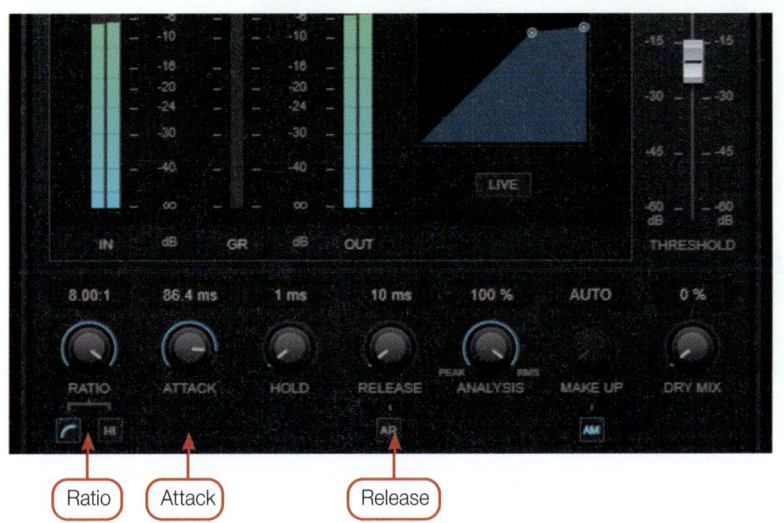

Ratio Attack Release

02 게인 리덕션(GR) 미터가 -10dB 이상 과감하게 움직이도록 Threshold를 충분히 낮춥니다. 이는 사운드가 강력하게 압축되는 상태를 의도적으로 만든 것입니다.

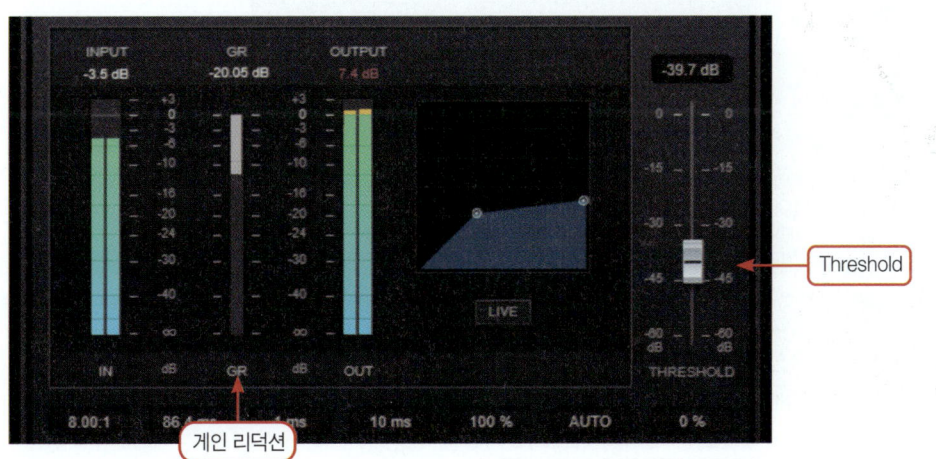

Threshold

게인 리덕션

03 게인 리덕션(GR)의 움직임이 귀로 들리는 레벨 변화와 일치할 때까지 Attack 타임을 천천히 줄입니다. 이때 두 신호가 일치되는 지점은 비교적 빠른 설정일 확률이 높은데, 너무 빠르면 사운드의 핵심인 어택감이 손실될 수 있습니다. 따라서 소리의 타격감이 죽지 않도록 약간 느리게 반응하게끔 다시 미세하게 조정합니다. 이 과정에 익숙해지면 시각적인 미터기보다 자신의 귀를 믿고 정확한 타이밍을 찾아낼 수 있게 됩니다.

게인 리덕션이 약간 느리게 반응하는 타임

04 Release 타임은 반대로, 게인 리덕션의 움직임이 귀로 들리는 레벨 변화보다 약간 빠르게 느껴질 때까지 천천히 올립니다. 자동 모드(AR)를 사용해도 큰 무리는 없으나 소리의 여운이 어떻게 정리되는지 직접 귀로 확인하며 설정하는 훈련이 반드시 필요합니다.

게인 리덕션이 약간 빠르게 반응하는 타임

05 이제 Ratio를 실제로 압축하고 싶은 비율로 설정하고, 게인 리덕션(GR) 미터가 4~6dB 정도가 되도록 Threshold를 다시 세밀하게 조정합니다. 일반적으로 소스의 평균 레벨과 피크 레벨의 차이가 6dB 이하로 적을 때는 2:1 정도의 완만한 비율이 적당하며, 차이가 12dB 정도로 클 때는 4:1 수준으로 설정합니다.

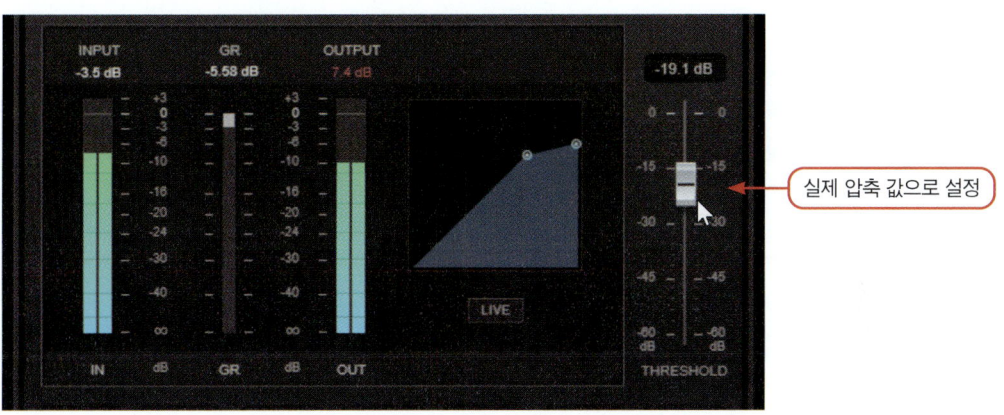

실제 압축 값으로 설정

06 Auto Makeup(AM) 기능을 끄고, 압축 전의 입력 레벨(Input)과 압축 후의 출력 레벨 (Output)이 비슷해지도록 Makeup Gain을 수동으로 조정하며 마무리합니다. 지금까지 살펴본 과정은 소스의 종류와 관계없이 어택과 릴리즈 타임을 잡는 가장 전형적이고 정석적인 방법입니다. 드럼, 베이스, 기타, 보컬 등 어떤 소스든 이 기본 원칙은 동일하게 적용되므로, 귀가 익숙해질 때까지 꾸준히 반복하여 연습하는 것이 중요합니다.

In/Out 레벨이 비슷하게

사운드의 힘을 깨우는
UltraShaper

UltraShaper는 Cubase 15에 새로 추가된 다이나믹스 도구로, 소리의 크기와 질감을 정교하게 조절합니다. 컴프레서, 트랜지언트 디자이너, 클리퍼 기능을 하나로 통합해, 소리를 강하게, 부드럽게, 또렷하게 만들 수 있습니다. 드럼 루프는 킥과 스네어의 타격감이 살아나고, 어쿠스틱 기타 스트럼은 리듬감과 그루브가 강화됩니다.

UltraShaper는 하나로 여러 기능을 가진 다이내믹스 플러그인입니다. 일반적인 컴프레서처럼 소리의 크기를 조절할 수 있을 뿐 아니라, 트랜지언트(소리의 시작 부분)를 강조하거나 클리퍼로 소리의 피크를 다듬는 기능도 함께 제공합니다. 덕분에 소리를 강하게, 부드럽게, 또렷하게 만들 수 있습니다. 기본적인 컴프레서 기능인 어택(Attack), 릴리즈(Release), 트레솔드(Threshold), 레이시오(Ratio)도 포함되어 있어, 초보자도 손쉽게 소리의 크기와 질감을 조절할 수 있습니다.

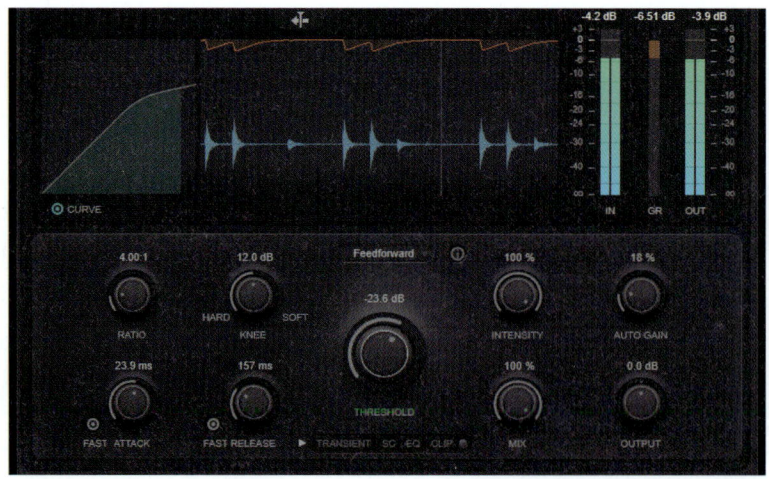

컴프레서 기본 기능 + Fast Attack/Release

● 트레숄드(Threshold)

트레숄드는 컴프레서가 작동하기 시작하는 소리의 크기 기준입니다. 낮게 설정하면 작은 소리까지 눌러 전체적으로 일정하게 조절할 수 있고, 높게 설정하면 큰 소리만 눌러 강조하는 효과를 얻을 수 있습니다.

● 레시오(Ratio)

레시오는 소리를 얼마나 강하게 압축할지를 결정하는 비율입니다. 예를 들어 2:1로 설정하면 소리가 2배 커져도 1배만 커지도록 압축되고, 4:1로 설정하면 소리가 4배 커져도 1배만 커지도록 강하게 압축됩니다.

● 어택(Attack)

어택은 소리가 커지기 시작할 때, 컴프레서가 얼마나 빨리 작동할지를 결정하는 설정입니다. 빠르게 설정하면 드럼 스네어처럼 탁! 하고 튀는 초반 타격감이 살아나며, 느리게 설정하면 초반 타격이 눌려 부드럽게 들립니다.

● 릴리즈(Release)

릴리즈는 소리가 줄어들 때, 컴프레서가 원래 볼륨으로 돌아가는 속도를 조절하는 설정입니다. 빠르게 설정하면 소리가 금방 원래 크기로 돌아와 리듬이 살아나고, 느리게 설정하면 소리가 천천히 풀리면서 길게 늘어지는 느낌을 줍니다.

● Fast Attack/Release

어택이 빠르면 소리의 트랜지언트를 강하게 잡아서 펀치감 있는 사운드를 만들 수 있고, 릴리즈가 빠르면 소리가 원래 크기로 돌아가는 속도가 빨라져 빠른 리듬이나 반복적인 소리에서도 자연

스럽게 들립니다. 하지만 어택과 릴리즈를 너무 빠르게 설정하면 소리가 딱딱하거나 디스토션이 생길 수 있는데, UltraShaper는 이러한 문제없이 트랜지언트를 살리고 리듬감을 유지하면서도 깨끗한 소리를 만들 수 있는 Fast Attack과 Fast Release 기능을 제공합니다.

시각적 피드백

컴프레서는 사용 목적과 조작 방식만 보면 그리 복잡하지 않습니다. 그러나 올바른 감각으로 다루기 위해서는 많은 경험이 필요한 프로세서이기도 합니다. UltraShaper는 이러한 점을 보완하기 위해 초보자도 이해하기 쉬운 시각적 디스플레이를 제공하며, 사운드가 얼마나 압축되고 어떻게 변조되는지를 직관적으로 관찰할 수 있도록 설계되어 있습니다.

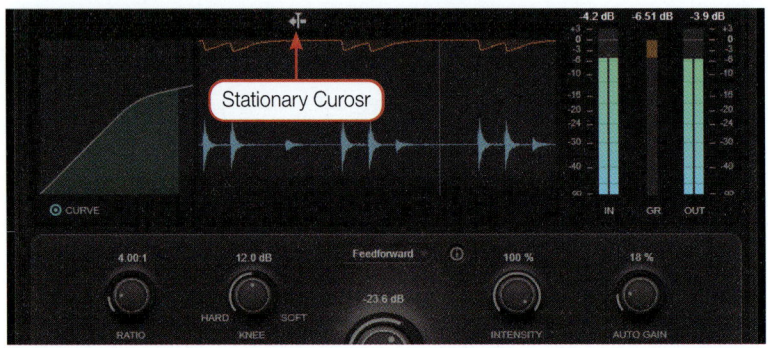

● Stationary Cursor

Stationary Cursor 기능을 활성화하면 화면상의 커서는 한 위치에 고정되고, 오디오 파형은 실시간으로 움직이며 흐름을 따라 지나갑니다. 이렇게 하면 시간 흐름에 따라 소리가 어떻게 반응하고 변형되는지 직관적으로 관찰할 수 있습니다. 반대로 이 기능을 비활성화하면, 커서가 화면 중심에 고정되지 않고 파형이 화면 안에서 갱신되는 방식으로 표시됩니다.

● Waveform Display

웨이브폼 디스플레이는 입력 파형, 출력 파형, 그리고 강쇠량을 한 화면에 보여줍니다. 이를 통해 원래 소리가 어떤 형태였는지, UltraShaper를 거친 뒤 얼마나 압축되거나 변형되었는지 시각적으로 비교할 수 있습니다. 이 기능은 단순히 귀로 듣는 것뿐 아니라 눈으로 변화된 신호의 형태를 확인하며 작업할 수 있게 해줍니다.

● Curve

압축 곡선(Knee) 표시 창을 열거나 닫습니다. 이 곡선은 UltraShaper가 입력 신호를 어떤 방식으로 압축하고 변형하는지 시각적으로 보여주는 지표입니다. 곡선이 완만할수록 압축이 더 일찍 부드럽게 적용되며 자연스러운 결과를 얻을 수 있고, 반대로 곡선이 급격하게 꺾일수록 더 강하고 뚜렷한 컴프레션 또는 샤이핑 효과가 적용됩니다.

● Knee

압축이 시작되는 방식을 조절하여, Curve 창에서 볼 수 있습니다. 값이 커지면 압축이 서서히 적용되어 효과가 덜 눈에 띄고, 음악적으로 부드러운 결과를 얻을 수 있고, 반대로 값이 낮으면 압축이 Threshold 근처에서 즉시 작동하여, 보다 강하고 뚜렷한 컴프레션이나 샤이핑 효과가 나타납니다.

● Input Level(In)

UltraShaper에 들어오는 원본 신호의 레벨을 보여줍니다. 입력 레벨은 플러그인이 적절히 반응하기 위한 중요한 요소로, 너무 작은 신호는 효과가 거의 적용되지 않고, 너무 큰 신호는 과한 왜곡이나 클리핑을 발생시킬 수 있습니다. 따라서 이 미터는 플러그인과 신호가 올바르게 상호작용하고 있는지 판단하는 기준 역할을 합니다.

● Gain Reduction(GR)

UltraShaper가 신호를 얼마나 줄이고 있는지 보여줍니다. 값이 높을수록 컴프레서가 강하게 작동하고 있으며, 소리가 더 많이 눌리거나 깎이고 있다는 의미입니다. 다이나믹 컨트롤을 미세하게 조정할 때 유용하며, 압축이 과하게 적용되어 소리가 답답해지지 않도록 균형을 잡는 데 도움을 줍니다.

● Output Level(Out)

UltraShaper를 지나 최종적으로 출력되는 신호의 레벨을 보여줍니다. 입력 신호 대비 얼마나 증폭되거나 줄어들었는지 확인할 수 있으며, 최종 믹스나 다른 플러그인으로 전달하기 전에 적절한 레벨을 유지하고 있는지 체크할 수 있습니다. 이 값은 전체적인 오디오 흐름 속에서 레벨 균형을 유지하는 데 매우 중요합니다.

컴프레션 컨트롤

UltraShaper에서 소리의 다이나믹과 출력을 조절하는 설정입니다. 이를 통해 소리가 얼마나 공격적이거나 부드럽게 들리는지, 압축 후 출력 신호의 비율을 세밀하게 조정할 수 있습니다. 각 파라미터는 서로 영향을 주고받기 때문에, 적절히 조절하면 원본 신호의 다이나믹을 유지하면서도 원하는 압축 효과를 자연스럽게 적용할 수 있습니다.

● Compressor Mode

컴프레서의 동작 방식을 Feedforward와 Feedback 중에서 선택할 수 있게 합니다. Feedforward 모드는 입력 신호를 분석하여 압축을 적용하며, Feedback 모드는 출력 신호를 분석하여 압축을 적용합니다. Feedback 모드는 보다 부드럽고 간접적

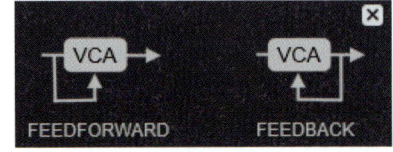

인 사운드를 만들어주며, Attack 시간의 민감도가 낮아져 자연스러운 반응을 제공합니다. 오른쪽의 Show/Hide Functional Diagram을 사용하면 Feedforward와 Feedback 모드의 동작 원리를 보여주는 기능 다이어그램을 화면에 표시할 수 있습니다.

● Intensity

컴프레서의 압축 강도를 조절합니다. 최대 값으로 설정하면 Gain Reduction이 최대치로 적용되어 공격적이고 강한 사운드를 만들 수 있습니다. 반대로 낮은 값으로 설정하면 압축이 덜 적용되어 원본 다이나믹을 더 많이 유지하며 부드러운 사운드를 얻을 수 있습니다. 참고로 Knee와 Intensity는 서로 영향을 주므로, Knee 값을 약간 Soft 쪽으로 설정하면 Intensity 적용 시 더 자연스러운 결과를 얻을 수 있습니다.

● Auto Gain

압축 후 자동으로 게인을 보정하는 기능입니다. 일반적인 Make-up Gain과 달리, Auto Gain
은 Threshold, Ratio 등 다른 파라미터를 조절해도 출력 음량이 크게 변하지 않도록 설계되어
있습니다. 이를 통해 압축 과정에서 음량 변화를 최소화하며 안정적인 사운드를 유지할 수 있
습니다.

● Mix

입력 신호와 출력 신호의 비율을 설정합니다. 이를 통해 압축된 사운드를 원본 신호와 적절히
섞어, 다이나믹을 살리면서도 압축 효과를 자연스럽게 적용할 수 있습니다.

● Output

EQ와 클리핑 단계를 거친 후 최종 출력 신호의 게인을 설정합니다. Auto Gain과 함께 사용
하면, 압축된 신호를 드라이 신호와 섞기 전에 레벨을 조정할 수 있습니다. 만약 Auto Gain이
최소값으로 설정되어 있다면, Output은 일반적인 Make-up Gain처럼 작동합니다.

추가 파라미터

아래쪽에 Additional Parameters 버튼을 클릭하면 트랜지언트, 사이드체인, EQ, 클리핑 등
고급 기능을 설정할 수 있는 추가 파라미터가 열립니다. 이를 통해 소리의 디테일한 특성을 다
듬고, 압축 후 신호를 더욱 정교하게 제어할 수 있습니다.

Transient

트랜지언트는 소리에서 순간적으로 발생하는 피크를 의미합니다. 예를 들어 드럼 스틱이 심지를 때리는 소리, 기타 스트로크처럼 짧고 강하게 들리는 신호가 트랜지언트에 해당합니다. UltraShaper에서는 이러한 순간 신호를 탐지 할 수 있는 기능을 제공합니다. 트랜지언트를 탐지함으로써, 압축이나 샤이핑이 순간 피크에 어떻게 반응할지 결정할 수 있습니다.

- **Activate Transient Mode:** 트랜지언트 탐지를 켜거나 끕니다. 활성화하면 UltraShaper가 순간 피크를 감지하여 내부 처리에 반영할 수 있습니다.
- **Gain:** 탐지된 트랜지언트가 압축 및 샤이핑 과정에서 얼마나 영향을 미칠지를 설정합니다. 값을 높이면 트랜지언트가 처리에 더 큰 영향을 주고, 낮추면 영향을 덜 주게 됩니다.
- **Time:** 탐지된 트랜지언트의 지속 시간을 설정합니다. 이 값을 조절하면 순간 피크를 얼마나 오래 유효한 신호로 인식할지, 탐지 범위를 세밀하게 조정할 수 있습니다.

Side-Chain

사이드체인은 다른 신호를 이용해 컴프레서의 동작을 트리거하는 기능입니다. 예를 들어 베이스의 특정 주파수에 맞춰 드럼의 압축이 작동하도록 설정할 수 있습니다.

- **Activate Side-Chaining:** 사이드체인을 활성화합니다. 외부 신호나 내부 신호를 트리거로 사용하여 압축이 작동하게 할 수 있습니다.
- **Side-Chain Filter Listen:** 스피커 모양의 아이콘을 클릭하면 사이드체인 필터만 솔로로 들어볼 수 있어, 어떤 신호가 필터링되는지 쉽게 확인할 수 있습니다.
- **Peak/ Gain/ Q:** 사이드체인 피크 필터의 중심 주파수, 증폭/감쇠량, Q값(대역폭)을 설정합니다. 특정 주파수 영역을 강조하거나 억제하여 압축 반응을 세밀하게 제어할 수 있습니다.
- **Low-Cut Freq:** 사이드체인 로우컷 필터 주파수를 설정하여, 저역 성분을 제거하고 특정 범위의 신호만 압축 트리거로 활용할 수 있습니다.

EQ

이퀄라이저는 소리의 특정 주파수 영역을 강조하거나 줄여 음색을 조절하는 기능입니다. UltraShaper에서는 압축 후 사운드를 세밀하게 다듬기 위해 EQ를 사용할 수 있습니다.

- **Activate EQ:** 이퀄라이저를 켜거나 끕니다.
- **Post:** EQ를 클리핑 단계 이후에 적용할지 여부를 설정합니다.
- **Freq:** EQ의 중심 주파수를 설정합니다. 어떤 주파수 범위를 조정할지 결정합니다.
- **Slope:** 필터 기울기를 설정합니다. 좌측으로 돌리면 Low-Pass(High-Cut) 필터가 적용되어 어두운 톤, 우측으로 돌리면 High-Pass(Low-Cut) 필터가 적용되어 밝은 톤을 얻을 수 있습니다.

Clip

클리핑은 신호가 일정 수준을 넘어갈 때 신호를 자르거나 제한하여 왜곡을 만들고, 동시에 출력 레벨을 제어하는 기능입니다. UltraShaper에서는 클리핑을 통해 신호의 톤과 다이나믹을 조정할 수 있습니다.

- **Activate Clipping:** 클리핑 단계를 켜거나 끕니다. 비활성화 시 신호가 0 dBFS를 초과할 수 있습니다.
- **Indicator:** 신호가 -0.5 dB를 초과하면 LED가 켜져 클리핑 상태를 시각적으로 보여줍니다.
- **Gain:** 클리핑 단계에서 출력 신호가 0 dBFS를 넘지 않도록 제한합니다. 또한 톤 쉐이핑에도 영향을 줍니다. 긴 Attack 시간은 트랜지언트에서 클리핑이 더 자주 발생할 수 있으며, Clip Gain을 낮추거나 컴프레서 설정을 조정하면 원하는 클리핑 양을 만들 수 있습니다. Clip Gain을 높이면 더 강한 클리핑 효과를 만들 수 있습니다.
- **Clip:** 하드 클리핑과 소프트 클리핑을 혼합할 수 있습니다. 소프트 클리핑은 따뜻하고 아날로그 느낌을 주며, 하드 클리핑은 디지털처럼 직선적이고 강한 톤을 만듭니다.

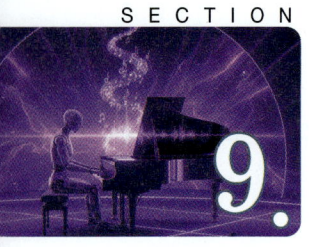

SECTION 9.

공간을 디자인하는
리버브와 딜레이

스튜디오 녹음은 근접 마이킹과 정밀한 룸 튜닝으로 울림이 제거된 매우 건조하고 데드 (Dead)한 사운드로 기록됩니다. 이처럼 공간감이 거세된 소리에 생명력을 불어넣어 입체적인 무대를 설계하는 과정이 바로 믹싱의 핵심입니다. 이때 가상의 공간을 창조하는 도구가 리버브와 딜레이 같은 타임 계열 이펙트(Time-based Effects)입니다. 결국 믹싱은 음악의 깊이, 넓이, 높이를 조율하여 전체적인 밸런스를 잡고, 마지막 단계에서 공간감을 연출함으로써 음악이라는 건축물을 완성하는 예술적 공정입니다.

01 Send 방식

01 리버브나 딜레이 같은 타임 계열 이펙트는 일반적으로 Send 방식으로 운용합니다. FX 트랙에 장치를 걸고 여러 트랙이 공유하는 이 방식은 시스템 자원을 절약한다는 실무적 장점이 있습니다. 하지만 더 중요한 본질적 목적은 모든 트랙의 반사음이 하나의 가상 공간에서 연주되는 듯한 공간의 통일성과 자연스러움을 구현하는 데 있습니다. 페이더 섹션에서 마우스 오른쪽 버튼을 클릭하여 단축 메뉴를 열고, Add Effect Track을 선택합니다.

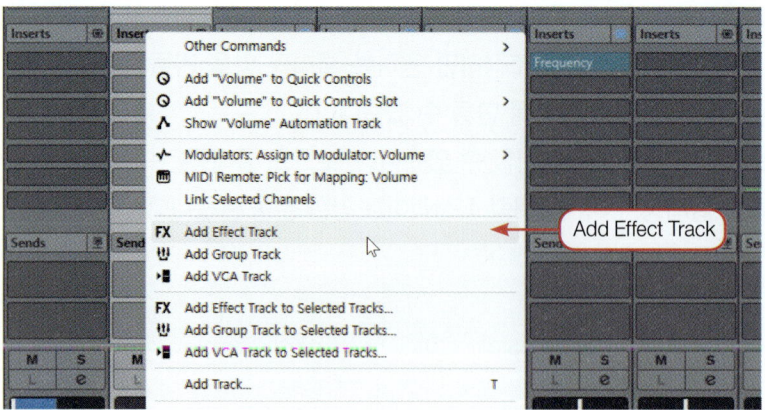

02 FX 트랙에 삽입할 장치와 이름 등을 설정하는 창이 나타납니다. 큐베이스에서 제공하는 리버브에는 REVelation, REVerence, RoomWorks(SE), Shimmer 등이 있습니다. 여기서는 REVelation을 선택하고, Name 항목에 작업 시 구분하기 편한 이름을 입력합니다.

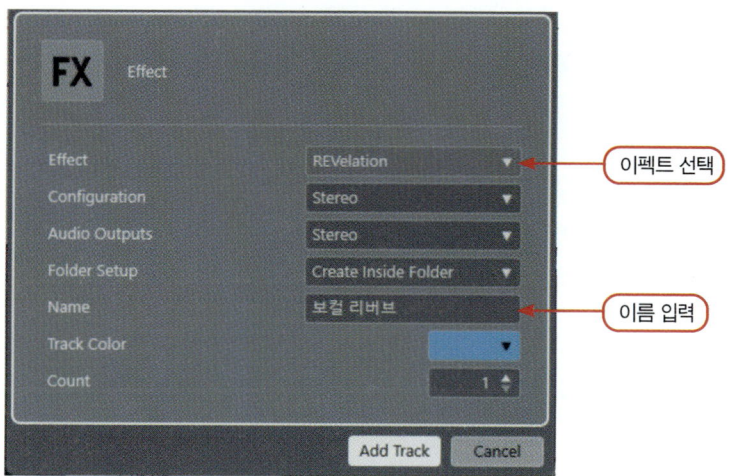

이펙트 선택

이름 입력

03 이펙트 설정은 기본 제공되는 프리셋에서 시작하는 것이 가장 효율적입니다. 프리셋 목록 중 보컬에 가장 널리 쓰이는 Plate Reverb 계열을 선택합니다.

프리셋 선택

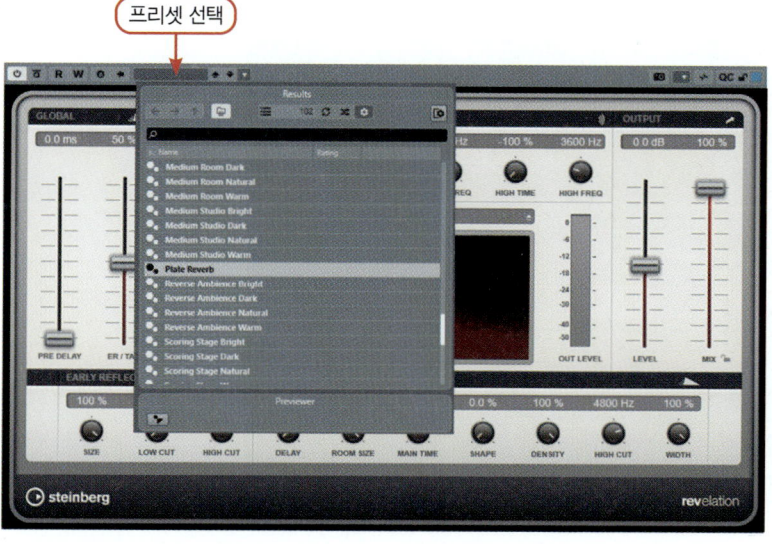

04 이제 리버브를 적용할 채널의 Sends 슬롯을 클릭하여, 앞서 REVelation을 장착한 FX 채널을 선택합니다.

05 전원을 켜고 사운드를 모니터하면서 게인을 조절합니다. 이와 같이 하나의 FX 트랙에 불러온 이펙트를 여러 채널에서 공유하여 사용하는 것이 센드 방식입니다. 이 방식을 활용하면 곡 전체에 통일된 공간감을 부여할 수 있을 뿐만 아니라, FX 트랙에 별도의 EQ 등을 추가하여 리버브 사운드를 더욱 정교하게 디자인할 수 있다는 장점이 있습니다.

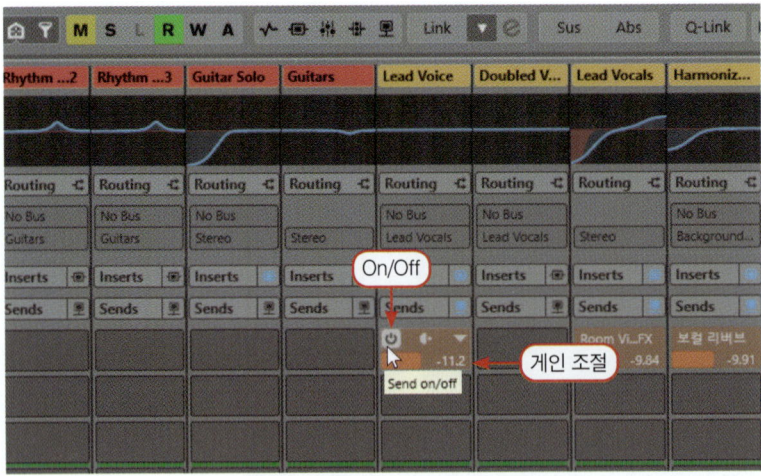

02 REVelation

REVelation은 초기 반사음(Early Reflections) 패턴을 다양하게 선택하고 크기를 조절할 수 있어, 좁은 방부터 웅장한 홀까지 공간의 첫인상을 자유자재로 연출할 수 있습니다. 또한, 리버브 테일(Reverb Tail)을 결합하여 매우 자연스럽고 풍부한 잔향을 만들어내는 고품질 알고리즘 리버브입니다. 특히 타임을 주파수 대역별로 설정할 수 있어, 저역대의 뭉침을 방지하고 고역대의 화사함만 강조하는 등 입체적이고 선명한 사운드 디자인이 가능한 모델입니다.

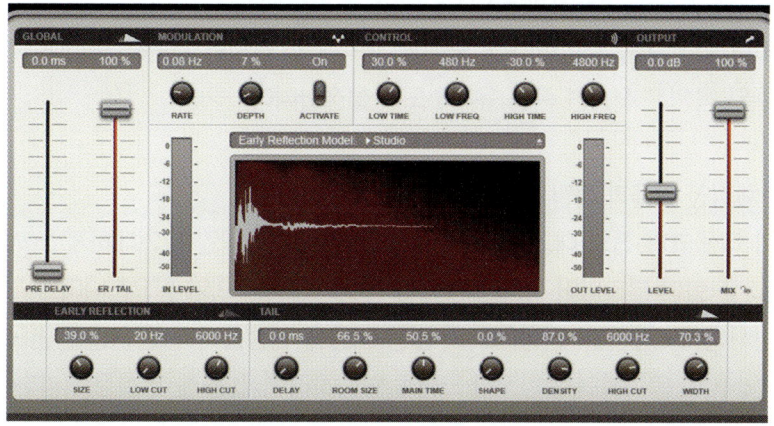

1. Early Reflections: 공간의 첫인상을 결정하는 섹션

● Model: 디스플레이 상단 목록에서 공간의 벽면 재질과 반사 패턴을 선택합니다. 좁은 연습실부터 웅장한 공연장까지 공간의 근본적인 성격이 여기에서 결정됩니다.

● Size: 초기 반사음이 퍼지는 범위를 조절합니다. 100% 설정 시 가장 자연스러운 공간감을 형성하며, 소리가 산만하게 느껴질 경우 이 값을 낮추어 공간을 조밀하게 압축할 수 있습니다.

● Low/High Cut: 초기 반사음의 저음과 고음을 제한하는 필터입니다. 반사음이 과도하게 웅성거릴 때는 Low Cut을, 지나치게 날카로울 때는 High Cut을 조절하여 톤을 정돈합니다.

2. Tail: 잔향의 깊이와 질감을 디자인하는 섹션

● Delay: 초기 반사음 발생 이후 리버브 테일이 시작되는 시점을 지연시킵니다.

● Room Size: 시뮬레이션할 공간의 실제 크기를 설정합니다. 믹스가 복잡한 곡에서는 이 값을 줄여 공간을 정돈하고, 여백이 많은 곡에서는 값을 높여 풍성함을 더합니다.

- Main Time: 잔향이 유지되는 전체 시간입니다. 빠른 템포의 곡에서 이 값을 길게 설정하면 소리가 혼탁해지므로, 음악의 속도에 맞는 적절한 길이를 설정하는 것이 중요합니다.
- Shape: 리버브 테일의 어택(시작 부분) 모양을 조절합니다. 값을 낮추면 즉각적인 반응을 보여 드럼 음원에 적합하며, 값을 높일수록 서서히 차오르는 부드러운 잔향이 생성됩니다.
- Density: 잔향의 밀도를 결정합니다. 100% 설정 시 매끄러운 질감을 제공하며, 수치를 낮추면 개별 반사음들이 선명하게 들리는 빈티지한 질감을 얻을 수 있습니다.
- High Cut: 리버브 테일의 고역대를 감쇄시킵니다. 잔향이 너무 밝아 메인 소스의 명료도를 방해할 경우 이 값을 내려 사운드를 부드럽게 융합시킵니다.
- Width: 스테레오 이미지의 넓이를 조절합니다. 모든 악기의 폭을 넓히면 사운드 중심이 비어 보일 수 있으므로, 주된 음원은 적정한 폭을 유지하도록 설정합니다.

3. Global & Control: 전체적인 조율과 정밀 제어 섹션
- Pre-Delay: 리버브가 적용되기 전의 대기 시간입니다. 값을 높이면 공간이 거대하게 느껴지나, 과도할 경우 원음과 잔향이 분리되어 가사 전달력이 저하되므로 주의가 필요합니다.
- ER/Tail Mix: 초기 반사음(ER)과 후기 잔향(Tail)의 볼륨 비율을 설정합니다. 음원을 전면으로 배치하려면 이 값을 낮추고, 원거리의 몽환적인 느낌을 연출하려면 값을 높여 설정합니다.
- Low Time/Freq: 지정한 주파수 이하 저역대의 잔향 시간을 조절합니다. 저음의 잔향을 늘려 웅장함을 강조하거나, 짧게 줄여 깔끔한 저역을 확보할 수 있습니다.
- High Time/Freq: 지정한 주파수 이상 고역대의 잔향 시간을 조절합니다. 고음의 잔향 시간을 늘리면 사운드가 더욱 화사하고 세련되게 들리는 효과가 있습니다.

4. Modulation & Output: 생동감 부여 및 최종 출력 섹션
- Modulation (Activate/Rate/Depth): 잔향에 미세한 피치 변화를 주어 사운드를 풍성하게 만듭니다. Activate로 활성화하며, Rate는 속도, Depth는 깊이를 조절합니다. 단, 설정값이 과하면 음정이 불안정하게 들릴 수 있습니다.
- Level: 리버브의 최종 출력 볼륨을 조절합니다.
- Mix: 원음(Dry)과 효과음(Wet)의 비율을 설정합니다. 센드(Send) 방식으로 사용할 경우에는 반드시 100%로 설정하여 센드 레벨을 통해 효과의 양을 정교하게 제어합니다.

03 Stereo Delay

센드 방식으로 사용하는 이펙트에는 리버브 외에 딜레이가 있습니다. 큐베이스는 사용 목적에 따라 ModMachine, MonoDelay, MultiTap Delay, PingPong Delay, Stereo Delay, Studio Delay 등을 제공합니다. 이 중 가장 범용적으로 사용하는 Stereo Delay는 왼쪽과 오른쪽 채널의 딜레이 타임을 독립적으로 설정할 수 있는 것이 특징입니다.

- Delay: 지연 시간을 밀리초(ms) 단위로 설정합니다. 소리가 반복되는 간격을 결정하는 가장 기초적인 파라미터입니다.
- Sync: 해당 딜레이의 템포 동기화 기능을 활성화하거나 비활성화합니다. 활성화 시 프로젝트의 템포(BPM)에 맞춰 4분음표, 8분음표 등의 박자 단위로 지연 시간을 정확하게 맞출 수 있습니다.
- Feedback: 딜레이 소스의 반복 횟수를 결정합니다. 값을 높일수록 소리가 더 오래 지속되며, 너무 높게 설정하면 소리가 멈추지 않고 계속 쌓여 믹스가 혼탁해질 수 있으므로 주의가 필요합니다.
- Mix: 원음(Dry)과 효과음(Wet) 사이의 레벨 밸런스를 조절합니다. 이 플러그인을 센드(Send) 이펙트로 사용할 경우에는 반드시 최대값(100%)으로 설정해야 합니다. 이때는 센드 레벨을 통해 효과의 양을 정교하게 제어할 수 있습니다.
- Lo Filter: 딜레이 효과음의 피드백 루프 내에서 저역대를 깎아내는 필터입니다. 하단의 버튼으로 활성화하며, 저음이 뭉쳐 지저분하게 들리는 현상을 방지할 때 사용합니다.
- Hi Filter: 딜레이 효과음의 피드백 루프 내에서 고역대를 깎아내는 필터입니다. 하단의 버튼으로 활성화하며, 반복되는 소리가 너무 날카로울 때 이를 조절하여 부드럽고 자연스러운 잔향을 만듭니다.
- Pan: 딜레이 소리가 출력되는 스테레오 위치를 설정합니다. 보컬이나 악기의 위치에 맞춰 좌우 균형을 맞추거나 입체적인 공간감을 연출할 때 활용합니다.

SECTION

10.

완벽 보컬 튜닝,
Pitch Shifter

Pitch Shifter는 음정을 실시간으로 조절할 수 있는 플러그인입니다. 단순한 보정뿐 아니라 하모니, 더블링, 특수 효과 등 창의적인 사운드 디자인에도 활용할 수 있습니다. 주요 기능으로는 ±24반음 조절, 포먼트 컨트롤, 새츄레이션, 그리고 스테레오 언링크(Stereo Unlink)에 의한 좌우 독립 제어가 포함되어 있습니다.

01 Pitch Shifter는 프리셋을 활용해 자연스러운 리드 보컬 튜닝은 물론, 더블링이나 하모니 생성 같은 효과도 쉽게 만들 수 있습니다. 입문자는 프리셋을 하나씩 들어보며 어떤 소리가 만들어지는지 익히는 것이 좋습니다.

414

02 피치는 중앙에 있는 Pitch 다이얼로 조절할 수 있습니다. -12로 설정하면 한 옥타브 낮아지고, +12로 설정하면 한 옥타브 높아집니다. 또한 Mix 노브를 사용하면 원래 소리와 효과가 적용된 소리를 섞어, 자연스러운 더블링이나 하모니 효과를 만들 수 있습니다.

Pitch Mix

03 Drive를 이용하여 소리에 따뜻한 느낌이나 빈티지한 질감을 추가할 수 있습니다. 사용할 수 있는 Saturation Type은 Tape, Tube, Dist가 있습니다.

Saturation Type

Drive

● Tape: 아날로그 테이프 녹음처럼 부드럽고 따뜻한 느낌을 줍니다.
● Tube: 진공관 특유의 따뜻하면서 약간 거친 톤을 만들어 줍니다.
● Dist: 좀 더 강한 왜곡(디스토션) 을 적용합니다.

04 Formant를 조절하면 목소리의 음색을 자연스럽게 바꿀 수 있으며, Preserve 기능을 켜면, 피치를 올리거나 내려도 원래 목소리의 자연스러운 음색이 유지됩니다.

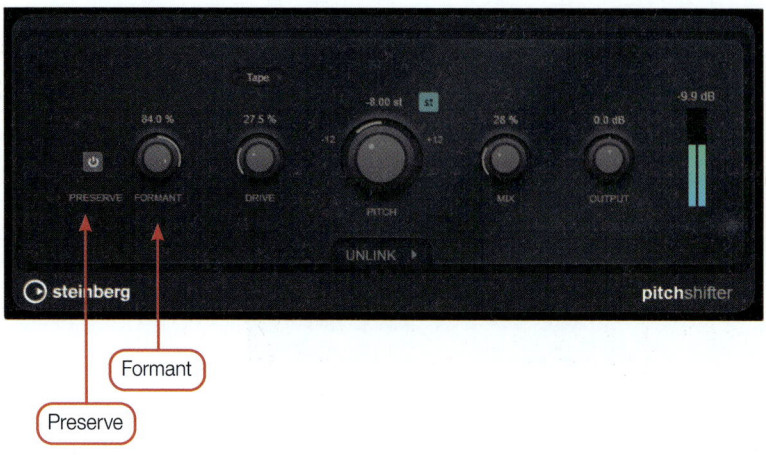

05 기본적으로 Pitch는 반음 단위로 조절되지만, Semi Tone(ST) 버튼을 끄면 센트 단위로 세밀하게 조정할 수 있습니다. 이 기능은 자연스러운 스테레오 더블링 효과를 만들 때 특히 유용합니다.

06 더블링 효과를 만들 때는 Unlink 버튼을 클릭하여 좌우 채널을 분리한 후, 각 채널의 피치를 살짝 다르게 조정하면 소리가 넓게 퍼지는 입체감을 만들 수 있습니다.

Unlink

07 아래쪽은 오른쪽 채널입니다. Copy 버튼을 클릭하면 왼쪽 채널의 설정을 그대로 복사할 수 있습니다. 그 후 오른쪽 채널의 Pitch만 미세하게 조정하면, 입체감 있는 소리를 만들 수 있어 보컬이나 스테레오 악기를 넓게 퍼뜨리는 데 매우 유용합니다.

Copy

TIP Pitch Shifter는 단순한 피치 변경을 넘어, 창의적인 사운드 제작에도 활용할 수 있습니다. 초보자는 먼저 프리셋으로 소리의 느낌을 확인한 후, 포먼트(Formant), 새츄레이션 (Drive), 스테레오 언링크(Unlink) 등의 세부 기능을 하나씩 실험하며 독창적인 효과를 만들어 나가면 좋습니다.

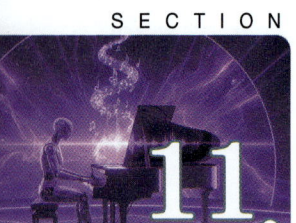

보컬 섭외 걱정 끝!
Omnivocal AI 가수

Omnivocal은 실제로 노래를 녹음하지 않아도, MIDI 입력만으로 자연스럽고 사람 같은 보컬을 생성할 수 있는 AI 기반 보컬 신디사이저(VST Instruments)입니다. 키 에디터에 음표와 가사만 입력하면 되며, Yamaha의 보컬 신서시스 기술을 통해 실제 가수가 노래 하는 듯한 표현력과 디테일을 가진 보컬을 손쉽게 만들 수 있습니다.

01 Omnivocal의 Singer 메뉴에서는 여성(Female) 또는 남성(Male) 보컬을 선택할 수 있으며, 선택한 보컬마다 서로 다른 Singing Style이 제공됩니다. 스타일은 크게 두 가지로 나뉘며, Dynamic은 감정 표현과 음의 변화가 풍부해 발라드나 감성적인 음악에 적합하고, Straight는 안정적이고 깔끔한 톤의 노래를 생성해 팝, EDM, 또는 가이드 보컬 제작에 알맞습니다. 원하는 보컬 톤과 음악 스타일에 따라 이 두 가지 옵션을 활용하면 보다 자연스럽고 목적에 맞는 AI 보컬을 만들 수 있습니다.

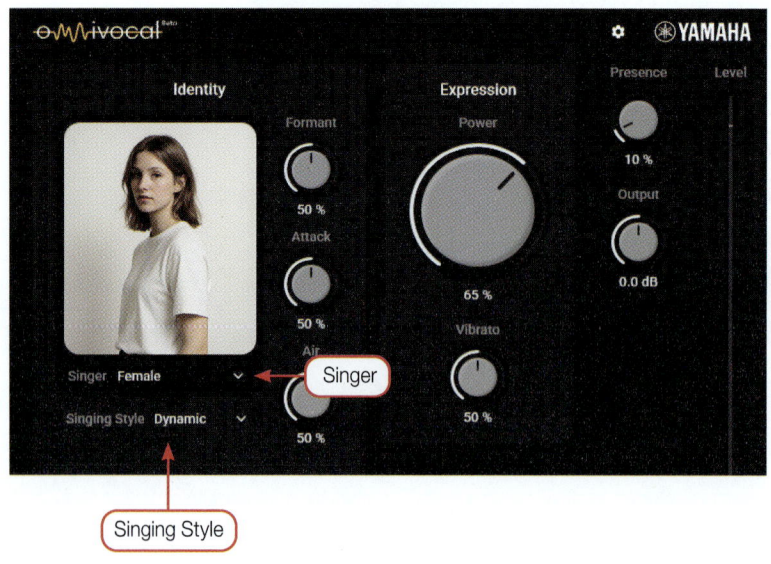

02 미디 노트를 입력하면 기본적으로 허밍 소리로 재생됩니다. 실제 노래 가사를 입력
하려면 먼저 몇 가지 설정을 해두면 더 편리합니다. 이를 위해 Edit 메뉴에서 Key
Commands를 선택합니다.

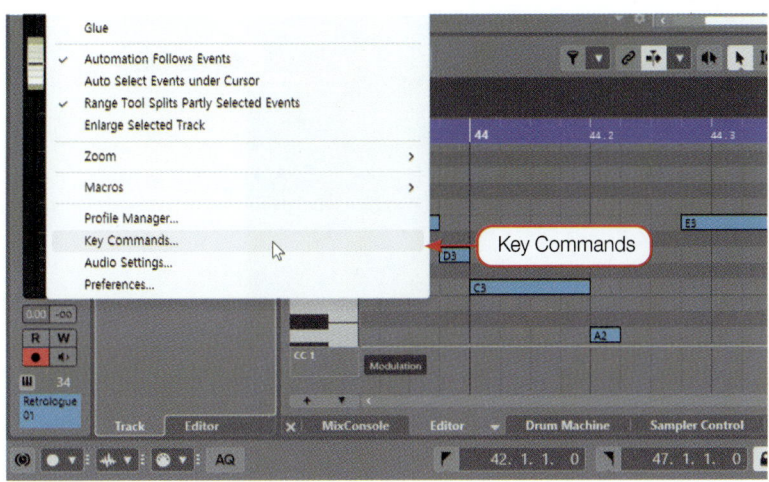

03 단축키를 설정할 수 있는 Key Commands 창이 열립니다. 상단의 ① 검색창에 info를
입력한 뒤, ② Edit Info Line 항목을 찾아 자신에게 편한 단축키를 지정합니다. 예를
들어, Alt+T를 단축키로 설정했다고 가정해 보겠습니다.

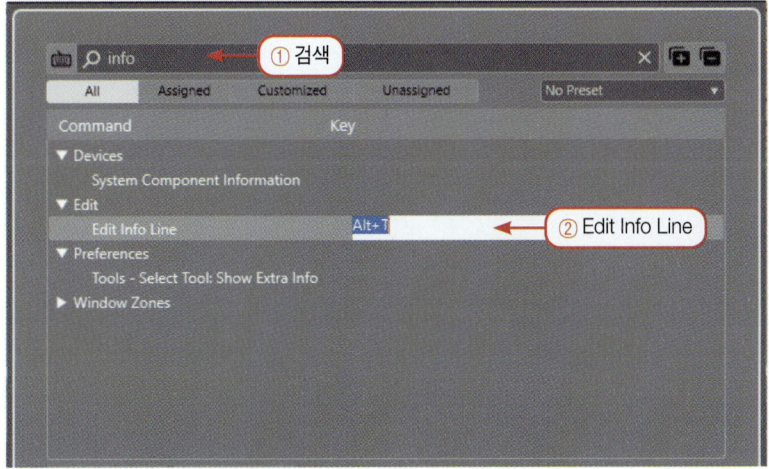

04 미디 데이터를 입력한 이벤트를 더블 클릭하여 Key Editor를 열고, Info Line에서 마우스 오른쪽 버튼을 클릭하여 Set up Info Line 창을 엽니다. 그리고 Text 항목 오른쪽의 핸들을 드래그하여 가장 위로 이동시킵니다.

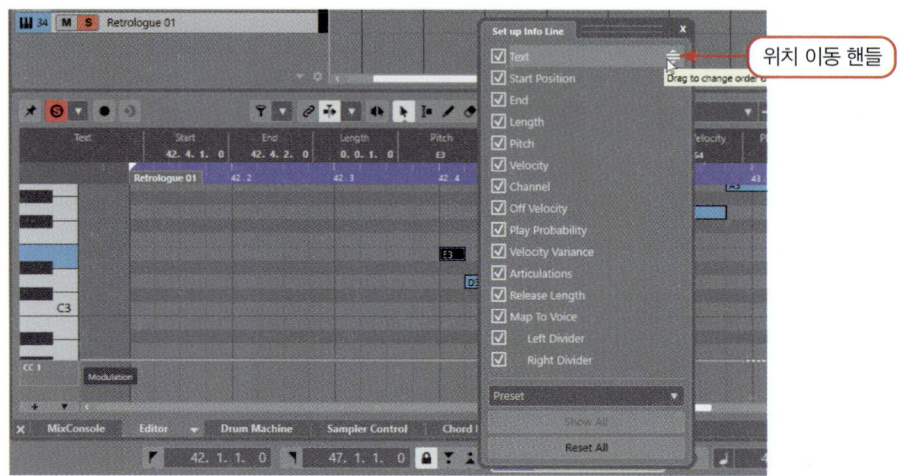

05 음표를 선택한 후 Alt+T 키를 눌러 가사를 입력하고, Enter 키를 누릅니다. 계속해서 오른쪽 방향키로 다음 음표로 이동한 뒤 다시 Alt+T 키를 눌러 가사를 입력합니다. 이 과정을 반복하면 각 음표에 순서대로 가사를 입력할 수 있습니다.

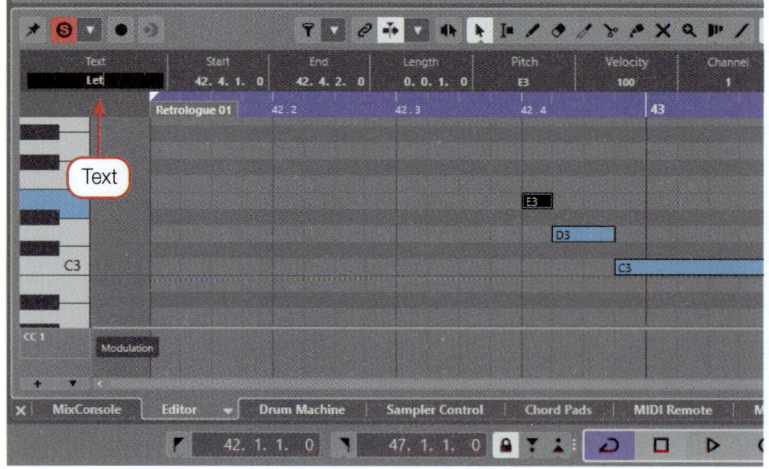

06 워드나 메모장 등 텍스트 편집기를 사용하여 가사를 한 번에 입력하는 방법도 있습니다. 각 음표에 해당하는 음절은 스페이스바로 구분하고, 연장음은 하이픈(-)으로 표시합니다. 단, 붙임줄로 연결된 연장음은 하나의 음표로 취급되므로, 이음줄로 연결된 음표에만 하이픈을 넣어야 한다는 점에 주의해야 합니다. 또한, 음표 사이에 공백이 있을 경우 자동으로 호흡이 삽입될 수 있습니다. 호흡을 원하지 않으면 음성 기호 [SIL]을 입력하여 무음으로 만들 수 있으며, 강제로 호흡을 넣으려면 [BR]을 입력하면 됩니다.

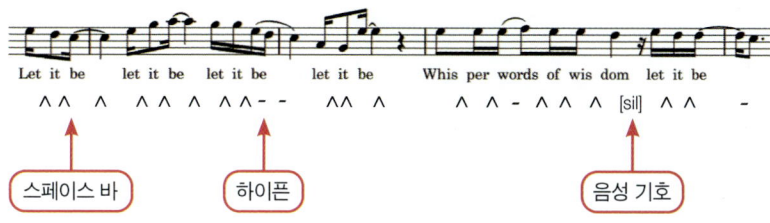

07 워드나 메모장 등 텍스트 편집기에서 작성한 가사를 Ctrl+C로 복사합니다. 키 에디터에서 가사를 넣고 싶은 음표 그룹의 첫 번째 노트를 선택하고, Text 항목에 Ctrl+V로 붙여 넣으면, 이후 음표에 각 음절이 순서대로 배정됩니다.

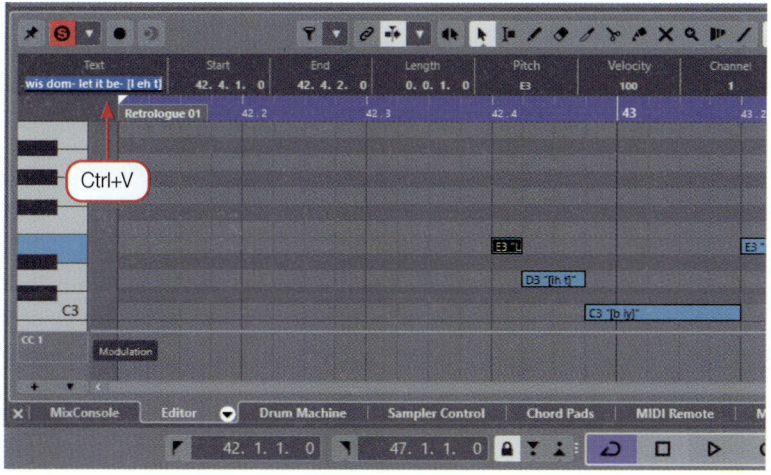

421

08 Omnivocal 에디터 화면은 세 개의 영역으로 나뉩니다. 왼쪽의 Identity 영역은 보이스 특성을 조절하는 파라미터를 담고 있으며, 가운데의 Expression 영역은 노래 스타일과 관련된 파라미터를 편집할 수 있습니다. 오른쪽의 Post Processing 영역은 출력 음성을 조정하는 용도로 사용되며, 화면상에는 별도의 레이블이 표시되지 않습니다.

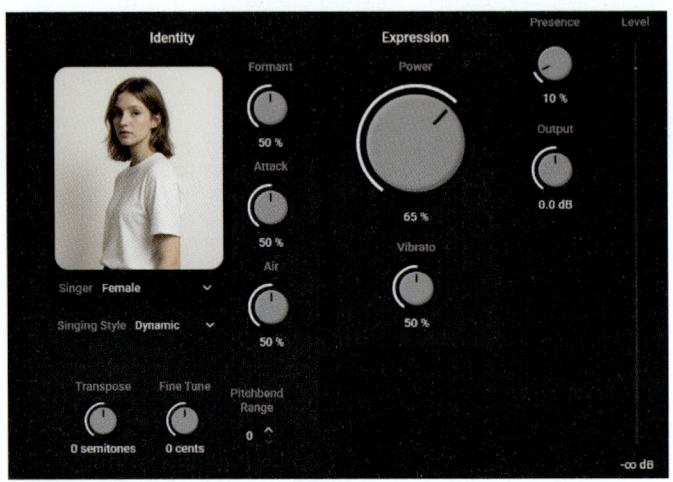

Identity

보이스 특성을 설정하는 곳입니다.

- **Singer**: 사용할 보이스 뱅크를 선택합니다. 현재 베타 버전에서는 Female과 Male만 제공되지만, 앞으로 더 많은 싱어가 추가될 예정입니다.
- **Singing Style**: 싱어의 노래 스타일을 선택합니다. 발음이나 표현 방식이 스타일에 따라 달라집니다.
- **Formant**: 음색을 조절하는 파라미터로, 낮게 설정하면 부드럽고 묵직한 톤, 높게 설정하면 밝고 날카로운 톤을 만들 수 있습니다.
- **Attack**: 발음 시작의 명료도를 조절합니다. 값이 높을수록 음의 시작이 뚜렷하게 들리고, 낮으면 부드럽게 시작됩니다.
- **Air**: 목소리의 숨결 느낌을 조절합니다. 값이 클수록 바람이 섞인 듯한 느낌이 강해집니다.

● Transpose: 전체 키를 조정할 수 있는 파라미터입니다. -12에서 +12 세미톤까지 이동할 수 있습니다.

● Fine Tune: 세밀한 음정 조정을 할 수 있는 파라미터로, -100에서 +100 센트까지 미세하게 조정 가능합니다.

● Pitchbend Range: 피치 벤드가 적용될 최대 범위를 설정합니다. 값이 높을수록 피치 벤드로 큰 음정 변화를 줄 수 있습니다.

Expression

노래의 표현 방식을 조절합니다. 같은 음성이라도 파라미터를 조절하면 감정이나 표현이 달라져, 곡의 분위기를 다양하게 만들 수 있습니다.

● Power: 음량과 톤을 포함한 다이내믹스를 조절합니다. 값이 높을수록 강하게, 낮으면 부드럽게 들립니다.

● Vibrato: 비브라토의 강도를 조절합니다. 값이 높을수록 흔들림이 강하게, 낮으면 거의 없게 설정됩니다.

Post Processing

최종 출력 음성을 다듬는 기능입니다.

● Presence: 믹스 안에서 목소리가 잘 들리도록 음량과 톤을 조절합니다. 다이내믹스가 강한 구간에서도 목소리가 묻히지 않게 할 수 있습니다.

● Output: 전체 출력 볼륨을 조절합니다. -12.0dB에서 +12.0dB까지 조정 가능하며, 곡 전체의 음량 균형을 맞출 때 사용합니다.

발음 기호(Phonetic Symbols)

가사를 입력하면, Omnivocal이 입력한 가사를 자동으로 해당 발음 기호(Phonetic Symbols)로 변환합니다. 예를 들어, 영어 단어 hot를 입력하면 [h aa t]로 변환되어 재생됩니다. 간혹 원하는 발음과 다르게 들리는 경우에는 발음 기호를 직접 입력할 수 있습니다. 이때 발음 기호는 대괄호 [ ]로 입력해야 합니다.

IPA	Omnivocal	Ex.1	Ex.2	Ex.3
a	aa	spot	hot	sorry
æ	ae	smash	plan	last
ʌ	ah	but	trust	monkey
ɔ	ao	jaw	long	all
aʊ	aw	powder	mouse	count
aɪ	ay	try	fire	spike
b	b	best	ribbon	tab
tʃ	ch	check	franchise	touch
d	d	door	thunder	red
ð	dh	these	although	bathe
e	eh	fresh	blend	feather
ər	er	urgent	first	shower
eɪ	ey	make	space	insane
f	f	fly	coffee	tough
g	g	great	trigger	flag
h	hh	hair	alcohol	behave
ɪ	ih	it	pitch	miss
i	iy	speed	medium	need
dʒ	jh	joke	major	treasure
k	k	keep	perfect	rock

l	l	library	shallow	ball
m	m	mind	coming	team
n	n	nice	pineapple	journey
ŋ	ng	king	Washington	running
oʊ	ow	float	home	follow
ɔɪ	oy	voice	moisture	boy
p	p	please	sport	clap
r	r	release	hero	absorb
s	s	strike	mister	fruits
ʃ	sh	shake	machine	vanish
t	t	team	cutter	fight
θ	th	throat	bath	fifth
ʊ	uh	push	Hollywood	put
u	uw	spoon	statue	issue
v	v	variety	over	sleeve
w	w	way	swim	software
j	y	year	fuel	genuine
z	z	zip	hazard	squeeze
ʒ	zh	illusion	Asia	usual

TIP Dorico Pro를 사용하고 있다면, 큐베이스에서 입력한 미디 이벤트를 File 메뉴의 Export에서 Dorico Project를 선택하여 저장한 후, Dorico Pro에서 악보에 직접 가사를 입력하고 복사하여 사용할 수 있습니다. 이 방법을 이용하면 가사를 입력하는 과정을 훨씬 편리하게 처리할 수 있습니다.

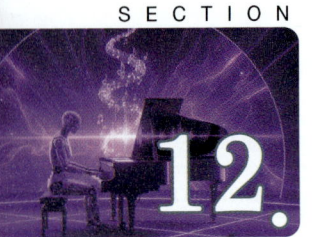

곡의 생동감을 결정하는 오토메이션

오토메이션(Automation)은 채널 스트립의 컨트롤이나 플러그인 파라미터의 움직임을 기록하여 자동으로 실행되게 하는 기능입니다. 이는 시간의 흐름에 따라 사운드에 생동감을 불어넣고 곡의 전개를 극대화하는 믹싱의 핵심 과정입니다. 특히 트랙 재생 중 특정 구간의 볼륨 조절, 자연스러운 페이드 아웃 연출, 보컬의 다이내믹 정리 등에 필수적으로 활용되며, 곡의 분위기에 맞춰 이펙트 양이나 필터 값을 실시간으로 변화시켜 드라마틱한 사운드 효과와 입체적인 공간감을 구현하는 데 결정적인 역할을 합니다.

01 오토메이션의 이해

01 트랙의 Write Automation(W) 버튼을 클릭하여 활성화하고 프로젝트를 재생합니다. 원하는 위치에서 채널 스트립의 볼륨이나 팬 등 주요 컨트롤을 움직이면, 모든 동작이 해당 트랙의 오토메이션 라인에 실시간으로 기록됩니다.

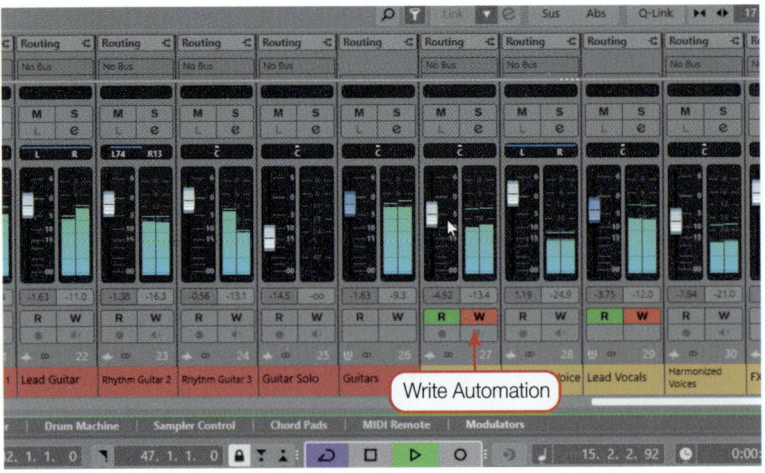

Write Automation

02 컨트롤 조작을 마치고 W(Write) 버튼을 끄면, 녹색의 Read Automation(R) 버튼이 활성화됩니다. 이 상태에서 프로젝트를 다시 재생하면, 앞서 기록된 오토메이션 데이터에 따라 페이더나 노브가 스스로 움직이는 것을 확인할 수 있습니다. 기록된 오토메이션 동작을 멈추고 원래의 고정된 값으로 모니터링하고 싶을 때는 R 버튼을 끄면 됩니다.

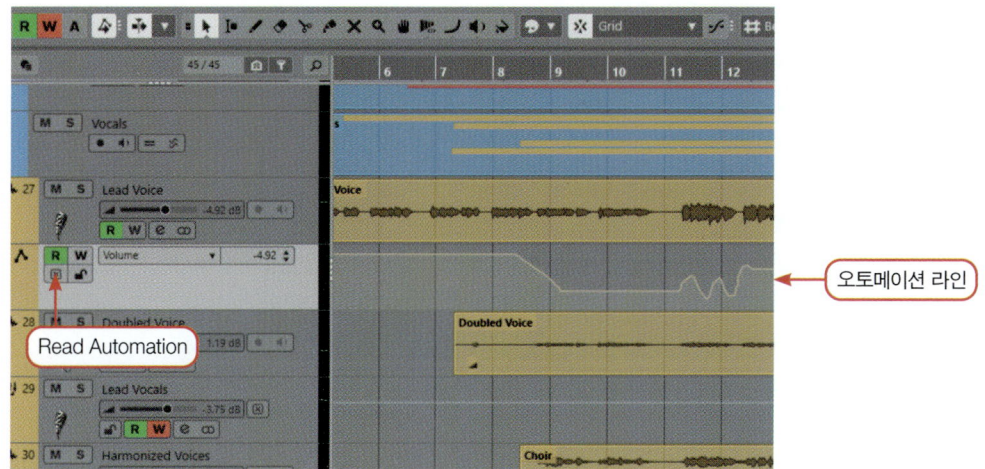

03 기록된 포인트를 드래그하여 값을 정밀하게 변경하거나, 포인트 사이에 위치한 핸들을 조작해 직선을 부드러운 곡선으로 수정할 수 있습니다. 또한 라인을 클릭하여 새로운 포인트를 추가하거나 Alt 키를 누른 상태로 드래그하여 새로운 곡선을 직접 그려 넣는 것도 가능합니다. 일정한 간격의 규칙적인 변화가 필요하다면 라인 도구를 활용하는 것도 요령입니다.

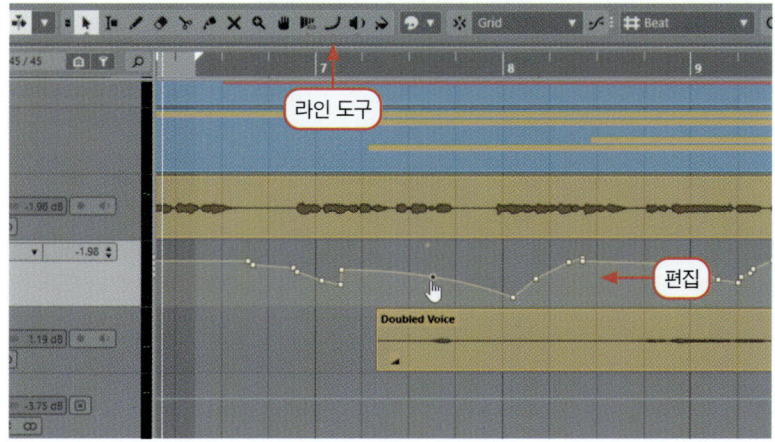

04 범위를 선택하면 데이터의 이동과 복사가 가능하며, 주위에 표시되는 전용 핸들로 더욱 정교하게 편집할 수 있습니다. 시작과 끝 지점의 Tilt는 한쪽을 고정한 채 기울기를 만들고, 중앙 상단의 Scale은 전체적인 높낮이를 조절합니다. 또한 오른쪽 중앙의 Around 핸들을 사용하면 중앙 지점을 기준으로 오토메이션의 상하 폭을 자유롭게 조절할 수 있습니다.

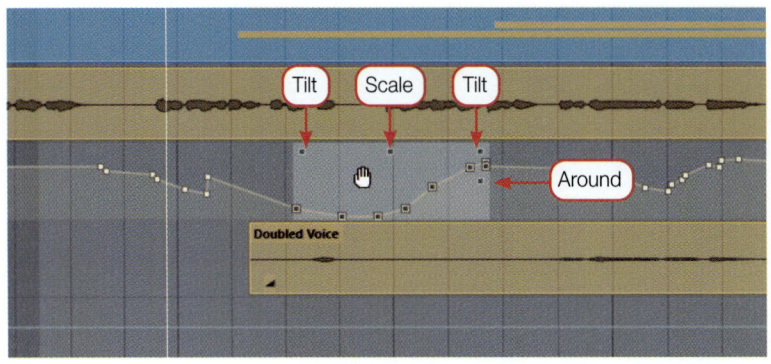

05 오토메이션은 단순한 페이더 조작을 넘어 인서트 이펙트나 VST 악기 등 큐베이스의 모든 파라미터에 적용할 수 있습니다. 이때 마스터 건반이나 하드웨어 컨트롤러를 사용하면 마우스로는 구현하기 힘든 섬세한 손맛까지 곡에 담아낼 수 있습니다. 다만, 서드파티 플러그인의 경우 하드웨어와 즉시 연동되지 않을 때가 있습니다. 이럴 때는 단축 메뉴에서 MIDI Remote를 선택하고, 컨트롤러를 움직여 수동으로 연결하는 과정이 필요합니다.

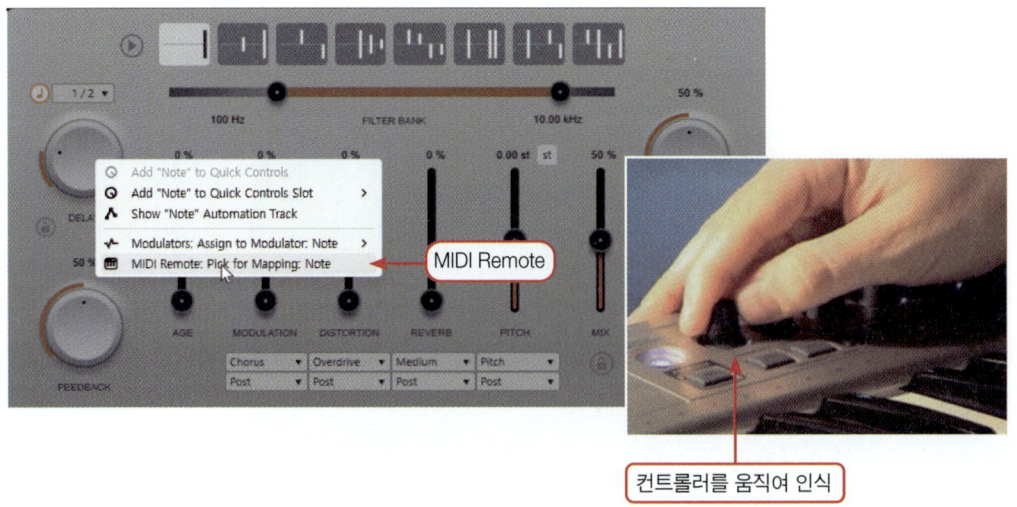

컨트롤러를 움직여 인식

02 오토메이션 모드

01
오토메이션의 기본 동작 방식은 터치(Touch) 모드입니다. 이 모드에서는 컨트롤러를 움직이는 동안에만 데이터가 기록되며, 컨트롤에서 손을 떼는 즉시 원래의 설정값으로 되돌아갑니다. 이미 기록된 오토메이션 라인 중 특정 구간의 보정이 필요할 때 특히 유용하며, 기존 데이터를 유지하면서 원하는 부분만 수정할 수 있다는 장점이 있습니다.

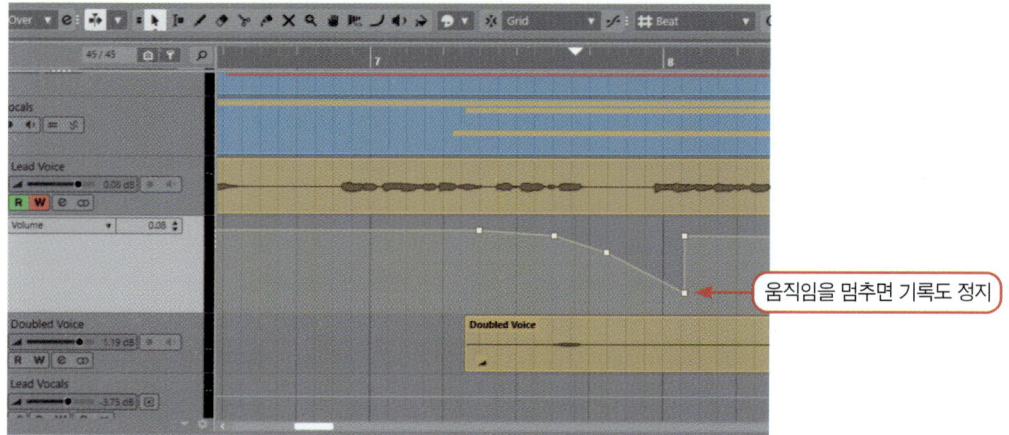

움직임을 멈추면 기록도 정지

02
오토메이션 모드는 상단 도구 바의 선택 메뉴를 통해 작업 방식에 맞춰 변경할 수 있습니다. 큐베이스는 기본 모드인 Touch 외에도 Auto-Latch, Cross-Over라는 세 가지 주요 모드를 제공합니다.

오토메이션 모드 선택

03 Auto-Latch 모드는 컨트롤러에서 손을 떼어도 마지막 조작 값을 유지하며 계속 기록합니다. 수동으로 기록을 중단하기 전까지는 마지막 위치에 고정되므로, 페이드 아웃처럼 특정 값을 일정하게 유지해야 할 때 매우 유리합니다.

마지막 값 유지

04 Cross-Over 모드는 컨트롤러에서 손을 떼었을 때 마지막 값을 유지한다는 점에서 Auto-Latch와 유사합니다. 하지만 기록을 멈추고자 할 때 기존 오토메이션 라인 방향으로 움직이면, 두 선이 교차하는 지점에서 자동으로 종료된다는 차이가 있습니다. 기존 데이터를 최대한 보존하면서 새로운 기록을 자연스럽게 연결하고 싶을 때 매우 유용합니다.

마지막 값 유지 기존 값으로 움직임 기존 값에서 자동 종료

03 오토메이션 패널

01 Cross-Over 모드에서 기존 라인과 교차할 때 정지되는 타임은 기본 33ms로 설정되어 있어 거의 즉각적으로 동작합니다. 만약 더 자연스러운 연결이 필요하다면 오토메이션 패널의 Settings 옵션을 통해 최대 2초까지 늘려 완만한 곡선을 만들 수 있습니다. 오토메이션 패널은 F6 키를 눌러 독립 창으로 열거나 Right Zone에서 확인할 수 있습니다.

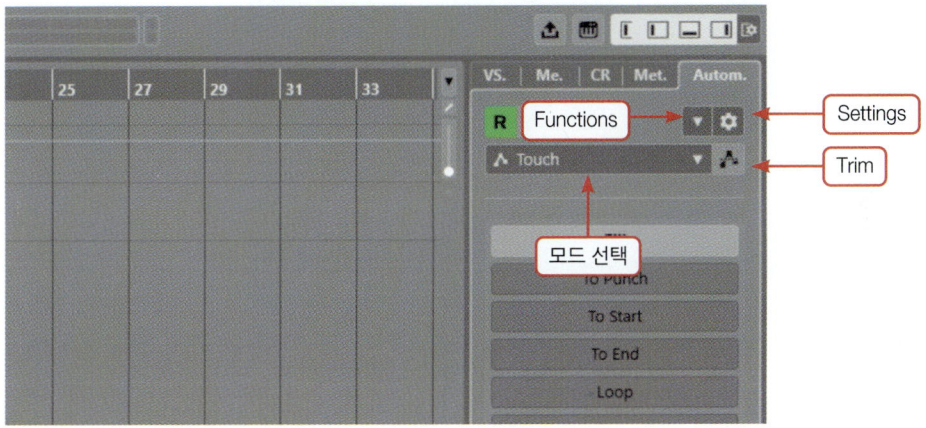

02 오토메이션 패널을 열면, Touch, Auto-Latch, Cross-Over 외에 Trim 옵션을 사용할 수 있습니다. Trim 옵션을 활성화하면 오토메이션 트랙 중앙에 새로운 수평선이 생성되며, 이를 올리거나 내려서 기존 오토메이션 값을 상대적으로 증감시킬 수 있습니다.

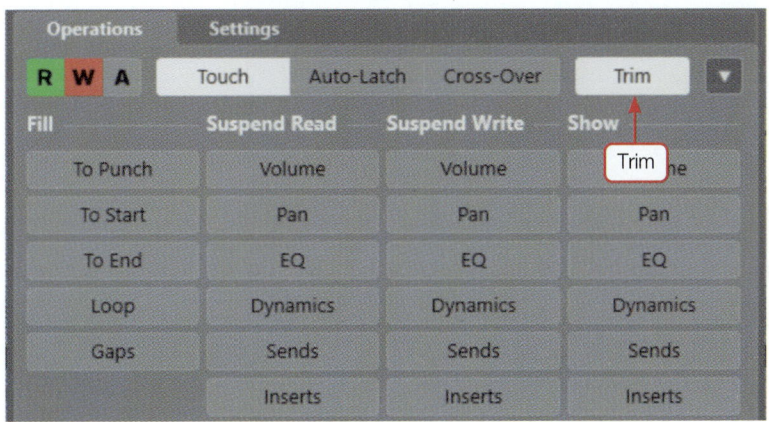

03 Trim은 오토메이션의 상대적인 변화량을 조절하는 것이 목적이므로, 기본적으로 시작 위치의 포인트를 드래그하여 전체 값을 일괄 조정합니다. 하지만 특정 소절이나 악구만 수정이 필요한 경우에는 마우스 클릭으로 새로운 포인트를 생성한 뒤, 포인트 사이에 나타나는 중앙 핸들을 드래그하여 해당 구간만 정교하게 보정할 수 있습니다.

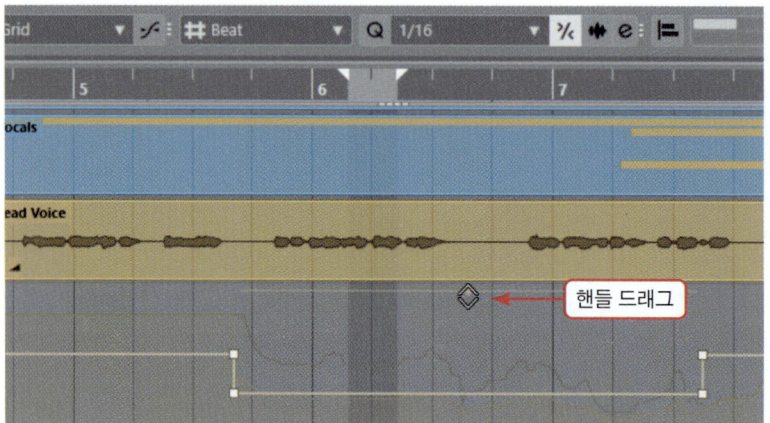

핸들 드래그

04 오토메이션 패널은 프로젝트 전체의 오토메이션 동작을 제어하는 중심축입니다. 특히 Fill, Suspend Read/Write, Show 칼럼은 다음과 같은 고유한 역할을 수행합니다.

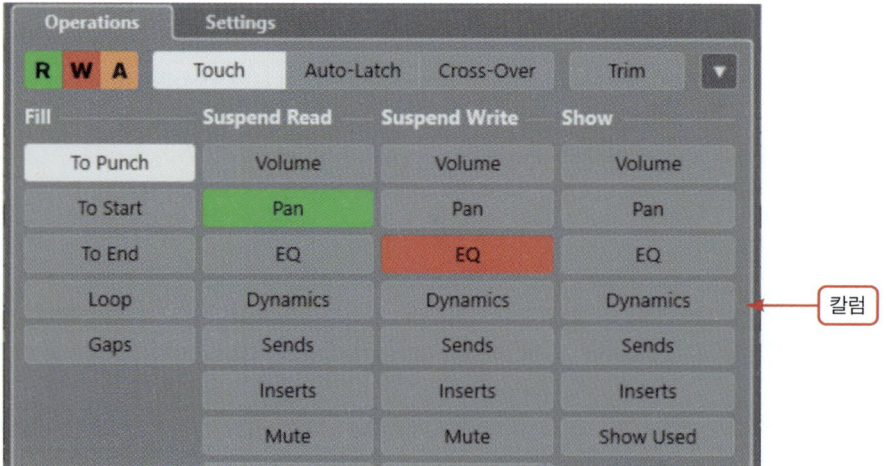

칼럼

1. Fill: 자동 채우기 규칙

진행 중인 오토메이션 기록을 중단하는 시점인 펀치 아웃(Punch Out)에서 해당 파라미터 값이 프로젝트의 특정 섹션에 어떤 방식으로 채워질지(Fill)를 정의하는 옵션입니다.

● **To Punch:** 기록이 시작된 지점(Punch In)부터 종료된 지점(Punch Out)까지의 구간을 최종값으로 채웁니다.

● **To Start / To End:** 펀치 아웃 시점의 값을 프로젝트의 맨 처음 또는 맨 끝까지 연장하여 적용합니다.

● **Loop:** 설정된 루프(Lokatoren) 구간 전체를 현재 값으로 덮어씌웁니다.

● **Gaps:** 오토메이션 데이터가 비어 있는 구간만을 찾아 현재 값으로 채워 넣습니다.

● **Lock:** 각 버튼을 한 번 더 클릭하여 자물쇠 모양이 활성화되면, 기능이 일회성으로 끝나지 않고 고정(Sticky)되어 반복적으로 적용됩니다.

2. Suspend: Read/Write 일시 중단

지정된 파라미터의 오토메이션 동작을 일시적으로 차단하여 사용자의 즉각적인 통제권을 확보하는 기능입니다.

● **Suspend Read:** 활성화된 파라미터의 오토메이션 읽기 기능을 중단시킵니다. 이를 통해 이미 기록된 데이터에 구애받지 않고, 사용자가 해당 파라미터를 완전한 수동 상태(Full Manual Control)로 전환하여 자유롭게 모니터링하거나 조절할 수 있게 합니다.

● **Suspend Write:** 오토메이션 쓰기 기능을 중단시킵니다. 실시간으로 여러 파라미터를 동시에 기록(Write)하는 과정에서 이 버튼을 누르면, 해당 파라미터만 즉시 오토메이션 패스에서 제외(Punch Out)됩니다. 이는 복잡한 멀티 파라미터 작업 중 특정 요소만 안전하게 기록 모드에서 빠져나오게 할 때 필수적입니다.

3. Show: 가시성 관리

프로젝트의 가독성과 작업 효율을 극대화하는 관리 도구입니다.

● **기능:** 활성화된 파라미터와 관련된 모든 오토메이션 트랙을 프로젝트 창에 즉시 표시합니다. 수많은 트랙과 이펙트가 얽혀 있는 대규모 프로젝트에서 현재 어떤 파라미터들이 오토메이션되어 있는지 한눈에 파악할 수 있게 하여 체계적인 관리를 가능하게 합니다.

● **Used Only:** 이 옵션을 체크하면 오토메이션 데이터가 실제로 기록되어 있는 트랙들만 선별하여 화면에 표시해 줍니다.

05 Trim 버튼 우측의 화살표 버튼을 클릭하면, 프로젝트 내의 오토메이션 데이터를 일괄 삭제하거나 특정 조건으로 채우는 등의 명령을 수행할 수 있는 메뉴가 열립니다.

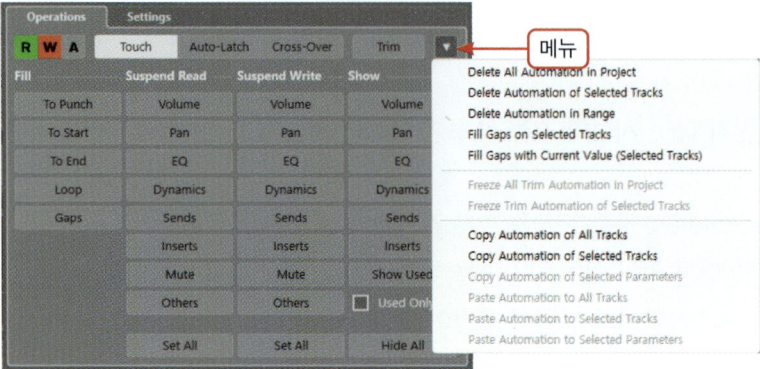

오토메이션 일괄 삭제 및 빈 구간 채우기

● Delete (All / Selected Tracks / In Range): 프로젝트 전체, 선택된 트랙, 또는 지정된 루프 구간 내의 데이터를 삭제합니다.

● Fill Gaps / Fill Gaps with Current Value: 끊겨 있는 빈 구간을 이전·다음 값으로 연결하거나, 현재 재생 헤드(Playhead) 위치의 값으로 일정하게 채웁니다.

트림 오토메이션 고정 (Freeze Trim)

● Freeze All Trim Automation in Project: 프로젝트 전체의 트림(Trim) 데이터를 일반 오토메이션 데이터로 일괄 변환하여 고정합니다.

● Freeze Trim Automation of Selected Tracks: 현재 선택된 트랙의 트림 데이터만 선택적으로 고정합니다.

데이터 복사 및 붙여넣기 (Copy & Paste)

● Copy Automation (All Tracks / Selected Tracks / Selected Parameters): 모든 트랙, 선택된 트랙, 혹은 특정 파라미터의 오토메이션 데이터만 골라 복사합니다.

● Paste Automation (to All Tracks / Selected Tracks / Selected Parameters): 복사한 데이터를 대상 트랙이나 특정 파라미터에 맞춰 정교하게 붙여넣습니다.

06 오토메이션 패널 하단의 Settings 탭에서는 오토메이션 포인트의 밀도와 기록 종료 후 값이 복귀하는 방식 등 워크플로우의 세부 사항을 조절할 수 있습니다.

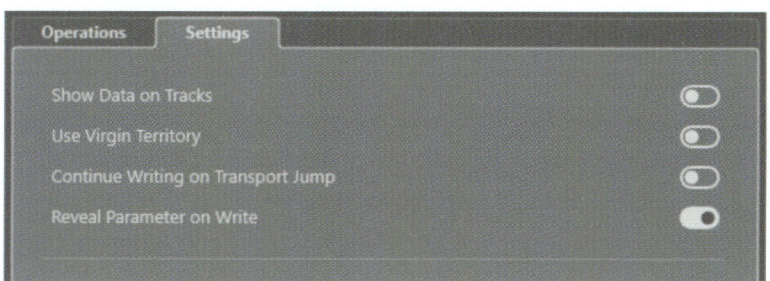

● **Show Data on Tracks**: 오토메이션 트랙 위에 기록된 데이터의 파라미터 값이나 커브를 시각적으로 표시합니다.

● **Use Virgin Territory**: 오토메이션 데이터가 없는 구간의 허용 여부를 결정합니다. 이 옵션이 꺼져 있으면 데이터가 없는 구간도 이전 값으로 자동 연결되지만, 켜져 있으면 데이터가 없는 구간은 사용자의 수동 조작 값에 따라 자유롭게 움직입니다.

● **Continue Writing on Transport Jump**: 재생 위치를 갑자기 옮겨도(Jump) 오토메이션 쓰기(Write) 상태를 해제하지 않고 유지할지 결정합니다.

● **Reveal Parameter on Write**: 오토메이션을 기록하는 순간, 해당 파라미터의 오토메이션 트랙을 프로젝트 창에서 자동으로 펼쳐서 보여줍니다.

● **Return Time**: Touch 모드에서 조작을 멈췄을 때, 원래 기록되어 있던 값으로 되돌아가는데 걸리는 시간을 설정합니다.

● **Reduction Level**: 기록 후 포인트 밀도를 낮추는 강도입니다. 수치가 높을수록 커브가 단순화되어 편집이 쉬워지지만, 수치가 낮을수록 원래의 미세한 움직임을 그대로 보존합니다.

● **Spike Detection Range**: 하드웨어 컨트롤러의 노이즈 등으로 인해 발생하는 비정상적이고 급격한 값(Spike)을 제거할 시간 범위를 설정합니다.

● **Freeze Trim**: Trim 모드로 조정한 상대적 변화량을 실제 오토메이션 커브에 합산하여 고정하는 시점을 선택합니다. (On Pass End, Manually, On Leaving Trim Mode 중 선택 가능)

● **Show at Top**: 마지막으로 조작한 파라미터 트랙을 오토메이션 리스트 상단에 표시합니다.

● **Show on Next Automation Track**: 마지막으로 조작한 파라미터를 바로 다음 오토메이션 트랙에 표시 합니다.

음원 제작의 완성
믹스다운

수많은 트랙 위에서 펼쳐졌던 악기들의 조화와 정교한 오토메이션 작업이 마무리되면, 이제 이 모든 소리를 하나의 스테레오 파일로 추출하는 믹스다운 단계에 들어섭니다. 믹스다운은 단순히 여러 오디오 데이터를 물리적으로 합치는 과정을 넘어, 의도한 사운드의 균형과 질감을 하나의 완성된 결과물로 확정 짓는 작업입니다. 이 과정에서 설정하는 샘플 레이트(Sample Rate), 비트 뎁스(Bit Depth), 그리고 디더링(Dithering)과 같은 옵션들은 최종 음원의 해상도와 퀄리티를 결정짓는 핵심적인 요소가 됩니다.

01 퀵 익스포트

작업이 완료된 프로젝트를 Wav나 MP3 파일로 내보내는 가장 신속한 방법은 도구 바의 Quick Audio Export 버튼을 활용하는 것입니다. 이 기능은 로케이터 범위를 무시하고 이벤트를 기준으로 익스포트 범위를 자동 결정하며, 최대 30초까지의 잔향 구간을 자동으로 포함합니다. Wav 형식은 프로젝트 설정과 동일한 샘플 레이트에 24Bit로 고정되어 저장되고, MP3 파일은 샘플 레이트 44.1kHz, 비트 레이트 256kbps의 고정 사양으로 출력됩니다.

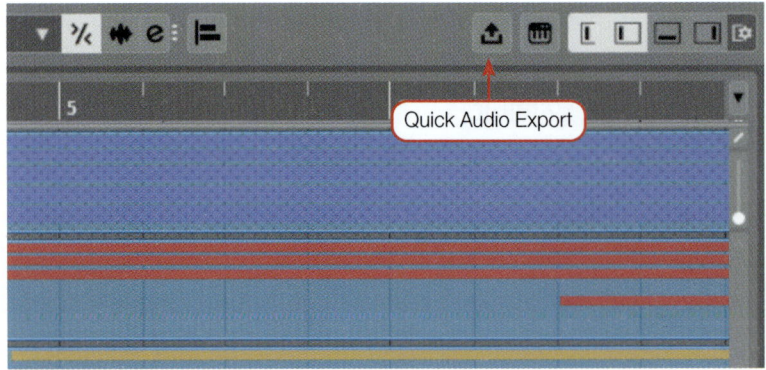

02 싱글 익스포트

01 메뉴를 이용해 믹스다운을 할 때는 출력할 로케이터 범위를 지정해야 합니다. Ctrl+A 키를 눌러 프로젝트의 모든 이벤트를 선택한 뒤, P 키를 누르면 전체 구간이 로케이터 범위로 자동 설정됩니다. 이때 이벤트 길이를 잔향 길이만큼 여유 있게 만들어 두지 않았다 면, 소리가 끊기지 않도록 로케이터 끝부분을 잔향이 끝나는 지점까지 충분히 연장합니다.

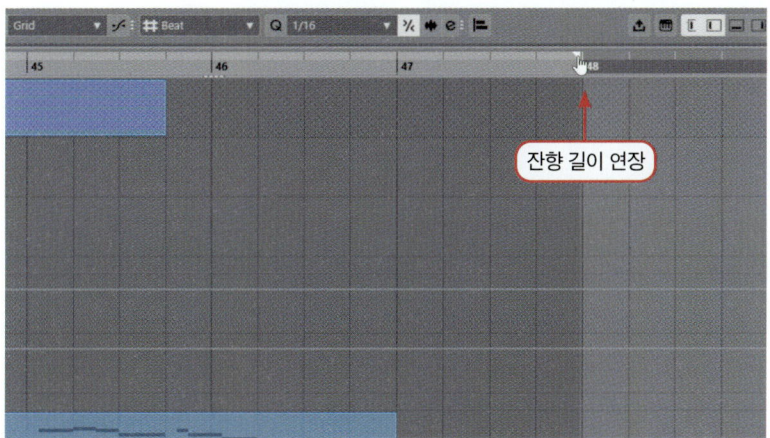

잔향 길이 연장

02 메뉴의 Export에서 Audio Mixdown을 선택합니다. Export 메뉴를 이용하면 녹음실과 의 공동 작업을 위한 AAF 파일이나 악보 제작을 위한 Dorico Project 등 다양한 형식 의 익스포트가 가능합니다.

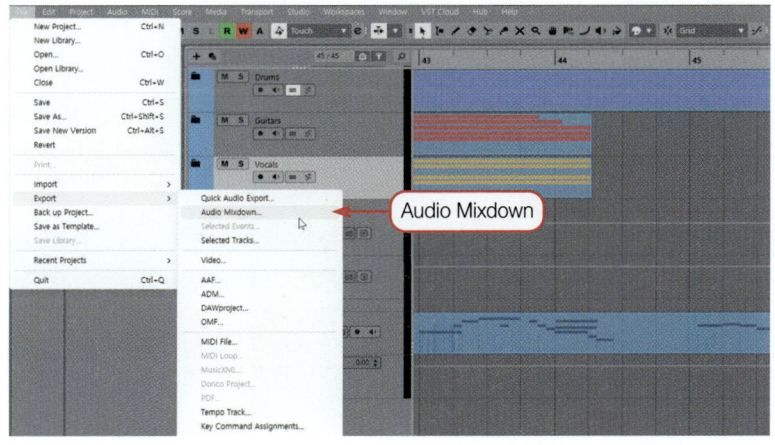

Audio Mixdown

03 기본적으로 파일 제목과 저장 위치는 현재 작업 중인 프로젝트의 설정과 동일하게 지정됩니다. 만약 다른 이름으로 저장하거나 경로를 바꾸고 싶다면, Name과 Path 항목을 클릭하여 원하는 대로 변경할 수 있습니다.

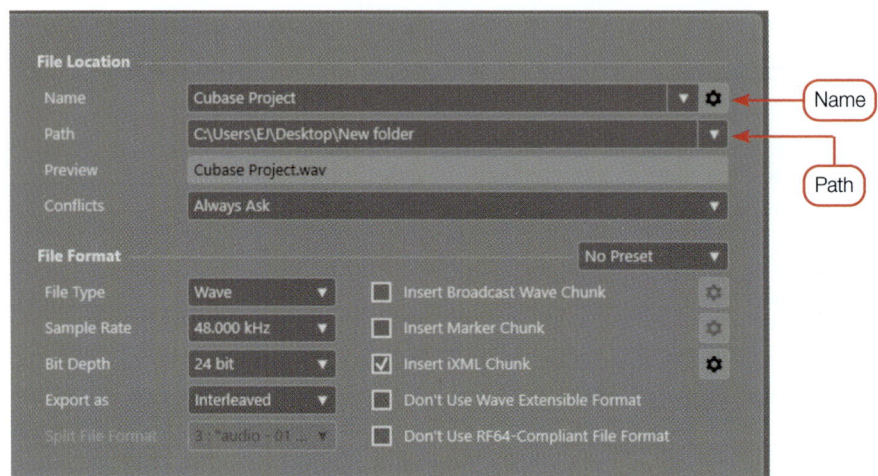

04 File Type에서 MP3 또는 Wave 파일을 선택합니다. 원음 제작을 위한 Wave 타입은 샘플레이트(Sample Rate)와 비트 뎁스(Bit Depth)를 직접 결정할 수 있습니다. 단, 프로젝트 설정보다 높은 값으로 설정하는 것은 음질 향상에 의미가 없습니다. 오디오 CD 제작이 목적이라면, 44.100kHz/16-bit로 변경합니다.

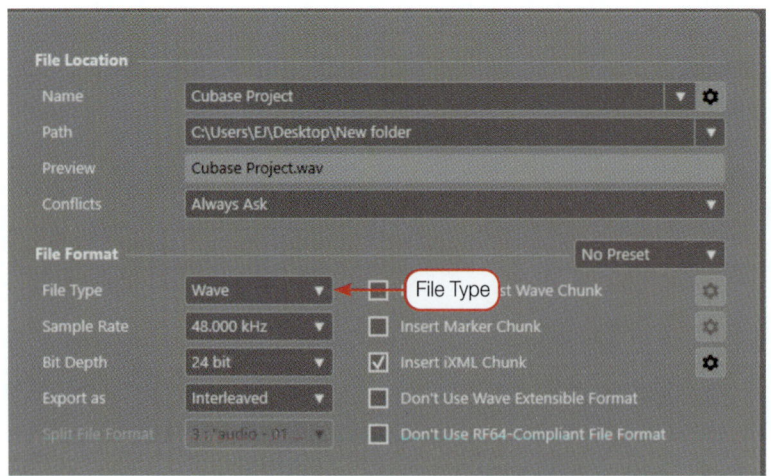

05 MP3(MPEG 1 Layer 3) 타입을 선택한 경우, 큐베이스는 압축 과정에서 발생하는 음질 저하를 최소화할 수 있는 High-Quality Mode를 제공합니다. 샘플레이트 48kHz를 반드시 유지해야 하는 상황이 아니라면, 인코더가 최상의 리샘플링 결과를 낼 수 있도록 이 옵션을 체크하여 제작하는 것을 권장합니다.

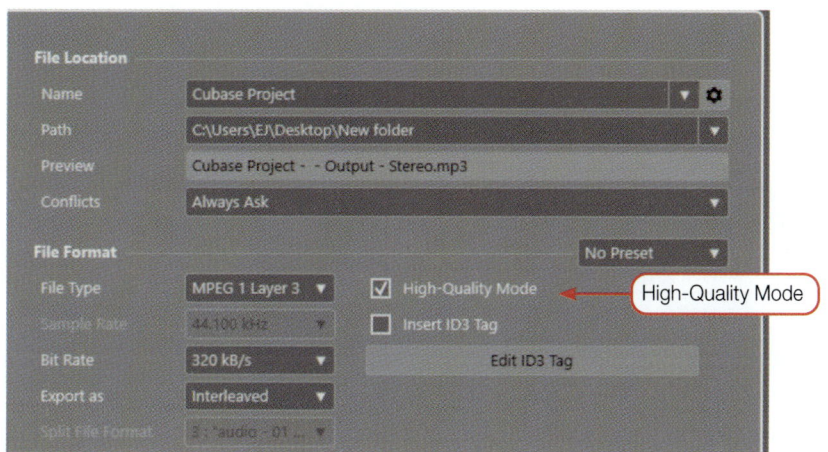

06 파일 이름, 저장 경로, 파일 타입과 포맷 설정을 모두 마쳤다면 하단의 Export Audio 버튼을 클릭하여 실제 파일 제작할 수 있습니다. 외부 하드웨어 이펙터나 악기를 연결하여 사용 중이거나, 실시간 연산이 반드시 필요한 특정 VST 플러그인이 포함되어 있다면 Realtime Export 옵션을 체크해야 오차 없는 결과물을 만들 수 있습니다.

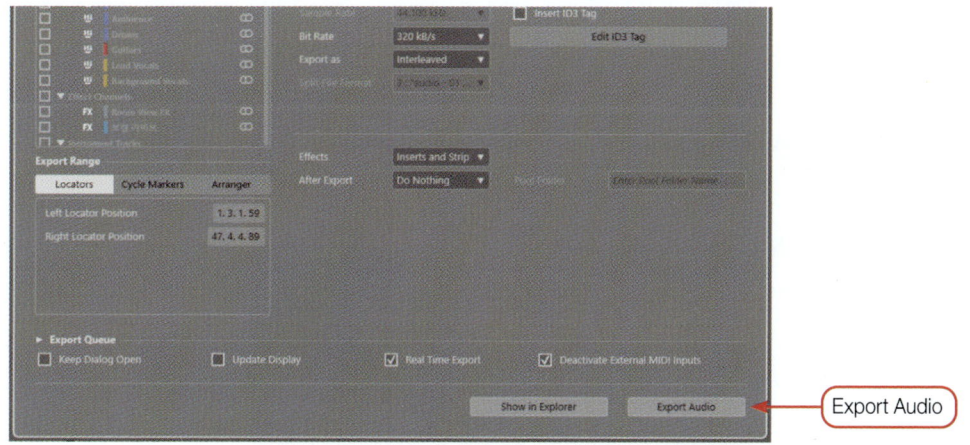

03 멀티 익스포트

01 개인 음원 제작의 경우 하나의 MP3나 WAV 파일로 믹스다운 하는 것으로 마무리되지만, 전문 스튜디오에 믹싱과 마스터링을 의뢰하는 경우도 많습니다. 이럴 때는 각 트랙을 개별적으로 출력하여 전달해야 하는데, 이를 스템(Stem) 파일이라 부르며 Multiple 탭에서 진행할 수 있습니다.

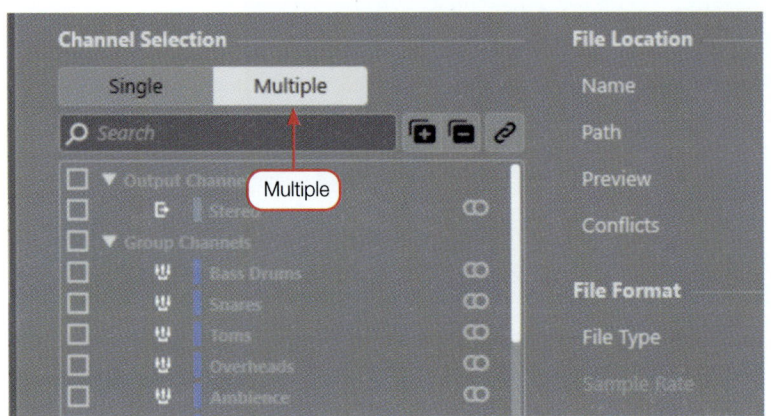

03 리스트에서 출력하고자 하는 트랙들을 체크하여 대상으로 지정할 수 있습니다. 링크 버튼(Sync Selection to Channel/Track Selection)을 On으로 설정하면 익스포트 창 내에서 일일이 클릭할 필요 없이, 프로젝트 창이나 믹스콘솔에서 Shift 키를 이용해 모든 트랙을 한 번에 선택할 수 있어 매우 효율적입니다.

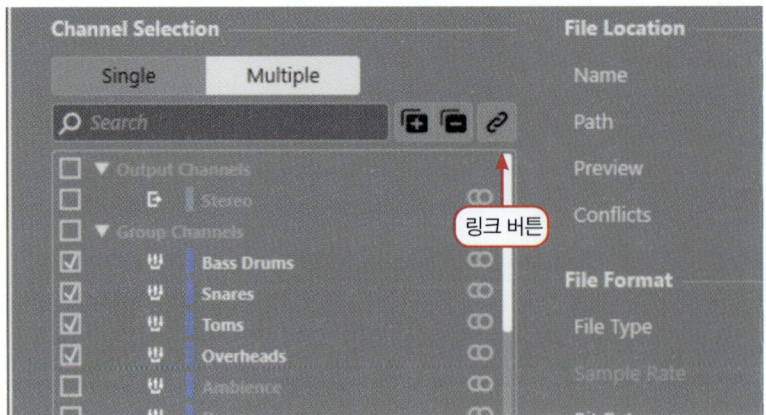

03 믹싱과 마스터링 작업을 외부 업체에 의뢰할 때는 이펙트가 적용되지 않은 순수한 Dry 소스를 제공하는 것이 좋습니다. Effects 항목에서 Disabled (DRY) 를 선택하면, 프로젝트 창에서 일일이 인서트 이펙트를 바이패스하지 않아도 모든 트랙이 이펙트가 제거된 상태로 한꺼번에 출력되어 매우 편리합니다.

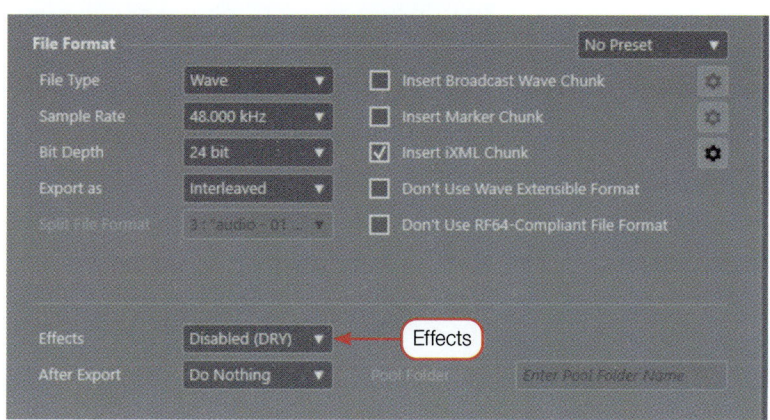

04 Add to Queue 버튼을 클릭하면 현재 믹스다운 설정을 대기열에 추가할 수 있습니다. 이를 활용하면 싱글 파일과 스템 파일 제작을 동시에 진행할 수 있어 매우 효율적입니다. 특히 믹스다운이 실행되는 동안에도 프로젝트 내에서 편집 작업을 멈추지 않고 계속 이어갈 수 있을 뿐만 아니라, 여러 개의 프로젝트 파일을 대기열에 모아 한꺼번에 처리할 수 있어 전반적인 작업 효율을 획기적으로 높여줍니다.

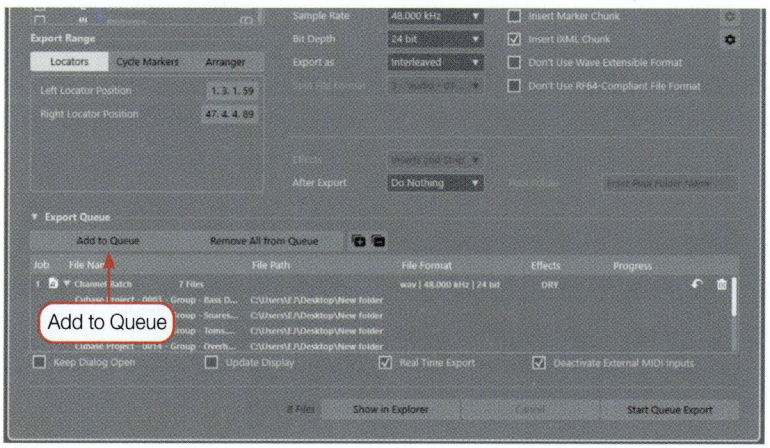

04 섹션별 기능

● Channel Slection

믹스다운할 트랙을 선택하는 항목입니다.
하나의 결과물을 만드는 Single 탭과 여러
개의 트랙을 개별 파일로 동시에 추출할
수 있는 Multiple 탭을 제공하여, 작업 목
적에 맞춰 유연하게 트랙을 지정할 수 있
습니다.

● Export Range

믹스다운할 시간적 범위를 선택하는 항목
입니다. 기본적으로 설정된 로케이터 범위
를 출력하지만, 작업 방식에 따라 사이클
마커나 어렌저 체인을 선택하여 정밀하게
추출할 수 있습니다.

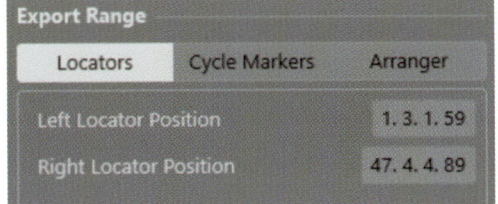

▶ Locators: 프로젝트에 설정된 로케이터 구간을 믹스다운합니다.

▶ Cycle Markers: 특정 사이클 마커를 선택하여 개별적으로 믹스다운할 수 있습니다. 영상
및 게임 사운드를 여러 구간으로 나누어 제작해야 하는 작업 시 필수적인 기능입니다.

▶ Arranger: Arranger Chain을 기준으로 믹스다운합니다. 곡의 구성을 다양하게 시도해 본
뒤, 최종 확정된 어렌저 순서에 맞춰 하나의 완성된 파일로 추출할 때 사용합니다.

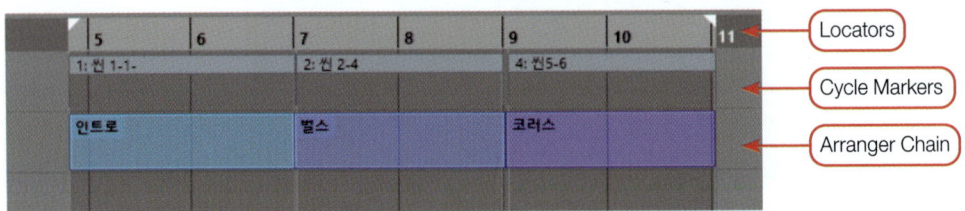

● File Location

추출될 파일의 이름과 저장 위치를 설정하는 항목입니다. 프로젝트 관리의 효율성을 높이기 위해 다양한 자동화 옵션을 제공합니다.

● Name: 파일 이름을 직접 입력하거나 자동 설정 옵션을 활용할 수 있습니다. 오른쪽의 역삼각형 버튼을 클릭하면 세부 메뉴가 열립니다.

▶ Set to Project Name: 현재 프로젝트의 이름을 파일 이름으로 자동 입력합니다.

▶ Auto Update Name: 파일이 생성될 때마다 이름 뒤에 번호를 자동으로 부여하여 파일이 겹치지 않게 관리합니다.

● Path: 파일이 저장될 위치를 지정합니다. 오른쪽 역삼각형 버튼을 통해 편리하게 경로를 선택할 수 있습니다.

▶ Choose: 저장 위치를 직접 선택할 수 있는 탐색기 창을 엽니다.

▶ Use Project Audio Folder: 현재 프로젝트의 Audio 폴더를 저장 위치로 지정합니다.

▶ Project Mixdown Folder: 프로젝트 폴더에 별도의 믹스다운 폴더를 생성하여 저장합니다.

▶ Recent Paths/Clear Recent Paths: 최근에 사용했던 저장 위치 목록을 확인하거나 삭제할 수 있습니다.

● Preview: 설정된 규칙에 따라 실제로 저장될 최종 파일 이름을 미리 보여줍니다.

● Conflicts: 저장 위치에 동일한 이름의 파일이 이미 존재할 경우의 처리 방식을 결정합니다.

▶ Always Ask: 매번 번호를 붙여 새로 만들지, 기존 파일에 덮어쓸지를 묻습니다.

▶ Create Unique File Name: 기존 파일 이름에 고유 번호를 붙여 새로운 파일로 생성합니다.

▶ Always Overwrite: 별도의 확인 절차 없이 기존 파일을 새로운 파일로 덮어씁니다.

● File Format

출력될 파일의 형식과 세부적인 오디오 퀄리티를 결정하는 항목입니다.

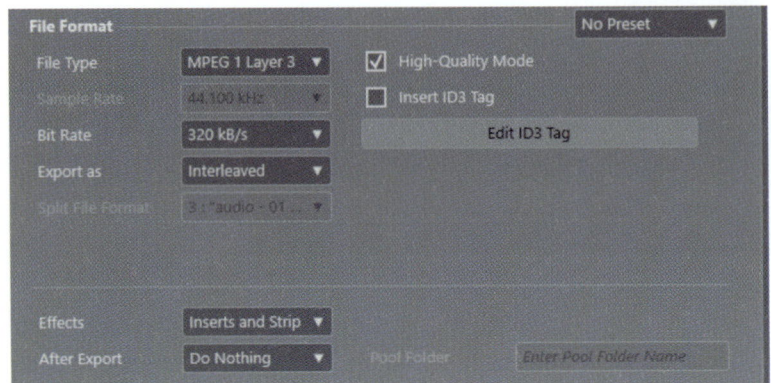

● **Preset**: 자주 사용하는 파일 포맷(File Format) 설정을 프리셋으로 저장하여 필요할 때마다 즉시 불러올 수 있습니다. 작업 환경에 맞춰 16Bit/44.1kHz나 24Bit/48kHz 등 최적의 설정을 미리 등록해 두면 매우 편리합니다.

▶ **Save Preset**: 현재 설정된 파일 포맷 값을 새로운 프리셋으로 저장합니다.

▶ **Remove Preset**: 선택한 프리셋을 대기열에서 삭제합니다.

▶ **Rename Preset**: 저장된 프리셋의 이름을 용도에 맞게 변경합니다.

● **File Type**: 믹스다운할 오디오 파일의 형식을 선택합니다.

▶ **Wave**: 가장 표준적으로 사용하는 비압축 무손실 포맷입니다.

▶ **AIFF**: 애플에서 개발한 무손실 포맷으로, 윈도우에서도 호환됩니다.

▶ **MPEG 1 Layer 3 (MP3)**: 가장 대중적인 압축 음원 포맷입니다.

▶ **FLAC**: Wave와 대등한 음질을 유지하면서 용량은 줄인 효율적인 포맷입니다.

▶ **OggVorbis**: 무료 공개 코덱을 사용하는 포맷입니다.

● **Sample Rate & Bit Depth**

▶ **Sample Rate**: 샘플 레이트를 결정합니다. CD 제작이 목적이라면 44.100Hz를 선택합니다.

▶ **Bit Depth**: 비트 뎁스를 결정합니다. CD 규격은 16Bit이며, 프로젝트 비트가 이보다 높다면 UV-22HR 디더링 플러그인을 사용하여 변환 시 발생하는 노이즈를 방지하는 것이 좋습니다.

● **Export As:** 출력될 오디오 파일의 채널 구성 방식을 선택합니다. 작업 목적에 따라 스테레오 합본이나 개별 채널 분리 출력을 결정할 수 있습니다.

▶ **Interleaved:** 현재 트랙에 설정된 채널 그대로 믹스다운합니다. 가장 일반적으로 사용하는 방식입니다.

▶ **Split Channels:** 스테레오나 서라운드와 같은 멀티 채널을 각각의 독립된 모노 파일로 분리하여 믹스다운합니다. 추출 시 파일 이름 뒤에 붙을 채널 명칭 형식을 하단 목록에서 선택할 수 있습니다.

▶ **Mono Downmix:** 스테레오 등 멀티 채널로 구성된 소스를 하나의 모노 파일로 합쳐서 믹스다운합니다.

▶ **L/R Channels:** 스테레오 채널의 왼쪽(L)과 오른쪽(R) 정보를 각각 별도의 파일로 분리하여 추출합니다. 특정 하드웨어 장비로 개별 전송이 필요할 때 유용합니다.

파일 속성을 설정하는 세부 옵션은 선택한 포맷에 따라 조금씩 차이가 있지만, 대부분은 파일의 메타 데이터 정보나 최종 음질을 결정하는 항목들입니다. 실무에서 가장 빈번하게 사용하는 Wav와 MP3 포맷의 핵심 옵션들을 중점적으로 정리하겠습니다.

● **Wave 포맷 선택 시**

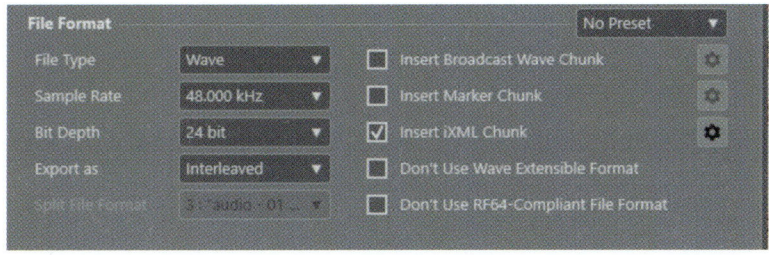

▶ **Insert Broadcast Wave Chunk:** MP3 태그와 유사하게 곡 정보를 포함한 브로드캐스트 웨이브 파일(BWF)을 생성합니다. 다만, 이를 지원하지 않는 일부 플레이어에서는 파일 재생에 문제가 생길 수 있으므로 일반적인 환경에서는 권장하지 않습니다.

▶ **Insert iXML Chunk:** 프로젝트 이름, 제작자, 타임코드 등 상세한 프로젝트 정보를 파일 내에 포함합니다.

▶ Insert Tempo Definition: 프로젝트의 템포 정보를 파일 데이터에 포함하여, 다른 프로젝트에서 불러올 때 템포 동기화가 용이하도록 돕습니다.

▶ Don't Use Wave Extensible Format: 스피커 구성이나 다채널 서라운드 정보 등 추가 데이터가 포함된 '웨이브 확장 가능 형식(Wave Extensible)'을 비활성화합니다.

▶ Don't Use RF64-Compliant File Format: 일반적인 웨이브 파일의 크기 제한(4GB)을 초과할 수 있도록 허용하는 RF64 호환 형식을 비활성화합니다. 대용량 파일을 작업하지 않는다면 체크하여 호환성을 높일 수 있습니다.

● MP3 포맷 선택 시

▶ High Quality Mode: 고음질 모드를 설정하거나 해제하여 전송률(Bitrate)을 조정합니다.

▶ Insert ID3 Tag: 곡 제목, 아티스트 등의 태그 정보를 입력합니다. 한 번 입력하면 변경 전까지 유지되어 편리합니다.

● Effects

인서트 플러그인 및 채널 스트립의 이펙트 적용 여부를 선택합니다. 작업 단계와 목적에 맞춰 이펙트가 포함된 소스(Wet)와 포함되지 않은 소스(Dry)를 유연하게 추출할 수 있습니다.

▶ Inserts and Strip: 개별 트랙에 걸린 인서트 플러그인과 큐베이스 자체 채널 스트립 이펙트를 포함하여 출력합니다.

▶ Disabled (Dry): 모든 이펙트를 제외한 순수한 원본 소스를 출력합니다. 외부 전문 믹싱 스튜디오에 프로젝트를 전달할 때 주로 사용합니다.

▶ + Groups/Send (CSP): 개별 트랙의 이펙트는 물론, 해당 트랙이 거쳐 가는 그룹 트랙과 FX Send 트랙의 효과까지 모두 포함하여 출력합니다. (CSP: Channel Strip, Inserts, Groups, Sends 포함)

▶ + Master/Groups/Sends (CSPM): 마스터 트랙의 최종 이펙트까지 포함한 모든 신호 경로 상의 효과를 적용하여 출력합니다. (CSPM: CSP에 Master 이펙트 추가 포함)

● After Export

믹스다운이 완료된 직후 자동으로 진행할 추가 작업을 선택합니다. 파일 추출 후 수동으로 파일을 다시 불러오는 번거로움을 줄여줍니다.

▶ Do Nothing: 별도의 추가 작업을 진행하지 않고 믹스다운을 종료합니다.

▶ Upload to SoundCloud: 출력된 파일을 SoundCloud.com에 즉시 업로드하여 다른 뮤지션들과 공유할 수 있습니다.

▶ Create New Project: 출력된 파일을 포함한 새로운 프로젝트를 자동으로 생성하여 엽니다. 독립된 환경에서 마스터링 작업을 진행할 때 매우 유용합니다.

▶ Create Audio Track: 현재 프로젝트 내에 새로운 오디오 트랙을 생성하고 출력된 파일을 즉시 가져옵니다. 믹스다운 결과를 바로 모니터링할 때 편리합니다.

▶ Insert to Pool: 출력된 파일을 프로젝트의 Pool 윈도우에 등록합니다. 이때 저장 경로를 지정할 수 있는 Pool Folder 항목이 활성화됩니다.

● Export Queue

Add to Queue 버튼을 통해 설정된 출력 리스트를 대기열에 추가하고, Start Queue Export 를 클릭하여 다양한 포맷의 파일을 한 번에 일괄 생성할 수 있습니다. 목록에 추가된 상태에서도 언제든 설정을 변경할 수 있으며, Update 버튼으로 변경 사항을 적용하거나 Remove 버튼으로 대기열에서 제외할 수 있어 매우 유연한 작업이 가능합니다.

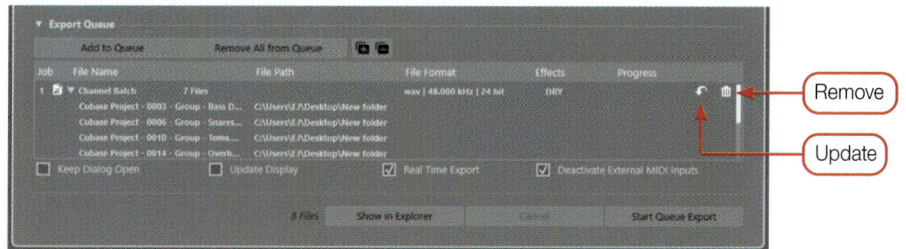

▶ Keep Dialog Open: 믹스다운 작업이 완료된 후에도 익스포트 창을 닫지 않고 그대로 유지합니다. 연속해서 다른 설정을 변경해야 할 때 유용합니다.

▶ Update Display: 믹스다운이 진행되는 동안 오디오 채널의 레벨 미터를 실시간으로 업데이트하여 출력 신호를 시각적으로 확인할 수 있게 합니다.

▶ Realtime Export: 실제 재생 속도와 동일한 속도로 믹스다운합니다. 외부 하드웨어 악기나 이펙터를 사용 중일 때 반드시 체크해야 하는 옵션입니다.

▶ Deactivate External MIDI Inputs: 믹스다운이 진행되는 동안 외부 미디 장치로부터 들어오는 예기치 않은 신호 유입을 차단하여 오류를 방지합니다.

최이진 실용음악학원(02-887-8883)/hyuneum.com

학원 선택?
누구에게 배울 수 있는지가 중요합니다!

세계 유일 특허 화성학 저자 최이진 직강!
EJ 엔터테인먼트가 직접 운영, 전속 계약 및 음악 활동 전격 지원

보컬
졸업과 동시에 프로 데뷔
연습반 졸업 시 EJ 엔터 전속 계약, 음반 및 방송 활동 전격 지원

재즈피아노
프로 배출의 요람
검증된 교육 시스템 기반 초급부터 프로까지 1:1 밀착 레슨

기타/베이스
장르 불문 실전 플레이
수많은 세션 경험으로 완성된 테크닉, 스타일별 맞춤형 교육

컴퓨터음악
표준 교재 저자 직강
음대 교재 저자가 직접 가이드하는 미디 실무 및 고난도 테크닉

방송음향/믹싱
현장 밀착형 노하우
교회·라이브·스튜디오 실전 경험 전수, 완벽한 실무 믹싱 마스터

작/편곡
세계 유일 화성학 특허
오직 이곳에서만 전수받는 독보적이고 압도적인 작곡 노하우

● 위치 : 서울대입구역 8번 출구 (2호선)

EJ 스튜디오 (음원 제작에서 발표까지 함께합니다.)

녹음실 선택?
B급 예산으로 완성하는 A급 명반 사운드

- **개인 음원 제작** | 작곡부터 마스터링까지, 당신의 멜로디를 정식 음원으로 탄생시킵니다.
- **뮤지컬·연극** | 넘버 작/편곡, 단원 트레이닝, 음반 제작까지 아우르는 올인원 솔루션.
- **오디오 북** | 전문 성우 녹음과 몰입감을 더하는 고품격 음악·효과음 제작.
- **스페셜 녹음** | 게임 음악, 오케스트라, 트로트, 교회 음악 등 장르 불문 최적의 사운드

※ 모든 과정마다 충분한 상담을 거쳐 후회 없는 결과물을 완성합니다.